JOSEPH BORÉLY

DE

LA JUSTICE

ET

DES JUGES

PROJET DE RÉFORME JUDICAIRE

MÉMOIRES

POUR SERVIR À L'HISTOIRE D'UN RÉGIME CONSTITUTIONNEL

TOME II

Elibron Classics
www.elibron.com

Elibron Classics series.

ISBN 0-543-97568-1 (paperback)
ISBN 0-543-97567-3 (hardcover)

This Elibron Classics Replica Edition is an unabridged facsimile of the edition published in 1871 by Germer Baillière, Paris.

DE
LA JUSTICE
ET
DES JUGES

PARIS. — IMPRIMERIE DE E. MARTINET, RUE MIGNON, 2.

Dessiné par J.h Pontès 1824. Gravé par Ambroise Tardieu.

DE

LA JUSTICE

ET

DES JUGES

PROJET DE RÉFORME JUDICIAIRE

MÉMOIRES
POUR SERVIR A L'HISTOIRE D'UN RÉGIME CONSTITUTIONNEL

PAR

M. BORÉLY
ANCIEN PROCUREUR GÉNÉRAL

Institué un mois après la révolution de juillet 1830,
Disgracié deux mois avant la révolution de février 1848.

Hic et hic, nunc et nunc,
ubi, ubique,
Justitia indiget reformatione.

TOME II

PARIS
LIBRAIRIE GERMER BAILLIÈRE
17, RUE DE L'ÉCOLE-DE-MÉDECINE
1871

A LA MÉMOIRE
DU BARON DE FABRY,
PREMIER PRÉSIDENT DE LA COUR ROYALE D'AIX,
SIX ANS APRÈS SA MORT,

PAR SON PLUS INTIME AMI.

Né à Brignolles, le 21 octobre 1777.
Mort à Marseille, le 5 juin 1824.

.... O wise and upright Judge!
how much more older art thow than thy Looks!

O SAGE ET ÉQUITABLE JUGE!.
UNE EXPÉRIENCE RAPIDE DÉMENT LA JEUNESSE DE TON VISAGE
ET TE DONNE, DE BONNE HEURE, LES QUALITÉS DU VIEILLARD!

SOLDAT A TREIZE ANS,
AUDITEUR A TRENTE,
DÉPUTÉ ET PREMIER PRÉSIDENT A QUARANTE,
IL PASSA, DE L'ÉCOLE DU MALHEUR,
AUX NOUVELLES AGITATIONS DE CES LUTTES PARLEMENTAIRES
QUI, TROP SOUVENT, DÉVELOPPENT L'ÉNERGIE DE L'AME
AUX DÉPENS DE LA SANTÉ ET DE LA VIE.

D'UN ESPRIT MÉDITATIF ET SAGACE,
D'UN DISCERNEMENT PROMPT ET SÛR,
JOIGNANT LE SENTIMENT LE PLUS DÉLICAT DES CONVENANCES
A UNE ARDENTE PASSION POUR TOUT CE QUI EST JUSTE ET VRAI,
IL PRESSENTIT ET SIGNALA, UN DES PREMIERS,
CETTE FATALE INVASION DE LA POLITIQUE DANS LE DOMAINE DE LA JUSTICE
ET DE LA RELIGION DANS NOS AFFAIRES TEMPORELLES.
IL OSA DIRE, DANS LE COURS DE NOS PLUS ORAGEUSES SESSIONS LÉGISLATIVES :
« POUR FAIRE DES CONQUÊTES AU VRAI DIEU,
» LA RELIGION DOIT DIMINUER NOS MISÈRES AU LIEU DE LES AUGMENTER :
» POUR PROTÉGER LE RESPECT NÉCESSAIRE A LA MAGISTRATURE,
» IL EST URGENT D'ÉTENDRE ET DE CONSOLIDER LA GRANDE ET SALUTAIRE INSTITUTION DU JURY. »

PRÉOCCUPÉ DE SI GRAVES MÉDITATIONS,
GUIDÉ PAR UNE DOCTRINE QUI RESSERRAIT, AVEC UN ÉLOQUENT MINISTRE,
DES LIAISONS COMMENCÉES DANS LE CAMP DES PRINCES,
DIRIGEANT AVEC DIGNITÉ, COMME S'IL EÛT TOUJOURS SERVI SOUS LA TOGE,
L'ADMINISTRATION JUDICIAIRE D'UN VASTE RESSORT,
IL A VU S'ÉTEINDRE,
AU MILIEU DE CES ÉLÉMENTS DE PROSPÉRITÉ ET DE BONHEUR,
DES JOURS TROP COURTS,
USÉS PAR LA PENSÉE ET CONSUMÉS PAR LA SOUFFRANCE,
LAISSANT EN PROIE AUX PLUS DÉCHIRANTS REGRETS
UNE FAMILLE JEUNE, INTÉRESSANTE, NOMBREUSE,
ET DE VRAIS AMIS :
CELUI DONT L'AFFLICTION ET LA DOULEUR
SE RÉVEILLENT AUJOURD'HUI AVEC LE PLUS D'AMERTUME,
NE CESSERA DE RÉPÉTER
CE QUE DISAIT UN SAGE DE L'ANTIQUITÉ :
« JE CRAINS BIEN DE ME RELACHER DANS LE CHEMIN DE LA VERTU,
» J'AI PERDU LE CONFIDENT ET LE TÉMOIN DE MA VIE. »

19 avril 1830.

Ce n'est pas sans intention ni sans une satisfaction assez vive non plus que j'ai à rapporter ici et tout d'abord quelques-uns de ces faits annoncés dans le premier volume. Ce sont ces faits eux-mêmes qui doivent donner la plus juste idée d'un sujet et d'un caractère devant réaliser un but qui n'a pu être atteint par l'effet du cataclisme de 1848.

Je tiens encore un peu à ce but idéal, parce que s'il eût dépendu de moi et non des événements, je n'eusse cessé d'en rêver comme je ne cesse encore d'en poursuivre la réalité.

En reproduisant ce portrait d'un magistrat intègre et la nécrologie d'un digne compatriote, j'en arrive naturellement au récit de quelques particularités qui ne seront pas insignifiantes pour l'appréciation d'époques et de mœurs contemporaines. C'est au moment où je venais de perdre les deux amis qui m'étaient les plus chers qu'un souverain constitutionnel descendait dans la tombe.

La fin de nos vacances judiciaires approchait; nous étions à la veille de la reprise de nos travaux et de l'audience solennelle de rentrée. On voulait donner à cette cérémonie toute l'importance que paraissaient exiger les circonstances. Il fallait donc des discours, car à la mort d'un souverain, l'éloge du successeur au trône devient rigoureusement obligatoire.

C'est à moi qu'incombaient le devoir et l'honneur de la harangue officielle : elle était en quelque sorte exigée de ma part, puisque le chef du siége, gravement malade depuis longtemps, semblait toucher au terme de sa carrière.

Une telle coïncidence fut appréciée moins dans l'intérêt de ma propre cause que dans l'intérêt de la cause publique et de toutes les circonstances qui l'entouraient.

On ne se cachait pas trop de me montrer qu'à la suite de cet acte du magistrat le plus libéral non de l'arrondissement mais du ressort, le nouveau souverain ne pouvait éviter de distinguer et d'avancer celui et ceux qu'on cherchait alors à rallier de toutes parts. Il ne s'agissait pas d'un simple avancement hiérarchique et qui allait se présenter sitôt et si naturellement ; mais je devais inévitablement recevoir cette décoration dont on faisait tant de cas et que tous les initiateurs officiels s'empressaient déjà de faire si bien reluire à mes yeux.

Comme on était très-étonné de mon indifférence paisible devant toutes les instances qui me furent faites, je suis même encore aujourd'hui fort étonné d'avoir alors résisté au thème qui, en effet, me souriait assez sous ce triple rapport.

En faisant le plus court éloge, mais le plus digne et le mieux mérité du premier magistrat du ressort, du plus estimable et du plus estimé des Marseillais, et du premier souverain constitutionnel de l'époque, j'étais de tout point dans le rôle le plus souhaitable que me faisaient les événements et ma position.

Mais si de cette triple oraison funèbre, il fallait en venir à l'ovation qu'exigeait l'avénement du nouveau roi, je ne pouvais aller jusque là.

Je déclinai tous honneurs et tout avancement.

Je venais de passer à Grenoble une partie de mes vacances et c'est là que nous apprîmes, le 16 septembre 1824, la mort de Louis XVIII, alors que déjà je goûtais fort peu les acclamations magistrales à Charles X.

Je répète ce mot parce que je ne vis à Grenoble même un seul opposant, un seul indifférent parmi tous les membres de la magistrature et du barreau avec lesquels je fraternisais au mieux. Le doyen de cette Cour avait été, à ce que je crois, un membre de l'Assemblée constituante.

Je me trouvais donc seul à exprimer une répugnance invincible et des principes plus invincibles encore.

Il m'en souvient : de toutes parts, on jetait à mes yeux des discours des plus grands corps de l'Etat et des libéraux les plus avancés de cette époque. J'ai à me rappeler que ce jeune et éminent écrivain qui, depuis, a été près de quarante ans secrétaire perpétuel de l'Academie française ne fut pas le moins incrédule ni le moins éloquent : l'éloquence serait-elle donc quelquefois plus flexible que la justice qui ne doit jamais l'être ?

Mais que je le dise aussi : à peine la révolution de 1830 était-elle consommée, avant même que je fusse nommé procureur général, et je l'ai été dès le premier mois de cette révolution, je reçus des bords de l'Isère des compliments qui me flattèrent presque autant que celui qui, des bords de la Seine, m'apportait le *Moniteur* avec une nomination me faisant dès l'abord tressaillir de crainte autant que d'une espèce de terreur.

On me le pardonnera, je venais de voir de si près et au loin le courant de tant de parquets! je ne pouvais avoir que le plus grand éloignement de charge pareille, quoique j'ai conservé dans de tels rangs des liaisons d'intimité avec les magistrats qui les occupaient alors.

Il peut donc être permis, dans le volume destiné seulement aux pièces officielles, de placer en tête celle qu'on va lire et qui est encore pour moi un des meilleurs souvenirs de ces temps.

Pourquoi faut-il qu'après avoir rendu ce juste hommage de gratitude et de respectueux attachement aux deux chefs de la même Cour sous le premier Empire et sous la Restauration, on se trouve condamné à la réprobation, au blâme public et aux poursuites disciplinaires contre les survivants des magistrats qui les ont remplacés sous les gouvernements constitutionnel, républicain et impérialiste?

Il faut donc que le mal ait été à son comble et qu'il doive toujours plus empirer pour qu'on en vienne à des extrémités les plus calamiteuses de la vie.

Si des personnalités inévitables, si des réformes toujours plus indispensables, présentent tant de péril, pourquoi aurions-nous donc à appréhender lorsque nous osons espérer qu'en résultat on verra comment nous avons agi avec nos principes de justice et comment nous avons procédé pour relever la dignité des corps et la moralité du pays lui-même.

NÉCROLOGIE

SUR M. TARDIEU

Au Rédacteur du *Courrier Français*.

MONSIEUR,

J'étais absent lorsqu'un événement déplorable, en frappant M. Tardieu-Rouchon, m'a privé d'un ami et a enlevé à la ville de Marseille un de ses plus vertueux et de ses plus honorables citoyens. La reconnaissance a déjà dignement payé sa dette sur la tombe de cet homme de bien. Mais quoique le deuil de tout une population ait accompagné ses derniers restes, quoiqu'il ait été regretté là où il a vécu avec tant de distinction, qu'il me soit permis, en faisant connaître à la France entière cet excellent compatriote, de confier à la mémoire publique un nom recommandable de plus. Veuillez donc, Monsieur, insérer dans votre journal la notice que j'ai l'honneur de vous adresser.

Laurent Tardieu-Rouchon naquit en 1767 d'une famille

honnête et aisée à Volonne, petit village près de Sisteron, dans le département des Basses-Alpes. Il fit des études brillantes et solides. Destiné d'abord à la carrière diplomatique, il entra ensuite dans la marine, et il avait fait plusieurs campagnes sur les vaisseaux du roi lorsque la Révolution commença. Il en embrassa les principes avec cet enthousiasme de réformes et ce goût du bien, que ressentirent à cette époque toutes les classes de la nation. Mais il se prononça contre elle dès qu'elle devint violente et excessive. Il se trouvait dans le port de Toulon lors des événements du 31 mai. Tout le Midi s'étant insurgé contre la Montagne de la Convention et la commune de Paris, M. Tardieu accéda à ce grand mouvement et fit partie de l'armée sectionnaire. Quoique fort jeune encore, il obtint beaucoup d'influence par la supériorité de son esprit, la droiture et la fermeté de son caractère. Après que l'armée du Midi eut été battue par le général Carteaux, M. Tardieu voulut défendre Toulon contre les républicains, mais sans le concours des Anglais. Il s'opposa avec beaucoup de courage et d'éloquence dans le conseil à ce qu'on leur abandonnât la ville, l'arsenal et la flotte; mais son avis n'ayant pas prévalu, il donna sur-le-champ sa démission, se montrant par là aussi incapable de supporter la tyrannie révolutionnaire que de livrer son pays à l'étranger. Cet amour profond du devoir, cet attachement éclairé à sa patrie, est le caractère de la vie politique de M. Tardieu.

A la prise de Toulon par les républicains, M. Tardieu, obligé de fuir, se rendit en Italie. Il trouva dans ses vastes connaissances des ressources que n'eurent pas tous les exilés français. Sachant les langues anciennes, et parlant avec une grande aptitude toutes les langues modernes, propre au commerce comme il l'était à l'administration, à la diplomatie et à la marine, M. Tardieu fut recherché par des négociants étrangers et prit part à quelques grandes entreprises. Peu de voyageurs et même peu d'Italiens connaissaient mieux que lui cette terre classique dont il avait parcouru toutes les parties et examiné toutes les richesses en beaux-arts pendant un séjour de dix années.

Rentré en France, pendant le Consulat, il se livra à l'industrie. Peu de temps après son retour, il épousa Mlle Rouchon dont la famille était déjà alliée à la sienne. Pendant longtemps, M. Tardieu s'occupa de ses travaux industriels, de l'éducation de ses enfants et vécut dans le commerce de quelques amis. Mais lorsque la France parut rentrer en 1817 dans la carrière constitutionnelle, M. Tardieu seconda de ses vœux et de ses efforts ce mouvement d'idées et de liberté. Possesseur d'une grande fortune, il en fit toujours un noble usage et fut un des principaux souscripteurs pour tous les établissements utiles. L'école d'enseignement mutuel de Marseille le compta parmi ses plus généreux et ses plus fermes appuis. Le conseil municipal n'avait jamais voté de fonds pour cet établissement et le gouvernement lui refusa, en 1820, les secours qu'il lui avait accordés jusque là. Les souscriptions particulières ne pouvaient plus suffire à toutes les dépenses. Il fut arrêté de faire une dernière tentative auprès du ministre de l'intérieur. M. Tardieu, président du comité, exprima, de la manière suivante, au nom des souscripteurs leurs sentiments et leurs besoins :

« S'il est bon, Monseigneur, que le peuple s'instruise, « qu'il sache connaître le mal pour s'en défendre, quelle

« ville plus que la nôtre doit apprécier cet avantage, doit « rechercher la voie qui y conduit avec promptitude et sû- « reté? Douée d'une imagination ardente, dénuée des lu- « mières nécessaires pour distinguer les piéges qui lui sont « tendus, la population marseillaise a sans cesse été dupe « des méchants. Des excès déplorables ont signalé dans « cette malheureuse ville toutes les phases de la Révolution « et lui ont acquis une douloureuse célébrité. Tandis que, « dans les gorges des Alpes où l'âme humaine semblerait « devoir être aussi âpre que la nature, grâce à une éduca- « tion meilleure, à une instruction plus étendue, l'huma- « nité n'a point été outragée : jamais le sang français n'a « rougi la neige de nos montagnes. »

Cette demande fut repoussée ainsi que le projet de former un athénée pour créer des occupations utiles et profitables à la jeunesse marseillaise, quelquefois trop oisive. Monseigneur le comte de Corbière, ministre de l'intérieur, s'opposa obstinément à la demande de plus de deux cents pères de famille les plus honorés de cette importante ville. Le laconisme et les formes de ce refus firent craindre une surprise. On réclama de nouveau, et M. Tardieu, élu président, écrivit le 18 mars 1822 :

« Que craint-on, Monseigneur, et que veut-on? Est-ce à « la science que l'on fait la guerre? Nous ne pouvons le « croire sous le règne d'un prince distingué par l'étendue « de son esprit et de ses connaissances, d'un prince sous « les auspices duquel l'Athénée se glorifie d'avoir été for- « mé, il y a près de quarante ans. Est-ce aux hommes que « l'on en veut? Cette supposition, Monseigneur, serait plus « affligeante sans être plus raisonnable. Que sommes-nous?

« Des citoyens paisibles, des sujets soumis ; nous sommes
« des fonctionnaires sans reproches, des commerçants la-
« borieux, des jurisconsultes honorés de la confiance pu-
« blique, jouissant tous d'une existence honorable, tous
« intéressés au maintien de l'ordre et à l'observation des
« lois. Comment serions-nous suspects ? Et si le gouverne-
« ment prenait ombrage de citoyens tels que nous, sur qui
« ferait-il reposer sa confiance ? »

Ces deux réclamations restèrent sans réponse.

Tel est l'homme qui n'a jamais été appelé au conseil municipal, ni à la chambre de commerce, ni au tribunal, ni à l'administration de santé, ni au conseil d'arrondissement, ni au conseil général de département. Candidat pour la législature aux élections de 1820, il a été repoussé par le ministère. La Provence, qui avait donné Mirabeau, Siéyès et Portalis à nos assemblées législatives, voulait payer de nouveau son contingent parlementaire et ne plus emprunter au dehors les défenseurs de ses intérêts. Chacun sait ce qu'il a fallu pour empêcher la nomination de M. Tardieu, et il paraîtra toujours étrange qu'il ait existé un ministère capable d'écarter, avec tant d'aveuglement, un homme aussi recommandable, aussi vertueux et qui aurait pu être aussi utile.

BORÉLY, *v.-prés. du Tribunal civil.*

Marseille, le 1er novembre 1824.

Mais si le ministre de l'intérieur ne répondait pas aux réclamations que lui adressaient les plus notables Marseillais pour le développement de l'instruction, il y avait à la chancellerie un ministre de la justice qui était plus résolu au système d'asservissement intellectuel imposé chaque jour avec plus de force et plus de persistance.

Le comte de Peyronnet, dans cette occurrence et à mon égard, mit une espèce de perfidie qui n'était pas trop dans ses allures : il voulut me pousser à un désaveu de mon article nécrologique sur le plus éminent des Marseillais.

La lettre que m'écrivit ce garde des sceaux le 23 décembre 1824 et la réponse que je lui adressais le 29 du même mois disaient assez jusqu'où nous étions décidés d'aller l'un et l'autre.

L'un et l'autre nous en restâmes là. Et si d'ailleurs je pus croire alors qu'en sortant ainsi de la magistrature je faisais le devoir du magistrat, on sait aujourd'hui comment plus tard je quittais cette même magistrature en poursuivant le même devoir de magistrat.

A M. Borély, Vice-Président du Tribunal civil, à Marseille.

Paris, le 23 décembre 1824.

Je suis instruit, Monsieur, qu'un des journaux qui s'imprimaient dans la capitale a publié comme si vous en étiez l'auteur, une lettre dans laquelle se trouvent des expressions offensantes pour l'un des Ministres du Roi.

Je ne puis penser, Monsieur, que vous eussiez compromis à ce point la dignité et la gravité du caractère public dont vous êtes revêtu, et j'aime à me persuader que cette lettre vous est injustement attribuée.

J'ai cru, néanmoins, devoir vous demander de me donner quelques explications sur ce point.

Recevez, Monsieur, l'assurance de ma considération distinguée.

Le Garde des Sceaux, Ministre de la Justice,

Comte DE PEYRONNET.

A son Excellence le Garde des Sceaux de France,
Ministre de la Justice.

Marseille, le 29 décembre 1824.

MONSEIGNEUR,

Lié d'une étroite amitié à M. Tardieu-Rouchon, l'un des hommes les plus estimables et les plus estimés de Marseille, j'ai voulu payer un tribut à sa mémoire lorsqu'il tomba sous les coups d'un assassin. Je lui ai consacré une notice nécrologique qui a été insérée dans le *Courrier Français* du 14 novembre dernier. A part quelques retranchements qu'ont nécessité les bornes étroites d'un journal, ma lettre est telle que je l'ai écrite.

En rappelant les titres honorables qu'un homme de bien avait à la reconnaissance publique, il m'a paru convenable de faire connaître son zèle et ses généreux efforts pour tous les établissements utiles qu'on a voulu fonder en cette ville. J'ai cité des faits. Ce que j'ai brièvement raconté à ce sujet est à la connaissance de toute la population marseillaise. Les journaux de la capitale ont, au surplus, rapporté, dans le temps, la correspondance dont j'ai cité quelques fragments.

Je ne puis croire que l'un des ministres du Roi puisse trouver en 1824 des expressions offensantes dans le simple récit de faits déjà publiés en entier en 1822.

J'aime à me persuader, Monseigneur, que vous ne trouverez jamais dans ma conduite publique, ni dans ma conduite privée rien qui puisse compromettre, en quoi que ce soit, la dignité ni la gravité du caractère public dont je suis revêtu.

Je suis, etc., etc.

BORÉLY.

A Monsieur le Rédacteur du *Précurseur de Lyon.*

Marseille, le 30 juillet 1828.

MONSIEUR LE RÉDACTEUR,

Ce matin, ayant causé quelques instants avec votre correspondant en cette ville, et craignant que vous ne soyez mal informé sur un événement fâcheux qui est à ma connaissance particulière, je m'empresse de vous faire parvenir ces quelques lignes afin de prévenir et d'éviter des insinuations malignes et perfides dont vous seriez involontairement l'écho.

Je passe l'été dans le quartier de Saint-Menet dont le curé vient, ces jours-ci, d'être atteint de démence. Je sais et je connais l'origine de la cause de la triste maladie qui vient de frapper cet infortuné ecclésiastique. Une santé affaiblie, une poitrine épuisée, l'exaltation des idées religieuses, la lecture des journaux qui prédisent la persécution et les méditations solitaires des ouvrages de M. de Lamenais ont ébranlé le cerveau d'un bon et pauvre jeune homme qui vivait en cénobite.

Une dame du voisinage, digne du plus grand respect, a cru devoir s'informer elle-même de la santé de son malheureux pasteur. Le malade a paru touché de ce témoignage d'attention et d'intérêt ; mais, la tête commençant à s'exalter, il a proféré quelques mots bizarres et a même tenté de battre ou d'atteindre la bienfaitrice qui venait lui offrir des consolations. Là dessus, Monsieur, on a fait en ville les contes les plus absurdes et les plus déplacés. Je suis outré de colère de tout ce que je viens d'entendre ici, à mon retour de la campagne. On ne peut pousser plus loin l'injustice, la calomnie et la diffamation la plus atroce.

Je crois, Monsieur, vous rendre un service important et faire quelque chose d'utile à la liberté de la presse en vous avisant de ce qui se passe, de ce que je sais mieux qu'un autre et en prévenant des indiscrétions déplorables dont vous auriez des regrets et qu'il faut toujours bannir d'une feuille indépendante et consacrée à la défense des bons principes, de la justice et de la modération.

Veuillez agréer, etc., etc.

BORÉLY.

Il n'y a pas d'explication à donner à de pareilles insertions épistolaires. Leurs dates et leurs principes pourront peut-être justifier ce que tout auteur recherche autant pour les faire connaître au public que pour revenir sur ses souvenirs personnels.

A Monsieur le Général Lafayette.

Marseille, le 31 mars 1829.

Mon Général,

Après vous avoir fait subitement connaître le résultat de mes efforts, il nous a paru convenable de vous donner quelques explications et quelques renseignements de détails. Mon ami Thomas est bien aise que je porte à votre connaissance les particularités d'époque et de localités auxquelles nous devons notre triomphe.

Il est certain, comme j'ai eu l'honneur de vous le mander, que notre ami était le seul élu que les constitutionnels pussent obtenir dans les circonstances présentes. Marseille n'est ni dans le département de la Sarthe ni dans Seine-et-Marne, et je suis convaincu que si nous n'avions eu dans notre candidat, une considération personnelle, des services particuliers, une capacité incontestée et les adhérents d'une honorable postulation d'avocat, nos ennemis l'emportaient encore dans cette circonstance.

Si j'avais été seul sur les rangs, par exemple, la vivacité de ma couleur, la force et la tenacité de mes principes, et l'énergie de mon opposition n'auraient permis à aucun ultra de me donner un suffrage de la droite : et nous avions encore besoin, cette année, de quelques défections attirées par des affections personnelles. Larreguy aurait eu bien moins de voix encore que moi.

La grange 24 juillet 1830

La nomination de mon collègue Mr Thomas me fait éprouver une vive joie, mon cher commettant. j'ai besoin de me féliciter avec vous, avec lui, et avec les patriotes qui ont si justement regretté leurs défaites dans les collèges méridionaux. ici tout s'est bien passé comme vous avez pu le voir dans les journaux. il paraît que les coups d'état, naguère imminens, sont différés et que la chambre se réunira le 3 août. mais l'intention contre-révolutionnaire n'est pas abandonnée. la loi électorale, et la liberté de la presse sont les deux premiers points de mire. la chambre actuelle n'y consentira pas, elle demandera des institutions avant de voter le budget, et sans loi de finances il n'y aura pas de paiement d'impôt. il serait facile de tout arranger en changeant le ministère et donnant les quatre garanties indispensables. c'est ce qu'on ne veut pas faire, et alors la situation devient critique pour tous, excepté pour la nation qui avec un peu de fermeté est sûre de conserver ses droits reconnus, et si on la poussait à bout, d'en recouvrer d'autres qui pour avoir été méconnus n'en sont pas moins réels et imprescriptibles. Salut et amitié de tout mon cœur

Lafayette

Mr Bercy

En l'état, comment doit apparaître et comment doit prendre place notre ami ? C'est la sa sollicitude dans l'intérêt de notre avenir marseillais. Un député qui se trouverait sur la ligne que j'ai suivie, n'éprouverait ni difficulté ni embarras a l'egard de ses mandants : placé sous le bras du compagnon et de l'ami de Washington et sous celui du plus vertueux et du plus intègre magistrat de France, je ferais mon apparition, sous vos saints auspices, à côté de M. Dupont de l'Eure et protégé par l'honorable et intime affection de Manuel.

Thomas se fait des doutes sur ce que lui imposent la défense des intérêts généraux et les ménagements qu'il croit être nécessaires à la consolidation du bien que nous venons d'obtenir. Il vous expliquera tout cela à son arrivée. Comme il est d'affection et de conviction avec les chefs de notre phalange, il n'agira jamais sans s'être particulièrement entendu avec vous tous. Il est bien aise que je vous indique ces premières données ; je le fais avec empressement. Les circonstances et vos explications préalables feront le reste.

Je vous réitère, etc.

BORELY.

Lorsque dans le vieux temps d'élections bien moins tourmentées et bien moins avilies que celles de nos jours, on a à citer les noms les plus respectables de France, et les plus estimables du département, on n'est pas sans satisfaction à se recueillir dans son passé.

A Monsieur Thiers.

Marseille, le 27 août 1830.

MON CHER AMI,

Si vous vous souvenez que votre lettre est du 23, vous verrez que je ne perds pas une minute pour vous répondre et pour m'expliquer clairement avec vous et toujours aussi franchement. Hier, j'en agissais ainsi et sans détour avec notre ami Fornéry qui dans trois jours vous rapportera mes dispositions à votre égard.

Je n'ai point été étonné et moins encore fâché de l'oubli dans lequel on m'a laissé. Vous avez fait avant, pendant et après la grande semaine tant et tant de belles choses que je serais honteux de songer aux détails et aux intérêts personnels. Je n'accuse jamais mes amis et des amis comme vous et Mignet sont rares, précieux et m'inspirent un sentiment que rien ne peut atténuer.

Cependant me voilà brouillé avec tous les miens. Mes proches de droite et de gauche m'abandonnent à l'envi ; il est vrai que l'opinion publique me dédommage assez de toutes mes tracasseries de famille. Ma conduite électorale m'avait éloigné de mes parents. Les constitutionnels, les vainqueurs du droit et de fait, sont aujourd'hui fort blessés de voir délaisser de la sorte celui qui était hier à leur tête.

Moi, je sais résister depuis longtemps à de plus fortes et

à de plus hautes exigences : je ne veux pas quitter mon poste actuellement tant que j'aurai des fonctions judiciaires à remplir. Je tiendrai donc une audience le 31 août et en temps de vacations je pourrai me mettre en route le 1er septembre. Je veux conserver la dignité de ma conduite politique et tous les scrupules de ma vie magistrale. Je ne serai point avancé dans ma carrière comme déjà cela vous déplaît fort ; mais je ne reculerai point dans l'estime publique comme cela me plaît beaucoup plus.

Toutefois, puisqu'on veut absolument que je me mette en route, j'irai donc bientôt vous dire confidentiellement que si vous pensiez que j'eusse quelques droits à la députation, vous pouvez disposer de ces droits. Il n'est que deux hommes envers qui l'on puisse faire un sacrifice de cette nature. Je le fais dans l'amour du pays et dans l'intérêt du bien public ; je le fais aussi pour vous avec une joie toute personnelle et un orgueil tout marseillais.

Si quelque chose devait cependant me regarder, je ne puis vous taire ce qu'on dit ici et surtout à Aix : que c'est dans l'intérêt de la justice qu'on me verrait volontiers dans un des premiers rangs de la Cour. A l'un de ces postes, mon cher Thiers, on me croirait utile à la magistrature de Provence. Je m'opposerais à une invasion qui peut déconsidérer le pouvoir. Ne remplaçons pas les vieux us par de nouveaux abus, l'ignorance par la présomption.

Le docteur, le bon docteur Arnaud, est accouru vers moi, il y a vingt jours, pour me donner l'accolade fraternelle et patriotique. Le lendemain, il écrivait et s'adressait directement au gouvernement en sa qualité de sous-préfet provisoire et conjointement avec le maire provisoire d'Aix pour me réclamer à la tête du parquet de la Cour.

Mais que je vous dise plus volontiers qu'il a été déjà question de vous dans l'examen des préliminaires législatifs. J'ai même été tout naturellement obligé de soutenir et de défendre vos droits. A ce sujet, je n'ai rien à vous dire de nouveau, car vous saurez aussi tout naturellement ce qui a été fait et tout ce qui se fait.

Toutefois, ne nous préoccupons pas trop de ce qui nous touche personnellement et laissez-moi en finissant revenir à des injustices qui peuvent si facilement se commettre et qu'il importe de prévenir.

Tout d'abord, il faut arrêter le remplacement de notre procureur du roi actuel : M. Taxil, en position si difficile, a su conserver un digne caractère. La révolution qui vient de s'opérer ne doit pas être un acte absurde de vengeance ni d'aveugle rancune. Si je dois avoir voix dans ce chapitre, M. Taxil sera conservé dans l'intérêt de la justice et j'ajoute que s'il était remplacé, ce ne serait que sous les inspirations des plus mauvais sentiments.

Lorsque nous aurons bientôt à nous revoir, je ne vous parlerai que le même langage, celui du bien public et celui de l'amitié.

Adieu, mon cher Thiers, je suis toujours votre très-affectionné,

BORÉLY.

Aix 9 août

Copie.

Monsieur le Commissaire provisoire, la nouvelle adm
municipale d'aix ayant été informée de la retraite du magist
remplissait les fonctions de procureur général, et devant
où son remplacement serait jugé nécessaire, s'empresse
au chef de l'administration judiciaire un vœu qui est
tous les citoyens éclairés, de tous les amis de nos libertés, de
magistrats dévoués à la cause constitutionnelle.

M. Borély, vice président du tribunal de Mars
sacrifié pendant quinze ans toute ambition à la conscience
constitutionnelle n'est pas un provenu de plus généreux déf
il a été l'ami, le soutien, le chef de l'opposition
jour de son triomphe ; peines, dangers, fortune, rien
toute pour faire le bien. Qu'une noble et digne réc
lui soit offerte ! aucune n'aurait été mieux méritée.

Le choix de M. Borély pour la charge de pro
général serait un bienfait pour le pays et la magist
un triomphe pour la liberté. L'administration municipa
ne craint pas d'affirmer qu'aucun autre choix ne sera
digne ou plus convenable.

M. Borély, ancien conseiller auditeur à la cou

ue, a laissé dans notre ville des souvenirs encore présents à tous les esp-
rits. Les magistrats qui composent la cour l'honorent tous de la
les haute estime, un très grand nombre d'une affection sincère. Sa
nomination y est prévue et attendue comme un événement heureux
ses ennemis politiques rendent eux même un hommage éclatant à la
blesse, à l'élévation et à la pureté de son caractère.

Aucun magistrat ne réunit plus de lumières, de capacité,
tact, sa dignité, sa fortune considérable seroit un gage —
indépendance, si sa vie toute entière n'offroit encore une meilleure
rantie. Son âge (42 ans) et son activité promettent de
ages et utiles services.

Si l'on demandoit ceux qu'il a déjà rendus, la ville de
arseille les attesteroit. Les Lafayette, les Sebastiani, les Guizot,
oignèrent de leur. M. Thomas sera l'organe de l'opinion
rovençale.

Dirons nous quel zèle M. Borély déploya pour la cause —
grecs? il fut le moteur de généreux élans qui dans nos —
ontrées souleva tous les cœurs en leur faveur. Que le brave
Fabvier dise le dévouement du chef du comité grec de
Marseille!

M. Borély fut l'ami intime de Manuel, Manuel

rien eut pas de plus dévoué, de plus fidèle, de plus cons

parlerons nous des courageux efforts de M. Borély

de 1828 et de 1830? M. Thomas en a été le témo

en un mot, nous étions suggéré au chef de la

grand acte de justice. en désignant M. Borély, l'adminis

municipale d'aix croit bien mériter de la province

magistrature; elle puisse remplir un devoir; elle n'a d'au

que celui du bien public.

Discours à la Garde Nationale de Gardanne, à l'occasion d'un Drapeau offert par M. Borély, Procureur Général près la Cour Royale d'Aix, le Dimanche 20 février 1831.

BRAVES GARDES NATIONAUX, MES CHERS COMPATRIOTES !

Le voilà donc enfin cet étendard sacré, ce vrai Drapeau national, attendu depuis si longtemps et promis avec tant de justice au zèle et aux sentiments patriotiques qui vous animent tous !

Agréez, mes amis, l'hommage que je rends si volontiers à cette ardeur, à ce noble élan qui se sont constamment manifestes dans vos rangs, depuis notre grande et heureuse révolution de juillet. Qui pouvait mieux apprécier votre patriotisme, que celui qui l'a si vivement et si constamment partagé? Aussi, qu'il me soit permis de le dire avec orgueil, avec vérité : dans les trois départements du ressort de la Cour que je viens de parcourir, après les trois grandes villes qui nous entourent, après Marseille, Aix et Toulon, nulle part la garde citoyenne ne montre une harmonie plus parfaite, un plus grand enthousiasme pour le Roi, un dévoûment plus unanime au maintien de l'ordre et à la conservation de toutes nos libertés reconquises.

Dans cette pauvre Commune, délaissée depuis tant d'années par l'autorité, si odieusement déshéritée de toute protection et de tout appui, 513 bons Français sont accourus pour maintenir un gouvernement nouveau qui leur promet plus de garanties réelles et une sollicitude plus éclairée.

Il y a deux mois, à la vue de vos courageux efforts, je fus saisi d'une si vive émotion, que je m'empressai de reporter avec attendrissement, l'impression de mes sentiments et de mon admiration vers l'illustre général qui était alors à votre tête. Je me hâtai d'adresser au grand citoyen, qui m'honore depuis si longtemps d'une amitié particulière, les félicitations que méritaient ses immenses travaux et les puissants résultats qu'ils procréaient de toutes parts. Après avoir été, dans les temps mauvais, le correspondant intime du patriarche de la liberté, je devais à une époque heureuse réjouir son âme élevée. J'éprouvais une vive satisfaction de pouvoir effacer, en lui parlant de vous, tous ces souvenirs d'amertume, de répugnance et de regrets que jadis je lui avais si souvent exprimés du fond de la Provence.

Aussi, ce vénérable guerrier s'est-il empressé *d'applaudir avec plaisir aux vœux que je lui exprimai,* de vous offrir ce drapeau autour duquel tous les gardes nationaux du royaume font faisceau pour le maintien et le respect des lois. Vous auriez salué plutôt ces nobles couleurs, le vigilant et glorieux Coq des combats, si les ouvriers de la capitale n'avaient été détournés de leurs travaux par les événements qui se sont passés vers la fin de l'année mémorable qui vient de s'écouler.

Aujourd'hui, mes amis, tout est rentré dans l'ordre ; la paix intérieure est partout assurée ; elle est garantie par ces journées de juillet et de décembre, dans lesquelles la garde nationale de Paris a triomphé de tant de difficultés, et par ces premiers jours de février à Marseille, pendant lesquels nos voisins, les gardes nationaux de cette grande cité, ont également comprimé la dernière tentative de désordre que pouvaient faire naître d'injustes prétentions et de ridicules priviléges de corporation.

Du nord au midi, sur tous les points de ce vaste empire, l'obéissance aux lois, le respect aux arrêts de la Cour des Pairs, l'adhésion aux paternels avis de l'autorité, ont calmé tout désir de vengeance, tout mouvement désordonné d'insubordination et de trouble.

En toute occasion, de si nobles exemples sont suivis par quatre millions de Français qui, chaque jour, se montrent fiers et dignes d'accourir à la voix du Roi Citoyen. Ainsi, soutenu par le vœu unanime d'une nation armée, ce vrai Roi constitutionnel peut exprimer avec confiance et dignité son désir de la paix, et opposer à l'ennemi ce noble et généreux dévoûment qui le placerait à la tête de nos redoutables phalanges, si jamais on osait menacer nos frontières.

Imitons l'exemple du père de la patrie. Préparons-nous à conserver une Charte et un Trône qui seuls peuvent assurer ordre et liberté au dedans, respect et sécurité au dehors.

Que chacun de nous se dispose à tous les sacrifices que peut permettre sa position particulière et que commande l'intérêt public.

Je ne puis le céder à personne, lorsqu'il s'agit de soutenir un Gouvernement que j'ai si longtemps désiré, et qui m'a cru capable de lui rendre quelques services ; traité avec une faveur inespérée, je désire justifier un patriotisme si généreusement récompensé, et qui ne saurait s'attiédir à l'œuvre, ni se ralentir au danger.

Les doctrines que j'ai constamment professées sur le pouvoir, ne m'ont jamais représenté les fonctions publiques comme un moyen de fortune. Déjà on a proclamé que l'exercice de l'autorité ne peut être apprécié que par les avantages qu'elle confère à ceux sur lesquels elle s'étend. Si je n'ai point reculé devant les difficultés d'une charge plus élevée, c'est uniquement dans l'espoir de contribuer davantage et de travailler plus activement à l'affermissement et au développement des principes populaires auxquels j'ai voué toute mon existence.

Ces principes ont triomphé à travers les barricades de Paris ; ils l'ont enfin emporté sur cet odieux arbitraire, sur cette violation des lois qu'on avait si jésuitiquement préparés depuis longtemps et si audacieusement proclamés le 25 juillet.

Nos brillants succès et nos glorieux exemples se propagent de toutes parts : ils reveillent au loin les peuples asservis. Nous touchons à l'époque la plus décisive du siècle. Nous serons témoins, j'espère, du nouveau système politique qui va changer le droit public de l'Europe. Les vieux traités, dictés par la force et la ruse, seront remplacés, dans peu, par ces *nouvelles conventions de paix, d'amitié, de navigation et de commerce* dont les Amériques nous offrent un si bel exemple, qui ne sont basées que sur les avantages réels du peuple et sur la prospérité réciproque des empires.

Mais, en présence de si grands événements, dans des circonstances aussi graves, lorsqu'il s'agit d'être ou de n'être pas, de rester nation brillante et honorée ou de retomber sous le joug humiliant de l'étranger, des priviléges aristocratiques ou des préjugés surannés, il ne peut plus être seulement question de discours ni de théories. Il faut un autre langage et en venir aux moyens d'exécution.

Dès ce jour, j'offre la moitié du traitement annuel que l'Etat attache aux fonctions de Procureur Général, pour habiller et équiper tous ceux qui, parmi vous, souscriront l'engagement de se tenir prêts à marcher à l'ennemi au premier signal.

Au premier coup de canon tiré sur la frontière, je fais l'abandon de la totalité de ce traitement, et je déclare d'avance le mettre à la disposition du Ministre de la guerre.

Du patriotisme en action. Voilà ce qui est à la portée de tous. Les frais de la guerre avant tous frais de représentation.

Notre avenir, une fois assuré, la sécurité publique complétement établie à l'intérieur et à l'extérieur, nous entrerons alors dans la voie des améliorations graduelles, dont nous nous entretenons depuis si longtemps. Nos ressources, notre zèle et tous nos moyens, reprendront une autre direction, également profitable au pays. Nous réaliserons nos projets d'association, de construction, d'embellissements et de fabrique. Nos chemins, à la honte de l'administration départementale, à la honte de la France, ne resteront plus dix ans sans réparations, sans entretien d'aucune espèce. La population la plus laborieuse du Midi, aujourd'hui séquestrée, bloquée, placée en interdit pendant un tiers de chaque année, pourra, un jour, librement alimenter les grands marchés qui l'entourent et vendre ses produits. Nos charretiers ne resteront plus dix heures dans la glace et la boue, pour parcourir un trajet de moins de quatre lieues ! ! ! Les houillères qui sont sur notre territoire, attireront l'industrie et nous contribuerons à élever des manufactures qui enrichiront la contrée.

Ces prairies sur lesquelles nous avons tous, dans les courses du jeune âge, si souvent lutté de force et d'adresse, et où se distinguait si bien mon illustre et éloquent ami, ces allées de platanes qui sont le seul ornement du pays, seront un jour rendues à leur véritable destination : J'ouvrirai, à l'époque la plus rapprochée, cette grande rue qui vous montrera le nom et le buste de MANUEL. Les deux principaux emplacements qui touchent à la place publique, je les destine, vous le savez, à des écoles de garçons et de filles.

L'instruction, secondée et encouragée par nous tous, sera enfin répandue dans le peuple et l'éclairera sur ses besoins et ses droits.

AMIS,

EXCELLENTS ET INDUSTRIEUX COMPATRIOTES,

Ce n'est que sous ces couleurs nationales que la France sera grande et heureuse : ce n'est qu'avec le drapeau tricolore que les Communes seront riches et bien administrées ; ce n'est qu'avec un Roi de notre choix et qui a adopté si volontiers et avec tant d'empressement nos insignes de gloire et de liberté, que nous pourrons jouir de tous les biens, de tous les avantages que les hommes réunis en société peuvent désirer.

Officiers, soldats, braves gardes nationaux, vous défendrez ce drapeau, il est confié à votre patriotisme, à votre courage, à votre amour pour l'ordre public et le Roi constitutionnel.

Discours du Procureur Général Borély, président du Collége du 1er arrondissement électoral de Marseille, prononcé le 9 septembre 1831.

Messieurs,

Si nous reportons nos souvenirs vers l'origine de la révolution de Juillet et vers la cause de la nouvelle convocation de ce Collége Électoral, nous pourrons répéter, dans cette enceinte, ce que disait naguère un écrivain distingué : ce sont les bons sentiments qui commencent les révolutions, ce sont les mauvais qui s'en emparent.

De la résistance à l'arbitraire on a vu surgir notre régénération politique ; mais à peine le patriotisme des bons citoyens avait-il sauvé la Charte des atteintes que lui avait porté un pouvoir aveugle que s'est montrée l'anarchie pour attaquer, en sens contraire, des institutions qui venaient de recevoir tous les compléments souhaitables.

Une de ces attaques soudaines a donné, dans nos murs, un déplorable spectacle à la France. C'est par suite de cette violence du premier des droits constitutionnels, c'est par les entraves apportées à la liberté des suffrages électoraux, que nous sommes appelés aujourd'hui à compléter la députation des Bouches-du-Rhône.

En attendant, la justice recherche et poursuit les auteurs de cet attentat : éloignée des passions et des orages politiques, elle procède, dans son sanctuaire, à une de ces informations qui accusent plus ordinairement l'égarement des partis que les lenteurs obligées des formalités judiciaires [1].

Électeurs de ce 1er Arrondissement, plus pénétrés que jamais de la sainteté de notre mandat, accomplissons-le avec un patriotisme éclairé et une insistance à toute épreuve. Réparons, par le choix d'un Député d'honneur et de conscience, de probité et de talent, des torts qui ont fait revivre la douloureuse célébrité que s'était acquise la ville de Marseille dans les différentes phases de l'histoire contemporaine.

Que si déjà, par les suffrages préliminaires que vous avez décernés hier à celui qui a l'honneur de vous présider aujourd'hui, vous aviez d'avance voulu indiquer vos résolutions de fermeté et de courage, je serais fier d'une des circonstances les plus heureuses de ma vie.

Toujours uni d'intention et de cœur avec des citoyens à principes arrêtés, nous triompherons tous des obstacles que l'on suscite sans motif et sans but au gouvernement de ce Roi qui ne veut que le bien du peuple et la gloire de la Patrie. Nous repousserons l'esprit d'intrigue, nous arrêterons l'audace des factions : au dehors, nous maintiendrons

[1] Le scrutin du Collége du Nord a été brisé le 6 juillet dans la salle de la Bourse, à 4 heures Le chef du parquet de la Cour ordonnait, à 5 heures, des poursuites sur cet attentat. Le réquisitoire de M. le Procureur du Roi, dressé le même jour, était présenté à M. le Juge d'instruction, qui, le 7 au matin, commençait son information.

Le 11, sur la réquisition du Procureur Général, la Cour royale d'Aix prononçait l'évocation de cette affaire et en déléguait l'instruction à M. le Premier Président et à un Conseiller auditeur.

le libre accès de cette enceinte aux Electeurs ; au dedans, le plus loyal et le plus indépendant exercice des suffrages.

Pénétrés des doctrines du Gouvernement représentatif, nous voulons tolérance pour tous, oppression pour aucun. Ce n'est que ce système, l'entier, l'impartial accomplissement des lois, qui doit rallier chacun à une Charte inépuisable de libertés, à un Trône inépuisable de garanties, à une Famille inépuisable de vertus.

Puissent l'endurcissement et l'aveuglement des uns, l'égarement et la folie des autres, se trouver sans prétexte devant la franchise de notre conduite, la loyauté de nos opérations ! Puisse encore sortir de cette urne un véritable élu qui assure d'utiles services au pays, qui éclaire le Gouvernement et chérisse le Roi !

Discours du Procureur Général Borély, Président du Collége du 1er arrondissement électoral de Marseille, prononcé le 6 décembre 1831.

MESSIEURS,

Lorsque naguère nous faisions entendre dans cette enceinte des paroles sévères sur un attentat à la liberté électorale, nous croyions être en parfaite harmonie avec vos principes d'ordre et de légalité. Vos suffrages, qui nous appellent à vous présider une seconde fois, en sanctionnant cette sévérité de langage et une fermeté invariable, nous imposent des devoirs que nous saurons également remplir aujourd'hui.

Oui, Messieurs, si en présence des graves événements qui viennent d'affliger la seconde ville de France, Marseille a conservé un calme imposant et mémorable, si l'émeute de Lyon n'a eu aucun retentissement parmi nous, ne craignons pas de demander si le Corps électoral de ce Collége, en s'éloignant d'un scrutin que protégent toutes les garanties légales et toute sécurité intérieure et extérieure, montrerait à son tour l'attitude et la dignité qu'a droit d'attendre l'intéressante et laborieuse population qu'il représente. Remplirait-il les devoirs sacrés qu'impose le pacte fondamental de la Nation?

Ce n'est jamais en vain qu'on méconnaît ce qu'exige la patrie, qu'on néglige ce que commande la loi.

Hier, un huitième des électeurs inscrits sur nos listes, s'est seulement présenté pour concourir à la formation du Bureau définitif, et des difficultés sans exemple ont été sur le point de s'opposer à son entière composition.

Dans quelles circonstances les citoyens paisibles, les amis de l'ordre voudraient-ils continuer à se tenir à l'écart et à refuser leur concours au pays et au pouvoir de son choix?

A peine les propriétés, les personnes, les institutions ont été menacées au sein d'une vaste cité, que les grands corps de l'Etat ont unanimement montré la plus franche adhésion au gouvernement du Roi, qui, dans la conscience de son bon droit comme dans la loyauté de ses actes, n'a point manqué à sa noble mission. Par leur force, leur rapidité et leur ensemble, les mesures ordonnées ont arrêté un incendie qui a paru si menaçant au loin. Un jeune Prince a voulu remplir une mission de générosité et de concorde; un Ministre responsable est venu rétablir l'empire des lois; des commandants supérieurs sont accourus avec empressement sur tous les points du royaume, et nous avons reçu avant-hier dans nos murs un des premiers Lieutenants de Sa Majesté, dont l'expérience, le mérite éprouvé et la bravoure auraient intimidé les factieux et réprimé tout attentat à la paix publique.

Électeurs de ce Collége, au milieu d'un si unanime concours entre gouvernants et gouvernés, pourriez-vous persister dans une indifférence coupable? Montrez-vous dignes de la sollicitude d'un Prince qui connaît si bien les obligations qui lui sont imposées : accomplissez aujourd'hui les vôtres avec le même dévouement et le même zèle. La félicité publique, le bonheur individuel ne se trouvent que dans l'accomplissement des devoirs.

Venez déposer dans le secret de l'urne électorale l'expression d'une conscience libre et pure. Enfin, offrons tous à la France cet élu qui, dans les circonstances présentes, doit être un motif de sécurité pour la chose publique, un gage de fidélité pour le Souverain et un organe éclairé de nos besoins et de nos intérêts.

J. A. MANUEL

Né à Barcelonnette (B. Alp.) le 10 déc. 1775.
Mort à Maisons-sur-seine le 20 août 1827.
Dedié
aux souscripteurs du monument
élevé dans sa ville natale
le 21 Juillet 1833.

D'après le tableau original tiré de la galerie
de l'honorable Mr. Laffitte.

Discours prononcé le 21 juillet 1833, par M. Borély, Procureur Général en la Cour royale d'Aix, à l'inauguration du monument élevé à Manuel, dans la ville de Barcelonnette (B.-A).

COMPATRIOTES,

A peine victorieuse dans le mémorable combat des Trois Journées, encore debout sur les barricades parisiennes, la Révolution de Juillet évoquait déjà, dans tout l'enthousiasme d'une reconnaissance spontanée, le glorieux souvenir des grands Citoyens qui avaient le plus énergiquement hâté son triomphe immortel : c'est aux noms de MANUEL, de FOY, de LAROCHEFOUCAULT, qu'elle rouvrait les portes du Panthéon et qu'elle rétablissait la sublime inscription :

AUX GRANDS HOMMES
LA PATRIE RECONNAISSANTE.

Mais, magnanime dans tous ses actes, cette révolution qui ne se proclamait qu'au nom de la justice et des lois, hésita, en quittant le champ de bataille, à inaugurer au pas de charge les statues de ses chefs, et ne voulut pas conquérir leur apothéose par la force des armes.

Toujours doué d'un admirable instinct pour les hautes convenances, le peuple français céda, même au milieu des joies de la victoire, à tout ce que commande la dignité nationale : le besoin de satisfaire sa reconnaissance ne lui fit pas improviser la consécration de l'immortalité.

Les honneurs suprêmes ne doivent être décernés qu'avec les formes de la plus imposante solennité. Une nation qui achève la conquête irrévocable de tous ses droits, en connaît déjà toute l'étendue ; elle veut être la première à en imprimer le respect en les respectant elle-même.

Ainsi, après l'œuvre de sa toute-puissance, la Révolution de 1830 reprend possession de son temple ; mais elle place encore toute sa gloire à ne déférer la rémunération des sépultures nationales qu'avec l'austère gravité et la marche régulière des institutions dont elle a fait choix. Dans les gouvernements représentatifs, le vœu des majorités publiquement discuté, librement exprimé, commande cette soumission universelle qui fait la force des peuples civilisés, et donne individuellement à l'homme tant de grandeur et tant de dignité.

Déjà, les élus du peuple ont été appelés, l'an dernier, à payer envers trois illustres morts les dettes sacrées de la patrie. Car les immortels services de Manuel, de Foy, de Larochefoucault retracent eux seuls la révolution dans son but, ses conséquences et ses résultats : et, comme le répétaient encore plusieurs députés de cette législature, ces trois grands orateurs ont été les principaux mobiles, les vrais organes et pour ainsi dire les précurseurs du changement politique qui s'opéra si glorieusement en 1830.

Par une déplorable *division*, par un des plus fâcheux contre-temps parlementaires, les admirateurs du courage et du patriotisme de ces grands citoyens s'empressèrent de prévenir, peut-être, quelque outrage nouveau contre ceux dont les combats avaient été les plus opiniâtres et les prévisions les plus sûres. La proposition fut retirée ; et la loi qui allait sanctionner pour les garanties de l'avenir et la rémunération du passé une de nos plus morales, une de nos plus bienfaisantes institutions, fut ajournée à une époque meilleure.

Avec les bienfaits de la presse et par les vœux réitérés des communes et des départements, la vérité ne peut plus aujourd'hui être longtemps voilée en France, et les services publics ne doivent plus être oubliés ni méconnus.

La plus modeste cité du royaume, la commune de la plus pauvre vallée des Alpes, le département le plus éloigné du centre des lumières, viennent, par l'unanimité de leurs suffrages et de leurs concours, par les démonstrations de leur vénération profonde, consacrer un modeste et touchant hommage qui, du haut de ces montagnes, pourra rappeler à la France entière ce qu'elle doit aux mânes d'un Citoyen doué du plus pur patriotisme et du courage le plus inébranlable.

Honneur à vous, bons et reconnaissants montagnards ! honneur, honneur à Barcelonnette humble berceau d'un grand homme !

Oui, mes Compatriotes, oui, c'est ici que devait être donné un mémorable exemple à la France et à ses mandataires. C'est au milieu de vous que Manuel fut mieux connu, que ses vertus publiques, sa carrière parlementaire ont toujours été plus justement appréciées. C'est sur l'extrémité de ces frontières, c'est au fond de nos cœurs que ses énergiques prédictions, ses invariables *répugnances* réveillaient si profondément les sentiments d'indépendance nationale et toutes les haines qu'enfantent les priviléges et les préjugés.

Jeune, à l'armée et au barreau, Manuel montra devant l'ennemi et dans les discussions judiciaires, cette énergie d'action, cette supériorité de lumières qui manifestent l'homme appelé à donner la haute impulsion dans les affaires d'un pays.

Mais, comme défenseur de la patrie ou du plus humble citoyen, sous les armes comme sous la toge, il sut ramener les devoirs de ces diverses positions sociales au plus saint, au plus respectable des devoirs, celui du triomphe de la liberté et de la justice. Dans les camps, il ne contracta que l'habitude du danger et le besoin de le vaincre ; à la barre, la facilité des discussions publiques et l'habileté de les conduire. Là, l'obéissance passive du soldat ; ici, la froide argumentation d'intérêts privés ne purent imprimer aucune atteinte à ce caractère fort, élevé, planant au-dessus des combinaisons vulgaires de la stratégie ou de quelques lois civiles. C'est ainsi que les esprits supérieurs résistent aux circonstances extérieures qui les entourent et conservent ces immenses facultés qni sont le patrimoine des générations futures, puisqu'elles leur assurent une plus large part de liberté, de bonheur et de bien-être.

Aussi, à peine parut-il dans les assemblées législatives, à peine se montrait-il sur ce nouveau champ de bataille où toutes ses forces allaient se mouvoir plus à l'aise et se trouver au niveau des grandes circonstances qui décident de la destinée des empires, que, citoyen de courage, Français de cœur et puissant orateur de tribune, il prophétisa nos longs malheurs et protesta, mais vainement alors, contre les prétentions d'une famille et d'une caste déchues que nous ramenait l'étranger.

Après le désastre de Waterloo, lorsque nos vieilles phalanges entouraient la Capitale et la Chambre des représentants, au bruit du canon et la veille d'une seconde Restauration plus humiliante encore que la première, Manuel s'exprimait ainsi dans son mémorable projet d'adresse :

« Le gouvernement, quel qu'il soit, que peut-il faire de « plus utile que de rallier pour toujours, sous les couleurs « nationales, tous les Français qui n'ont d'autre intérêt et « d'autres vœux que de jouir d'un repos honorable et d'u- « ne sage indépendance?

« Maintenant, la Chambre des représentants croit de « son devoir et de sa dignité de déclarer qu'elle ne saurait « avouer pour chef légitime de l'Etat celui qui, en montant « sur le trône, refuserait de reconnaître les droits de la « nation et de les consacrer par un pacte solennel. Et si « la force des armes parvenait à nous imposer momenta- « nément un maître, si les destinées d'une grande nation « devaient être livrées aux caprices et à l'arbitraire d'un « petit nombre de privilégiés, alors, cédant à la force, la « Chambre des représentants protestera à la face du monde « entier des droits de la nation française opprimée, et en « appellera à l'énergie de la génération actuelle et de la gé- « nération future, pour revendiquer à la fois son indépen- « dance nationale et sa liberté civile : elle en appelle dès à « présent à la justice et à la raison de tous les peuples ci- « vilisés. »

Que nous laissent à dire de telles paroles, lorsque nous venons les rappeler après la conquête du drapeau national, après l'expulsion d'une dynastie qui, *n'ayant rien appris ni rien oublié*, avait méconnu tous nos droits et qui, chaque jour, s'efforçait d'en effacer les plus légers vestiges? Quelles expressions peuvent peindre ce grand et sublime talent, comparable seulement au plus sublime et au plus grand courage?

Mais ce talent et ce courage n'ont-ils pas laissé des traces plus profondes encore dans nos fastes législatifs? Rapporteur de la déclaration des droits des Français et des principes fondamentaux de la Constitution qui s'élaborait au bruit du canon grondant sous les murs de Paris, Manuel proposait la rédaction de cet article 13 qui faisait la base principale de notre Révolution de Juillet :

« Le prince soit héréditaire, soit appelé par élection, ne « montera sur le trône de France qu'après avoir prêté et « signé le serment d'observer et de faire observer la pré- « sente déclaration. »

Ainsi, comme publiciste, comme orateur, notre illustre compatriote s'élève, dès ses débuts parlementaires, à la plus haute position de la Chambre. Ce premier rang, il n'a cessé de le conserver dans les diverses législatures auxquelles l'appelèrent avec tant de discernement et tant de constance, les Français qui étaient le plus menacés dans la jouissance de leurs droits les plus sacrés.

L'imposante cérémonie qui nous réunit dans cette enceinte ne peut nous permettre de vous retracer ici tous les travaux, tous les combats de ce puissant athlète. C'est à travers cette longue lutte et au milieu de discussions si périlleuses que se prépara le triomphe du gouvernement constitutionnel. C'est à la Chambre des députés que se réfugièrent tous nos principes de liberté, de grandeur politique que les divers ministres de la contre-révolution tentaient d'exclure avec tant de soin des lois civiles et de l'administration publique. Mais là, l'éloquence conserva le feu sacré, et c'est alors qu'une opposition vraiment nationale adressa à l'émigration triomphante ces prophétiques paroles : *Oui, vous êtes 300 dans cette Chambre, mais au dehors nous sommes 30 millions.*

Ces élans de vérité et de courage formèrent les réputations et dessinèrent les grandes physionomies de nos plus habiles orateurs. L'un révéla cette parole militaire qui électrisait tous nos cœurs parce qu'elle partait d'un cœur français ; l'autre, publiciste consommé, déroulait toujours à propos, avec une admirable clarté et une verve ingénieuse d'aperçus hardis, cet immense répertoire de doctrines et d'arguments qui ont tant contribué à fonder notre droit constitutionnel.

Un membre de cette immortelle opposition, un seul ne put consentir à resserrer le combat dans le préliminaire des discussions. Manuel ne se trouva pas compatible avec le régime représentatif qu'abâtardissait la Restauration. Il fut brutalement *empoigné* et expulsé par la violence avec le mandat que lui avaient donné les électeurs.

C'est dans cette circonstance de combats si multipliés, c'est dans cette phase si humiliante de nos annales législatives que notre illustre ami, déployant toute la puissance du talent, réunie au courage le plus inflexible, dit à ses implacables adversaires : *Vous voulez me repousser de cette tribune, je serai votre première victime ; puissé-je être la dernière! Mais je le déclare : si je pouvais être animé de quelque désir de vengeance, victime de vos fureurs, je confierais à vos fureurs le soin de me venger.*

Cette vengeance, personne ne se la fût mieux donnée que Manuel lui-même. Si la mort ne l'eût point ravi à la patrie quelques années plus tôt, on l'eût vu pendant les trois journées diriger le combat des barricades comme il dirigeait les attaques de la tribune. Et nous qui, comme le poète national, avons toujours été si avancés dans la plus étroite intimité de Manuel, nous aussi, nous pouvons répéter avec le même degré de conviction, que son courage de vieux soldat l'eût inévitablement porté en tête de tout ce qui s'est fait de grand en 1830. Le lendemain, il n'eût pas été seulement *forcé d'accepter une part aux affaires du gouvernement nouveau*; il eût organisé lui-même l'administration qui se formait à l'Hôtel-de-Ville. Là, entouré d'amis éprouvés, d'hommes animés d'un patriotisme inébranlable, à côté du patriarche de la liberté des deux mondes, il eût dicté le vrai programme qui aurait tout d'abord et irrévocablement imprimé cette marche ferme et régulière qui impose aux mauvaises passions, maîtrise les ambitions subalternes et subjugue toutes les volontés. Celui qui marchait en avant d'un peuple qui n'avait *d'autre intérêt et d'autres vœux que de jouir d'un repos honorable et d'une sage indépendance*, eût porté le premier jalon des libertés publiques aussi avant qu'il pouvait être porté : mais une fois planté, il l'aurait tenu d'une main qu'on n'eût ni facilement ébranlée ni témérairement attaquée.

Au milieu des vains efforts aristocratiques et des impuissantes tendances jésuitiques de la Restauration, le nom qui était devenu si cher aux amis de la patrie, fût devenu plus cher encore, après la victoire des Barricades, aux amis de l'ordre et d'un gouvernement franchement légal et sincèrement constitutionnel. Si Casimir Périer eut l'énergie de proclamer les vrais, les seuls principes qui devaient rassurer la masse d'une grande nation et dissiper à jamais tant d'inquiètes et turbulentes hésitations, Manuel, mieux encore que ce grand homme d'Etat, nous avons l'orgueil et l'intime conviction de le dire, notre illustre Manuel, inévitablement appelé le premier, au premier rang du pouvoir, puissamment doué de cette portée et de cette présence d'esprit si nécessaires dans les moments suprêmes, eût fortement embrassé et fondé irrévocablement le seul système réclamé par l'époque.

Les hommes d'Etat manquent quelquefois de cette audace que suit les grandes pensées ; et leurs tentatives n'avortent ordinairement que par l'absence de la pénétration qui embrasse toutes les difficultés, et de la volonté qui porte à les vaincre. Pour avoir une existence politique qui inspire la confiance publique, il faut avoir une valeur individuelle dont rien ne puisse altérer l'empreinte. Alors on fonde un système et l'on met son ambition et toute sa gloire à le défendre. Ce n'est pas Manuel qui eût désiré le pouvoir pour le pouvoir : mais il l'eût saisi pour jeter bas tous les restes de cette vieille aristocratie, incompatible avec la nation, comme elle était antipathique avec tout son être. Il eût voulu garder le pouvoir pour élever toutes les barrières qui doivent protéger longtemps encore les libertés publiques contre d'implacables ennemis.

Et cet homme, qui a été le plus populaire de tous ceux

qui ont contribué à l'affranchissement du peuple, Manuel, mieux qu'aucun autre, voulait surtout que le pouvoir monarchique fût entouré d'institutions fortes et indépendantes. Manuel ne ressemble en rien à tous ces artisans de popularité factice qui cherchent à tromper les masses et qui sont toujours disposés à modifier leurs principes sur la combinaison de leurs intérêts.

Après avoir contribué à l'érection d'un trône populaire, Manuel eût inévitablement voulu honorer et soutenir le grand œuvre auquel il eût pris une si large part.

Mais il n'eût voulu, nous en sommes certain, il n'eût voulu en juillet 1830, que ce qu'il réclamait en 1815 : *Paix honorable, indépendance vraie, Constitution réciproquement acceptée et jurée, élection du Souverain.* Il eût d'autant plus défendu le chef actuel de l'Etat, que notre Roi-Citoyen apporta sur le trône toutes les garanties que promettent une haute et imperturbable raison, une longue expérience et une famille nombreuse, élevée dans les rangs de la génération nouvelle.

Tel fut, tel aurait certainement été notre illustre compatriote. Manuel mérite donc tout cet éclat d'estime publique, ces témoignages de notre affection et de nos souvenirs.

Que cette ovation municipale, que notre véritable fête de famille précèdent la manifestation de la reconnaissance nationale. Lorsque ce sont les communes qui frappent aux portes du Panthéon, les législateurs ne peuvent plus différer la sanction des vœux populaires.

Que Manuel au Panthéon, comme dans sa ville natale, reçoive donc toutes les récompenses qu'il a si bien méritées !

Circulaire sur l'abus de faire payer des amendes sans jugement de condamnation, et sur le relâchement dans le service de la Police judiciaire.

Aix, le 30 juin 1834.

MONSIEUR LE PROCUREUR DU ROI,

La loi en chargeant les juges de paix de prononcer sur les contraventions de Police, et en permettant aux parties de se présenter devant ces Magistrats sur simples billets d'avertissement, a eu en vue ces légères contraventions qui ne doivent donner lieu qu'à des condamnations à de faibles amendes.

La procédure des juridictions supérieures et les lenteurs qu'elle nécessite ne pouvaient convenir à de pareils faits. Néanmoins dans plusieurs Communes on s'affranchit trop souvent des règles établies par la loi, et trouvant encore trop longues les formalités qu'elle établit, on condamne amiablement le délinquant à une amende. Celui-ci s'empresse de la payer parce qu'on l'effraie par des considérations sur l'énormité des frais et la sévérité des peines auxquelles il s'expose s'il n'accepte pas cette transaction.

Cette marche est sans doute dictée par un esprit de bienveillance dont, j'aime à le reconnaître, sont doués tous les fonctionnaires qui la suivent; mais elle est illégale et sous ce premier rapport on ne doit pas l'adopter ; elle offre en outre des inconvénients que je dois vous signaler.

La Police judiciaire comprend des agents de diverses classes ; parmi eux se trouvent des gardes-champêtres. J'ai remarqué que beaucoup d'entre eux ne remplissaient pas leurs devoirs avec tout le zèle qu'on doit en attendre, et que plusieurs sont même sous le poids de graves soupçons. Ils exigeraient souvent des délinquants des sommes plus ou moins fortes à titre de transaction, en prétendant qu'ils versent le produit de ces amendes amiables dans les caisses des bureaux de bienfaisance.

Ces concussions n'auraient pas lieu si tous nos justiciables savaient que ces transactions ne sont pas autorisées, et que les agents de la Police judiciaire doivent seulement constater par des procès-verbaux les contraventions et délits dont ils sont les témoins.

Quelques affaires de cette nature ont été portées devant la Cour, et les gardes-champêtres accusés ont été absouts, parce qu'il a été prouvé que l'autorité administrative permettait souvent ces transactions, et qu'il a été dès lors impossible d'établir que les gardes les avaient faites à leur profit et sans autorisation dans quelques-unes des circonstances mentionnées dans les plaintes.

Impunité pour les gardes concussionnaires, multiplicité des contraventions, désaffection pour l'autorité que le peuple soupçonne toujours capable de s'approprier une partie de ces allocations, et relâchement dans le service des agents de la Police judiciaire, tels sont les résultats de ces usages illégaux.

Il est de notre devoir de les combattre et de les détruire.

Il importe de ramener tous les fonctionnaires placés sous notre juridiction à l'exécution rigoureuse de la loi, parce qu'elle seule peut offrir à tous les garanties qui sont la sauvegarde de la société.

Lorsque nous serons arrivés à ce point, nous pourrons atteindre facilement les agents prévaricateurs, qui n'auront plus d'excuse pour cacher leurs criminelles exactions.

J'attire toute votre attention sur l'objet de cette circulaire, parce que je suis persuadé qu'en corrigeant ces abus, nous rendrons aux fonctionnaires publics cette confiance de leurs administrés, sans laquelle ils ne peuvent opérer le bien.

Que la Justice seule ait le droit et la mission pénible d'infliger des peines ! c'est le vœu de la loi et de la raison.

Vous voudrez bien m'accuser réception de cette lettre et m'indiquer les mesures que vous aurez prises pour assurer l'exécution des dispositions qu'elle contient, et surtout pour communiquer aux gardes-champêtres ce désir de bien remplir leurs fonctions, dont l'absence a trop souvent été constatée.

Recevez, Monsieur le Procureur du Roi, l'assurance de ma parfaite considération.

Le Procureur Général,

BORÉLY.

Circulaire. — Instructions sur la loi du 10 avril 1831, relative aux attroupements.

Aix, le 10 juillet 1834.

Monsieur le Procureur du Roi,

A l'occasion des troubles qui viennent d'éclater sur différents points du ressort, je crois devoir vous transmettre quelques instructions concernant la loi du 10 avril 1831, sur les attroupements.

Comme l'objet de cette loi est de la plus haute importance, il est essentiel d'en bien saisir l'esprit, d'en suivre rigoureusement les dispositions et de les rappeler à tous les Magistrats et Officiers civils chargés de la police judiciaire.

Les attroupements doivent céder à la voix du Magistrat. C'est là le principe, principe d'ordre public de tous les pays et de tous les temps.

L'esprit de la loi est de considérer l'attroupement comme un délit, dès qu'il y a sommation de l'autorité compétente pour sa dispersion.

Mais ce délit s'aggrave suivant sa persistance.

Après la première sommation, il n'est passible que de peines de simple police ; après la seconde, il est passible de peines correctionnelles ; après la troisième, il prend le caractère de la sédition et peut être réprimé par la force, conformément à la loi du 3 août 1791.

L'emploi de la force étant une nécessité toujours malheureuse, il convient de n'y recourir que dans les cas extrêmes, après avoir rempli toutes les formalités établies par la loi dans un but d'ordre et de pacification.

Ainsi, le fonctionnaire qui fait les sommations, doit être revêtu de l'écharpe tricolore. Ce signe donne plus d'autorité à ses paroles. La foule voit que c'est un de ses Magistrats qui lui parle, et se sent plus disposée à lui obéir.

Chaque sommation doit être précédée d'un roulement de tambour ou d'un son de trompe. Cet avertissement public a pour objet d'imposer silence à la foule, afin qu'elle entende plus facilement les paroles de la sommation.

Un intervalle doit être laissé entre la première sommation et la seconde, pour donner à l'attroupement le temps de se disperser; s'il persiste, on peut essayer de l'intimider en faisant quelques arrestations.

On doit agir de même après la deuxième sommation.

Enfin, après la troisième, on peut recourir à la force.

Mais, comme le disait M. le Garde des Sceaux, dans l'emploi même de la force, il est encore des précautions à prendre. On use d'une certaine modération; on n'emploie pas immédiatement les moyens extrêmes; il y a plusieurs degrés à observer.

L'exécution saine et intelligente de la loi dépend surtout du discernement et de la prudence du Magistrat; il doit savoir apprécier le caractère et le but de l'attroupement, son plus ou moins de gravité, distinguer enfin une simple émeute d'une sédition ouverte.

Qu'il s'abstienne principalement et avec le plus grand soin de toute expression d'injure ou de mépris; la dignité du peuple doit être respectée même dans ses écarts ; rien n'est d'ailleurs moins propre à ramener le calme, que des paroles qui peuvent devenir une nouvelle cause d'irritation en blessant la juste susceptibilité des citoyens.

Les tumultes, les emportements des factions sont l'épreuve d'un gouvernement libre ; tandis qu'elles abusent de la liberté pour se jeter dans la licence et l'anarchie, il doit les ramener à l'ordre par les lois, sans jamais perdre de vue les devoirs que lui imposent son principe et son origine.

Recevez, Monsieur le Procureur du Roi, l'assurance de ma parfaite considération.

Le Procureur Général,

BORÉLY.

Circulaire. — Devoirs des Officiers de police judiciaire dans le cas de mort violente.

Aix, le 27 avril 1835.

Monsieur le Procureur du Roi,

De tous les faits qui doivent attirer l'attention des Officiers de police judiciaire, il n'en est pas qui la méritent aussi spécialement que les morts violentes; il n'en est pas cependant que l'on traite avec plus de négligence.

Croyant être persuadé que la mort violente n'est pas le résultat d'un crime, l'Officier de police judiciaire néglige souvent d'en dresser procès-verbal, ou s'il le dresse, il néglige d'y mentionner toutes les circonstances qui peuvent mettre l'Autorité supérieure en état d'en apprécier les causes et le caractère.

Cette négligence a eu souvent des résultats fâcheux qu'il importe de prévenir, et toujours jaloux de faciliter aux Officiers de police judiciaire l'accomplissement de leurs devoirs, j'ai réuni dans cette instruction les principales obligations qu'ils ont à remplir en pareil cas, en leur traçant la marche qu'ils ont à suivre.

Dès qu'une mort violente est signalée, l'Officier de police judiciaire, qui en est instruit le premier, doit en prévenir le Procureur du Roi qui juge s'il faut se transporter sur les lieux. C'est ce Magistrat qui, dans ce cas, a le droit d'autoriser l'inhumation ou de la suspendre jusqu'après l'accomplissement des formalités qu'il croira devoir prescrire.

Mais cet avis ne doit pas arrêter l'Officier de police judiciaire auxiliaire, qui, de son côté, fait tous les actes nécessaires pour la constatation du crime jusqu'à l'arrivée du Procureur du Roi. La présence d'un cadavre constitue toujours le cas de flagrant délit qui autorise tous les Officiers de police judiciaire à agir pour en découvrir et arrêter les auteurs.

Avant tout, il importe de bien constater si la mort est le résultat d'un suicide, d'un accident ou d'un meurtre ; dans ce dernier cas, la mort peut avoir été donnée avec ou sans préméditation. Ce sont tout autant de points essentiels que l'Officier de police doit d'abord s'efforcer d'éclaircir avec exactitude.

Dans ce but, il constatera l'identité de la personne décédée en appelant, pour reconnaître son cadavre, les parents ou amis présumés. Il prendra ensuite sur l'état moral de cette personne, sur la situation de ses affaires, de sa fortune, tous les documents propres à faire connaître s'il y a lieu de présumer un suicide ; il s'informera si elle n'a pas laissé d'écrit pour expliquer elle-même la cause de sa mort.

Le genre de mort, la nature des blessures, leur situation, les instruments avec lesquels elles ont été faites, la position du cadavre, sont autant de circonstances qu'il est nécessaire d'examiner avec attention et de décrire très-soigneusement dans le procès-verbal.

S'il existe des indices qui font présumer que le défunt s'est défendu, on les recueillera très-scrupuleusement. Telles seraient les traces de violence existant sur diverses parties de son corps, et le désordre dans les vêtements don ti est couvert.

Si avant l'arrivée de l'Officier public, le cadavre et les objets qui l'entouraient ont été dérangés, il les fait replacer; et si ce n'est plus possible, il y supplée par les déclarations des personnes qui peuvent l'éclairer, et il constate le tout dans son procès-verbal.

Mais parmi les diverses circonstances que l'Officier public a à apprécier, il en est, et ce sont les plus essentielles, dont l'examen exige des connaissances spéciales. L'Officier de police doit alors se faire assister d'un ou de deux hommes de l'art. Cette mesure est impérieusement ordonnée par l'article 44 du Code d'instruction criminelle.

C'est en sa présence qu'ils procèdent à l'examen du cadavre et à toutes les opérations requises, après avoir prêté le serment de faire leur rapport en leur honneur et conscience.

L'Officier public ne doit pas insérer ce rapport dans son procès-verbal; il y fait mention seulement du choix des experts, de leur prestation de serment et du résultat de leurs opérations. Quant au rapport, il est l'œuvre des hommes de l'art qui le rédigent séparément. L'Officier de police ne peut s'immiscer en rien dans sa rédaction, il doit le recevoir tel qu'ils ont cru devoir le faire; néanmoins, s'il s'aperçoit qu'ils omettent quelques particularités essentielles, il est de son devoir d'éveiller leur attention sur ces points et de provoquer de leur part des explications plus étendues ou plus directes; mais si les experts refusent d'obtempérer à cette invitation, l'Officier public ne peut les contraindre, sauf à lui à consigner dans son procès-verbal tout ce qui s'est passé.

Il importe, en faisant la description du lieu où le cadavre a été trouvé, d'énoncer s'il est clos et fermé, de décrire l'état des fermetures ou clôtures et d'indiquer avec précision si un étranger a pu s'y introduire et comment.

De toutes les morts violentes, celle qui exige le plus de circonspection, c'est celle qui paraît être le résultat d'un infanticide. Il ne suffit pas de constater le fait d'un accouchement même clandestin, même nié d'abord par la mère, il ne suffit pas de constater que l'enfant était né viable, qu'il a vécu, il faut surtout rechercher si la mort est le résultat d'un crime. Et quoique cette appréciation rentre plus spécialement dans les connaissances des hommes de l'art, on ne saurait trop recommander aux Officiers publics de recueillir avec le plus grand soin tout ce qui peut établir soit la culpabilité, soit l'innocence de la mère.

Après ces devoirs qui tendent à la répression du crime, l'Officier public en a d'autres relatifs à l'acte de décès. Il doit recueillir tous les renseignements propres à faire connaître la personne décédée, et les adresser à l'Officier de l'état civil, sans cependant lui donner le procès-verbal que la loi ne lui permet dans aucun cas de joindre à l'acte de décès.

Ce n'est qu'après que toutes ces formalités ont été remplies, que l'Officier de police autorise l'inhumation : il doit toujours veiller à ce qu'il soit possible de procéder à l'exhumation si elle était jugée nécessaire.

Tels sont les principaux devoirs des Officiers publics en cas de mort violente : ils varient au surplus suivant les circonstances; mais dans tous les cas, je ne saurais trop le répéter, l'Officier public doit consigner, dans un procès-verbal détaillé, toutes les observations qu'il a faites, toutes les démarches auxquelles il s'est livré et inviter les personnes qui l'ont assisté à signer cette pièce. Il doit toujours se rappeler qu'il ne travaille pas pour lui seul, mais pour la Société qui a le droit d'apprécier le fait, sa nature et ses causes, d'après les éléments qu'il aura recueillis.

Vous voudrez bien m'accuser réception de cette Circulaire.

Recevez, Monsieur le Procureur du Roi, l'assurance de ma parfaite considération,

Le Procureur Général,

BORÉLY.

Circulaire sur les Processions et les Cérémonies religieuses.

Aix, le 12 novembre 1835

MONSIEUR LE PROCUREUR DU ROI,

Chaque année, les tribunaux et les parquets du ressort délibèrent s'ils assisteront aux cérémonies religieuses. Ces délibérations donnent lieu quelquefois à des discussions de nature à diminuer l'union et la bonne harmonie si nécessaires dans les rapports qui existent entre les divers membres de la magistrature. Il en résulte encore que le public est mis dans le secret de certaines dissidences d'opinions toujours fâcheuses, lorsque surtout elles se manifestent sur des objets aussi graves.

J'ai dû réfléchir aux moyens de faire cesser pour l'avenir ces inconvénients. Si l'on ne peut pas espérer d'établir, dès à présent, un accord parfait sur ce point entre les tribunaux et les parquets, du moins convient-il que ces derniers suivent en cette matière, dans toute l'étendue du ressort de la Cour, une même ligne de conduite et agissent d'après des règles invariables et uniformes.

Je crois donc à propos de vous rappeler quels sont les principes que nous avons à suivre à cet égard et sur lesquels M. le Ministre de la justice et des cultes vient d'insister auprès de moi.

Le clergé est d'une utilité trop réelle dans un Etat pour n'avoir pas droit à la protection et à la bienveillance du gouvernement, lorsqu'il se renferme dans les limites de son ministère. Mais la liberté des cultes, la suppression de toute religion d'Etat commandent à toutes les autorités constituées la plus grande circonspection. Elles ne doivent prendre part aux cérémonies religieuses que lorsque le gouvernement le prescrit. Lorsqu'après avoir invité les évêques, ceux-ci manifestent le désir d'agir d'accord avec l'autorité civile, ce serait manquer à tous ses devoirs que de ne pas répondre à leurs invitations, ce serait méconnaître les prescriptions du gouvernement, ce que les fonctionnaires de tous les rangs, de toutes les hiérarchies ne peuvent se permettre sans se séparer de l'autorité supérieure. Mais, je le répète, hors ce cas, les différents corps constitués et particulièrement les corps judiciaires, ne doivent pas paraître aux cérémonies religieuses, sauf à ceux qui les composent à faire individuellement ce que leur conscience leur prescrit.

Tels sont, Monsieur le procureur du roi, les véritables principes en cette matière ; ces principes sont ceux du gouvernement et ceux de la Charte. Si donc il arrive encore que le tribunal de votre arrondissement pense devoir mettre en délibération s'il assistera à une cérémonie religieuse quelconque qui n'aura pas été prescrite par le gouvernement, votre devoir sera de ne prendre aucune part à pareille délibération et de vous retirer sur-le-champ en déclarant que le parquet n'assistera pas à la cérémonie.

Il convient toutefois de faire une exception pour la messe du Saint-Esprit que l'on célèbre encore à la rentrée annuelle des Cours et Tribunaux, d'après un ancien usage qui peut ou non être maintenu au gré de chaque siége.

Il y a tout lieu d'espérer qu'en suivant avec constance et fermeté cette ligne de conduite, nous arriverons à d'heureux résultats et que nous parviendrons même à ramener le très-petit nombre de juges qui persistent encore dans de vieux usages que la Restauration cherchait à faire revivre, comme tant d'autres abus, mais qui ne sont plus en harmonie avec nos mœurs et nos institutions.

Recevez, Monsieur le Procureur du Roi, etc.

LE PROCUREUR GÉNÉRAL,

BORÉLY.

Discours sur les jeux, à l'audience solennelle de rentrée du 7 novembre 1836.

Messieurs,

Lorsque, au milieu de la plus imposante de nos solennités judiciaires, nous venons vous présenter le tribut de nos méditations, ce n'est point ordinairement le choix du sujet qui peut nous inspirer quelque embarras ou de l'hésitation. Une mission de haute surveillance, un mandat de direction énergique et de résolution doit signaler, chaque année et dans chaque ressort, à la sentinelle la plus avancée de l'ordre social, au délégué le plus direct et le plus vigilant de la Couronne, la partie du service public qui réclame toute la sollicitude, l'attention la plus sérieuse et peut-être encore la sévérité des grands corps de magistrature.

Jusqu'à ce jour, nous nous plaisons à le penser, ce ne sera point au dévoûment, à l'amour du bien public, au vrai culte de la justice, à l'accomplissement de devoirs rigoureux et pénibles, qu'on pourra nous accuser d'avoir failli.

Pendant six années laborieuses nous n'avons reculé devant aucun obstacle. Vous connaissez les difficultés que les partis ont suscitées, dans cette contrée, à la marche de nos affaires, aux premiers essais de nos libertés, à la franche et loyale exécution du pacte constitutionnel, au développement de la prospérité nationale. A chaque reprise de vos importants travaux, nous avons évité de vous soumettre de stériles harangues pompeusement élaborées. « Les lieux « communs sur la justice et la loi, sur les devoirs et les « qualités des magistrats, ne seraient plus de saison aujour- « d'hui ; » telles sont les expressions et les doctrines du célèbre magistrat que le caractère autant que les talents ont placé à la tête des Parquets du royaume. Dès longtemps et pour atteindre un but utile, nous avons, à notre tour, entrevu la même route à parcourir dans les fonctions qui nous sont confiées. Avons-nous, de loin il est vrai, suivi cet exemple nouveau? C'est en jetant un coup d'œil sur notre passé qu'il vous est donné d'apprécier nos efforts. Ainsi, en nous reportant vers les différentes époques qui nous ont annuellement amené à traiter quelques questions de morale actuelle, nous croyons n'avoir commis aucun anachronisme.

Ce n'est peut-être point sans résultat que nous avons été forcément conduit à vous faire envisager, d'abord, quel pourrait être, dans l'avenir, le sort des institutions qui resteraient constamment éloignées du nouveau mouvement social, ou qui se montreraient hostiles et même seulement indifférentes à ses progrès.

Lorsque au sein même de notre sanctuaire, les passions déchaînées voulaient l'emporter sur les lois; que les magistrats étaient insultés et menacés sur leurs siéges; que les jurés étaient signalés et désignés aux vengeances populaires, nous avons invoqué la plus forte puissance de l'homme civilisé, la puissance du *caractère :* nous avons démontré *que le courage est à l'homme de guerre, ce que le caractère est à l'homme civil.*

Homme politique, le seul homme politique qui puisse faire partie d'un corps judiciaire, nous avons pressenti plus tard, et peut-être un des premiers, toutes les calamités qui suivent *l'invasion de la politique dans le temple de la justice.*

Enfin, Messieurs, lorsqu'il nous a paru que certains esprits méconnaissaient trop longtemps l'ordre établi et s'obstinaient à mépriser le vœu public et les majorités, à insulter une société qui commence à se constituer, nous avons invoqué une autre force morale qui tend à reprendre aussi son empire et qui a un rang quelquefois égal à celui de la loi elle-même. *Les bienséances publiques* nous parurent, l'an dernier, *cette autorité mystérieuse et souveraine qui domine sur tous les rangs des états policés, et qui n'y est jamais vainement attaquée par le mépris et l'outrage.*

Aujourd'hui, Messieurs, sous quel point de vue se montre à tous la situation réelle, l'état positif de notre belle et heureuse patrie? Qu'elle est, au vrai, la grande question à l'ordre du jour, celle qui doit écheoir, en cet instant, à notre tâche annuelle?

Le publiciste et l'homme d'Etat, le philanthrope et l'écrivain, doués des inspirations les plus généreuses, tous les organes publics du pays, la tribune et la presse n'ont jamais peut-être signalé plus d'unanimité, plus d'ensemble dans l'expression de leurs vœux. Jamais les manifestations de l'opinion publique ne nous parurent avoir été ni moins équivoques ni plus impérieuses.

Résultat des efforts de nos pères, fruit de nos propres travaux, l'ordre règne enfin partout. L'exécution des lois ne rencontre plus l'émeute et ses clameurs. Justice, justice exacte, régulière, indulgente même, se rend paisiblement à chacun.

A la dernière session des Assises des Bouches-du-Rhône,

sur dix-neuf affaires dirigées contre trente accusés, il est intervenu vingt-une condamnations. En sanctionnant presque toutes nos poursuites, nos jurés ont été plus fermes encore en matière politique, et c'est sans hésitation que deux délits de presse ont été promptement réprimés. Nos cours d'Assises osent tempérer ici cette passion d'ordre et de paix par des arrêts de modération. Le peuple sent très-vivement au milieu de nous l'immense bienfait de la tranquillité et de la prospérité dont il jouit : le magistrat impassible, et toujours modérateur, apprécie bien davantage encore le plus inestimable des trésors de l'homme, la garde des libertés publiques.

C'est au milieu de telles circonstances, de ce concours inespéré d'événements prospères, de préoccupations sérieuses ; c'est à la suite de l'amortissement successif des passions subversives, du délire de l'esprit de parti, des haines politiques, des illusions et des préjugés de tout genre, que s'élève enfin de toutes parts ce vœu universel :

Développer loyalement tous les vœux de la charte ; réformer progressivement les idées et les mœurs ; coordonner d'une main ferme et habile les principes et leur application ; diriger, surveiller, activer sans relâche tous les grands intérêts du pays.

Si tel est, entre gouvernants et gouvernés, le programme nouvellement adopté, celui qui réclame le concours et l'action de chacun, c'est à nous à rechercher l'œuvre qui nous est plus spécialement attribué. C'est à l'organe du pouvoir chargé de la curatelle judiciaire de votre ressort, à signaler les mesures qui directement ou indirectement portent l'atteinte la plus grave aux intérêts moraux et matériels de vos justiciables. Dans ces conjonctures et sur cette matière, il nous est prescrit, il nous est impérieusement ordonné de vous exposer tout ce qu'on a droit d'attendre du résultat de vos décisions souveraines, de leur haute influence, peut-être encore de votre position sociale.

Gardienne sévère des mœurs publiques, la magistrature française, si digne d'inspirer l'amour du bien, le goût de l'ordre, de donner l'exemple des bonnes habitudes et des occupations sérieuses, se trouve spécialement appelée à guérir et à cicatriser la plus honteuse de nos plaies sociales. Le Roi et les Chambres viennent de supprimer les loteries et les maisons de jeux. Deux questions de moralité publique sont enfin résolues. Le pouvoir législatif a accompli sa mission de dignité et d'honneur national, de protection et de sollicitude parlementaire.

Le budget, Messieurs, « est enfin purgé de cet impôt de larmes et de sang, assis sur le déshonneur et le suicide [1]. » Voilà, certes, bien des espérances, bien des vœux réalisés ; voilà des efforts couronnés d'un succès vivement souhaité et presque inespéré dans un autre temps.

Cependant, Messieurs, ce résultat peut rester stérile ; il serait sans portée et sans fruit, si nous n'en comprenions toute l'importance, si nous ne nous pénétrions bien de tout ce qu'il impose à notre vigilance, à votre sollicitude, à notre dévoûment simultané.

Un brillant orateur a dit, dans cette solennelle discussion, qu'il est plus facile de flétrir un vice que de l'extir-

[1] Villenave.

per. Nous savons tous quel est le vice le plus difficile à atteindre, puisqu'il se cache dans les repaires les plus obscurs, se montre sans crainte au milieu des fêtes et dans les salons de l'opulence.

Ce n'est pas nous, qui pourrions ignorer encore qu'en prononçant la destruction des loteries, la suppression des jeux de hasard, le pouvoir n'a pu anéantir ici, ni la passion du jeu, ni ce besoin d'émotions qui se fait plus vivement sentir sous certaines zones et dans certaines classes.

Cette frénésie de vives passions, ce mauvais penchant à l'agiotage mercantile, à l'appât de primes illusoires, de bénéfices incertains ; cette tentation de bon ton et toutes les ardentes excitations que procure le jeu, sont des maux profonds, enracinés et bien vieux dans les vieilles habitudes de notre société. C'est, là, sans contredit une des passions les plus tenaces, les plus vivaces, puisqu'elle est de tous les temps, de tous les lieux et de tous les âges.

L'œuvre gouvernementale laisse donc ici plus qu'ailleurs beaucoup à faire à l'action judiciaire. Notre tâche sera donc désormais une des plus pénibles et une des plus difficiles.

Mais, pour seconder le vote législatif, pour réduire en pratique et mettre à exécution la plus philanthropique des résolutions parlementaires, pour apporter notre tribut à la sainte cause du peuple, pour remplir un mandat non moins sacré et non moins obligatoire envers un gouvernement bienfaisant et éclairé, il faut plus que du dévoûment, plus que l'accomplissement vulgaire du devoir.

Lorsqu'un Larochefoucauld-Liancourt continuait, naguère, les traditions libérales de sa noble famille et de son illustre père, il rappelait, pour convaincre la Chambre et hâter sa décision, que plusieurs de ses collègues avaient déjà beaucoup écrit pour assurer le succès d'un vote si important.

Ce n'est pas non plus d'aujourd'hui que nous avons profondément médité sur un si grave sujet, sur la nécessité de s'en occuper sans cesse, de l'envisager sous toutes les faces, de le développer dans toutes ses parties.

Dans quelques circonstances importantes et dans des temps difficiles, nous avons dévoilé les désordres, les maux incalculables qu'occasionnait la loterie au milieu d'une population vive et ardente, les moyens trompeurs qu'on tendait ostensiblement à son ignorance et à ses penchants. A la tête du tribunal correctionnel d'une grande cité, nous avons suivi, étudié les ruses des joueurs, les précautions dont ils s'entourent et tous les stratagèmes d'hommes corrupteurs et corrompus qui se livrent sans retenue et sans frein à cette aveugle passion.

Le moment est venu pour nous; puisque les principes de saine philanthropie, puisque les plus sages théories ont enfin passé en lois du pays, il faut arriver à l'application, et assurer l'exécution d'une des mesures les plus libérales qui aient jamais été prises.

Mais, c'est ici qu'il est nécessaire de posséder cette volonté du bien public, une volonté de vieille date et à l'épreuve, qui devient chaque jour plus inébranlable et plus vive en présence de tous les succès qu'elle peut obtenir. Ainsi, nous ne saurions nous en tenir aux circulaires de police judiciaire, aux instructions les plus réitérées, à l'examen attentif de chaque procédure. Lorsque dans une grande cité, il a fallu faire accéder dans un établissement qui nous était signalé depuis longtemps, nons avons *précédé*, nous-même, les magistrats instructeurs. La dignité d'un chef de corps est de donner l'exemple sur le champ de bataille. A cette époque d'ordre et de travail, le plus redoutable ennemi est celui qui peut vivre dans l'incurie et le désordre.

Ce qui assure l'accomplissement d'un devoir quelconque, c'est lorsqu'il est confié aux magistrats qui n'en ignorent ni les difficultés ni l'importance, qui ont le sentiment de leurs droits et de leurs convictions. Appelés dans les premiers rangs de la hiérarchie judiciaire, nous devons tous, ici, nous considérer comme les directeurs légitimes du grand mouvement social qui est imprimé de toutes parts. Mais, il faut suivre ce mouvement avec une prévoyance paternelle, et le dominer quelquefois par cette fermeté et une persistance qui triomphent de tous les obstacles.

En nous dévouant sans réserve aux fonctions actives du ministère public, nous avons borné notre ambition à faire triompher quelques principes dont l'application est une des conditions vitales du gouvernement représentatif et un des plus grands bienfaits de notre régénération politique. Le pouvoir ne doit jamais être qu'un moyen d'être utile à la cause à laquelle on a consacré son existence.

S'il nous était donné d'avoir quelque influence salutaire sur la moralité et le bien-être des classes laborieuses de notre ressort, hâtons-nous de rappeler et de suivre surtout la conduite de ceux qui nous ont laissé les plus grands exemples de patriotisme. Bien avant le mémorable vote de la dernière session, Manuel et Casimir Périer avaient solennellement prophétisé qu'une Chambre française, éclairée sur l'immoralité des jeux, serait assez puissante pour les abolir. Ce fut en 1821 que notre illustre compatriote inspirait la pensée morale de provoquer tous les ans la discussion publique sur l'existence des maisons de jeu, et d'appeler l'attention des Chambres sur un objet aussi grave.

Chaque année, Messieurs, il sera satisfait de notre part à un engagement de même nature. Chaque année, on connaîtra dans le ressort le nombre de nos poursuites et le résultat de vos arrêts. Ce n'était pas sans quelque sympathie que le plus courageux défenseur de nos libertés publiques nous honora d'une invariable affection, et ce sera toujours avec quelque motif d'utilité réelle et un des plus doux sentiments de la vie, que nous ne laisserons jamais échapper l'occasion de rappeler une mémoire aussi chère.

Il est dans nos contrées quelques délits qui réclament des méditations sérieuses, une répression plus énergique et plus prompte, et l'attention des moralistes. Ces simples délits, si fréquents parmi nous, compriment peut-être plus que les grands crimes le nouvel essor de la civilisation, et arrêtent infailliblement les prodiges qu'enfantent ailleurs la patience et l'application.

Les statistiques criminelles, destinées à rendre beaucoup de service, ont en général l'avantage, comme on le disait naguère, « de soumettre l'administration de la justice à son propre contrôle, et d'entretenir une salutaire émulation entre toutes les juridictions. »

Des tableaux annuels pourraient, dans chaque ressort, établir une comparaison utile entre le mouvement d'une criminalité spéciale et celui de quelques institutions de bienfaisance. Ainsi fixés sur l'état de la moralité publique et sur les causes qui nuisent à-son développement, il deviendrait facile d'imprimer une direction profitable à la répression du mal et à l'encouragement du bien.

Pendant l'année judiciaire qui vient de s'écouler, 53 procès-verbaux ont été rédigés à l'occasion des délits de jeu de hasard; 50 poursuites ont eu lieu contre 55 prévenus, et il est intervenu 47 condamnations.

Dans l'arrondissement de Draguignan, 12 poursuites ont amené 12 condamnations.

Si dans les arrondissements de Barcelonnette et de Castellane aucune poursuite n'a eu lieu, il faut l'attribuer bien plutôt à l'instruction de nos montagnards qu'à leur défaut de ressources. Sur le littoral, au contraire, dans tout le département du Var, et principalement dans les arrondissements de Draguignan et de Grasse, les cultivateurs et artisans de tout genre jouent partout; en rase campagne et dans des creux de rochers.

D'un autre côté, Messieurs, cet état de répression est loin d'avoir atteint, cette année, le résultat qu'il nous est permis d'espérer par un surcroît de vigilance, de surveillance sévère sur tous les agents de la police judiciaire.

Dans une seule cité de notre ressort, il existe 16 cafés ou académies de jeux qui sont fréquentés par 770 habitués. La masse flottante des marins et des passagers qui augmentent ce nombre est évaluée à plus de 1,300, ce qui présente 2,000 personnes reçues dans ces hospices d'oisiveté, et passant une grande partie du jour dans les véritables sentines du vice.

Qu'arrive-t-il, Messieurs, à la suite d'une vie ainsi désœuvrée, et passée dans les plus vives et les plus cruelles angoisses ? Des soustractions ruineuses pratiquées dans les comptoirs et dans les caisses de commerce ont exposé les plus respectables maisons au déshonneur et à la misère. Des suicides et des assassinats ont effrayé la société.

Le 19 août 1825, le caissier d'un fabricant marseillais abandonnait une jeune femme, une position honnête et son pays ; en fuyant au loin, il écrivait à celui qui lui avait donné toute sa confiance : « Il existe un déficit en caisse de « 61,900 fr., vous trouverez les billets de loterie dans la « caisse avec un cahier exact qui renferme la situation de « mes pertes....... J'étais sur le point de me suicider...... « J'emporte 12,000 fr. et je vais exposer ma vie à toute « sorte de périls pour parvenir un jour à me libérer envers « vous..... Je pars accablé de regrets et de douleur, heu- « reux si vous pouvez croire que le jeu seul a produit mes « erreurs et m'a jeté dans le précipice. »

Le 30 décembre 1833, un père de famille, allié aux plus respectables maisons marseillaises, écrivait ces lignes avant d'expirer : « Comme on pourrait mal expliquer les motifs « qui m'ont déterminé à me débarrasser de la vie, je dé- « clare sur mon âme et conscience que le jeu seul en est la « cause, et encore quel jeu !....... Il est vraiment honteux « pour l'autorité municipale qu'elle laisse jouer le jeu de « loto, elle devrait savoir que ce jeu est nominativement « du nombre de ceux que la loi défend ; encore si ce jeu « était tenu légalement ; mais je puis le dire sans crainte « d'être démenti : ceux qui le tiennent sont des fripons et « de pauvres joueurs sont leurs dupes.

« Que l'autorité veuille prendre des informations à ce « sujet, et je suis persuadé qu'aussitôt elle prohibera ce « jeu. Ce qui doit démontrer à l'autorité les friponneries « qui se commettent à ce jeu, c'est la fortune rapide que « font ceux qui le tiennent : en général, non-seulement « ils prélèvent pour leur compte huit à dix francs par par- « tie, mais encore ils ont la bassesse d'accuser moins de « cartons que ceux qui existent réellement ; ils ont de plus « une douzaine de joueurs à leur solde, c'est là principa- « lement où il existe des abus qui font horreur..... Puisse « mon exemple servir à ceux qui, comme moi, ont la mau- « dite passion du jeu de loto... J'avais beau en connaître « les abus, un penchant auquel je ne pouvais résister m'en- « traînait malgré moi à l'exécrable café de..... »

Le 5 décembre 1835, un malheureux joueur d'Arles tire deux coups de pistolet sur sa femme et son beau-père et se fait après jaillir la cervelle.

Le 8 février de cette année, une rixe a lieu entre des jeunes gens de cette cité et un sergent de la ligne. Un coup de sabre a donné la mort à un fils de famille, et ce mourant à 11 heures du soir, déclarait à M. le juge d'instruction : « Ce qui ajoutait à notre mauvaise humeur, est une « perte de 1,200 fr. au moins que nous avons faite chacun « dans le café de..... Ce qui augmentait notre humeur, « c'est que nous étions sûrs d'avoir été filoutés. »

Détournons les régards de ces scènes de désolation, et reposons-les sur des objets bien plus consolants.

Les gouvernements constitutionnels imposent à l'homme une autre destination que la frivolité et les distractions dangereuses, en assignant un terme plus honorable à ses labeurs et à ses peines.

Chaque citoyen est appelé aujourd'hui à des occupations plus nombreuses. Il est des moyens profitables d'employer l'heure du repos. Après les travaux pénibles de la journée, on se reposera bientôt, nous l'espérons, dans les délassements intellectuels et dans les salons de lecture. Au milieu d'une population de plus de 150,000 âmes, il ne paraît encore que quatre journaux, qui sur un tirage de 2,513 feuilles n'en distribuent sur place que 1375 ; les journaux de la capitale n'y arrivent qu'au nombre de 737 exemplaires.

Toutefois un autre point de vue plus satisfaisant vient rassurer l'homme de bien qui aime les progrès de son pays. La presse, le développement de nos institutions nouvelles, en éclairant le peuple sur ses véritables intérêts, l'ont visiblement préparé à la suppression de tous les piéges tendus à la misère du pauvre et à la cupidité du riche. Déjà nous avons tenté de diriger l'imagination et les espérances vers des objets utiles, vers des spéculations plus sûres et plus morales. Nos législateurs n'ont pas procédé comme ces chirurgiens inhabiles qui n'attaquent que les symptômes extérieurs du mal sans songer à guérir la masse du sang.

La moralité du pouvoir ne consiste pas seulement à fermer les asiles du vice, à supprimer tous les jeux de hasard ; mais à atteindre les vices eux-mêmes, à leur ouvrir des voies de réformation. Aussi multiplie-t-on tous les moyens d'instruction et de travail. On inspire le goût de l'économie et de la prévoyance. Les caisses d'épargnes, qui seules sont une morale pour les masses, s'organisent dans chaque département avec une sollicitude qui honore le gouvernement et promet au pays d'immenses avantages. Il y a peu de jours encore que le journal officiel publiait à la fois cinq ordonnances relatives aux caisses d'épargnes : un seul de ces établissements créé dans les Bouches-du-Rhône a son siége à Marseille et une succursale à Aix, lorsque plus de 350 sont organisés dans le royaume. 60 millions d'économie sont déjà prélevés sur les funestes passions que nous ne cesserons de déplorer et de poursuivre avec la plus extrême rigueur. L'établissement marseillais présente néanmoins chaque année un mouvement assez progressif. La seule année 1835 offre sur la précédente un excédant de recette de 350,919 fr.

Cet établissement, depuis sa fondation, a reçu 3,655,018 fr., versés par 5,095 déposants. Pendant l'invasion cholérique de 1835, 101,065 fr. ont été remboursés dans l'espace de trois mois, et lorsque Paris voit, par l'effet d'un zèle aussi honorable et aussi éclairé, économiser par jour plus de cent mille francs par sa classe ouvrière, Marseille présente déjà une économie quotidienne de 3,000 fr. versés par ses portefaix, ses calfats et ses artisans de toute profession.

Ces premiers symptômes de prospérité publique, cette diffusion de bien-être et d'aisance indiquent partout les vrais besoins des sociétés modernes. Secondons cette nouvelle tendance qui se montre sur chaque point du royaume. Nous venons de vous le démontrer, les institutions libérales germent ici comme ailleurs. Dans le nord [1], des hommes

[1] M. Dutrône, conseiller à la Cour royale d'Amiens, président de la Société de Sobriété, a offert une médaille qui sera décernée à l'auteur du meilleur Mémoire sur les moyens de combattre l'intempérance en France, etc., etc.

de cœur et de persévérance créent des sociétés de *Sobriété* et ouvrent des concours pour combattre l'intempérance. Là, on doit rechercher à prouver aux classes les moins favorisées de la fortune que la sobriété est un des éléments de bonheur individuel. Ici, généralement plus sobre qu'ailleurs, le peuple méridional est avide d'émotions plus vives ; il est naturellement plus enclin aux déceptions, aux chances des hasards. Mais, d'un bout de la France à l'autre, le gouvernement veille et agit pour le maintien de si heureuses dispositions. La presse, les Chambres et tous les corps constitués ne sauraient donc demeurer dans l'inaction.

Dès que la suppression de la loterie royale a été annoncée, des loteries particulières se sont aussitôt formées à Paris et dans les départements. Des banquiers, des imprimeurs ont ajouté sur-le-champ les chances séduisantes du hasard aux intérêts légaux de leurs emprunts et de leurs spéculations. Mais, à mesure que les agioteurs ont cherché à retenir l'esprit public dans ses anciennes et mauvaises directions, lorsqu'on a insidieusement annoncé sur tous les murs de la capitale et dans toutes les feuilles publiques de faire jouer à la loterie dans la librairie, dans le commerce, dans la banque, dans les fonds publics, l'alarme a été sonnée par les premiers négociants de la capitale, et une loi du 21 mai dernier a déclaré *prohibées les loteries de toute espèce, et toutes les opérations ouvertes au public pour faire naître l'espérance d'un gain qui serait acquis par la voie du sort.*

Jusqu'à ce jour le pouvoir avait toujours rencontré des obstacles insurmontables à toutes les résolutions généreuses qu'il avait prises sur cette importante matière. Louis XIV, par un édit de 1700, défendit les loteries dans tout le royaume sous les peines les plus sévères. La volonté de ce puissant monarque fut contrainte à céder à la passion du jeu. La loterie s'établit sur toutes nos frontières, elle cerna la France et vint dans les hôtels et dans les chaumières servir toutes les cupidités qui l'imploraient. Des capitaux immenses passaient à l'étranger, et Louis XIV fut forcé de déclarer « que ne pouvant arrêter ce versement de l'argent du « royaume dans les loteries étrangères, duquel il résultait « un préjudice considérable pour l'Etat, il n'y voyait d'au- « tre remède que le rétablissement de la loterie en France. »

Le mal reprit donc son intensité, et ce ne fut qu'en 1793 que la Convention essaya de nouveau d'attaquer cette lèpre sociale. Mais pendant les quatre années qui suivirent cette interruption de jeux publics, le goût du peuple ne fit que s'accroître ; des milliers de bureaux clandestins furent ouverts dans le sein même de la capitale. Le pauvre était en proie à l'escroquerie la plus éhontée. L'autorité fut impuissante devant cette nouvelle fureur. Les riches avaient leurs jeux dans les Etats voisins. La République constata que chaque année 80 millions sortaient du territoire, sans profit pour la morale au nom de laquelle la suppression avait été prononcée. Une loi du 30 septembre 1797 vint rétablir la loterie pour la troisième fois.

Aujourd'hui, assiégés par les mêmes piéges, nous sommes mieux disposés à les éviter et à les repousser plus victorieusement. Déjà plusieurs tribunaux ont fait prompte justice de tous les essais de ce genre ; des saisies ont été opérées sur la frontière, et des citoyens éclairés viennent d'apporter eux-mêmes au ministère public les plis qu'on leur adresse de l'étranger. Il y a huit jours, Messieurs, qu'un banquier de Francfort a osé s'adresser nominativement à nous. La publicité donnée à ces moyens de déceptions et la presse française refouleront avec succès ces audacieuses tentatives.

Enfin, Messieurs, les circonstances ne sont plus évidemment les mêmes qu'autrefois ; tout est changé autour de nous. Les institutions dirigent actuellement les esprits vers le travail et l'utile.

L'étranger ne trouvera plus le Français de cette époque, désœuvré dans le grand monde, ignorant et sans travail dans les champs, antipathique surtout aux nouveaux procédés, aux mille machines de l'industrie et des arts.

La Révolution a délivré le peuple d'une partie de ses misères, de ses subjections. Chaque jour un gouvernement national et éclairé lui rend en lumières ce qu'il lui ôte en superstitions et en préjugés. Les passions subsistent encore, mais elles s'atténuent; elles diminueront toujours avec une progression plus sensible. Dans ce mouvement ascendant d'améliorations incontestables, il n'est plus question que de seconder, de diriger ces dispositions si heureusement obtenues. Le grand œuvre est commencé. Le pouvoir actuel en avant de la nation marche à la tête de tout ce qu'il y a de grand et de bon à faire. Les écoles primaires et les caisses d'épargnes, en précédant l'abolition des jeux, ont préparé un triomphe infaillible. Mais, les mauvaises passions ne cèderont le terrain aux bonnes institutions qu'avec le secours, la vigilance active et sévère des magistrats.

Ce sont des magistrats, Messieurs, ce sont les plus honorables personnages qui nous ont précédés dans cette voie du bien.

Il est beau de voir le duc de Larochefoucauld-Liancourt instituant la première caisse d'épargnes du royaume ; et son fils, l'héritier de si hautes vertus, demandant actuellement le premier l'abolition des jeux.

A la Chambre des pairs, le premier magistrat du royaume, quittant momentanément le fauteuil de président, nous a également rappelé dans cette circonstance les grandes qualités de ses aïeux.

La caisse d'épargnes établie à Aix a été fondée en partie par la générosité d'un de vos premiers présidents. Permettez à l'amitié une indiscrétion que nous ne pouvons, que nous ne devons plus contenir aujourd'hui. Le baron de Fabry assigna dans son testament les premiers fonds nécessaires à l'établissement d'une caisse succursale.

Un prélat distingué, dont la mémoire sera toujours chère et vénérée au milieu de nous, publiait des instructions qui réunissaient

« Les lumières du siècle aux vertus du vieil âge. »

Le 26 mai 1834, M. l'archevêque Raillon entretenait spécialement son clergé des *élections*, de la *vaccine*, de *l'instruction primaire*, des *œuvres des prisons* et des *caisses d'épargnes et de prévoyance*. Au sujet de ce dernier établissement, il écrivait à tous les curés de sa juridiction épiscopale : « A l'exemple de mon vénérable et cher prédécesseur, Mgr de Beausset, je seconderai, autant qu'il est en moi, les efforts que l'on fera pour rétablir une institution aussi bonne. Je crois utile de faire connaître dans tout le diocèse les avantages que la caisse d'épargnes et de prévoyance offre à la classe laborieuse. Les petits cultivateurs, les artisans et les domestiques d'une conduite sage et réglée y trouvent un moyen de mettre en sûreté les économies qu'ils peuvent faire. Je vous invite, Monsieur le curé, à répandre ces idées autour de vous : que les braves gens trouvent à leur portée des moyens de conserver les petites économies qu'ils pourront faire. »

Ce vœu de l'homme de bien, ce souhait du véritable pasteur du peuple, ces conseils d'un vieillard affectueux et bon ont porté bonheur. Notre caisse succursale s'est relevée, mais elle a besoin d'aide et de soutien. Espérons qu'avec de tels exemples elle pourra prendre un accroissement digne d'un siége archiépiscopal et de cour souveraine.

Le dernier gouverneur de la Banque de France vient de faire don de son traitement à la caisse d'épargnes de Paris. Le baron Davilliers est un des vice-présidents de cet établissement.

Sous de tels auspices, Messieurs, avec la constante sollicitude d'un gouvernement éclairé, d'administrateurs vigilants et zélés, de bons pasteurs, de magistrats sévères, le peuple se trouvera sollicité de tous côtés à contracter des habitudes toujours meilleures. D'abord, invité à la prévoyance et à l'économie, il sera, d'autre part, préservé de tous les piéges qu'on tend à ses passions, à ses penchants vicieux.

Nous en renouvelons ici l'engagement public et formel, le ministère public, armé des lois nouvelles et de la plus austère sévérité, continuera à être inexorable sur cette matière.

Vous ne verrez plus dans ce ressort des banquiers de vendôme, des cafetiers tenant publiquement les jeux prohibés, recourir au trône après condamnation, se pourvoir en grâce et l'obtenir à l'aide des passions politiques et de l'esprit de parti.

Une décision du ministre des finances, qui intervint le 16 juin 1824, réduisit des trois quarts une amende qui avait été prononcée par la Cour de céans contre des joueurs trop connus.

Messieurs, nous vous retrouverons animés des mêmes dispositions dans toutes les affaires de cette nature; mais le gouvernement actuel et ses mandataires resteront supérieurs à toute intrigue, et surtout à toute influence politique.

Le Roi, qui chaque jour donne de si beaux exemples, ne cesse surtout de donner celui de l'économie et de l'ordre. Il satisfait son noble cœur en grâciant des condamnés politiques, en créant des caisses d'épargnes; mais il ne protégera jamais les joueurs.

Pourquoi faut-il que nous ayons à déplorer en ce jour la retraite et la perte de plusieurs magistrats du ressort, dont les principes et la sévérité étaient un si puissant secours pour la répression de certains délits.

M. Roudier, que la faiblesse de sa santé a contraint au repos, était un de ces criminalistes judicieux dont le savoir égalait la fermeté. Espérons qu'au sein de sa retraite il recevra une récompense qui, due à ses loyaux services, continuerait à rattacher à votre compagnie un de ses membres les plus éclairés.

M. Taxil, un des chefs du tribunal civil de Marseille, a succombé, il y a deux mois, au milieu des regrets unanimes d'une population nombreuse. Président de la section correctionnelle, ce magistrat si judicieux et si sage ne cessait de montrer en matière de jeux une sévérité qui n'était ni dans son caractère ni dans ses habitudes.

M. Roubaud, président du tribunal de Grasse, était aussi un magistrat d'une vertu austère, d'une probité généralement remarquée et de principes invariables et purs.

AVOCATS! la jurisprudence moderne s'enrichit de quelques décisions importantes qui doivent avoir une grande influense sur des malheurs difficiles à prévoir et à éviter. Vous êtes appelés à préparer ces décisions, à méditer surtout sur le système des dommages-intérêts et à trouver peut-être dans l'introduction, dans l'application de ce droit qui n'est pas nouveau, un remède à bien des passions et à bien des préjugés. Nous l'avons dit dans d'autres circonstances et nous en avons une fois donné l'exemple, les demandes en dommages-intérêts, qui sont formées avec décision et soutenues avec fermeté, font respecter l'homme public et l'homme privé.

La Cour de Cassation vient de déclarer que le fait d'avoir tué en duel son adversaire, pourrait devenir le principe d'une action en dommages-intérêts au profit des héritiers du défunt.

La mère d'un jeune homme qui a succombé dans un combat singulier, intente une action contre celui qui lui a occasionné le plus grand des malheurs : elle obtient justice. On adoucit son infortune. Les tribunaux accueillent une demande basée sur un préjudice si difficile à réparer : et la veuve, dont le mari s'est suicidé en sortant d'une maison de jeu, le père perdant un fils qui s'expatrie et se déshonore dans d'infâmes tripots, ne pourraient-ils pas aussi actionner les auteurs de ces désordres, ceux qui spéculent sur le plus déplorable égarement!

Ce n'est certes pas nous qui feront l'éloge du *Lynch-Law* [1],

[1] On connaît les horribles massacres qui, en 1835, épouvantèrent la ville de Wickburg, dans la Louisiane. Une maison de jeu de hasard s'y était établie sans que les magistrats pussent y mettre obstacle. En peu de temps, des jeunes gens sans expérience, des pères de famille même, attirés dans ce gouffre, y laissèrent toute leur fortune.

L'exaspération des habitants fut au comble : plusieurs notables s'assemblèrent et firent savoir au directeur et aux entrepreneurs de la maison de jeu, que s'ils ne fermaient leur tripot on ne pouvait répondre de la sûreté de ceux qui le tenaient. Les chefs de la maison de jeu n'eurent aucun égard à cet avis, et l'effervescence populaire ne put plus être contenue. Les notables réunis en comité décidèrent qu'ils se transporteraient en personne dans la maison et emploieraient tous les moyens de supplication nécessaires pour prévenir les désordres qui se préparaient. Les entrepreneurs de la maison de jeu et leurs employés eurent l'imprudence de refuser le message pacifique et barricadèrent leur porte. Les membres du comité arrivèrent suivis d'une foule qui grossissait de moments en moments, on leur tira des fenêtres plusieurs coups de fusil ; le docteur Bodeley, président du comité, fut tué sur la place, un autre notable fut blessé grièvement, d'autres personnes eurent leurs chapeaux percés de balles et de chevrotines.

Cette résistance désespérée fut le signal des plus grands malheurs qu'il eût été facile de prévoir. La multitude s'ameuta, enfonça les portes et s'empara de cinq individus. On voulait égorger sur-le-champ ces malheureux ; ils furent traînés sur la place publique et pendus à un gibet improvisé.

Les auteurs de cette affreuse exécution y mirent une espèce de régularité ; ils posèrent des sentinelles aux abords de la place, et déclarèrent que quiconque voudrait prendre parti pour ces infâmes entrepreneurs et souteneurs de tripots serait traité comme eux.

Aucun pillage ne fut commis dans la maison, aucun effet précieux ne fut détourné. On avait eu le plus grand soin de conserver la caisse intacte, en menaçant de pendre sur-le-champ quiconque s'approprierait un seul dollar. La caisse fut portée sur la place publique, et les sommes considérables qu'elle renfermait furent rangées en piles sur une table au-dessous du gibet où étaient encore suspendues les victimes.

Les membres du comité firent alors appel à tous ceux des habitants qui avaient perdu leur argent en fréquentant ce repaire ; un inventaire fut dressé et l'on partagea au marc le franc toutes les espèces saisies dans la proportion des pertes supportées par chacun des réclamants.

de cette justice aveugle et barbare qui, au milieu d'une grande nation, afflige l'humanité à un si haut degré. Mais au fond de si grands excès on retrouve cependant le sentiment d'un peuple moral qui veut se débarrasser de misérables que ne peuvent atteindre la vigilance des magistrats et la sévérité des lois [1].

En France, l'existence des maisons de jeu, la vue de joueurs effrénés qui se ruinent et se déshonorent, n'excitent pas encore un tel soulèvement d'indignation publique : nous regretterions même que cette indignation en provoquât une plus grande encore, celle de l'assassinat.

Mais, en nous maintenant dans les bornes de la loi, sachons au moins en invoquer toute la sévérité, en développer, en utiliser tous les moyens.

C'est au Barreau, qui a rendu de si grands services à la cause publique, en attaquant jadis les envahissements d'un pouvoir rétrograde, à méditer aujourd'hui sur ce qu'il peût y avoir à faire pour arriver en aide à la justice civile. Nous voulons tous détruire un mal, extirper le vice le plus difficile à atteindre; l'action publique, impuissante contre les stratagèmes et les embûches les mieux calculés, peut être en partie suppléée par le talent des avocats et le courage des bons citoyens.

---

1 Les statuts revisés de l'Etat de New-York portent que : quiconque gagnera ou perdra, dans l'espace de vingt-quatre heures, en jouant ou en pariant, la somme de 25 dollars, sera réputé coupable d'un délit (misdemeanor), et, sur la preuve du fait, sera condamné à une amende égale au moins à cinq fois la valeur de la somme perdue ou gagnée, laquelle amende sera versée dans les mains de l'inspecteur des pauvres de la commune.

Celui qui perd 25 dollars ou plus peut les réclamer en justice. S'il omet de le faire, l'inspecteur des pauvres peut actionner le gagnant et lui faire donner, au profit des pauvres, la somme gagnée et une somme triple de celle-là.

RETRAITE DU CONSEIL GÉNÉRAL.

A MM. les Électeurs du canton de Gardanne.

Aix, 14 décembre 1836.

Mes chers Compatriotes,

Vous allez procéder au premier renouvellement triennal du Conseil général du département. Unanimement élu, lorsque la loi du 21 juin 1833 fut mise à exécution pour la première fois, j'acceptai avec reconnaissance l'honorable mandat que vous me conférâtes alors d'une manière si spontanée et si flatteuse. Je crois avoir rempli ma tâche avec tout le dévoûment dont vous me connaissez capable.

Mais il est un devoir qui est non moins impérieux pour moi. La charge dont je suis investi par la confiance du Roi réclame en tout temps la vie entière du magistrat le plus vigilant et le plus actif.

Quoique nous n'ayons plus maintenant à combattre l'émeute et ses clameurs, que nos têtes méridionales soient moins agitées et moins turbulentes, l'administration judiciaire de ce ressort exige encore une bien grande surveillance dans toutes les branches du service.

En vous renouvelant aujourd'hui les expressions de ma

plus sincère gratitude, je dois vous prier de confier à un autre le soin de représenter et de défendre nos intérêts communs au sein du Conseil général. Il en est des devoirs comme des honneurs : le bien public exige qu'ils soient partagés et qu'ils ne reposent pas toujours sur les mêmes têtes. Parmi les nombreux mandats qui émanent du choix populaire, j'ai remarqué un fort petit nombre de ces élections nationales qui peuvent faire exception à ce principe. Si j'avais été appelé à rendre hommage au courage de Casimir Périer, au patriotisme si invariable et si pur du général Lafayette, au caractère inflexible de notre Manuel, aux talents si variés et si étonnants de notre compatriote Thiers, j'eusse constamment voté en faveur de si grands citoyens. Mais à part quelques supériorités incontestables, je pense qu'il est dans le véritable intérêt des libertés publiques de renouveler souvent les mandataires du peuple. A mesure qu'on connaîtra mieux les difficultés pour faire le bien, qu'on aura pris part à l'administration du pays, chacun deviendra moins exigeant et plus réfléchi. On appréciera mieux alors ce qu'il faut de persistance et de dévoûment pour obtenir quelques progrès sensibles dans l'instruction, l'agriculture et les arts.

Pendant les trois dernières sessions du Conseil général, secondé, comme je l'étais, de l'estime de mes collègues, de l'amitié particulière de l'ancien chef de l'administration départementale, et de l'affection cordiale du nouveau, nous n'avons pu cependant obtenir aucune de ces améliorations qui doivent si puissamment contribuer à la prospérité de notre canton.

J'ai visité nos écoles; j'ai voulu seconder quelques projets d'industrie; j'ai réuni chez moi les maires de nos différentes communes. Nous avons souvent disserté, mûrement délibéré sur nos affaires locales qui paraissent les plus urgentes et qui sont en même temps de la plus haute importance.

Je ne puis le taire aujourd'hui : il s'est trouvé dans le canton des Conseils municipaux qui ont poussé l'indifférence jusqu'à ne pas vouloir aider à une grande voie de communication qui enrichirait la contrée. La route du Pin à Pourcieux en passant par Gardanne doit vivifier un sol où le travail n'a qu'à réclamer des débouchés commodes et faciles. Ce chemin qui existe depuis un siècle est impraticable pour nos transports pendant la moitié de l'année.

La nouvelle loi sur les chemins vicinaux donnera plus d'impulsion à ces utiles entreprises. Le mandataire dont vous allez faire choix suivra un projet auquel se rattache tout notre avenir. J'ose croire que mon successeur n'aura pour notre prospérité commune ni plus de sollicitude, ni plus de dévoûment que je n'en ai apporté moi-même, mais pourra donner plus de soins et plus de temps qu'il ne m'est permis d'en donner à tout ce qui est véritablement en dehors de mes attributions judiciaires.

D'ailleurs les sessions des Conseils généraux ont habituellement lieu vers la fin de la juridique : c'est l'époque de l'année où la Cour et les tribunaux sont le plus occupés, et lorsque les assises tiennent encore pendant cet intervalle, il est évidemment impossible de satisfaire à cette complication de travaux administratifs et judiciaires qui n'ont pas leur siége dans la même ville.

Mes chers Compatriotes, vous daignerez apprécier les explications que j'ai l'honneur de vous soumettre et qui ne sauraient, je l'espère, porter la plus légère atteinte à l'estime et à la bienveillance dont vous n'avez cessé de m'entourer.

BORÉLY.

Circulaire à l'occasion des troubles survenus par refus de cérémonies religieuses.

Aix, 20 mars 1837.

MONSIEUR LE PROCUREUR DU ROI,

La tolérance en matière religieuse est l'un des fruits les plus précieux du changement opéré dans les idées par le grand mouvement philosophique du 18ᵉ siècle; la révolution de 1789 en a consacré pour jamais le principe en le faisant passer dans nos institutions et dans nos lois.

Aux termes de l'article 5 de la Charte, chacun professe sa religion avec une égale liberté, et obtient pour son culte la même protection.

Le Gouvernement et la Nation se sont ralliés sans retour à ce dogme reconnu aujourd'hui de l'Europe entière : le temps des guerres religieuses est à jamais passé.

Il est cependant encore une sorte d'intolérance qui ne prend pas sa source dans des sentiments religieux, qui même le plus souvent s'associe à l'incrédulité. Je veux parler de ce préjugé qui veut forcer les Ministres d'un culte, et plus particulièrement les Ministres du culte catholique, à assister à certaines cérémonies, à un convoi funèbre, par exemple, et qui se venge d'un refus, en jetant le trouble et le désordre dans l'exercice de ce même culte.

De pareilles exigences sont souverainement injustes et tyranniques.

Nous ne sommes plus, heureusement, dans ces temps où

l'on sollicitait des mourants des billets de confession ; ni dans ceux encore plus reculés où quiconque ne laissait pas un legs à l'église ou aux couvents, mourait *déconfé*, et était privé de la sépulture ecclésiastique.

Mais si le Clergé a cessé de dominer, il ne faut pas qu'il soit asservi : liberté égale pour tous. Si le malade n'est pas obligé d'appeler le prêtre à son lit de mort, par droit de réciprocité, le prêtre ne doit pas être tenu d'assister à son convoi funèbre.

Chaque religion a ses croyances, ses règles, sa discipline qu'il faut respecter.

Cependant de graves désordres ont eu lieu dans plusieurs Communes, par suite de refus faits par les Prêtres d'accompagner des morts à la sépulture : l'exercice du culte a été troublé, les prêtres publiquement outragés.

De pareils excès doivent être sévèrement réprimés et appellent toute notre sollicitude. C'est à l'autorité locale surtout, plus rapprochée des populations, c'est aux Maires, aux Juges de Paix des Communes et cantons ruraux à rectifier sur ce point les idées du peuple. Veuillez, Monsieur le Procureur du Roi, leur transmettre des instructions dans le sens de cette Circulaire.

La France ne doit pas se montrer inférieure en lumières, en civilisation à l'Angleterre et à l'Amérique, où une foule de sectes et de cultes dissidents vivent, à côté les uns des autres, paisibles, tolérés et respectés.

Recevez, Monsieur le Procureur du Roi, l'assurance de ma parfaite considération.

Le Procureur Général,

BORÉLY.

Circulaire du Procureur Général sur la conduite réservée des Parquets du ressort pendant les Élections.

Aix, 28 octobre 1837.

MONSIEUR LE PROCUREUR DU ROI,

Au milieu des Élections générales dont le pays a essuyé l'épreuve, depuis sept ans, je m'étais félicité jusqu'à ce jour de n'avoir eu à transmettre aux Parquets du ressort aucune instruction particulière. J'éprouvais une vive satisfaction de n'avoir point à vous entretenir des sujets sur lesquels le Pouvoir de la Restauration avait si gravement entraîné et compromis la Magistrature.

Mais si le Gouvernement représentatif a enfin recouvré sa sincérité par l'entière exécution des lois au sein des colléges électoraux, il se montre aujourd'hui, dans ces moments d'agitation et de troubles, d'autres écarts et d'autres abus contre lesquels il est de mon devoir de vous prémunir.

Si, à l'audience, le magistrat doit rester impartial et neutre entre les parties, il ne peut apporter ce même sentiment dans les colléges électoraux, qui deviendrait ici une indifférence coupable. Il ne peut donc lui être défendu de s'intéresser aux élections, de chercher même à assurer le triomphe de l'opinion qui lui paraît la plus conforme aux intérêts du pays. Avant d'être magistrat, il est d'abord citoyen ; je pense même qu'il est une influence licite dont il peut user, celle qui résulte de la confiance qu'inspire son caractère et de la considération qu'il a su acquérir par un honorable exercice de ses fonctions. Mais il doit comprendre aussi que l'exercice du droit électoral est un devoir envers la société et non une faculté dont il peut user dans l'intérêt de son ambition ou de ses affections particulières. Il ne doit pas, s'abaissant à un rôle qui contrasterait d'une manière fâcheuse avec la dignité de ses fonctions, s'associer personnellement aux démarches, aux visites, aux sollicitations des candidats, ainsi que le reproche en a été fait aux membres d'un Parquet du ressort de la Cour. Une plainte grave qui m'a été adressée à ce sujet m'a douloureusement affecté. Ce que le magistrat doit vouloir avant tout, c'est que les élections soient l'expression sincère des sentiments et des opinions du pays et non le résultat d'intrigues qui ont un autre but que celui du bien public ; il doit donc se garder de faire de ses fonctions et de l'autorité qui y est attachée un moyen d'influence électorale. Ce n'est point par ce motif qu'il en a été investi. Quelle confiance les citoyens pourraient-ils avoir dans l'impartialité de la justice, s'ils voient les magistrats chargés de la rendre, se conduire en hommes de parti, solliciter de porte en porte les complaisances, les faveurs, et contracter ainsi envers une certaine partie de leurs justiciables une sorte de dette qu'on se croit obligé de reconnaître et que l'on peut être quelquefois tenté d'acquitter au détriment de la vérité et de la conscience.

Recevez, etc., etc.

BORÉLY.

Circulaire sur les décorations.

Aix, le 24 juillet 1839.

MONSIEUR LE PROCUREUR DU ROI,

Je suis informé qu'un de MM. les préfets vient de demander, dans le ressort de la Cour, la décoration de la Légion-d'Honneur pour un membre de mes parquets. C'est cet officier du ministère public, lui-même qui, en me donnant officieusement avis de cette démarche, me prie d'appuyer une initiative prise en dehors de l'administration judiciaire.

Lorsque des faits de cette nature se renouvellent immédiatement après la mémorable discussion qui vient d'avoir lieu sur la proposition du baron Monnier; lorsque ces faits sont en quelque sorte officiellement rapportés par ceux là même qu'ils concernent, il y a lieu de mesurer toute l'étendue du mal qui y a été signalé dans la Chambre des Pairs.

Il est temps de voir cesser des abus et des usurpations d'attributions qui jettent la perturbation dans tous les rangs du pouvoir et qui portent évidemment l'atteinte la plus grave à la dignité de la magistrature et à l'indépendance personnelle du magistrat.

Désormais, le Gouvernement du Roi veut suivre les règles hiérarchiques qui sont tracées par les lois et dont on ne s'écarte qu'au détriment de la justice. Pour preuve des dispositions que je vous indique, je n'ai qu'à vous faire connaître ce que m'écrivait particulièrement, dans le mois dernier, l'éloquent orateur qui tient en ce moment les sceaux de France.

« Vous avez compris, et il est temps que MM. les pro-
« cureurs généraux s'en pénètrent bien, que vos relations
« avec le gouvernement devraient s'affranchir de toute au-
« tre influence que celle de votre conviction personnelle et
« consciencieuse. » M. le ministre ajoute : « C'est par
« l'introduction d'un régime de faveur et de complaisance
« que les droits de la justice sont blessés et que le principe
« de nos institutions s'altère. Je vous loue d'avoir résisté
« aux insinuations de personnages qui auraient dû s'en re-
« mettre à vous du soin de discerner ceux qui peuvent mé-
« riter de l'avancement ou des distinctions. Soyez convaincu
« que ma ferme résolution est de ne pas céder moi-même
« à de telles amorces et de maintenir intactes les règles de
« juste et impartiale rémunération, dont la confiance du
« roi m'a remis le dépôt. »

Puisque j'ai eu, monsieur le procureur du roi, le bonheur d'obtenir une manifestation de principes si énergique et si impatiemment souhaitée, vous demeurerez convaincu que j'aurai la fermeté et la persistance nécessaires pour soutenir les droits que chacun de vous voudra se créer à l'avancement légitime et aux distinctions méritées.

J'ai, en conséquence, lieu d'espérer que vous vous pénètrerez des principes que je viens de vous rappeler ; j'attacherai une haute importance à faire respecter vos titres ; mais j'apporterai une égale sollicitude à ce que dans mes parquets chacun respecte aussi ce caractère de dignité et d'indépendance magistrale qui peut assurer l'estime publique, la seule gloire réservée aux officiers du ministère public.

Recevez, Monsieur le Procureur du Roi, l'assurance de ma parfaite considération.

Le Procureur Général,

BORÉLY.

Discours sur la Presse et le Ministère public, à l'audience solennelle de rentrée du 4 novembre 1839.

Immotus in motu.

MESSIEURS,

Lorsqu'après une grande révolution qui a fait triompher toutes les libertés publiques, on a été immédiatement appelé à la garde de la plus utile de ces libertés; lorsque, pendant dix années de sa vie, on a eu la fortune de gérer, dans un vaste ressort, les plus chers intérêts du pays, on n'a pu avoir qu'une pensée, celle de veiller à ce qu'aucun de ces intérêts n'ait dépéri.

A cette audience solennelle, nous venons vous entretenir de la presse, vous dire ce qu'elle a été et ce qu'elle est actuellement dans les départements soumis à votre juridiction souveraine.

En examinant ce que la presse périodique a déjà obtenu au milieu de la population la moins disposée aux études sérieuses, vous pourrez apprécier ce qui doit advenir avec tous les efforts et les soins si merveilleusement combinés pour l'instruction publique.

Enfin, Messieurs, nous allons démontrer comment a été remplie la mission qui nous était confiée. L'avons-nous comprise en ne dépassant jamais les limites de la répression la plus rigoureusement nécessaire? Aujourd'hui, à cette place, le mandataire direct de la couronne n'est-il pas investi de fonctions et de devoirs qu'il faut mieux entendre que jamais, et qui ne peuvent plus être empreints d'exagération ni d'amertume?

A travers nos pénibles explorations, après l'examen le plus réfléchi sur la situation et le mouvement des esprits, avons-nous acquis la certitude du fait qui soit le plus digne d'attention et de remarque? la vérité nous a-t-elle apparu sur le terrain le plus fertile de la vie actuelle? et cette vérité ne doit-elle pas être proclamée par ceux-là mêmes qui sont plus spécialement préposés à sa recherche et à sa manifestation? Ce n'est pas vous, Messieurs, qui nous croirez coupable d'un déni de justice qui tendrait à voiler ce qui est vrai, à taire ce qu'il faut que chacun sache bien.

Ce sujet, plus intéressant et plus vaste que pas un autre, paraît avoir, cette année, une opportunité et une importance qui ne sauraient être méconnus par les hommes graves et soucieux de l'avenir.

Il importe, en effet, de jeter quelquefois les yeux sur la marche de nos institutions nouvelles, de reconnaître leurs résultats et d'entendre ceux qui, les premiers, ont mis franchement en œuvre des principes hautement professés, et des législations d'application périlleuse.

Il est opportun aussi de profiter des circonstances paisibles, qui permettent de discourir avec quelque fruit sur des libertés mieux tracées dans les lois qu'empreintes dans les mœurs françaises.

Toutefois, nous ne venons pas rechercher devant vous jusqu'à quel point les esprits doivent être préparés pour certaines institutions, ni remonter aux différentes causes qui en amènent l'établissement primitif. Chaque nation qui veut jouir du plus grand bienfait réservé à l'humanité, doit arriver par degré à la conquête de sa liberté.

Partout la presse a rencontré les mêmes obstacles, et a éprouvé les mêmes difficultés pour fonctionner comme meilleur instrument de civilisation et de progrès.

A leur grande rénovation de 1688, les Anglais ne purent obtenir la libre publication de leurs pensées. Il existait encore une espèce de censure quelques années plus tard, et le jury perdait, en 1729, un des droits les plus importants et auquel il tenait le plus. Il est vrai qu'un de leurs plébiscites explique ainsi les raisons de retards si longs et si affligeants pour l'humanité :

« Lorsque, vers la fin du siècle dernier, dit Blackstone,
« on établit la liberté, on abusa des droits de cette liberté
« elle-même pour propager, par les paroles et par les écrits,
« les doctrines les plus horribles.

Cependant, Messieurs, comme l'usage et même le seul essai de la presse forment l'esprit public, le bon sens de ce peuple dut bientôt triompher. Aussi un des magistrats les plus illustres de son temps, un chancelier même de la Grande-Bretagne [1] ne tardait pas à dire : « Qu'il n'avait pu pas-
« ser aucune loi qui n'eût été indiquée par les feuilles pu-
« bliques. »

Mais l'enseignement que laissent après elles les calamités publiques, ne profite ordinairement qu'à ceux qui en ont

1 Sommers.

souffert. Lorsque, cent ans après, la liberté s'élevait sur un autre hémisphère, elle parcourait les mêmes phases de violence et d'emportement. On aurait tort de croire que la presse, si répandue sur un si vaste continent, se soit implantée sans efforts et naturalisée sans de longues et terribles vicissitudes. Un peuple nouveau, qui ne renfermait pas dans son sein autant d'éléments de discordres ni de divisions intestines, qu'il peut en exister ailleurs, n'a certes point joui sans obstacles d'une des plus belles conquêtes de la raison. En Amérique, pas plus qu'en France et qu'en Angleterre, cette conquête n'a été obtenue ni par les armes, ni de plein saut. La liberté de la presse, comme tout bien sur la terre, ne s'acquiert et ne se conserve que par les lumières et la modération.

Que de modération et de lumières, Messieurs, ne trouve-t-on pas dans ces documents officiels qui retracent avec une simplicité touchante les plus saines doctrines sur un théorème si nouveau ! Nous n'en sommes pas réduits aux conjectures si hasardeuses de l'histoire, à de pénibles recherches, lorsque nous ne reportons nos souvenirs qu'au commencement du siècle présent. Dès sa seconde inauguration à la présidence, le docte et judicieux Jefferson donnait ainsi au monde un des plus mémorables enseignements :

« L'artillerie de la presse, disait-il [1], chargée de tout ce

[1] ***Inaugural address**, of the **united states***, march 4, 1805.

During this course of administration, and in order to disturb it, the artillery of the press has been levelled against us, charged with whatsoever its licentiousness could devise or dare. These abuses of an institution so important to freedom and science are deeply to be regretted, inasmuch as they tend to lessen its usefulness, and to sap its safety; they might indeed have been corrected by the wholesome punishments reserved to

« que la licence pouvait imaginer et oser, n'a été ainsi di-
« rigée contre nous que pour embarrasser la marche du
« gouvernement. Ces abus d'une institution si importante
« pour la liberté et la science, sont profondément à regret-
« ter, car ils tendent à diminuer son utilité et compromet-
« tent même son existence ; ils auraient pu, il est vrai, être
« corrigés par les punitions salutaires établies par la pré-
« voyance des lois des différents Etats contre le mensonge
« et la diffamation ; mais des devoirs publics plus urgents

and provided by the laws of tho several states against falsehood and defamation; but publick duties more urgent press on the time of publick servants, and the offenders have therefore been left to find their punishment in the publick indignation.

Nor was it uninteresting to the world that an experiment should be fair y and fully made, whether freedom of discussion, unaided by power, is not sufficient for the propagation and protection of truth : — Whether a government, conducting itself in the true spirit of its constitution, with zeal and purity, and doing no ac which it would be unwilling the whole world should witness, can be written down by falsehood and defamation—the experiment has been tried—you have witnessed the scene—our fellow citizens have looked on, cool and collected—they saw the latent source from which these outrages proceeded; they gathered around their publick functionaries, and when the constitution called them to the decision by suffrage, they pronounced their verdict, honourable to those who had served them, and consolatory to the friend of man, who believes he may be entrusted with his own affairs.

No inference is here intended, that te laws, provided by the state against false and defamatory publications, should not be enforced; he who has time renders a service to publick morals and publick tranquillity, in reforming these abuses by the salutary coercions of the law; but the experiment is noted to prove, that, since truth and reason have maintened their ground against false opinions in league with false facts, the press, confined to truth, needs no other legal restraint; the publick judgment will correct false reasonings and opinions on a full hearing of all parties; and no other definite line can be drawn between the inestimable liberty of the press and its demoralizing licentiousness. Il there be still improprieties wich tis rule would not restrain, its supplement must be sought in the censorship of publick opinion.

« ont employé tout le temps des magistrats, et la punition
« des écrivains coupables a été abandonnée à l'indignation
« publique.

« Il n'était pas sans intérêt pour la société qu'une expé-
« rience fût franchement et complétement essayée : il fal-
« lait savoir si la liberté de discussion, sans l'assistance du
« pouvoir, n'est pas suffisante pour la propagation et la
« défense de la vérité ; il fallait démontrer si un gouverne-
« ment qui se conduit selon l'esprit de sa constitution,
« avec zèle et loyauté, s'abstenant de tout acte dont il ne
« voudrait pas avoir l'univers entier pour témoin, peut être
« renversé par le mensonge et la diffamation. Cette expé-
« rience a été faite ; vous en avez été les témoins. Nos
« concitoyens ont observé cette grande scène avec tran-
« quillité et union ; ils ont vu la source cachée d'où prove-
« naient tous ces outrages ; ils se sont alors pressés autour
« de leurs magistrats, et lorsque la constitution les a ap-
« pelés à exprimer leurs suffrages, ils ont hautement pro-
« noncé leur verdict : verdict honorable pour ceux qui les
« avaient servi et consolant pour celui qui croit que l'hom-
« me peut être investi de la gestion de ses plus grands
« intérêts.

« Il ne faudrait pas conclure de là que les lois portées
« contre la diffamation publique, ne doivent pas être appli-
« quées : celui qui en a le loisir rend service à la morale et
« à la tranquillité publique en réformant ces abus par les
« châtiments salutaires de la loi. Mais notre expérience
« nous a conduit à cette démonstration, que puisque la vé-
« rité et la raison se sont maintenues contre de fausses
« opinions liguées avec des faits faux, la presse, réduite à

« la vérité pour toute défense, n'a pas besoin du bouclier
« de la loi. Le bon sens public redresse alors, en pleine
« connaissance de cause, les raisonnements et les opinions
« erronés. Il n'y a pas d'autre ligne à suivre entre la pres-
« se, qui est une liberté de si grand prix, et la licence,
« quoiqu'elle soit un élément de démoralisation si dissol-
« vant. Toutefois, s'il y avait encore des inconvénients que
« cette règle ne pût prévenir, le remède serait alors dans
« la censure de l'opinion générale. »

Serait-ce, Messieurs, dans l'antiquité la plus reculée, au milieu des gouvernements d'Athènes et de Rome, à travers les ténèbres du Moyen-Age ou de la féodalité; serait-ce dans notre histoire des temps passés et même pendant les orages de nos trente premières années de ce siècle, qu'il faudrait rechercher la lumière qui seule peut nous éclairer aujourd'hui? Qui saurait mieux nous indiquer la marche, nous tracer plus sûrement la route, que ces gouvernants qui nous précèdent depuis si longtemps dans la voie actuellement ouverte à l'activité et au génie de la France?

Que d'autres recherchent donc les vices qui durent anéantir la démocratie turbulente de l'Attique et la sévère aristocratie des Spartiates; que l'on remonte encore aux causes de la décadence de la grandeur romaine; la science qui veut expliquer la destinée des générations écoulées, celle qui veut remonter aux lois qui ont régi l'esprit humain dans son développement séculaire, pourraient avoir aujourd'hui un but mieux déterminé et plus utile. Que l'on cherche à établir que les peuples de l'antiquité auraient conservé leur grandeur, s'ils avaient retrouvé dans leur sein cet élément de vie, ce puissant véhicule de régénération qu'a amené la découverte de l'imprimerie. Avec la presse, les nations ne peuvent plus vieillir, elles ne tomberont plus dans cet effacement de caractère et de mœurs qui les livraient sans défense aux ennemis de leur nationalité et de leur repos intérieur. Mais surtout qu'on cherche bien à établir qu'après avoir recouvré ses droits, le genre humain veut les mettre en pratique et en assurer la durée ; la science spéculative et le savoir d'application doivent donc sans cesse réunir leurs efforts pour affermir à jamais ce *palladium* de toutes les libertés.

Qu'on remarque enfin la marche du temps et l'attitude des hommes : nos pères voyaient brûler les sublimes conceptions du génie au pied du grand escalier du Palais de Justice ; aujourd'hui, c'est de la hauteur d'un siége d'où sont partis tant de réquisitoires liberticides, c'est devant une Cour souveraine que l'on vient encourager l'écrivain et qu'on voudrait même le protéger jusque dans ses propres égarements.

On a raison de dire que la passion de notre temps est la passion du perfectionnement social ; que son instrument le plus puissant est la presse quotidienne.

Il n'est pas d'orateur célèbre qui n'ait rendu hommage à ce grand progrès des lumières, à ce puissant levier introduit dans le corps politique, à cette association du génie et de la liberté, à cette salutaire correspondance entre les hommes d'étude et les hommes d'application.

Il n'est pas d'écrivain distingué qui, dans la capitale, mais trop rarement en province, ne cherche à entrer en lice sur tout ce qui touche au droit public, à la littérature et aux arts.

Il n'y a pas vingt années que la presse départementale comptait, dans tout le royaume, moins de feuilles publiques que nous n'en avons aujourd'hui dans la seule étendue du ressort de cette Cour Royale [1]. Les contrées les plus reculées et les plus pauvres ne veulent pas être en retard. Nos Alpes ont revêtu la robe virile [2]. Dans notre vaste juridiction, de tous côtés, nous voyons disparaître les dures qualifications et les tristes teintes sous lesquelles on représentait un pays qui n'a besoin que de culture.

Mais dans nos différentes régions, sur les plus hautes montagnes du royaume, comme sur les bords de notre belle mer, la presse ne reproduit que les impressions dominantes de chaque localité : dans notre opulente métropole de la Méditerranée, son caractère est plus commercial que politique : ici, elle est plus agricole, là, plus industrielle que préoccupée d'intérêts généraux et de la chose publique. Cependant lorsque de grands événements ont eu lieu parmi nous, lorsque par des attentats on a cherché à ébranler la paix publique et l'existence des familles, les feuilles quotidiennes n'ont point gardé le silence. Mais si elles doivent alimenter la curiosité de leurs lecteurs, elles ne peuvent le faire qu'avec des ménagements auxquels elles ne savent pas encore rigoureusement s'astreindre. Sait-on bien ce que

1 En 1820, il n'y avait que dix journaux politiques en France : en 1839, il y en a vingt dans le ressort de la Cour Royale d'Aix, qui n'est composé que de trois départements.

2 Le département des Basses-Alpes a compté jusqu'à trois journaux en 1839.

c'est qu'enfreindre en pareille circonstance les bornes des convenances, oublier le respect dû au malheur? Comprend-on bien ce que c'est qu'invoquer l'esprit de parti et préparer ainsi de fausses impressions, lorsque la justice opère, qu'elle marche avec circonspection, qu'elle informe avec prudence et lenteur? Ah! Messieurs, quelquefois nous aurions eu bien à gémir sur de funestes écarts, si la presse ne portait elle-même le remède aux blessures qu'elle fait.

Si, une fois, des sarcasmes déplacés allaient attenter à la dignité de la Cour, et tendaient à faire douter d'un zèle qui avait été jusqu'ici sans exemple et sans résultat pareils, le simple aperçu de votre rôle était une réponse laconique qui inspirait de suite de bien longs regrets.

Si, une autre fois, de fausses conjectures, des susceptibilités qui se comprennent toujours en matière électorale, tendaient à faire descendre un magistrat dans cette arène qui compromet si facilement les plus nobles caractères, il suffisait encore de la plus briève explication, et des regrets non moins sincères étaient spontanément et publiquement exprimés.

Traitée avec les ménagements, avec les égards compatibles avec le pouvoir, la presse ne peut éviter de subir une influence de modération et de convenance, toujours utile à elle-même et à ses organes les plus passionnés.

Le pouvoir est aussi entré dans sa liberté et dans son indépendance : il est fort, indulgent et toujours plus à l'aise, puisqu'il est devenu national, c'est-à-dire que le pouvoir marche maintenant avec le vœu, avec toutes les sympathies des masses : alors, s'il est contraint à exercer des poursuites contre ceux qui se déclarent les ennemis des lois et du trône, il ne se résigne qu'avec douleur au plus pénible de ses devoirs : il le remplit avec décision et fermeté, mais il s'en acquitte sans emportement ni rancune, sans violence et surtout sans mépris.

Des années s'écoulent déjà, sans que nos jurys aient été appelés à prononcer sur aucune plainte portée d'office en pareille matière. Antérieurement, nos poursuites n'avaient cessé de présenter une proportion digne de la plus sérieuse attention. Avant que les formalités de ces procédures eussent été modifiées et accélérées comme elles doivent l'être, le jury avait sanctionné plus des deux tiers de nos poursuites ; toutes étaient généralement approuvées par nos jurés, mais la distance qui séparait la perpétration du délit de la prononciation du verdict avait nécessairement amené quelques acquittements ; une procédure qui doit être si rapide se trouvait tellement livrée à certaines tactiques de la défense, qu'il a fallu promptement modifier les lois de la presse. Celles de 1835 contiennent des dispositions que nous avons peut-être sollicitées un des premiers ; il en est d'autres qui, pas une fois, n'ont été invoquées dans toute l'étendue de ce ressort.

Quelles que puissent être des lois que de grandes circonstances semblent rendre nécessaires, la liberté est toujours sans péril, lorsque le peuple se montre jaloux de conserver ses conquêtes, lorsque les magistrats savent se montrer dignes de leur mandat, et lorsqu'ils comprennent la force de nos institutions.

Qui mieux que la presse peut réchauffer sans cesse l'esprit public, raviver les vrais souvenirs de notre grande régénération ? Chaque jour la presse resserre autour de la couronne, les nuances de toutes les opinions sages et constitutionnelles, et les attache, sans retour, aux croyances véritables. Jamais le gouvernement n'avait été mis à une plus rude épreuve que celle par laquelle il a passé naguère ; on se souviendra longtemps d'une crise dont chaque parti a repoussé la responsabilité. En résultat, on a voulu attribuer à la presse ces longues angoisses publiques, les malheurs du commerce et le sang versé dans les rues de la capitale. On ne craint la publicité que lorsqu'on n'a pas un patriotisme sincère, un dévoûment pur et désintéressé, et les hautes vertus qu'exigent les grandes affaires du pays. La presse n'a pas mérité les graves accusations dont elle a été l'objet. Une administration forte et libérale a succédé à ces orages ; son premier acte est un nouvel essor donné à l'affranchissement de cette liberté. Il n'y a plus de presse subventionnée.

Une institution nous restait encore de la grande époque de nos triomphes : compromise de nos jours, autant qu'avait voulu la flétrir un gouvernement ennemi de nos gloires contemporaines, il fallait enfin relever cette noble légion d'honneur et de patrie. La presse imprime son impulsion jusqu'à ce corps de l'Etat, si élevé et si réservé, qu'il ne prend une attitude austère envers le pouvoir que lorsque les institutions sont menacées : c'est ainsi qu'est arrêtée la profusion de distinctions qui faisaient, des récompenses nationales, un faux système de gouvernement.

Si un autre institut, réveillant au contraire les plus tristes souvenirs des siècles passés, tentait de reparaître ici, sur le sol même où pendant quinze années, il avait essayé de relever sa bannière, l'organe aux cent voix précèderait l'organe du ministère public. La presse, nous n'en doutons pas, rendrait notre action inutile. Désormais nous n'aurons à invoquer les réquisitoires si honorables d'un de nos prédécesseurs ; de ce siége où nous sommes naturellement appelé aujourd'hui à saluer l'ombre de l'illustre Ripert de Monclar, nous n'aurons qu'à exprimer, au nom de la Magistrature de Provence, tous les témoignages de reconnaissance publique qui sont dus au vrai caractère d'un de ses plus grands Magistrats.

Mais alors, Messieurs, les hommes d'Etat, les publicistes distingués, les écrivains célèbres, tous ceux qui s'intéressent à la grandeur, à la moralité du pays doivent fournir spontanément le contingent de leurs talents et de leur expérience. Sur le champ de bataille des discussions politiques, chacun doit discuter, chacun doit venir défendre l'ordre et sa cause ; le raisonnement juste, pressant, victorieux n'a déjà plus besoin de contre-seing nominal ; et quoique une certaine pruderie, qui est d'étiquette en d'autres pays, tende à repousser toute participation avouée avec la presse périodique, qu'on respecte, si l'on veut, le préjugé, mais qu'on ne s'affranchisse pas du devoir. Ce n'est pas sans motif sérieux que nous sommes amenés à consigner ici cette observation. Nos feuilles publiques trop abandonnées à l'inexpérience, à l'ardeur inflexible du jeune âge, s'en vont compromettant plus que leurs intérêts. Messieurs, la presse a bien souffert de ses propres excès. Si son existence eût pu être compromise, il est assez démontré maintenant qu'elle l'eût été par les égarements et les folies dont elle s'est crue l'instrument obligé.

Si le pouvoir n'a pu opposer qu'une impassibilité invariable, qui n'a été ni sans avantage, ni peut-être sans mérite ; s'il a su résister à la plus funeste impulsion ; s'il n'a rien cédé à la frayeur, à la terreur panique qu'inspirait une presse en délire, nous avons droit de demander si les bons citoyens ont défendu l'ordre menacé, la constitution attaquée, cette Charte réciproquement jurée, qu'on voulait mettre en péril en les mettant en question.

Loin du centre des lumières, il est des devoirs publics dont on ne comprend ni la rigueur, ni la portée ; en province, on ne sait pas assez qu'au lieu de jeter la déconsidération et le mépris sur les bases fondamentales du pacte social, il faut soutenir le grand édifice constitutionnel, encourager la presse, protéger cette institution vivace qui met tout en mouvement et maintient l'ordre dans les rouages les plus compliqués de l'administration publique.

Il importe que tout journal soit un établissement stable et suivi ; qu'il offre des garanties non équivoques ; qu'il trouve appui et concours, puisque des fortunes importantes et tant d'intérêts particuliers dépendent de son existence.

Alors, nous nous verrons entourés de ces véritables sentinelles avancées, toujours en faction, qui sonnent l'alarme aux apprêts de la sédition, qui flétrissent l'immoralité, déjouent tant de bassesses et tant d'intrigues. Alors, ces partisans libres d'opinions diverses, prétendant tous au même crédit et au même succès, viendront s'interroger et se répondre, s'accorder et se diviser, donner de la force à la vérité par la contradiction, et du prix à l'éloge par la liberté. En censurant avec bonne foi, en réprimant avec convenance, ils avertiront utilement le pouvoir. La presse deviendra ainsi le meilleur et le plus loyal moyen de police. Dans les temps de trouble, rien n'est plus utile que de tout savoir; les journaux attentivement lus, rapprochés les uns des autres, peuvent très-bien accomplir cette mission de publicité et de lumières.

En vous retraçant, Messieurs, ce qui se passe et ce qui doit survenir au milieu de nous, ce qu'a fait et ce que n'a pas encore fait notre presse locale, ce que néglige le citoyen éclairé, nous arrivons enfin à considérer aussi ce que doit être le mandataire direct de la couronne.

Homme de pratique, mais sans dédain pour aucune théorie, tour à tour placé sur le froid terrain de la réalité et sur le sol mouvant des plus ardentes passions; magistrat d'action incessante et livré au calme de l'observation; impassible quoique au centre du mouvement; gardien des mœurs et des lois, mais préoccupé de la disposition des esprits et de la situation des choses; convaincu de la stabilité des trônes constitutionnels, comme du maintien des libertés publiques; dévoué à la Charte comme à la noble race élevées par le peuple, un chef de parquet est ce fonctionnaire qui doit le mieux comprendre le mandat dont il est investi, les devoirs qui lui sont imposés et toute la responsabilité qui pèse sur sa tête.

Les situations nouvelles trouvent toujours des caractères qui les comprennent : lorsqu'ils sont doués de la trempe nécessaire, ces caractères dominent les affaires et les dirigent vers le but le plus utile et le plus honorable; ainsi, lorsque l'état social éprouve ces besoins nouveaux, et lorsqu'il faut adopter par une sorte d'intuition les institutions nouvelles qui les consacrent, il ne peut être imprimé une forte impulsion gouvernementale que lorsqu'il y a, chez les principaux délégués du pouvoir, conviction sincère, invariable, conviction que rien ne peut ébranler ni affaiblir.

Élevé dans cette formidable opposition qui a fait triompher la cause nationale, nourri des principes qu'il faut sans cesse appliquer, il a bien fallu sortir de cette mémorable lutte avec une foi profonde dans l'avenir de la France, et avec la persuasion intime que la France avait la même foi dans la justice de sa cause.

La conviction sera donc, Messieurs, la première vertu, la qualité la plus indispensable de l'homme public, de ce magistrat investi d'un pouvoir qui n'a cessé d'être le plus terrible et le plus difficile de tous les pouvoirs. La conviction se forme en toute matière, s'acquiert dans la haute région des affaires, s'élabore dans nos débats judiciaires et politiques par la lutte et le travail, la méditation et l'effort : nulle part elle n'arrive toute faite : elle ne croît pas en nous comme un sentiment dans le cœur, comme une foi étrangère à l'âme, comme cet acquiescement aveugle que transmettent des souvenirs d'enfance, des relations de société, des intérêts de famille. Fille de la raison, de l'examen et de l'étude, la conviction ne se forme que lentement et avec labeur. Dans l'élucubration des doctrines politiques, la conviction attache aux unes, éloigne des autres, jette en nous des racines d'autant plus profondes qu'elles ont coûté plus de recherches et plus de méditations.

C'est ainsi qu'au milieu de tant de croyances abattues, des découragements et des dégoûts qui s'emparent quelquefois des meilleurs citoyens, nos dogmes ne sauraient être plus ébranlés que nos convictions. Nous, nous devons être les plus rassurés, les plus affermis, les plus convaincus des hommes. Aucun événement ne peut nous surprendre en hésitation quelconque. C'est sur l'heure qu'il faut apprécier l'événement le plus inopiné, la page la plus adroitement insidieuse, l'article le plus insaisissable. Souvent il ne sera pas même permis de se recueillir un seul instant dans le silence de la pensée.

D'un autre côté, dans le poste où l'on doit être le moins temporiseur, il faut savoir aussi que le temps se charge de bien des choses : qu'assez souvent le temps lui-même fait bonne justice des plus perfides insinuaticns et même de délits qui, suffisamment justifiés, n'en resteront pas moins impoursuivis. Quoique le magistrat ne soit certainement pas l'homme d'État qui se conduise selon les circonstances, un chef de parquet aura toute l'intelligence des besoins de l'époque, il saura quelles sont les exigences du moment, et jusqu'à quel point des exigences éphémères, satisfaites aujourd'hui, deviendraient intolérables demain et seraient toujours illégales. Le magistrat qui veille au bonheur et à la tranquillité du pays, ne sacrifie pas la sécurité du présent à l'avenir. Quels que soient les orages politiques et les tempêtes qui grondent, il ne faut cesser d'être l'organe invariable de la loi et le représentant vrai des principes renfermés dans le pacte social et dans le cœur de la nation.

Ainsi, dans le champ libre et sans limites de la presse, où souvent les passions se déchaînent comme les vents les plus impétueux, il faut être doué tantôt de résolution et d'à-propos, tantôt de temporisation et de résistance.

C'est après être entré dans la dixième année de tant d'épreuves difficiles que nous nous retrouvons avec la même conviction et pas une autre. Oui, nous sommes certain que nos grandes crises politiques s'affaiblissent, qu'elles touchent à leur terme et qu'elles vont cesser sans retour. Ce n'est pas à dire que tout germe de discorde et de trouble soit entièrement extirpé du sol français : nous penserions moins encore que la presse périodique ne dût exciter de notre part la même sollicitude et une surveillance aussi constante et aussi active. Mais le passé ne peut-il pas répondre de l'avenir? Une longue navigation à travers tant d'écueils, n'a-t-elle pas dû former plus d'un nautonnier? Nos temps mauvais ne peuvent plus se reproduire : toutefois si la tempête grondait encore, nous continuerions à faire tête aux orages; nous nous retrouverions, egalement impassible envers tous, sachant résister à tous, au pouvoir comme au peuple : au pouvoir, s'il osait enfreindre la Charte; au peuple, s'il voulait la briser.

Si nous entendions jeter autour de nous des cris de frayeur, invoquer la censure, ne menacerions-nous pas de poursuites, ceux qui ne devraient invoquer que le respect et le maintien des lois?

Si de plus haut, il était enjoint de poursuivre devant nos Cours d'assises, le même délit, un délit parfaitement identique à celui qui, déjà, aurait été sévèrement puni ailleurs, n'aurions-nous pas la fermeté respectueuse de déclarer que ce qui doit être réprimé sur les bords de l'Océan, peut passer comme inaperçu sur nos rives plus paisibles et moins disposées à l'agitation.

Si des jurés arrivaient auprès de nous, invoquant des poursuites contre la presse hostile; s'ils étaient plus empressés de satisfaire à des désirs de vengeance qu'à donner des preuves d'un dévoûment réfléchi, ne récuserions-nous pas des juges qui ne seraient ni assez calmes, ni assez dégagés de toute prévention?

Si des instructions sur des lois de presse recommandaient qu'elles fussent exécutées seulement avec fermeté et persévérance, ne ferions-nous pas connaître qu'elles doivent l'être encore avec modération?

Mais aurions-nous besoin de pousser plus loin les prévisions? Si toutes ne vous paraissaient pas de simples hypothèses, elles ne sauraient néanmoins modifier sous aucun rapport la confiance que vous n'avez cessé de témoigner dans la loyauté d'un caractère qui vous est bien connu : vous n'avez cessé d'estimer ce respect des lois, ce dévoûment au Prince, cette religion du devoir, cet amour des libertés publiques et surtout cette conviction en la liberté de la presse que nous avons puisés dans vos exemples et dans vos arrêts.

Avocats!

A l'étude de la science judiciaire, à l'exercice brillant de la barre, on devient jurisconsulte distingué et capable de défendre les causes les plus difficiles : mais c'est au sein de la presse que se forment les hommes appelés aux grandes affaires. Aujourd'hui, si chacun peut aspirer aux postes les plus élevés, et si les avocats n'ont pas trop à se plaindre du lot qui leur est échu sous le gouvernement actuel, ils ne doivent pas perdre de vue que les hommes supérieurs qui, du Barreau, ont été appelés au pouvoir, ont tous été élevés par la presse quotidienne, c'est-à-dire que ce sont leurs écrits dans les feuilles publiques qui ont fait connaître leur mérite et leur aptitude.

Avocats ! la Cour vient de passer une année sans qu'elle ait à regretter la perte d'aucun de ses membres ; le Barreau, l'École de droit, nous tous, Messieurs, nous avons à déplorer la fin d'un homme juste et bon, de ce vénérable doyen Balzac, qui était aussi invariable dans ses affections privées que dans son amour pour les libertés publiques.

Il y a des noms qui retentissent dans nos cœurs comme dans un sanctuaire : qu'il nous soit permis, dans cette solennité, de saluer encore d'une larme et d'un respect, cette vertu modeste qui se mêlait aux différends de ses élèves pour les calmer, à leurs études pour les encourager, à la politique pour l'adoucir.

Plus heureux ou plus malheureux que la plupart de ceux qui ont connu la bonté de cet ami, nous unissons de nouveau des regrets personnels à ceux d'une Université à laquelle nous avons presque tous appartenu.

Dans une autre circonstance, la plus triste de toutes, nous ne nous en sommes pas tenus à la simple expression de ces sentiments : devant le cercueil, nous avons pu lire ce qui se passait au cœur d'une jeunesse dignement attendrie et jusqu'où voudraient aller sa gratitude et son respect. Nous avons bien à nous féliciter d'avoir si justement pressenti ces nobles et touchantes émotions. Ce n'est pas une tombe simple et modeste qui s'est élevée sur les restes inanimés du maître ; on pouvait réduire la quotité d'une souscription, mais on n'a pu empêcher que le nombre des souscripteurs ne se soit élevé au point qu'il a été permis d'ajouter une dernière couronne à cette œuvre toute filiale.

Avoués !

La presse agite en ce moment de grandes questions sur la transmission des offices. Vous n'avez rien à craindre dans un tel débat. La publicité qui va éclaircir une matière si importante, qui va éclairer aussi le pouvoir dans une occurrence si délicate et si grave, ne saurait alarmer vos titres et vos droits. Pour conserver l'estime de la Cour et la confiance de vos clients, vous n'avez qu'à continuer à remplir vos devoirs avec le même zèle et le même désintéressement.

Circulaire sur les arrêtés municipaux en matière de Jeux dans les lieux publics et fêtes de villages : Nouvelles instructions à tous Officiers de police judiciaire sur la répression des Maisons de Jeux de hasard.

Aix, 14 mars 1840.

MONSIEUR LE MAIRE,

J'ai plus d'une fois appelé votre attention sur le dommage si grave causé par la passion du jeu et sur la nécessité de surveiller et de poursuivre tous les établissements, cafés, cabarets et autres lieux, publics ou clandestins, dans lesquels se réunissent les joueurs.

Je sais que pour atteindre ce but difficile, les moyens vous ont manqué plus que le zèle ; mais en vous faisant connaître aujourd'hui les nouvelles armes que l'autorité judiciaire vient de fournir à la police administrative, je me crois autorisé à vous dire qu'il ne vous reste plus qu'à vouloir fermement pour que le mal soit complétement détruit.

Je rappelle, d'abord, à vos souvenirs divers arrêts rendus par la Cour de cassation (19 janvier, 22 avril 1837). L'arrêt du 22 avril, intervenu sur le pourvoi des Cafetiers de Marseille, décide qu'il appartient aux Maires, non-seulement de déterminer quels sont, suivant les localités, les jeux de commerce qu'ils jugent sans inconvénient de laisser jouer dans les cafés et autres lieux publics ; mais encore de *les défendre indistinctement* dans tous les établissements où ils ne les auraient pas expressément autorisés.

Ce droit dérive de l'article 46, titre 1er de la loi du 22 juillet 1791, de l'article 3, titre 11 de la loi du 24 août 1790 ; et l'on ne saurait enfreindre les arrêtés pris en vertu de ces lois, sans encourir l'application des peines de police, portées par l'article 471, n° 15 du Code pénal.

Puisque l'autorité municipale a le droit de régler, dans l'intérêt du bon ordre, tous les jeux publics, permettez-moi de vous dire que vous ne devez pas craindre d'user de ce droit dans toute son étendue. Si vous autorisez tel ou tel jeu de commerce, on en fera bientôt un jeu de hasard ; si vous mettez aux joueurs les cartes à la main, ils trouveront toujours moyen d'éluder la surveillance de la police et l'exécution de vos arrêtés.

Ceci m'amène à vous dire que je considère, comme le plus grave des abus, la tolérance pratiquée par quelques-uns d'entre vous les jours de fêtes, foires ou marchés. Cette tolérance, a-t-on dit, est profitable à la Commune, elle attire les étrangers. — Elle n'attire, croyez-le bien, que des hommes dangereux. Ces hommes, joueurs nomades et de profession, souvent repris de justice et formés ainsi à l'école des prisons, n'apparaissent dans vos fêtes publiques que certains d'en rapporter, en quelques heures, de très-gros bénéfices. Ces bénéfices énormes ne sont par conséquent que le résultat de fraudes pratiquées au préjudice de vos agriculteurs crédules et de la jeunesse des campagnes. Vos cabaretiers peuvent bien faire quelque profit, mais vos pères de famille et leurs enfants sont dupés et dépouillés.

Je dois d'ailleurs vous faire observer que la gendarmerie a reçu des ordres précis pour saisir les jeux qui s'étalent en public, et pour verbaliser, s'il y a lieu, contre les cabaretiers qui donnent des cartes. Tout désaccord entre l'autorité municipale et les agents de la force publique, chargés de l'exécution des lois, ne pourrait que produire le plus mauvais effet. Déjà j'ai vu des collisions fâcheuses à cet égard et des négligences graves; j'ai même été amené à donner à quelques Maires l'avertissement spécifié en l'article 280 du Code d'instruction criminelle.

Tout ce que je viens de vous exposer ne s'applique qu'aux simples contraventions en matière de jeux. Vous avez, sur ce point, autorité réglementaire, et vous en userez, je l'espère, dans toute son étendue et pour le plus grand bien de votre Commune.

Mais comme officiers de police auxiliaires des Procureurs du Roi, vous avez encore d'autres devoirs à remplir. L'article 410 du Code pénal prononce des peines correctionnelles contre ceux qui tiennent des maisons de jeux de hasard. On a longtemps pensé qu'il n'y avait délit que lorsqu'on jouait dans ces établissements tel ou tel jeu de hasard, comme la Vendôme, le Baccarra, le Vingt-et-Un. Les tribunaux sont enfin revenus à une jurisprudence plus large et plus rationnelle. Ils ont posé en principe que la *généralité des termes de l'article 410* indique suffisamment que le législateur a voulu laisser aux Magistrats le soin *d'apprécier la nature des jeux* et de les réprimer *suivant les circonstances qui accompagnent la prévention,* lorsqu'une certaine part est laissée nécessairement au hasard dans les jeux.

Ainsi le tribunal de la Seine et le tribunal de Marseille ont condamné des établissements où l'on jouait l'*Écarté*, la *Bouillote*, l'*Impériale*. Ces jugements ont été confirmés par arrêts de la Cour de Paris et de la Cour d'Aix.

Un auteur recommandable, M. Carnot, avait déjà enseigné la même doctrine, lorsqu'il avait dit : « Ce ne sont que les jeux de hasard que défend l'article 410, mais *sous quelques formes qu'ils se déguisent*, ils rentrent *tous* dans sa disposition, lorsqu'ils sont *établis dans une maison destinée à cet usage.* »

La chose essentielle à considérer pour se déterminer dans les poursuites, ce n'est donc pas *la nature du jeu*, mais *les habitudes de la maison.*

Tout établissement, qui recevra habituellement des joueurs, devra être poursuivi. Les tribunaux apprécieront si, *des circonstances qui accompagnent la prévention*, il résulte qu'il y a maison de jeu de hasard.

Pour faciliter l'œuvre de la justice, on sent combien il importe que les procès-verbaux constatent soigneusement les circonstances du délit. A cet effet, je recommande expressément aux officiers de police les moyens suivants : prendre les noms des joueurs, les interroger séparément, les faire expliquer sur la nature du jeu, sur la valeur des mises, sur celle des paris, sur la rétribution payée et sur toute autre circonstance propre à faire tomber en contradiction ceux qui chercheront à déguiser la vérité.

Si ces premières opérations sont bien faites, on arrivera nécessairement à la constatation du délit.

Enfin, je ne puis m'empêcher de vous rappeler tout ce

que l'autorité judiciaire a fait pour assurer, sur cette importante matière, la complète exécution des lois.

L'autorité municipale hésitait sur l'étendue de ses pouvoirs : la Cour de cassation a consacré la légalité des arrêtés municipaux.

L'administration assistait en gémissant à tous les ravages causés par des jeux qu'elle ne croyait pas pouvoir poursuivre : les Cours et les Tribunaux ont proclamé que tous les jeux mêlés de hasard pouvaient être l'objet d'une répression, suivant les circonstances qu'il leur appartenait d'apprécier.

Que reste-t-il donc à faire pour qu'obéissance et force restent à la loi? Il faut user des armes que les tribunaux vous ont données.

Et si j'ai insisté sur les services rendus à cette cause par la magistrature, ce n'est point pour attirer sur elle une approbation qu'elle ne recherche pas; mais, pour ajouter à tous les motifs qui doivent nous assurer votre concours, l'impulsion que fait naître chez tous les bons citoyens l'émulation du bien public.

Recevez, Monsieur le Maire, l'assurance de ma considération distinguée,

Le Procureur Général,

BORÉLY.

Circulaire. — Nouvelles instructions sur les Jeux.

Aix, le 8 février 1841.

MONSIEUR LE PROCUREUR DU ROI,

Pendant le cours de chaque année, nous avons remarqué certaines époques de recrudescence dans la plus funeste des passions ; le jeu, si fécond en désordres, reprend souvent dans les villes et les campagnes avec une fureur qui semble accuser la vigilance de l'autorité.

Comme vous le savez, je ne cesse de suivre les symptômes d'un mal qui se reproduit d'une manière si déplorable.

C'est ainsi qu'au sein d'une grande ville, le suicide d'un caissier a fait connaître ce qui se passait dans des établissements spécialement placés sous l'autorisation et la surveillance de l'administration supérieure.

C'est ainsi que des Magistrats de paix et des Officiers municipaux ont porté l'insouciance et l'oubli de leurs devoirs à un point vraiment incroyable : les uns n'ont pris aucune initiative, lorsqu'ils connaissaient des parties organisées ; les autres ont donné lieu à ce scandale, que des témoins entendus en justice ont déclaré que l'on jouait à des jeux ostensiblement défendus par arrêtés municipaux, tandis que des permissions particulières autorisaient ces mêmes jeux en secret.

S'il n'y a pas lieu d'être étonné de la tenacité des joueurs, il est difficile de s'expliquer comment des fonctionnaires, chargés de veiller à l'ordre public et à la tranquillité des familles, oublient à ce point des obligations si rigoureusement imposées par les lois et par la morale.

L'an dernier, en m'adressant directement à MM. les Maires, je leur rappelais avec détails tous les moyens que l'autorité judiciaire venait de leur fournir sur des points qui, antérieurement, pouvaient être contestés ou méconnus. La jurisprudence de la Cour de cassation a, en effet, hautement proclamé que ce sont les Maires qui désignent les jeux de commerce, pouvant sans inconvénients être joués dans les lieux publics : ce sont encore les Maires qui peuvent même les défendre indistinctement dans les établissements où ils ne les ont pas expressément autorisés.

J'insistais aussi sur la nécessité de faire disparaître des fêtes, foires et marchés, ces joueurs nomades qui viennent publiquement spéculer sur l'inexpérience des personnes simples et crédules. En effet, devant ces étalages si dangereux, les enfants de nos villages cèdent aux premières tentations que fait naître l'appât d'un gain toujours trompeur.

Malgré tout ce qui a été rappelé sur la légalité des arrêtés municipaux, sur la nécessité d'une répression sévère que les Cours et Tribunaux proclament dans toutes leurs décisions ; malgré tout ce qui a été dit sur les services que le concours de la magistrature et de l'autorité municipale pouvait rendre à la société, j'ai la douleur d'apprendre encore que la passion du jeu ne cesse de compromettre le repos d'un grand nombre de familles et la considération de quelques fonctionnaires.

Si déjà quelques collisions fâcheuses et de graves négligences m'ont contraint à donner à plusieurs Maires l'avertissement déterminé par l'article 280 du Code d'instruction criminelle, à l'avenir je puis me croire dans la nécessité rigoureuse de solliciter la révocation de tout fonctionnaire qui, par sa négligence ou son inaction, pourrait, en quelque sorte, être considéré comme complice des joueurs eux-mêmes.

Il est vrai, que si je suis informé qu'un huissier et un employé d'administration publique se trouvent, dans un canton, à la tête de parties notoirement ruineuses, j'ai la satisfaction de pouvoir indiquer aussi qu'il est des Juges de paix qui ont montré un zèle vraiment digne d'éloge.

Quoiqu'il n'y ait pas lieu d'adresser de nouvelles observations et d'exciter le zèle de la gendarmerie, je ne saurais trop souhaiter que les bons rapports qui existent entre les Officiers de cette arme et les parquets continuent à se maintenir. Pour assurer la régularité et l'efficacité du service en cette partie, il faut une harmonie parfaite entre tous les agents de la force publique : les joueurs se concertent toujours mieux et prennent sans cesse de nouvelles précautions pour déjouer la surveillance de la police.

Je n'éveille pas non plus votre attention particulière sur la nécessité de me tenir régulièrement informé de la découverte des délits et des jugements qui les répriment. Depuis quelque temps, j'ai moins souvent occasion d'user du droit d'appel que me confère la loi : les magistrats de première instance comprennent enfin que des circonstances atténuantes se trouvent fort rarement dans la conduite de ceux qui se livrent habituellement à l'oisiveté, et qui ne vivent que dans les lieux où l'on perd le goût du travail, de la décence et des mœurs.

Mais si le zèle du Ministère public ne peut avoir de bornes, il ne saurait nous suffire de savoir tout ce qui se passe dans l'étendue de nos juridictions respectives ; l'intérêt que nous inspirent nos justiciables doit nous porter à signaler les piéges et les embûches qu'on peut leur tendre au loin et en pays étrangers.

Vous n'avez point oublié que c'est dans des loteries étrangères et dans notre plus près voisinage qu'ont été s'engloutir les restes d'un avoir de plus de sept cent mille francs et les économies de tant de familles estimables. Les mêmes séductions sont aujourd'hui renouvelées, et j'ai des avis qui ne me permettent pas de douter qu'on ne cherche qu'à faire sortir du royaume des sommes qui, certes, devraient avoir sur le sol français meilleure et plus utile destination. La presse a souvent et utilement relevé que lorsque la loterie était chassée de France, elle continuait de l'autre côté de la frontière à prélever son impôt immoral sur nos justiciables : ces moyens de leurre et de dol, la séduction des chances, la multiplicité des lots, l'appât du gain principal ont été démasqués, prévenus et arrêtés, autant que cela a dépendu de nous.

C'est en décembre 1836 que déjà nous étions sur les traces d'un de ces agents de loterie étrangère qu'avait en vue la loi du 21 mai précédent. Cet agent, qui contribuait encore alors à une grande catastrophe, parvint à éviter les investigations prises de toutes parts.

A cette époque, nous savions que des sociétés s'étaient

établies dans une grande ville pour le placement des billets d'une loterie étrangère. Ces sociétés qui existaient depuis longtemps, nous connaissions leur manière de jouer et jusqu'au montant de toutes leurs mises ; l'une d'elles était organisée de manière à pouvoir supporter deux cent mille francs de pertes; elle faisait, en janvier 1839, un gain de 22,500 fr., qui ne devait cependant aboutir qu'à sa ruine la plus prompte.

A mesure que la loterie était supprimée en France, quelques-uns des anciens directeurs de ces établissements voulurent continuer ce genre de spéculation dans l'étranger : un nombre considérable de billets se vendit sur des places commerciales ; des sommes d'argent passèrent nos frontières par la voie de la poste, des diligences et des bateaux à vapeur. Les mises s'élevèrent jusqu'à 3 et même 4,000 fr. Enfin ce ne fut qu'à la fin de 1838 que les perquisitions faites chez un banquier nous signalèrent cet agent, condamné en 1839 à la peine de l'emprisonnement et de l'amende.

Si quelques convenances de service public ne nous permirent pas alors de dévoiler ces menées illégales et si fatales au commerce, nous les rappelons aujourd'hui, parce qu'on tente de les renouer en ce moment.

J'éveille à ce sujet et avec l'aide de la publicité, la vigilance de tous les officiers de la police judiciaire. Il faut qu'on sache en France et à l'étranger que nous sommes en mesure de connaître et de suivre toutes tentatives qui seraient renouvelées pour enfreindre la loi et pour tromper le peuple.

Vous voudrez bien m'accuser réception de ces nouvelles instructions et m'informer ultérieurement du résultat de vos soins.

Recevez, Monsieur le Procureur du Roi, l'assurance de ma parfaite considération.

Le Procureur Général,

BORÉLY.

Circulaire. — Chasse.

Aix, le 31 décembre 1841.

Monsieur le Maire,

Depuis plusieurs années on a signalé de toutes parts à la sollicitude de l'autorité les nombreux et déplorables abus de l'exercice de la chasse : la violation de la propriété, le ravage des récoltes, la destruction complète du gibier et des oiseaux, et, par suite, la funeste multiplication des chenilles et des autres insectes si dangereux à nos vergers. A côté des comices agricoles qui ont démontré ce dernier résultat, vous avez vu les administrations municipales, quelques-unes du moins, prendre des arrêtés qui, en défendant la vente de tout gibier pendant le temps où la chasse est prohibée, pussent empêcher les délinquants de faire profit de leur délit et MM. les Préfets multiplier dans les arrêtés que la loi leur attribue les sages prohibitions qui peuvent assurer tout à la fois les intérêts de l'agriculture, le respect des propriétés et la sécurité publique, en prescrivant de ne délivrer un permis de port d'armes de chasse qu'à des gens d'une moralité généralement reconnue.

Je dois vous signaler à mon tour des excès plus coupables encore et des dangers plus imminents : il y a deux mois à peine, un brave gendarme tombait sous les coups d'un braconnier ; et depuis nous avons vu par deux fois, dans le Var, un jeune chasseur faire face à celui qui le poursuivait et tirer sur lui, à quelques mètres, un coup qui ne partit pas ; dans les Basses-Alpes, un garde-forestier cruellement assassiné par ceux dont il constatait le délit ; dans les Bouches-du-Rhône et à quelques kilomètres du siége de la Cour, une bande de quarante-cinq chasseurs envahir audacieusement un vaste domaine, s'y établir en maîtres, le fusil à la main, résister violemment aux agents de la force publique, et leur déclarer qu'au moindre signe il les eussent brûlés ; quelques jours plus tard, plusieurs d'entre eux revenaient jusque dans la maison du propriétaire, et menaçaient de mort lui , son garde et son fermier. C'est ainsi que d'un simple délit, cette passion a conduit les plus exaltés jusqu'au crime.

Tous ces désordres, tous ces crimes se manifestent au moment où les débats solennels de la Cour d'assises nous révèlent les audacieuses entreprises et les criminelles doctrines des sociétés secrètes qu'on essaie avec tant d'ardeur d'introduire dans toutes les communes ; c'est vous dire assez, monsieur le maire, qu'ils en acquièrent plus de gravité et que les moyens d'en prévenir le retour, comme d'en découvrir les coupables auteurs s'ils se renouvelaient, dépendent plus particulièrement de votre zèle, de votre activité, et surtout de votre courage à faire en tout et partout un devoir souvent rigoureux et qui n'est pas toujours sans danger.

Placé au centre des populations, surtout dans les communes rurales, votre autorité est la plus immédiate ; s'exerçant sur des hommes connus de vous, votre surveillance est plus facile et plus sûre ; rapprochés de vos agents, les commissaires de police et les gardes champêtres, vos instructions sont plus fréquentes et mieux comprises ; entouré de l'élite de vos administrés, les conseillers municipaux, vous pouvez tout connaître et faire arriver partout une sage direction ou un prompt remède au mal qui vous est signalé ; chargé enfin de la police comme de l'administration de votre commune, vous trouverez dans les nombreuses attributions que la loi vous donne, de puissants moyens de prévenir, et dans une active surveillance, les renseignements qui vous permettront de signaler à l'autorité judiciaire ce qu'il faudra réprimer.

C'est sous ce double point de vue que je veux attirer votre sollicitude sur les funestes effets de l'habitude de la chasse si généralement répandue, et dont je vous traçais tout à l'heure l'effrayante progression.

Indépendamment de la connaissance personnelle que vous pouvez avoir de vos administrés, de celle que peuvent en avoir et vous donner les commissaires de police et les gardes champêtres, il est des faits extérieurs et patents toujours faciles à constater : ainsi la possession d'un ou plusieurs chiens, l'entretien des appeaux, les absences fréquentes sans motif, la négligence des travaux ordinaires, qui entraîne à sa suite l'oisiveté, l'habitude des cabarets et la misère de la famille, signalent hautement le braconnier. Ces hommes devront être l'objet d'une surveillance particulière et du garde champêtre et de la gendarmerie à qui vous devez toujours les faire connaître ; leurs habitudes indiqueront ainsi leurs actions et quelque surveillance dans les cabarets, surtout dans les chambrées, pendant la soirée de la veille, vous ferait connaître à coup sûr la partie projetée du lendemain : c'est sans doute dans ces lieux que s'organisa la bande audacieuse que je vous signalais, il n'y a qu'un instant ; un avis alors donné à l'autorité supérieure eût suffi pour empêcher ou réprimer sa coupable entreprise.

Ici, l'une des premières conditions du succès réside surtout dans la confiance que l'on peut accorder au garde champêtre et dans le zèle qu'il doit mettre à l'accomplissement de ses devoirs. Vous ne sauriez donc être trop sévère et trop exigeant envers lui : l'intelligence et l'activité sont deux qualités indispensables pour un tel agent, et la fermeté plus encore, la fermeté qui rejette non-seulement la crainte, mais encore et surtout les exigences d'une longue et grande familiarité, ou les faiblesses d'une vieille amitié. J'ai mainte fois observé que parmi les délits de chasse dénoncés, il n'en est point, ou presque point, qui le soient par les gardes champêtres ; vous devez alors remplir rigoureusement cette obligation qui vous est imposée par M. le Préfet de lui signaler promptement, pour être révoqué, l'agent faible et négligent de ses devoirs.

Ainsi renseigné, vous pourrez facilement, si un malheur ou un crime arrivait, signaler à l'autorité judiciaire le point vers lequel doivent être dirigées les investigations, et n'oubliez jamais que la faiblesse, dans ce cas, serait de votre part un mal d'autant plus grand, que vous auriez pu faire plus de bien et conduire plus sûrement les recherches de la justice. C'est avec un vif sentiment de peine qu'à ce sujet j'ajoute que les magistrats ont bien rarement trouvé le zèle et le concours qu'ils réclamaient et qu'ils avaient droit et mission d'exiger.

En prescrivant pour la délivrance d'un permis de port d'armes de chasse, un certificat émané de vous, l'autorité supérieure a le droit de compter et sur la connaissance que vous aurez acquise des habitudes et de la conduite de ceux à qui vous les délivrez, et sur votre fermeté à les refuser à ceux qui ne vous en paraissent pas dignes. C'est là un de vos devoirs les plus difficiles, mais un de ceux dont l'accomplissement rigoureux peut produire le plus de bien : c'est une garantie que vous ne devez jamais sacrifier ni à la complaisance, ni à la crainte ; si céder aux exigences des méchants pouvait être un moyen d'échapper à leurs méfaits, il serait indigne de votre autorité et d'un homme d'honneur.

Mon but dans ces instructions n'a pas été, monsieur le maire, de vous rappeler tous vos devoirs en cette matière ; j'ai voulu, en vous en signalant quelques-uns, vous montrer toute la gravité qui s'attache depuis quelques années à l'exercice de la chasse ; cette gravité est telle aujourd'hui que déjà elle a pu faire naître la pensée d'une révision nécessaire de notre législation, et, croyez-le bien, en vous signalant ainsi cette effrayante progression des abus, je ne vous ai montré qu'une partie du mal ; j'ai la certitude que les malheurs que cette passion entraîne pour les classes pauvres, l'oisiveté et la misère dans laquelle elle plonge les cultivateurs qui s'y livrent, enseigneront au premier Magistrat de la commune, à celui qui représente le père et le chef de la famille, tout ce qu'il doit, sous ce rapport, à sa position et à ses administrés ; je ne me suis adressé qu'à l'agent de l'autorité et je lui ai recommandé zèle et fermeté envers tous ; je prends aussi l'engagement de le soutenir de toute mon influence et par tous les moyens que la loi me donne, comme aussi de signaler à qui de droit ses négligences et sa faiblesse, acceptant pour ma part la solidarité de tous nos devoirs communs.

Recevez, Monsieur le Maire, l'assurance de ma considération distinguée.

LE PROCUREUR GÉNÉRAL,

BORÉLY.

Discours prononcé à l'audience solennelle du 6 novembre 1843.

ÉLOGE DU PROCUREUR GÉNÉRAL DE MONCLAR

Messieurs,

Il appartient aux peuples qui ont été grands et qui veulent l'être encore, d'honorer la mémoire des hommes dont les services ont contribué à la gloire ou au bien-être de l'État. La reconnaissance des peuples est non-seulement la rémunération, mais en quelque sorte la semence des grands hommes. Combien ne doit-on pas s'applaudir de ce sentiment éclairé de patriotisme qui, dans toutes les parties du royaume, fait élever des monuments aux glorieux soldats, aux saints évêques, aux poètes immortels, aux intrépides marins, aux savants célèbres, aux orateurs puissants, aux jurisconsultes législateurs qui ont illustré la France ancienne ! Une pensée vraiment royale recueille, dans le vieux palais des rois, toutes les gloires de notre pays. Non loin de ce temple national, Paris consacre ses plus beaux édifices aux plus grands souvenirs. Chaque province s'associe à ce noble exemple : Rouen, Bordeaux, Dunkerque, Nantes, Valence, Cahors, Montbelliard, Bourg, Dijon s'empressent à l'envi de payer aux hommes illustres qu'elles ont vu naître ou dont elles ont reçu des bienfaits, le tribut de leur admiration ou de leur gratitude.

Notre pays, Messieurs, n'est pas étranger à cet élan généreux. Les humbles vallées des Alpes, après avoir honoré l'éloquence courageuse d'un des plus dignes défenseurs de nos récentes libertés, n'oublient pas qu'elles ont produit l'émule de Descartes et font un appel à tous les admirateurs de Gassendi ; et la ville d'Aix a décidé naguère que la statue de Portalis et de Siméon orneraient les marches de ce Palais-de-Justice : heureuse pensée dont nous devons être reconnaissants, et dont il vous est permis, plus qu'à d'autres, de vous féliciter.

Mais au milieu de ces manifestations universelles de la reconnaissance publique envers les grands hommes de tous les temps, pourrait-on oublier cette vieille magistrature des parlements qui a été la véritable institutrice de la justice en France, la gardienne des plus saines maximes nationales ? Le savant magistrat qui est si justement placé à la tête du ministère public, a plusieurs fois célébré devant la première Cour du royaume quelques-unes de ces grandes vies consacrées, dans l'ancienne monarchie, à la justice et au bien public. En conservant ainsi un caractère grave à nos audiences de rentrée, il y a ajouté un intérêt particulier. Comment serait-il possible, en effet, de montrer ces règles plus vénérables, ces devoirs plus dignes d'imitation, qu'en exposant les actes et les pensées des hommes qui les ont le mieux connus et le plus fidèlement observés ? Ces nobles personnages méritent donc tous nos respects : ils ont eu des principes invariables, des caractères dignes et fermes ;

ils ont aimé l'État sous la monarchie comme dans les anciennes républiques on aimait la patrie, et par leur esprit d'indépendance ils ont préparé nos libertés. Ne pas les honorer par nos souvenirs serait déshériter d'une partie de ses plus solides renommées notre pays, et priver la magistrature d'aujourd'hui des meilleurs guides que lui offre la magistrature d'autrefois. La patrie des L'Hôpital, des Harlay, des Molé, des Duranti, des Du Vair, des Jeannin, des Séguier, des Lamoignon, des d'Aguesseau, des Malesherbes doit aspirer à continuer ces grands magistrats et se pénétrer de leurs exemples. Qu'on se garde de laisser s'affaiblir ce sacerdoce social de la justice !

C'est de l'un de ces magistrats de premier ordre que nous nous proposons de vous entretenir aujourd'hui. Venu dans un temps difficile, exposé à des épreuves dangereuses, ayant refusé les dignités les plus hautes pour rester sur le siége du ministère public au parlement de Provence, il fut digne de sa haute mission comme il l'est encore de notre plus haute estime. Messieurs, vous ne sauriez trouver ni oiseux ni opportun que, dans cette audience solennelle, nous retracions devant vous la noble vie, les utiles travaux du procureur général de Monclar. C'est ici le lieu, c'est peut-être aujourd'hui le moment de rendre hommage à cet homme supérieur et illustre qui unit l'intelligence d'un sage au cœur d'un citoyen et à l'âme d'un magistrat.

Jean-Pierre-François Ripert de Monclar, marquis de Saint-Saturnin, seigneur de Monclar et conseiller du roi en ses conseils, procureur général au parlement de Provence, naquit à Aix le 1er octobre 1711, de François de Ripert, procureur général au même parlement, et de Françoise d'Ostin.

Originaire du Dauphiné, la famille de Monclar, dont une branche s'était établie dans le comtat Venaissin et l'autre en France, ne s'est continuée dans la magistrature que dans un pays voisin. C'est là, ainsi que dans la grande cité si rapprochée de la nôtre, qu'ont été conservés, avec un respect filial, les documents particuliers et les souvenirs domestiques les plus propres à fortifier les témoignages publics en faveur du grand magistrat auquel ces familles doivent leur célébrité, et la Provence une de ses plus pures renommées.

Dès sa plus tendre enfance, Ripert de Monclar annonça les plus heureuses dispositions et une étonnante mémoire. A neuf ans, il répétait un sermon et une pièce de vers qu'il n'avait entendue qu'une fois. Après les premières études faites dans la maison paternelle, il fut envoyé à Paris et placé dans l'un de ses colléges les plus renommés, celui d'Harcourt. Il fit là sa réthorique sous ce spirituel et excellent père Porée qui, seize années auparavant, avait été le professeur de Voltaire. Le pénétrant jésuite, frappé des grandes aptitudes de son élève, voulut le retenir à Paris; mais le père de Monclar le rappela en Provence lorsqu'il eut terminé ses études.

Sachant le grec, l'espagnol, l'italien, l'anglais, et étant déjà gradué en droit à l'âge de dix-huit ans, Ripert de Monclar fut bientôt admis au parquet de Provence par le chancelier d'Aguesseau, après quelques hésitations et malgré son extrême jeunesse. C'était une infraction aux usages suivis; mais il est des hommes dont l'esprit devance l'expérience, et que leur supériorité met au-dessus des conditions ordinaires.

Le jeune officier du ministère public se pénétra fortement des devoirs de sa charge. Il s'éloigna entièrement du monde, se consacra avec résolution au travail, et donna à l'étude approfondie des lois toutes les heures que lui laissaient les affaires publiques.

Dès la première cause dans laquelle il porta la parole en 1733, il se montra défenseur fidèle des traditions parlementaires, et l'élève des Jésuites devint hardi Gallican. Il s'agissait de la prévôté du chapitre d'Aix, que réclamaient à la fois l'abbé de Forbin d'Oppède et l'abbé Magnan. Sur la résignation de cette prévôté faite par l'abbé Louthiers, l'abbé Magnan en avait été pourvu en cour de Rome, et l'abbé d'Oppède y avait été élu par le chapitre. Celui-ci, malgré son respect pour le Saint-Siége, que l'Église de France savait concilier avec le ferme maintien de ses priviléges, en appela comme d'abus au parlement contre l'exécution des bulles pontificales. Grâce au talent du jeune magistrat, à la solidité des raisons qu'il fit valoir et aux plus hautes maximes d'Etat qu'il sut invoquer à propos, l'abbé de Forbin et le chapitre l'emportèrent sur l'abbé Magnan et la cour de Rome.

Monclar venait d'entrer dans les grandes voies qu'il devait parcourir avec tant de persévérance et d'éclat durant près de quarante années. Le parlement de Provence avait trouvé en lui un sage orateur appelé à être longtemps sa gloire. Il méritait, en effet, toute la confiance de ce grand corps par des sentiments aussi élevés que ses fonctions, et par un amour précoce mais inébranlable du devoir. Chargé de porter la parole devant les Chambres assemblées, M. de Monclar, signalant de bonne heure la noble direction qu'il voulait donner à sa vie, prit pour texte de son discours le bonheur dans le devoir.

« Les âmes généreuses, dit-il, ne s'occupent point du « bruit de leur renommée; l'amour du devoir suffit à leur « félicité, et le sage trouve en lui-même son repos et sa ré- « compense..... Que toutes les passions, ajouta-t-il, ban- « nies de ce temple de la justice, servent utilement la so- « ciété; que l'ambition produise des héros, que l'intérêt « anime le commerce et les beaux-arts; le magistrat seul « ne se propose pour objet que la félicité du peuple, et « pour récompense que leur estime. Borné le plus souvent « dans la sphère de son état, autant qu'élevé par son ex- « cellence, des vues de fortune n'entrent point dans le plan « de ses travaux; l'estime publique est le vrai salaire di- « gne de lui; c'est le seul que les hommes puissent lui « offrir. »

C'est ainsi qu'il faisait éclater ses propres sentiments, et qu'en traçant le portrait du vrai magistrat, il se peignait lui-même.

Dans une autre occasion, parlant avec profondeur de ce désir de rivaliser dans le bien, qui ajoute toute la puissance de l'émulation à l'amour même du devoir, il s'écriait : « La sainteté de ce lieu, la majesté de cette assemblée et « les lumières de ceux qui nous écoutent, ne permettent « pas de craindre qu'on puisse confondre les mouvements « généreux de l'émulation avec cette lâche passion qui fait « la honte de l'humanité. Fille de l'orgueil et de la pares- « se, l'envie est le partage des âmes basses et des génies

« les plus médiocres, qu'elle achève de dépraver et de ré-
« trécir. Son principe est impur, ses moyens honteux et
« son objet injuste. Née dans la bassesse et les ténèbres,
« elle travaille moins à s'élever qu'à faire décheoir les au-
« tres ; elle aspire moins à briller qu'à obscurcir un éclat
« qui l'importune. La science et la vertu ne sont point l'ob-
« jet de ses désirs et de son ambition ; ce sont leurs ré-
« compenses et les honneurs qui leur sont dus qu'elle vou-
« drait usurper. »

Après avoir, par ces traits vigoureux, flétri l'envie, il plaçait, avec une vertueuse délicatesse, la magistrature au-dessus de l'émulation. « L'élévation de notre état, dit-il
« simplement, exige tous les efforts de ceux qui s'y consa-
« crent, sans recourir à d'autres motifs. »

Le magistrat qui, dès ses premiers pas, suivait une marche si ferme, révélait un esprit si mûr, un caractère si haut, une vocation si décidée, pouvait, sans détriment pour l'État et pour la justice, devenir procureur général à l'âge de vingt-sept ans. C'est ce qui eut lieu en 1738, par la démission de M. de Ripert, qui obtint l'agrément du roi Louis XV pour transmettre sa charge à son fils, M. de Monclar.

Déjà, trois années auparavant, il en avait rempli les fonctions dans ce qu'elles présentaient alors de plus élevé et de plus délicat. L'ordonnance des testaments venait de paraître et modifiait, d'une manière grave, la législation établie. Vous le savez, Messieurs, le droit romain était, depuis les temps les plus anciens, la règle civile de la Provence ; lors de sa réunion à la France, elle en avait même stipulé le maintien comme un de ses premiers priviléges. Aussi le parlement protesta contre l'ordonnance du Roi ; il en arrêta la publication et vota des remontrances, que le jeune de Monclar fut chargé de rédiger. Dans ces remontrances destinées à réclamer la conservation du droit écrit, il déploya toutes les ressources de son esprit et toute l'indépendance de son caractère. Il invoqua, non sans adresse ni sans succès, le testament célèbre qui, revêtu des formalités prescrites par le droit romain, avait annexé la Provence à la monarchie française. « Dans ce titre fameux, disait-il au « Roi, titre auquel Votre Majesté doit cette province, et « cette province son bonheur, Charles d'Anjou impose aux « rois ses héritiers la condition de maintenir les peuples « dans leurs priviléges, et notamment dans l'observance « du droit écrit. Cette clause avait été acceptée et solennel- « lement jurée par les prédécesseurs de Votre Majesté..... « Il est naturel à tous les hommes de tenir aux lois res- « pectées depuis tant de siècles dans leur patrie ; mais le « caractère propre des lois romaines est d'inspirer surtout « cet attachement : c'est un effet de leur sagesse et de cette « majestueuse simplicité qui les a fait régner longtemps « encore après la destruction de l'empire romain. »

Devenu procureur général, M. de Monclar fut investi de la plénitude du ministère public, dont les fonctions étaient, à cette époque, beaucoup plus compliquées qu'elles ne le sont maintenant : elles embrassaient alors les affaires de l'État aussi bien que les affaires particulières, l'ensemble de l'ordre public tout autant que la conduite de la justice. La justice se modifie selon les temps ; on peut dire qu'elle fait des progrès dans la mesure même où la société se développe. Aux yeux du philosophe, elle peut donc paraître plus ou moins parfaite ; mais le magistrat ne voit jamais en elle que la volonté impérieuse de la loi. Pour celui-ci, la loi étant dès lors la condition de la justice, le ministère du procureur général, chargé de faire exécuter fidèlement l'une afin de faire rendre exactement l'autre, était d'autant plus vaste et d'autant plus difficile, dans le dernier siècle, que la législation était plus complexe et moins précise, que les droits étaient plus divers et plus contradictoires. Concilier le respect des priviléges provinciaux avec l'action légitime de la couronne ; faire marcher d'accord l'Église avec l'État ; maintenir l'intervention de la cour de Rome dans le domaine des choses ecclésiastiques, sous la haute surveillance du prince et dans les limites des libertés gallicanes ; expliquer les ordonnances du roi, le droit écrit, le droit canonique, les statuts particuliers, de manière à ce que les divers corps et les divers pouvoirs qui composaient et régissaient l'ancienne société française, marchassent sans s'entraver, agissent sans s'opprimer : tel était l'office d'un procureur général au parlement de Provence. M. de Monclar le remplit avec une loyauté intelligente et une constance généreuse.

Ainsi, le nouveau procureur général défendit courageusement le droit que les Provençaux tenaient de leur constitution, de n'être jugés que chez eux. Il s'éleva contre toutes les évocations qui leur donnaient d'autres juges que leurs juges légaux, et il sut empêcher aussi que des causes intéressant l'ordre de Malte, celui de Cîteaux et d'autres corporations religieuses, fussent portées par appel à la Cour Pontificale. Dans un cas, il soutint le droit de la Provence contre les empiètements de la Couronne ; dans l'autre, le droit de la France contre les prétentions du Siége de Rome.

S'il travailla à affermir l'un des principaux fondements de la société, la stricte distribution de la justice, il porta la pénétration et la sagesse de son esprit sur une des matières dont le sort des États dépend le plus, sur les finances. Les finances de la monarchie marchaient déjà vers ce désordre irrémédiable qui, concourant avec les progrès de la raison publique et le juste désir des réformes, devait produire la révolution.

M. de Monclar rédigea, depuis 1748 jusqu'en 1763, les diverses remontrances votées contre une multitude d'édits bursaux qui avaient mécontenté les peuples et qui soulevèrent la résistance des parlements. Ceux de Normandie et du Dauphiné firent le tableau le plus énergique de la détresse du royaume et des abus financiers de l'autorité. Mais on remarqua, dans toutes ces conjonctures, qu'aucun magistrat ne sut mieux allier que M. de Monclar la force des représentations au respect des convenances. Défenseur des intérêts privés, il parla le langage élevé d'un moralisté, afin de ramener l'autorité à la modération, en rappelant le peuple à son ancienne modestie. « Les dépenses se multiplient « à l'infini dans un grand État, dit-il, lorsque les mœurs « sont amollies, corrompues, et qu'on ne retrouve plus « dans les âmes ce caractère mâle qui donne l'assiduité au « travail, le courage de dire la vérité, la régidité pour la « règle et la force de réprimer les abus. Il y a donc un rap- « port nécessaire, ajouta-t-il, entre la réformation des « mœurs et l'ordre dans les finances. »

Frappé de la supériorité de ses vues, le gouvernement lui demanda un travail sur les moyens de liquider les dettes de l'État et de rétablir la fortune publique. Il consacra plusieurs années à ce travail, qu'il fit en économiste et en homme d'État.

Guidé par les clartés du bon sens et devançant les conseils d'une science qui n'était pas encore fondée, il dit que l'art du gouvernement devait consister à augmenter la population et à en tirer le meilleur parti possible ; que, pour accroître la richesse publique, il fallait viser à la division des fortunes et des propriétés, encourager les habitudes laborieuses et les profits réglés, permettre l'exportation des grains, favoriser l'industrie du peuple, loin de l'entraver par des charges onéreuses ; enfin que, pour bien asseoir les impôts, on devait se procurer une connaissance exacte soit des productions les plus propres à les fournir, soit de la population destinée à les supporter. Il proposa de faire le relevé exact de celle-ci par la liste annuelle des baptêmes, des mariages et des sépultures, moyen employé pour dresser nos statistiques modernes.

Ses talents le firent désigner plusieurs fois comme le restaurateur des finances de la monarchie. Mais le Roi, qui, en 1745, avait réuni sur la tête de M. de Monclar les deux charges de procureur général près le parlement de Provence, trouva toujours en lui beaucoup de dévoûment et peu d'ambition. Déjà, plusieurs années auparavant, le cardinal de Fleury avait tenté de le retenir à Paris, en lui offrant les plus riches perspectives. M. de Monclar s'était dérobé aux flatteuses insistances du premier ministre. — Eh ! quoi, lui dit le cardinal, vous êtes assez ennemi de vous-même pour nous abandonner? — Monseigneur, répondit Monclar, je vais où le devoir m'appelle. — Plus tard, le chancelier d'Aguesseau aurait désiré qu'il le remplaçât sur le siége suprême de la justice. Le duc de Choiseul aurait aussi voulu lui confier le contrôle général des finances. Le désintéressement du magistrat fut invariable.

Mais, d'un autre côté, l'austère équité de M. de Monclar, son vaste savoir en matière de droit, ses vues comme financier, son habileté comme homme d'Etat, avaient élevé fort haut et porté fort loin sa célébrité. Les étrangers de distinction venaient à l'envi le visiter et l'honorer. Le procureur général du conseil de Castille, sous le règne libéral de Charles III, s'était fait son disciple et ami. La ville de Genève, troublée par les deux partis qui se combattaient dans son sein, le demanda pour arbitre; confiance glorieuse et méritée que provoquèrent, et la haute justice de Monclar, et sans doute aussi les sentiments vraiment sociaux qu'il avait exprimés touchant l'état civil des Protestants en France. Zélé catholique, mais citoyen généreux et prévoyant, il avait été ému de la condition si triste, si malheureuse, si peu morale de ces Français, dont la loi ne reconnaissait pas l'existence parce qu'elle n'admettait pas leur culte, qui vivaient sans famille légale et sans droit civil. De Monclar réclama pour les Protestants la sainteté du mariage, la légitimité des enfants; il prépara ainsi en leur faveur les bienfaisantes décisions de Louis XVI et les mesures équitables de la révolution de 1789, dont les unes les replacèrent dans l'ordre légal, et les autres leur rendirent la liberté de conscience.

Messieurs, l'étendue peut-être déjà trop longue de ce discours nous avertit d'arriver à l'un des moments les plus décisifs, à l'un des actes les plus éclatants de la vie de M. de Monclar, au fameux procès des Jésuites devant le parlement de Provence. Mais auparavant nous devons, pour montrer, pour suivre nous-même l'impartialité du rigide procureur général, rappeler les poursuites qu'il avait dirigées contre un avocat général jansénite, poursuites qui, d'accusateur, firent un instant de lui-même un accusé. On le sait, les cours souveraines de France, sans partager les idées religieuses du jansénisme, penchaient pour ses doctrines; elles en aimaient l'austérité. Une infraction grave à la règle morale et même à la loi fut cependant commise par un avocat général du parlement de Provence, qui, dans la célèbre affaire de la Cadière et par un excès de sympathie pour le jansénisme, falsifia la date de deux billets afin d'éluder une prescription. Dès que M. de Monclar fut instruit de ce fait par la clameur publique, il fit entendre sa voix inexorable contre son avocat général lui-même, que le parlement expulsa de son sein; mais la protection et l'intrigue dénoncèrent cet arrêt au conseil, qui le cassa et qui renvoya l'affaire devant le parlement de Toulouse. L'avocat général fut déchargé de l'accusation; il fut même fait des réserves en dommages-intérêts contre M. de Monclar lui-même. Par là, cette cause était devenue personnelle à un procureur général envers lequel d'Aguesseau lui-même croyait avoir été trop sévère. Le Roi prescrivit aux deux parlements d'Aix et de Toulouse de donner les motifs de leurs arrêts, et l'illustre chancelier, qui ne pouvait ni se tromper longtemps, ni être injuste, après avoir mieux étudié l'affaire et entendu M. de Monclar, se déclara pour le parlement d'Aix et son vigilant procureur général.

Dans cette circonstance, M. de Monclar ne s'était montré que magistrat; dans l'affaire bien autrement grave des Jésuites, il n'obéit qu'à l'inspiration du devoir et ne suivit que l'intérêt de l'État. Cette société célèbre, que son institution plaçait sous une autorité étrangère, que les parlements et la Sorbonne s'étaient longtemps refusés à admettre en France, qui avait été expulsée, puis rétablie par nos rois, après une grande existence et une longue domination, était alors considérée, dans toute l'Europe, comme incompatible avec l'indépendance et la bonne administration des États. Elle était partout attaquée et nulle part défendue.

M. de Monclar se trouvait à Paris au moment où l'avocat général de Castillon, qui devait être son digne successeur, présentait contre cette puissante compagnie un premier réquisitoire au parlement. Le duc de Choiseul lui avait vainement offert d'être l'un des plénipotentiaires de la paix qui allait se négocier avec l'Angleterre à la suite de la guerre de sept ans ; il lui avait, non moins vainement, proposé les sceaux avec l'agrément du Dauphin et du consentement du Roi. Toutes ces offres, ainsi que celle de la première présidence du parlement de la Franche-Comté, étaient néanmoins faites sous condition. On voulait obtenir sa neutralité dans les graves débats qui allaient s'ouvrir. Un esprit élevé et convaincu ne pactise jamais avec la conscience. M. de Monclar quitta Paris et toutes les séductions dont il était entouré ; il arriva en Provence au moment même où son avocat général commençait à diriger des poursuites contre la société de Jésus.

Le 6 mars 1762, les gens du Roi s'étaient présentés aux chambres assemblées, et le premier avocat général avait exposé, avec une constante modération et la plus noble simplicité, tous les motifs de suspicion qui s'élevaient contre les Jésuites ; il avait requis, en ces termes, le dépôt et la communication de leurs instituts :

« Ainsi nous parviendrons à reconnaître l'origine, à fixer « le degré du mal, à indiquer les remèdes, à discerner si, « au milieu de tant d'accusations, si, dans une matière où « les précautions ne sont pas susceptibles d'excès, où nulle « utilité, nuls services ne peuvent balancer les inconvé- « nients, il est possible de justifier ou d'absoudre ; s'il suf- « fit de corriger ; s'il faut abolir ; en un mot, si la réfor- « mation est nécessaire, si elle est praticable, ou si elle se- « rait illusoire ou même périlleuse ; et dans le cas où la « vue supérieure du bien universel, où le salut de l'État, « loi suprême, armerait toute la rigueur de notre minis- « tère, nous ne perdrons jamais de vue les égards, les se- « cours que la justice doit à la vertu, aux talents, au « malheur, et dont l'erreur même ne rend pas indigne. »

Le même jour le parlement rendait un arrêt conforme à ce réquisitoire. M. de Monclar se chargea lui-même de l'examen des constitutions des Jésuites, examen qu'il poursuivit à travers les attaques les plus injurieuses et les plus violentes, sans en être irrité ni intimidé. « Les pamphlétaires « ont disparu, dit à cette occasion, dans des *Essais sur le* « *Parlement de Provence*, un magistrat qui a siégé en cette « cour, mais le nom de Monclar est resté pur et vénéré au « milieu de tant de déclamations. »

M. de Monclar lut, dans les audiences solennelles du 28 mai, des 3 et 4 juin 1762, ce fameux compte-rendu des constitutions des Jésuites, qu'on traduisit bientôt dans toutes les langues vivantes et qui se retrouve encore dans toutes les bibliothèques de ce pays. Après un arrêt qui suspendit provisoirement l'ordre des Jésuites en Provence; après de longs délais accordés à leur défense ou nécessités par le respect dû à des actes émanés de la volonté royale; aprés que le procureur général leur eut donné pour conseil et pour défenseur un des avocats les plus habiles et les plus versés dans la connaissance du droit canon, le jour du débat contradictoire étant arrivé, M. de Monclar fit entendre ces paroles :

« J'accuse les lois et la morale d'un ordre célèbre qui a
« étendu son crédit et sa puissance dans les quatre parties
« du monde, qui a gouverné les rois et les peuples, qui a
« su s'attirer des éloges de la part des papes et gagner la
« confiance d'une infinité d'évêques, qui a défendu l'Église
« par de savants écrits et des martyrs.

« Serait-ce que, par une de ces révolutions qui sont
« inévitables dans le cours des choses humaines, cet ordre,
« tombant en décadence, aurait corrompu ses voies? Non,
« Messieurs : le régime que j'attaque fut toujours à peu
« près le même ; les lois que je crois devoir déférer à votre
« censure sont presque aussi anciennes que leur fondation;
« la morale dont je me plains se découvre dans les pre-
« miers écrivains de la société; tous les abus qui excitent
« mon ministère sont nés avec elle ; les accusations datent
« d'aussi loin ; chaque année de ses annales nous fait voir
« des flétrissures humiliantes et des monuments glorieux,
« des suffrages honorables et des censures accablantes. »

A la suite de ce réquisitoire, le 28 janvier 1763, le parlement rendit l'arrêt ordonnant définitivement la suppression des Jésuites; bientôt le Roi lui-même exclut de ses États leur société, qui eut le même sort dans le reste de l'Europe, et dont le Pape sanctionna peu de temps après l'abolition.

Après avoir donné en France le signal de cette mesure, M. de Monclar, auquel les autres parlements adressaient des félicitations, et qui voyait s'accroître pour lui l'estime du monde, se montra aussi accessible aux particuliers qu'il avait été inexorable pour le corps. En vrai magistrat qui ne doit pas transiger sur les principes, mais qui doit être bienveillant envers les personnes, il rendit aux Jésuites tous les services qu'ils lui demandèrent. Tous ceux qui eurent quelque grâce à réclamer, ne s'adressèrent jamais en vain à cette âme juste et généreuse.

Les Jésuites ne présidaient plus à l'instruction de la jeunesse. M. de Monclar, dont l'esprit droit et fécond se portait avec succès sur toutes les matières, s'occupa de l'enseignement public ; il ne se contenta pas de l'améliorer dans le collége d'Aix, il obtint des lettres patentes pour compléter l'université de cette ville, et proposa de construire un magnifique édifice qui renfermerait une riche bibliothèque. Il aurait voulu que l'instruction fût distribuée à toutes les classes des citoyens, et qu'outre les colléges secondaires, il y eût, au chef-lieu de chaque province, un collége principal où se trouveraient les maîtres les plus habiles dans les lettres, les sciences et les arts, où seraient encore instruits gratuitement les élèves les plus capables. Mais ses plans ne purent pas se réaliser alors ; il fallait encore du temps et de grands événements pour que la France parvînt à jouir du bienfait d'une instruction générale et supérieure.

Quelques années après, M. de Monclar fut associé à un

acte politique important dont les résultats n'ont été définitivement acquis que de nos jours. La cour de Versailles et la cour de Rome étaient en mésintelligence. Louis XV décida de réunir à la couronne le comtat Venaissin ; cette riche contrée formait une enclave étrangère au milieu de la France, et s'opposait à la fois à l'unité du territoire et à la bonne administration de la justice dans notre pays. En effet, il servait souvent de refuge aux malfaiteurs de la Provence, du Languedoc et du Dauphiné. M. de Monclar fut chargé d'aller en prendre possession au nom du Roi. Par les dispositions sages à l'aide desquelles il régla l'administration, la police, les finances du pays d'Avignon, il en devint le législateur pendant la durée de cette législation temporaire.

Rien de ce qui pouvait être utile à la province ou à la France n'échappa à l'attention patriotique et à la vaste capacité de cet homme éminent. La construction d'un pont sur la Durance presque au point même où, soixante-et-dix ans après, le génie moderne vient d'en construire un en fil de fer ; l'établissement des charrettes à larges jantes, la liberté du transit de Marseille en Suisse, l'administration des hôpitaux, l'abolition de la mendicité furent proposés par M. de Monclar, qui s'entendait autant en matière administrative qu'en matière de justice et d'État. L'initiative de toutes les améliorations partait alors des parlements : leur puissance avait pris même un grand accroissement depuis la victoire qu'ils avaient remportée sur la compagnie de Jésus. Cet état de choses, cet immense crédit populaire finirent par alarmer la couronne.

A cette époque, où l'on étudiait de toutes parts les

moyens de régulariser le gouvernement ; lorsque déjà on voulait enlever à la monarchie son caractère arbitraire sans exposer la France à une révolution ; quand il fallait donner une forme plus centrale à l'administration, M. de Monclar présentait au roi Louis XV un plan qui mérite d'être rappelé. Il proposait de rassembler à Paris trente-six membres des divers parlements du royaume, qui exposeraient les besoins de leurs ressorts, les ressources de leurs provinces, signaleraient les entraves judiciaires, les vices administratifs, et désigneraient les moyens propres à porter les plus prompts et les meilleurs remèdes.

Une pareille assemblée, chargée de surveiller le gouvernement et de lui donner conseil, aurait formé un sénat consultatif qui, sans doute, n'eût pas tardé à devenir un sénat dirigeant. Mais les tendances du siècle devaient conduire plus loin, et au lieu de réunir auprès du trône une représentation restreinte du pays par les députés des parlements, elles devaient y appeler bientôt une représentation tout à fait générale de tous les ordres de la nation. Ce n'est pas ce que comprit Louis XV. Loin d'adopter les vues de M. de Monclar et de fortifier davantage encore les parlements en rendant leur autorité plus nationale, le prince les priva même de leur autorité provinciale ; il brisa ces antiques corps de magistrature. L'expérience l'a prouvé : en retardant les réformes, c'était en augmenter l'étendue et en accroître le danger.

Quoiqu'il en soit, M. de Monclar fut enveloppé dans la disgrâce des parlements. Il se retira dans sa terre de Saint-Saturnin. C'est dans cette solitude que, conservant le calme de l'homme de bien et se livrant à des travaux plus paisibles, mais toujours utiles, il entreprit l'histoire du gouvernement français. Il remonta à ses origines et, s'attachant surtout à découvrir la source des droits du pays dans les ordonnances même émanées du trône, il démontra que l'intérêt du prince, dans une monarchie tempérée, était attaché à un régime régulier, et qu'étant législateur suprême, il ne devait gouverner que par la loi.

Ses derniers jours s'écoulèrent dans ces occupations patriotiques, au milieu desquelles la mort vint le surprendre à l'âge de soixante-deux ans. Il finit en chrétien et en sage, sans rien regretter et sans rien désavouer. Il put dire avant d'expirer : « Je n'ai point à me reprocher de n'avoir pas « fait tout le bien que j'ai pu faire ; je proteste que toutes « mes actions ont été dirigées vers le bien public. » Ce témoignage qu'en mourant il se rendit à lui-même, fut confirmé par le deuil de ses contemporains et le sera à tout jamais par le respect de la postérité.

Telle fut la fin de M. de Monclar.

Messieurs, pendant quarante années ce grand procureur général se montra le défenseur éclairé des droits de la couronne, le ferme soutien des libertés gallicanes contre les prétentions ultramontaines, le partisan zélé des priviléges de la Provence, des prérogatives du parlement et de la justice régulière contre des empiétements étrangers et dangereux; pendant quarante ans, il vécut en magistrat fidèle à son mandat, en citoyen dévoué à son pays.

En terminant le récit de cette noble vie, nous ne pouvons nous empêcher d'insister sur le double sentiment qui l'a remplie, l'amour du bien public et l'amour du devoir. Citoyen, magistrat, écrivain, ses vœux, ses actes, ses ouvrages, depuis sa plus tendre jeunesse jusqu'au moment suprême, n'ont eu que le devoir pour mobile et le bien public pour but. Ces beaux sentiments, qui sans cesse ont animé Monclar, sont de toutes les époques ; ils doivent de nos jours, comme de son temps, servir de guides aux magistrats chargés de faire observer les lois et de rendre la justice. Rappeler ses exemples dans cette ville toute pleine de ses souvenirs, c'est lui préparer des successeurs.

Avocats ! lorsqu'on annonçait la mort de M. de Monclar, au moment même où la consternation était générale à Aix et le deuil universel en Provence, un des membres les plus distingués du barreau fit entendre, en plaidant, l'éloge pompeux d'un magistrat qui venait de terminer ses jours dans l'exil. De si profonds regrets sur un procureur général parlementaire étaient exprimés devant ceux-là mêmes qui profitaient de son malheur et qui occupaient sa place.

Dans ces mémorables occasions, le barreau n'a jamais abandonné les magistrats qui ont combattu pour la cause nationale et qui ont défendu les vrais principes. Il s'est plu, au contraire, à montrer la sympathie que lui inspirent les grands dévoûments, les caractères forts et élevés.

Avoués ! le procureur général, qui est considéré comme se trouvant placé à la tête de l'ordre des avocats, ne doit être que le surveillant obligé de votre corporation. Mais quelque pénible que puisse être cette rigoureuse mission, vous savez comprendre les exigences d'un devoir qui ne s'exerce que dans l'intérêt de la discipline, c'est-à-dire dans l'intérêt d'officiers publics devant être toujours entourés de considération et d'estime

Circulaire. — Instructions nouvelles sur les Jeux.

Aix, le 15 février 1846.

Monsieur le Procureur du Roi,

Si la loi ne réprime les jeux de hasard que lorsqu'ils sont tenus dans les lieux publics, c'est par respect pour la vie privée, et pour ne pas introduire une sorte d'inquisition, toujours odieuse, dans l'intérieur des familles. Mais il n'en faudrait pas conclure que la loi ait considéré l'habitude du jeu dans des cercles, ou réunions particulières, comme licite ou indifférente en elle-même.

Tout en déplorant son impuissance, la loi s'est arrêtée devant une impossibilité morale : ne pouvant détruire le mal dans sa source, elle a voulu du moins qu'il ne s'étalât pas trop ouvertement aux yeux du peuple, si facile à entraîner par l'exemple.

Mais que peuvent les lois sans les mœurs? De quelle efficacité seront quelques poursuites dans les cas rares où il est possible d'atteindre des délinquants obstinés, lorsque le jeu est partout, dans les maisons, dans les cercles de villes, dans les chambrées de villages, dans les réunions d'amis ; lorsqu'il est de notoriété publique que les personnes les mieux élevées, les plus riches s'y abandonnent avec une nouvelle frénésie?

Quelle leçon pour le peuple! Ne sera-t-il pas tenté de voir une révoltante injustice dans l'impunité de tant de coupables, et dans les condamnations dont il est lui-même frappé s'il entre dans une maison de jeu?

Il est vraiment déplorable que cette funeste passion infecte de la sorte tous les rangs de la société, comme si l'amour du gain, la soif ardente du lucre survivaient seuls dans le cœur à la ruine de tous les sentiments naturels et honnêtes; comme s'il n'était d'autres amusements que de jeter de l'or sur un tapis, de compromettre sa fortune et celle des autres, d'allumer les passions des fils de famille par ce dangereux exemple; comme si, dans un pays où le mécanisme de nos institutions, la lutte des partis, le spectacle de nos débats parlementaires, les discussions, par la tribune et par la presse, des questions les plus importantes, ne fournissaient pas assez de ressources aux loisirs de l'homme inoccupé, ni assez d'aliments à l'activité de la pensée!

Il est peu de désordres dont le jeu ne soit la seule et véritable origine : le trouble dans la conscience, l'inutilité dans la vie, le goût de l'oisiveté, de la dépense, du luxe, des prodigalités effrénées, car l'argent n'a pas de valeur pour le joueur; une sorte d'insensibilité morale pour tout ce qui est noble et beau.

Le mal ne s'arrête pas dans les conditions élevées; il descend jusque dans les rangs les plus infimes du peuple, qui ne tarde pas à se laisser entraîner dans le torrent de la dépravation commune.

Faut-il rappeler que les grands crimes qui, naguères, ont

ensanglanté l'un de nos arrondissements, ont été le résultat de cette passion désordonnée?

Une mère de famille attaquée par un malfaiteur, pendant son sommeil, succombe après une lutte désespérée. Les traces de strangulation, constatées le lendemain sur son cadavre et le désordre qui règne dans sa chambre, font penser que l'assassinat de cette malheureuse femme a eu le vol pour objet. Une somme d'argent avait été soustraite à l'aide d'effraction. L'assassin avait passé les trois nuits précédentes à jouer dans les villages de Barjols, de Correns et de Montfort. Quelques heures même avant de commettre son crime, il avait arraché à la mère de ses enfants le dernier écu qu'elle réservait pour leur nourriture et une dernière fois il avait tenté les chances du sort!

Quoique Lageon ait été condamné, le 20 avril 1844, aux travaux forcés à perpétuité, les plus grands forfaits ne cessent, dans le même arrondissement, d'alarmer la société et d'épouvanter les honnêtes et paisibles habitants de la campagne.

Les chasseurs qui, le jour, dévastent les champs, passent la nuit au jeu; ils tirent sur les agents de la force publique et sur les personnes les plus inoffensives avec la même insensibilité qu'ils aventurent sur une carte leur dernière pièce d'argent.

Le gendarme Niclaus a reçu la mort le 24 août dernier, au Plan d'Aups, dans l'exercice de ses fonctions, entouré de deux de ses camarades gravement blessés.

Le 27 du même mois d'août, Ballest, de Seillon, tirait également, à Pourcieux, un coup de fusil sur le paysan d'un riche propriétaire. Ballest, condamné aux travaux forcés, a subi l'exposition au milieu de la population la plus insoumise et la plus immorale de l'arrondissement de Brignoles.

En présence de tant de malheurs, de tous les désordres occasionnés par le jeu, les magistrats ne doivent être ni impassibles, ni indifférents. Tolérer plus longtemps de tels abus, serait s'en rendre complice. Des plaintes s'élèvent de toutes parts ; des avis confidentiels et anonymes révèlent des maux qui ne sont plus tolérables. Les mères sont éplorées ; les épouses gémissent sous le poids des plus tristes afflictions. Les pères s'indignent de la situation présente et s'inquiètent pour l'avenir de leurs enfants : ils redoutent principalement pour eux la fréquentation de ces cercles, rendez-vous brillants du commerce et de l'opulente bourgeoisie, où le jeu règne sans contrainte. C'est là qu'est le principal siége du mal.

La police judiciaire ne peut, il est vrai, pénétrer dans ces réunions autorisées; mais il est un remède extrême auquel nous pourrions avoir recours, si les avertissements de l'autorité, les conseils des magistrats demeuraient inutiles : nous n'hésiterions pas à faire retirer les autorisations à ceux de ces cercles où l'on continuerait à jouer sans mesure. Toutes les autorités départementales du ressort de la Cour seconderaient, nous ne saurions en douter, notre sollicitude à ce sujet. Déjà, un de MM. les Préfets écrivait aux officiers de police de son département, le 3 décembre 1842 :
« Il est nécessaire que *les cercles et les chambrées* deviennent
« l'objet d'une surveillance spéciale, car, le plus souvent,
« les membres de ces sociétés n'ont sollicité l'autorisation
« de se réunir qu'afin de pouvoir jouer avec plus de facilité

« et plus de chances d'impunité. Je recommande donc à
« MM. les Maires de me désigner les cercles et chambrées
« où l'on jouerait à des jeux prohibés. Je ne balancerai pas
« à leur retirer immédiatement les autorisations qu'ils ont
« obtenues. »

Je suis obligé d'ajouter aujourd'hui qu'il est de ces réunions, ainsi autorisées, qui me sont signalées sous le point de vue le plus fâcheux. Des officiers municipaux en font partie : loin d'imposer par leur caractère public et par l'exemple qu'il devraient donner, ils prennent part à des parties ruineuses. Un magistrat de paix a même été signalé à ma surveillance. Je ne reculerai pas devant le devoir le jour où j'aurai acquis la certitude indispensable pour provoquer des mesures sévères.

J'appelle donc, Monsieur le Procureur du Roi, toute votre attention sur cet objet important. Redoublez, s'il est possible, de surveillance et d'activité ; entourez-vous de tous les renseignements nécessaires. Si vos avertissements restent sans effet, si le mal continue à faire des progrès, nous nous verrons forcés, quoique à regret, de réaliser nos menaces et d'obtenir de la sagesse et de la prudence de l'administration ce qui nous aura été refusé par l'obstination ou l'imprévoyance.

En terminant, qu'il me soit permis d'ajouter que lorsqu'on a contribué à fonder le gouvernement représentatif, à créer les caisses d'épargnes, à détruire la loterie, il importe de continuer le grand œuvre de la moralisation et du bien-être de la nation, en assurant l'exécution des lois et en imprimant une meilleure direction aux esprits jeunes et actifs.

Je vous prie de m'accuser réception de ces instructions et de m'adresser un rapport spécial sur chaque cercle ou chambrée de votre arrondissement ; l'administration départementale secondera, j'en suis certain, toutes vos recherches ; elle vous fera même connaître tout ce qu'il vous est nécessaire de savoir sur les autorisations accordées.

C'est de ce concours et de la réunion de tous ces efforts que nous pourrons, dans cette saison si fertile en délits de jeu, prévenir de nouveaux écarts, arrêter une recrudescence alarmante, et peut-être détruire la principale cause d'un malaise qui empêche l'entier développement de la prospérité publique et cette harmonie si désirable dans l'intérieur des familles.

Recevez, Monsieur le Procureur du Roi, l'assurance de ma parfaite considération.

Le Procureur Général,

BORÉLY.

A Monsieur le Comte Portalis, Premier Président de la Cour de Cassation.

Aix, le 3 février 1847.

MONSIEUR LE PREMIER PRÉSIDENT,

Bien qu'il ne soit pas d'usage et qu'il soit même contraire à l'usage de répondre aux recommandations pour les places de l'ordre judiciaire, je croirais néanmoins manquer aux convenances et à tout ce qui est dû au chef de la première Cour du Royaume, si je ne vous accusais réception de votre lettre du 27 janvier dernier et si je ne vous assurais de tout l'intérêt que vous êtes en droit de réclamer pour le bien de la justice.

Quoique je ne doive pas non plus m'expliquer sur les listes qui me sont adressées par les chefs des tribunaux, il m'est cependant permis de vous dire que votre recommandation m'a paru d'un si grand poids en faveur d'un candidat, d'ailleurs si estimable lui-même, que j'ai dû différer l'envoi de ce travail, afin que M. le Garde des Sceaux puisse être informé, autant qu'il est permis de l'être, et qu'il puisse ainsi assurer le meilleur choix à faire pour la justice de paix du canton d'Aups.

Veuillez agréer, Monsieur le Premier Président, etc., etc.

BORÉLY.

A Monsieur Dupin.

Aix, 16 mars 1847.

Monsieur le Procureur Général et très-honorable Collègue,

Monsieur le Premier Président de la Cour de Cassation quitte aujourd'hui mon ressort ; il vient de monter en voiture pour aller reprendre les plus hautes fonctions de la magistrature française dont il a été éloigné pendant plus de six mois ; un séjour aussi prolongé dans un arrondissement placé sous ma juridiction, et les événements qui ont eu lieu à l'occasion de trois élections successives dans la même famille, ont dû attirer l'attention du Procureur Général. Ma sollicitude n'a pas cessé un seul instant d'être excitée par tout ce qui s'est déroulé aux yeux de chacun, et par tout ce qui a été inaperçu aux yeux de trop de gens.

J'ai pensé que c'était vers vous que je devais reporter ma douleur ; que c'était à vous surtout que j'avais à soumettre, confidentiellement et dans le silence, le résultat de mes réflexions ; je crois même qu'il est du devoir de vous exprimer les peines qu'il y a eu à ressentir et l'affliction profonde dont je suis encore si vivement pénétré.

Il est un spectacle cher aux dieux, disaient les Anciens : à ces dieux impitoyables, il était doux de contempler la lutte de l'énergie humaine contre les grands événements de la vie.

A nous procureurs généraux, dans des temps qui n'ont

pas été sans agitations et qui ne sont pas maintenant sans scandales, à nous qui ne trouvons pas toujours dans les tribulations des parquets les douceurs de l'Olympe, il ne saurait être sans intérêt et sans profit de considérer, en champ clos d'élections, la lutte de la dignité magistrale contre l'influence de l'intrigue et l'ardeur des passions.

Quelle attitude a conservé sur le terrain le premier magistrat de France? Comme le géant de la fable se relève-t-il plus fort après avoir touché le sol électoral? ou bien a-t-on dû assister sur ce sol si mouvant et si incandescent à un de ces faits d'armes qui sont sans honneur et sans gloire? Il ne suffit pas d'avoir la vie sauve même en tuant son adversaire : en restant maître du terrain, il faut avoir vaincu loyalement et pouvoir honorer le corps d'armée auquel on appartient.

Comme vous le savez, M. le vicomte Portalis expirait le 30 août, un mois après son élection. Il serait bien long, il serait bien facile aussi pour moi de vous retracer que ce sont les fatigues inhérentes à sa candidature qui ont occasionné si prématurément la fin de ce magistrat.

Quoique jeune et doué d'une forte complexion, M. le vicomte Portalis n'a pu résister aux chaleurs méridionales, aux courses, marches et contre-marches et à toutes les évolutions auxquelles on soumet ici comme ailleurs tout candidat *togatus aut non togatus*...

Cinq jours après la mort de cet aîné, la famille se mettait en voyage pour venir recueillir en Provence un héritage électoral qui devait laisser autant de regrets privés que de regrets publics. Déjà nous avions bien gémi en voyant un magistrat de la Cour royale de Paris tourbillonner dans la poussière de nos routes et dans les sales rues de nos villages, patroné de l'avoué et protégé par tous les petits hommes du bourg et du hameau.

Ce n'est pas sans affliction non plus que les personnes graves voyaient un magistrat de cour souveraine passer par la caricature, et la caricature passer de la saisie au tribunal correctionnel et à la condamnation. Lord Brougham, aucun sujet des trois royaumes unis, personne ne croira jamais qu'il y ait eu, à cette occasion, peines corporelle et pécuniaire prononcées et subies ! Comme vous aurez beaucoup de peine à croire aussi qu'en temps électoral il ait été fait autant de fautes et commis autant d'inconvenances, je place sous vos yeux des pièces irrécusables. Je vous prie de vouloir bien me renvoyer cet exemplaire de la lithographie et cet extrait du jugement.

Tout ce cortége, ces tristes précédents et un grand deuil ont si peu retenu une famille, qui cependant devait avoir tant de motifs d'affliction, qu'à peine arrivée dans l'arrondissement de Toulon, elle s'est remise, sans relâche, au grand œuvre de la candidature du puîné.

Si ce n'est pas la position d'un auditeur au Conseil d'État, ni le talent de M. le baron Ernest Portalis, aussi inconnu à Paris qu'en Provence, si ce n'est pas non plus un mérite éminent déjà proclamé quelque part, qui soient des titres suffisants à la députation d'une cité[1] si importante, c'est donc la haute position d'un père qui a dû assurer la transmission de ce mandat électoral à l'aîné des fils survivants.

C'est ainsi que la première présidence de la Cour Suprême est forcément devenue le premier élément d'un second succès électoral.

Mais, hélas! vous ne l'ignorez pas non plus, l'élection que proclamait le 11 octobre le collége extra-muros de l'arrondissement de Toulon était annulée par la Chambre des Députés le 20 janvier suivant pour défaut d'âge. Si cette circonstance devait être alors connue de quelqu'un, c'était incontestablement de l'élu et de son père; c'est donc encore le Premier Président de la Cour de Cassation qui a exposé une élection à être cassée et un collége électoral tout entier à être réuni pour la troisième fois dans l'intérêt de sa famille et dans l'espace de quelques mois.

Tous ces tristes résultats ne sont pas un texte confidentiel des condoléances que je vous adresse : depuis l'arrivée de M. le vicomte Portalis, c'est-à-dire depuis le 19 juin jusqu'à ce jour mardi 16 mars, départ d'Aix de la famille Portalis, tous les journaux de Toulon, la plupart des feuilles qui paraissent dans mon ressort et la *Gazette du Midi* se sont occupés de cette triple élection et du séjour de M. le Premier Président de la Cour de Cassation dans l'arrondissement de Toulon.

Mais, croyez-le bien, les journaux qui disent beaucoup de choses en saison électorale sont bien loin de tout savoir et de tout connaître; d'ailleurs les annonces judiciaires sont toujours là. Lorsqu'on vous dira qu'il n'y a eu aucune demande, aucune obsession, même aucune visite faite par M. le comte de Portalis, croyez-bien que les meneurs d'élections, visitant *les Pradeaux*, et que les deux fils, parcourant les villages, se prévalaient tous de l'influence du premier magistrat de la Cour Suprême.

Depuis le mois de septembre 1846, il ne s'est fait aucune nomination judiciaire dans l'arrondissement de Toulon, et même dans le ressort, qui n'ait été attribuée et qui n'ait dû l'être à M. le comte Portalis. J'ai reçu moi-même des sollicitations écrites au sujet d'une justice de paix de l'arrondissement de Draguignan, qui se rattachait, comme de raison, à l'élection extra-muros de Toulon. Je répondais le 3 février dernier avec politesse et empressement à M. le Premier Président de la Cour de Cassation, mais le Procureur Général faisait le devoir de la justice et non celui de l'élection. Comme je suis bien aise que vous puissiez juger si dans cette circonstance on a su allier le devoir à la politesse, je mets encore sous vos yeux ma lettre. C'est entre l'élection annulée du 11 octobre et celle du 27 février dernier, c'est-à-dire pendant le séjour que M. le Premier Président de la Cour de Cassation a fait dans l'arrondissement extra-muros de Toulon, que le Parquet de ce siége a été renouvelé en entier, sans présentations du Procureur Général et même sans qu'on l'ait prévenu sous aucun rapport.

Au lieu de me plaindre d'un tel procédé, j'ai reçu ces nominations comme je devais le faire. M. Melchior Giraud, avocat à Toulon, proche parent de M. le comte Portalis, qui a été nommé substitut, est un bon choix ; comme juge-suppléant de ce tribunal, il avait déjà acquis des droits.

J'ai dû donner des instructions sévères pour que mes substituts ne subissent aucun entraînement électoral. Ils m'ont écrit qu'ils se tiendraient à l'écart de tout mouvement ; mais je sais bien qu'il n'y a pas eu l'attitude austère et réservée que je souhaitais. Si M. le Procureur du Roi ne courait pas les rues comme son prédécesseur, il recevait les coureurs dans son parquet, et son père, notaire à Draguignan, parcourait quelques cantons ruraux de Toulon où il pressait les électeurs retardataires.

Ce qu'il y a de plus fort, ce qui vous paraîtra incroyable, c'est que depuis plus de huit mois, le juge de paix d'Ollioules, gros bourg aux portes de Toulon, a donné sa démission et qu'il n'a pas encore été remplacé. J'ajoute que cette justice de paix est dans une situation déplorable depuis plus de deux ans. Ce sont les exigences électorales, les insolences de l'ex-député Denis et tous ces ménagements si indignes de la justice qui en arrêtent le cours et occasionnent les plus grands dommages aux justiciables.

Où allons-nous donc, mon cher et très-honorable collègue, lorsque la justice est ainsi soumise aux combinaisons de la politique ? lorsque la justice est livrée aux caprices de ceux qui croient représenter le pays, et qui ne représentent que leurs intérêts personnels ? Lorsque l'ambition entraîne le magistrat dans cette arène où toutes les passions sont déchaînées, la magistrature se laisse entraîner dans un abîme, et dans un abîme d'où elle ne se relèvera plus.

J'ai dans mon ressort le magistrat député de tout rang : un Président de Tribunal civil, un Premier Président de Cour royale, un Premier Avocat général de la Cour de Cassation ; je puis ajouter le Premier Président de la Cour de Cassation qui patrone ses fils par sa présence sur les lieux, par ses services et par toute son influence. Pour moi, ce sont là autant de chapitres bien étudiés, bien annotés et peut-être assez bien disposés quand il sera temps.

En l'état, j'affirme que la justice est en grande souffrance dans mon ressort ; un jour, je prouverai qu'il n'y en a plus qu'un simulacre, et que dans chaque grande affaire les balances flottent au gré des vents et des vents politiques. Cette situation, sans remède aujourd'hui, a besoin d'en recevoir un qui soit souverain. Je ne pense pas que le remède puisse être prêt encore, quoique la plaie soit bien élargie et bien saignante.

Je ne vous ai pas ouvert plus tôt ma poitrine oppressée, Monsieur le Procureur Général, parce qu'il n'y a qu'à gémir et à recueillir dans le silence des documents dont personne ne se doute. J'ai donc noté au lieu d'avertir. D'ailleurs on aurait été peu disposé à rappeler au devoir et à son poste un Premier Président qui a voix à la Chambre des Pairs, et qui veut absolument avoir voix encore à la Chambre des Députés.

Je me suis tu et je n'ai qu'à me taire ; lorsque le ministre me demandait en août dernier des explications sur certaine phrase d'un de mes rapports et sur l'élection d'un de vos Avocats généraux, j'ai répondu avec sincérité. Je ne sais pas comment ont été reçues les vérités que je disais ; ce que je sais mieux, c'est que ces communications aussi confidentielles qu'officielles ont été montrées à votre Premier Avocat général, et que cet ami d'enfance me boude aujourd'hui. J'ai écrit à M. Pascalis *qu'il ne fallait pas s'émanciper avec quelqu'un qui, comme moi, aime autant la vérité que la justice et qui prend au sérieux la charge dont il est investi.*

Voyez donc, mon cher collègue, s'il est possible aujourd'hui de marcher en droit soi, et s'il est possible de faire marcher droit les autres.

Le 8 février, on m'écrivait de Toulon :

« Si je suis bien informé, une lettre ministérielle de « janvier aurait invité poliment M. le Premier Président « Portalis à retourner à son poste. M. le comte Portalis « aurait répondu qu'il retournerait quand il le jugerait « convenable. »

Je ne sais s'il faut croire à l'invitation quelque polie qu'elle pût être, et à la réponse quelque intrépide qu'elle ait été. Ce qui est certain, ce qui est incontestable pour ceux qui savent tout ce qui se passe, c'est que chaque jour et surtout dans les saisons meurtrières de l'élection, la magistrature se ruine dans l'esprit des peuples, et qu'elle succombera par l'effet d'une institution populaire, mal entendue, mal comprise, et qu'il faudra contenir et ramener dans de justes limites.

Vous daignerez, mon cher Monsieur Dupin, excuser cette nouvelle communication et sa longueur. Tout n'est pas dit, il s'en faut bien. Mais tout est vrai, et tout est vu, apprécié avec des sentiments qui ne sont pas certes de la malveillance contre les personnes, ni de l'indifférence, il est vrai, pour notre culte.

Condamnés au silence, mais ayant besoin d'épanchement, ne devons-nous pas quelquefois serrer les rangs, sentir les coudes et prouver qu'il y a encore des cœurs qui tressaillent au bien et frémissent au mal.

Lorsqu'une épidémie étend ses ravages et atteint des pays entiers, au moment même où l'invasion du fléau gagne les chefs de service, ceux qui sont spécialement préposés à la santé publique sont rarement écoutés dès les premiers accès de la panique ; mais alors les médecins doivent au

Mon cher Beauregard

Je comprends tout ce qu'a d'intime votre dernière communication. Je vous en remercie, comme d'une marque de confiance que j'apprécie grandement.

J'ai gémi comme vous de tous ces faits, et de cette agonie de sollicitations, prolongée si longtemps, et semée de tant d'épisodes ! Quid non mortalia ~~pectora~~ pectora cogis ambitionis execrata fames !

Croyez, mon cher Beauregard, à mon bien sincère attachement

Ingres

Ce 31. mars. 1847

moins se communiquer entre eux leurs méditations réciproques.

Il est une période de la maladie pendant laquelle l'invasion est difficilement arrêtée ; cette invasion, comme j'ai l'honneur de vous le répéter, a gagné dans mon ressort ceux qui occupent les premiers postes de chaque corps, et qui devraient imposer. Je serais bien plus long aujourd'hui et tout aussi affligé si je vous racontais comment se maintiennent à la députation un Président de Tribunal de première instance, un Premier Président de Cour royale, un Premier Avocat général de la Cour de Cassation et tout ce qui se prépare par un Premier Président de la Cour Suprême, sur une érection de statues.

Mais il faut finir, et je m'aperçois que lorsque je vous entretenais tantôt du défaut d'âge de M. Ernest Portalis, j'ai omis de vous préparer un peu ce qui pourra être dit touchant l'établissement du cens, etc., etc., etc.

Veuillez agréer, etc.

BORÉLY.

A Lord Brougham.

Aix, 22 mars 1847

My dear Lord,

Je viens d'écrire à notre ami Dupin une longue lettre sur la dernière élection de Toulon ; je vous la communique sans retard. Je tiens beaucoup à connaître votre avis et surtout le sentiment que vous fera éprouver une conduite magistrale.

Oui, Mylord, le premier magistrat du Royaume, M. le comte Portalis, Premier Président de la Cour de Cassation, vient de passer six mois et plus, loin de son poste et dans l'arrondissement électoral qui a élu deux fois son fils puîné à la Chambre des Députés.

Vous verrez dans ma lettre des détails bien tristes, bien malheureux, bien affligeants pour la justice.

M. le comte Portalis n'est pas un homme mauvais, mais c'est un magistrat qui ne voit pas une mauvaise voie. Cependant comment ne pas comprendre que la justice doit être en dehors de la politique, que la magistrature ne doit se mêler aux intrigues ni aux passions de l'élection ? Comment ne pas sentir que le Premier Président de la première Cour du Royaume, à l'occasion de la candidature de son fils, donne au pays, à tous les juges un déplorable exemple. Eh quoi ! abandonner un poste si élevé, pour venir encourager l'intrigue par sa présence, par ses promesses, par des places données pendant son séjour sur le terrain de l'élection !

Eh quoi ? la justice abandonnée pour favoriser des intérêts politiques et des intérêts de famille ! Nous comprenons la justice autrement, Mylord, nous nous sommes compris vite et tôt. Lorsque vous m'avez expliqué comment vous avez éloigné la justice de l'arène des plus grandes et des plus violentes passions, j'ai compris l'efficacité, la souveraineté du remède. S'il vous en souvient, j'ai toujours été au-devant de vos explications ; il est facile de pressentir la nécessité d'un topique, lorsqu'on sent une partie malade.

Mais ce qui vous paraîtra le plus étrange, Mylord, ce que je ne pouvais dire au Procureur Général de la Cour de Cassation, je vais donc le confesser. Notre ami est cependant un esprit courageux et élevé ; M. Dupin l'aîné est cependant un magistrat doué d'une grande énergie et d'une grande indépendance. Eh bien ! je ne sache pas que le chef du Ministère public du Royaume ait fait son devoir dans cette circonstance si solennelle et si importante à toute la magistrature.

Les procureurs généraux ont l'action disciplinaire ; ce sont eux qui ont le droit de requérir que les cours avertissent *tout juge qui compromettra la dignité de son caractère* (article 50 de la loi du 20 août 1810 *sur l'organisation de l'ordre judiciaire*) *et l'administration de la justice*. Croiriez-vous, Mylord, qu'il n'y ait lieu qu'à un avertissement, lorsque des peines plus sévères sont portées contre ceux qui méritent *censure et censure avec réprimande*.

Je ne sache pas qu'un juge, quel qu'il soit, puisse compromettre d'une manière plus grave, plus ostensible, plus ostensible, je répète le mot, son caractère et sa dignité ; je sache moins encore qu'un procureur général puisse se dispenser de faire à l'égard du premier magistrat du Royaume ce qui serait incontestablement fait contre un de ceux qui occuperaient un autre rang.

N'est-ce pas dans l'ordre judiciaire qu'il faut marcher avec l'égalité de la loi et en donner l'exemple dans le rang le plus élevé? D'ailleurs on n'a jamais vu autant de relâchement partout, mais surtout dans l'administration de la justice. N'est-ce pas, au contraire, l'administration qu'il faut le plus relever? Chez nous, le Ministre de la justice a bien le premier pas sur ses collègues, mais il n'est pas encore à cette haute considération du *Lord Chancellor*. Notre Garde des Sceaux n'est donc qu'un homme politique, livré à toutes les oscillations, à toutes les combinaisons et à toutes les fluctuations politiques. Aussi nos tribunaux ne se composent-ils que d'électeurs plus ou moins influents, ce qui veut dire plus ou moins remuants, plus ou moins exaltés, ou enfin, pour mieux s'exprimer, plus ou moins ambitieux. Depuis 1830, je combats ces tendances, mais, chaque jour, je suis mieux convaincu que les résistances individuelles obtiennent fort peu de résultats. Ce que j'ai toujours obtenu de plus clair, ce sont des bouderies, des brouilleries et souvent des haines de députés. Je n'en excepte aucun. Tous nos honorables veulent conserver leur poste et leur place à la Chambre. Si tous ne songent qu'à leur réélection, tous ne s'efforcent qu'à flatter, qu'à avancer et à jeter

J'attends votre réponse à ma dernière
lettre - j'espère qu'elle ne s'est pas
perdue à
Londres

Brougham le 2 Août
1847

Ma chère P. G. Je viens de lire
votre lettre à notre Dupin &
rien de plus intéressant - mais
aussi rien de plus grave que
l'affaire - Je n'ai aucun droit
de vous donner mon opinion
sur vos usages & coutumes -
mais seulement je
peux vous le dire, si un
de nos juges (excepté
toujours ceux qui ne sont
pas juges criminels aussi
bien que civils) j'ai

Dis-je un de nos juges
se fût avisé de se mêler
des élections comme l'a
fait malheureusement mon
docteur Noblesse le
premier Prés. de la
Cour de Cassation - certainement
il ne serait resté juge que
pendant le temps qu'il
fallait pour que les
deux chambres presentassent
une addresse à la Couronne -
seul procédé par lequel
chez nous on peut
destituer un juge -

Chez vous c'est difficile.
car vos juges sont établis
inférieurement - aussi il
paraît qu'ils ne sont pas
prohibés de mêler des
électeurs des autres -
Toutefois le premier des juges
du peuple - absent été ou
'pute pendant 6 mois
& s'occupant des
lujets électoraux -! Le même
magistrat pesant nommer
un fils incapable d'être
élu par la loi - & lui
pas ignorant de l'incapacité!

Oh – c'est un peu trop!
Les fonctions du Proc.-
gén. me sont inconnues
sur ces matières – ainsi
je ne peux pas juger de
la manière dont il
fallait se prendre pour
obtenir la réparation
du tort qu'a subi
la Justice. –
Tout à vous

H. B.

Je suis ici pour quelques
jours – je serai à
Londres de suite

leurs électeurs dans les rangs de la justice. Un Procureur Général qui ne veut pas mêler la politique à la justice peut bien résister, mais un Ministre ne résiste pas, et défunt Martin (du Nord) ne résistait pas plus aux députés, qu'aux prêtres et aux jésuites. Amen !

Votre affectionné,

BORÉLY.

Réponse de Lord Brougham.

Ce 21 mai 1847.

Mon cher Procureur Général,

Je viens de relire vos bonnes lettres et j'attends avec un redoublement d'impatience vos nouvelles communications.....

L'anecdote, si on peut la qualifier ainsi, notre usage est que le chancelier, ministre de la justice, seul, nomme au roi les juges, et pour garantir les tribunaux de toute influence politique ou de parti dans ces nominations, l'usage, qui n'admet point d'exception, est que lui, le chancelier, propose au roi et obtient son acceptation, la nomination de chaque juge, avant même qu'il en fasse mention à ses collègues, même au premier ministre. J'ai agi ainsi, lorsque j'étais chancelier et lorsque mon ami lord Grey était premier ministre. La pureté de l'administration de justice demande ces grandes précautions et nous exigeons qu'on les prenne en séparant, autant que l'on peut, la nomination des juges et de la politique. Pas un seul de nos juges ne va jamais à la Cour; pas un seul ne peut siéger dans la Chambre des Communes pour se garantir contre l'influence populaire.

Je vous envoie encore par l'ambassade *The law Review*. Vous y trouverez M. le Procureur Général joliment célébré mais décemment.

Votre, etc., etc.

H. B

Préfecture
maritime
du
5e Arrondissement.

Toulon, le 18 Juillet 18[illegible]

Monsieur le Procureur général

J'ai lu dans l'original et dans la traduction l'article du Law-Review sur les Abus judiciaires en France et je crois que peu de Français [illegible] qu'accepter avec reconnaissance les sévères mais utiles avertissements qui lui sont donnés de l'autre côté de la Manche. Que serait-ce, si l'auteur de l'article eût su que le candidat à la députation de Toulon [illegible] son [illegible] candidature frappée d'incapacité sous le rapport du sens commun comme sous celui de l'âge, et que par conséquent une double fraude

Mr. Bordy [illegible]

était prodiguée à son égard envers les électeurs? Que serait-ce encore s'il eût su que, dans ses tournées électorales, le jeune candidat est allé demander l'hospitalité à un homme qui, ayant un procès pendant en cour de London, se trouvait par conséquent dans la juridiction de son père; et à quel homme? à un marchand enrichi par les moyens les plus notoirement frauduleux et qui aujourd'hui fait le plus ignoble abus de cette fortune acquise par des rapines. Ce Q..., assez puissant capitaliste aujourd'hui pour payer comptant quelque immeuble que ce soit dont il aurait fantaisie, dans l'étendue du département, fait métier de ne reconnaître aucune vente de propriété un peu importante sans se faire payer par l'acquéreur une indemnité pour s'abstenir de me faire concurrence. C'est ce qu'on appelle son faire désintéressé. Tel est le personnage que le fils du Chef de la Magistrature du Royaume de France a choisi pour remplacer son son personnage le plus intime. C'est à sa table qu'il est allé s'asseoir c'est dans son lit qu'il est allé se coucher ô temps! ô mœurs!

Je crois que l'ordonnance qui me donne pour successeur M. Amiot Bernard a dû être signée avant-hier et qu'elle me parviendra demain ou après —. Je remettrai immédiatement mon service et après quelques jours passés en partie à Hyères

et en partie à Marseille, je me
dirigerai avec ma famille sur Paris,
sans oublier la visite que vous avez
bien voulu nous permettre de vous
faire en passant par Aix et à la-
quelle nous attachons un véritable
prix. Comptez que vous recevrez
de Marseille un mot de moi et
agréez, Monsieur le Procureur
général, avec la nouvelle assurance
de ma haute considération, celle
de mon bien dévoué et des plus
sincères et plus affectueux sentiments.

Ch. Baudin

Cauterets 5 août 1847

Mon cher Borély à peine
arrivé ici, et avant de
toucher à mes papiers et
à mes livres, je veux vous
dire un bonjour, à vous
et à madame Borély, et
vous remercier du fond du
cœur de votre charmant
accueil. Tout, grâce à vous,
s'est passé à merveille, et
j'ai joint à la douceur de revoir mes
amis, qui me deviennent plus
chers à mesure que l'âge
avance, j'ai joint l'avantage
de cultiver ma clientèle
politique, de la voir, de resserrer
mes liens avec elle. Aix est,
et sera toujours le pays de mon
cœur. J'y aurai l'avantage

inappréciable pour moi d'aller
chercher les plus douces émotions,
tout en allant donner à mes
électeurs les soins que je leur
dois. L'accueil des marseillais
m'a aussi profondément touché,
car il était cordial et
n'était pas politique. moi
qui suis dégoûté des hommes
et des choses, j'ai senti un
moment que tout n'est pas
outrage, et injustice dans la
vie publique. Cela donne la
force de continuer. Je vous
remercie donc de nouveau,
vous et madame Borély,
ainsi que tous, nos amis.
J'ai voyagé très-vite et
très heureusement, sans
souffrir de la chaleur. un
orage assez grande avait
répandu la fraicheur jusqu'à

Toulouse. Au moins au milieu
du jour la température était
supportable. Je suis arrivé à
Toulouse le 3 au soir, comme
je l'avais promis à nos dames,
et je les ai trouvées à la
poste, où elles arrivaient une
heure après moi, fatiguées de
plus d'une mésaventure dans
les montagnes ~~[illegible]~~ du Rouergue.
Elles ont été fort reconnaissantes
de tout ce que je leur ai raconté
de mon séjour, et elles joignent
leur gratitude à la mienne
pour vous et Mme Bouly. Toutes
les nouvelles de Paris sont
toujours les mêmes. L'opinion
est montée au plus haut point.
Les élections anglaises ont un
caractère singulier de libéralisme.
Les Whigs sont consolidés. L'Italie
fait trembler. Que de choses un
bon gouvernement pourrait faire
en France? que de dangers pour
un mauvais? adieu je
vous serre les mains bien
fortement. A. Thiers

Réponse de Lord Brougham.

Ce 31 mai 1847.

Mon cher Procureur Général,

..... J'y reviens : nos juges ne siégent pas dans la Chambre Basse par le principe qui les constitue aides de la Chambre Haute. Ils peuvent être commandés à tout moment d'y siéger comme assistants. Il n'y a pas de loi écrite sur ce chapitre......... Mais il est certain, et depuis quatre cents ans, que pas un seul juge n'a siégé aux Communes, c'est-à-dire dans la Chambre Basse, c'est-à-dire dans votre Chambre des Députés.

Je m'en vais relire votre mémoire ; je vous en remercie de nouveau et très-sincèrement.

A présent, je vous supplie de me donner ou de me procurer les informations que je vous ai demandées de Marseille et de Toulon sur les forçats. Combien y en a-t-il, etc., etc.

Votre, etc., etc.

H. B.

Discours sur le *Jury* et la *Presse*, prononcé le 8 novembre 1847 par M. Borély, Procureur Général en la Cour Royale d'Aix.

In arduis vigent leges et virtutes.
Cic.

Vagliami'l lungo studio'l grande amore
Che m'han fatto cercar................
Dante, inf... I. 83.

Si la justice est menacée, il faut dire ce qui la menace.
M. Guizot.

Messieurs,

Les institutions du pays, comme les vertus de l'homme, se retrempent et prennent une nouvelle force dans les circonstances difficiles et périlleuses. Lorsque ces circonstances se manifestent, lorsque des phénomènes ont été suffisamment observés, qui doit élever la voix pour signaler un danger? Qui présentera des résultats recueillis par l'expérience, déduits d'après les faits les plus irrécusables, et *saura mettre à profit les longues études et le grand amour de ce culte, disposant si bien aux recherches et aux investigations les plus scrupuleuses?* Qui déplorera la décadence des mœurs, la déviation des jurisprudences, la honte que le crime accumule dans les rangs les plus élevés du pouvoir et les plus infimes de la société? Qui osera démontrer aux premiers corps judiciaires du royaume qu'il faut abandonner une route tracée depuis longtemps dans notre juridiction, naguère retracée dans la région la plus supérieure, et ne plus s'écarter désormais des principes fondamentaux de la constitution de l'Etat? Et *lorsqu'enfin la justice est menacée, qui donc doit dire ce qui la menace?*

Le magistrat que la loi et le prince placent au premier rang pour protéger le droit privé, pour défendre le droit public, peut encore avoir à faire quelque chose de plus élevé, en remontant à l'origine de ces droits, de ce qui constitue la force et la grandeur des peuples. Investi de la plus haute autorité, jaloux de la conserver intacte et pure, heureux de l'exercer avec l'indépendance attachée à sa noble mission et à son caractère personnel, ce magistrat se condamnera-t-il au silence lorsque des précédents funestes aux libertés publiques s'établissent dans son ressort? Lorsque c'est au milieu de nous que les conséquences d'un système erroné viennent de se montrer, ce silence ne serait-il pas la trahison d'un mandat sacré?

Aurions-nous pu différer plus longtemps de vous soumettre des aperçus qui nous paraissent dignes des méditations sérieuses du législateur et du juge? Était-il possible encore, en préférant un grave sujet de l'utilité la plus immédiate, de nous associer seulement à la cérémonie qui va avoir lieu sous le péristyle de ce temple [1], cérémonie d'un intérêt si attachant pour la cité et si honorable pour la Provence? Sans doute, et déjà nous l'avons dit, en présentant un modeste hommage à la mémoire du plus illustre et du plus

1 L'inauguration des statues de Portalis et de Siméon.

courageux de nos prédécesseurs, « sans doute il appar-
« tient aux peuples qui ont été grands et qui veulent l'être
« encore, d'honorer la mémoire des hommes dont les ser-
« vices ont contribué à la gloire et au bien-être de l'État.
« La reconnaissance des peuples est non-seulement la ré-
« munération, mais en quelque sorte la semence des grands
« hommes. » Sans doute, il serait plus simple et certainement plus facile de n'adresser en ce jour qu'une harangue laudative, au lieu de venir affronter tout ce qui tend ordinairement à décourager ceux qui osent déchirer le voile sur des tableaux tristes et affligeants. Mais n'y a-t-il pas à surmonter tant d'obstacles, à franchir de tels embarras de situation, n'y a-t-il pas un bonheur que l'on doit éprouver plus tard, une de ces satisfactions intimes qui nous accompagnent toujours et partout, dans l'exercice du pouvoir ou dans la disgrâce?

C'est donc à nous à combattre, dès ce jour et dans un simple discours de rentrée, des erreurs qui prennent leur source dans des inductions imparfaites. L'on a déjà dit que les plus nobles jouissances dépendent de la justesse et de la profondeur des aperçus, de l'étendue de l'horizon que l'on peut embrasser à la fois. A mesure que la culture de l'intelligence s'accroît dans toutes les classes de la société, il est une nécessité non moins impérieuse qui se fait sentir dans les rangs judiciaires. Un travail opiniâtre et réfléchi sur chaque affaire et ses conséquences, sur tous les événements et leur portée, conduit naturellement à l'exacte appréciation des intérêts et des instincts du pays.

Il ne s'agit pas toujours de la méditation d'un arrêt ni du sérieux examen d'une question de droit. Il est des situations d'où l'on peut augmenter la masse des idées et les moyens de les généraliser. Le sentiment de ce besoin prouve aussi, lorsqu'on est amené à réfuter des tendances contraires aux idées du siècle et aux principes de la constitution, que ce ne sont pas les seuls intérêts matériels de la vie, ni le mobile d'une ambition vulgaire qui occupent nos esprits.

Pour nous, Messieurs, l'administration de la justice ne consiste pas seulement à surveiller des intérêts privés en matière civile, à préparer les décisions en matière répressive. Quoiqu'il ne soit pas sans importance de prendre la part la plus déterminante dans la composition des corps judiciaires et la direction des affaires criminelles ; malgré l'honneur qu'il y a de veiller à la conservation de la morale publique, au maintien de l'ordre, à éclairer le gouvernement du roi, nous savons placer au premier rang des attributions les plus élevées, celle qui porte à déterminer l'influence des jurisprudences qui s'établissent, à considérer si elles sont en harmonie avec nos institutions fondamentales, à apprécier des résultats qui, tôt ou tard, troublent les juridictions, ébranlent le corps social dans ses bases les plus essentielles, et faussent les institutions les plus chères et les plus précieuses à la nation.

C'est l'intuition de ces rapports qui agrandit les vues, ennoblit les sentiments et féconde l'intelligence. Par l'effet de l'observation, avec l'œuvre de la méditation et d'un travail sans relâche, on distingue l'esprit de son temps dans lequel se concentrent toutes les directions de la pensée de l'homme public. Dès que le magistrat, en interrogeant les besoins sociaux, ne se contente pas de voir un cas particulier, de remplir sa tâche d'un jour; lorsqu'il combine des conditions déterminées, qu'il évalue ce qui s'est passé, ce qui serait advenu par une voie différente; dès qu'il recueille et enregistre les faits pour étendre l'investigation au-delà de son emploi quotidien, d'un temps limité, d'un événement isolé; dès qu'il profite ainsi de la courte durée de son passage aux affaires publiques, il arrive alors à la philosophie de la jurisprudence et des lois, car, chaque science a sa philosophie particulière. Des faits reconnus certains, qu'ils soient établis par des calculs algébriques ou dans des sentences immuables, il faut donc remonter aux causes secrètes qui les ont produits et aux résultats qui les suivent. C'est dans un contact immédiat avec les éléments les plus divers de la société, avec les lois les plus indispensables à son repos, à sa dignité, à son bonheur, que l'on peut, avec quelque autorité, disserter sur le jury et la presse.

Messieurs, « la presse et le jury tiennent le premier « rang des institutions qui nous régissent. Dans les idées « constitutionnelles, il y a une liaison étroite de la presse « et du jury : c'est le frère et la sœur; ils se soutiennent « mutuellement. Otez les deux, retranchez ou paralysez « l'un ou l'autre, le gouvernement libre, le gouvernement « représentatif, sincère, ne peut exister, ou son existence « est incessamment compromise. »

C'est dans ces paroles que nous avons puisé le texte de ce discours : elles étaient naguère prononcées devant la première Cour du royaume, par le savant jurisconsulte que la révolution de juillet plaçait, sans hésitation ni retard, à la tête de tous les parquets de France.

Qu'on se garde bien d'étouffer au cœur des populations

et dans l'âme de ceux qui les éclairent tout élan généreux, toute préoccupation désintéressée. L'égoïsme qui peut s'infiltrer dans le pays avec les dédains de tous les sentiments élevés, gagnerait les nations comme les individus. Dans les institutions qui se forment, dans les législations et les jurisprudences qui s'établissent, il surgit quelquefois des ingrédients qui ressemblent à l'opium. Mais au milieu de ceux qui sont les gardiens des lois et des arrêts, se retrouvent encore debout quelques-uns de ces missionnaires de la liberté qui, martyrs de leur foi, ont su la conserver à travers les vicissitudes et les orages des longues et laborieuses années qui viennent de s'écouler. Plus qu'on ne le pense peut-être, la France a besoin de cette moisson forte et féconde qu'elle semait en août 1830. Maintenir les grandes institutions d'un pays, c'est perpétuer sa force et sa grandeur. Servir la cause de la justice, qui est la plus sainte cause des nations, c'est rendre glorieux et profitables pour la France tous les progrès que la liberté fait en Europe.

Tout ce que l'éloquence et le savoir , les plus profondes convictions et le courage peuvent inspirer , se trouve réuni au plus haut degré dans ce mémorable réquisitoire que M. le procureur général Dupin prononçait, le 5 mai dernier, à l'audience de la Cour suprême. C'est dans cette affaire que se sont élevées les questions les plus graves sur le jury et la presse, et qu'il est intervenu des solutions qui, malheureusement , nous paraissent compromettre ces deux plus grandes garanties d'ordre et d'avenir.

En matière pénale la loi distingue l'action publique de l'action civile. L'action publique a pour objet l'application des peines ; la répression des délits et des crimes ; elle appartient au magistrat chargé de la vindicte publique. L'action civile, au contraire, ne peut être exercée que par les parties lésées par le crime ou par le délit : elle a pour unique but d'obtenir la réparation du dommage qu'elle a souffert. Comme dans tout méfait, il y a ou il peut y avoir ce double dommage causé au public et aux particuliers, chaque délit donne ouverture à l'exercice de ces deux actions : l'action publique et l'action privée. Cette double action, naissant ainsi du délit et tendant aux deux buts différents, constitue le droit commun ; c'est la règle générale, fondamentale ; elle sort de la nature même des choses. L'action civile peut être poursuivie en même temps et devant les mêmes juges que l'action publique ; elle peut aussi l'être séparément. Dans ce cas, l'exercice en est suspendu, tant qu'il n'a pas été statué définitivement sur l'action publique, intentée avant ou pendant la poursuite de l'action civile.

Tel est le texte de la loi ; telle est la règle. L'on a conclu que cet exercice séparé des deux actions devait avoir lieu indistinctement et dans tous les cas. Cette conclusion a établi la jurisprudence que nous nous proposons d'examiner et que nous ne craignons pas de considérer comme malheureuse et fatale, puisqu'elle permet à un fonctionnaire public, lorsqu'il se prétend diffamé par un écrivain, au lieu de remettre au jury le soin de venger son honneur, de s'adresser à d'autres fonctionnaires publics comme lui, pour obtenir une réparation pécuniaire à raison des diffamations dont il se plaint, comme si l'honneur de l'homme public n'était pas mieux et plus noblement vengé par un verdict du jury qui proclame la diffamation, que par l'allocation d'une somme d'argent.

Essayons de démontrer que ces arrêts, basés, il est vrai, sur la lettre de la loi et sur l'autorité si justement imposante de plusieurs Cours royales et de la Cour de cassation , sont contraires à l'esprit de nos institutions comme aux promesses de la Charte ; qu'une telle jurisprudence ne peut avoir pour la magistrature que de funestes conséquences, en la jetant forcément dans l'arène des débats et des passions politiques ; qu'elle tend à favoriser ce culte si prédominant à cette époque pour les intérêts matériels ; qu'il est surtout urgent de changer de tels précédents, si la loi le permet, ou de changer la loi elle-même, si elle s'opposait à ce changement.

On l'a dit bien souvent, et avant nous : la liberté de la presse est le palladium de toutes nos libertés : elle en est la garantie la plus forte, le boulevard le plus inexpugnable ; sans elle, les meilleures théories, les systèmes de gouvernement les plus savamment pondérés, les institutions les plus habilement calculées pour le jeu et la balance des divers pouvoirs dont le fonctionnement est nécessaire à la vie du corps politique, ne seraient qu'une lettre morte, une vaine ombre, une déception. C'est la presse qui fait passer les principes de la spéculation à la pratique, qui leur donne la consistance et la réalité propres à les faire sortir de la sphère des abstractions pour les introduire dans le domaine des faits. A quoi servirait en effet la liberté, si elle était seulement inscrite dans la loi, si aucune voix, aucune plainte ne pouvait s'élever quand elle est violée, si l'idée était asservie, emprisonnée dans le cerveau de l'homme qui pense, et si de ce foyer où elle s'allume, elle ne pouvait rayonner au-dehors et répandre partout la lumière ? Il est de l'essence des gouvernements libres d'être gouvernés en définitive par l'opinion publique. Cette opinion, il est vrai, peut s'égarer quelquefois, mais elle finit toujours par être conforme à l'intérêt général et aux besoins réels de la société. Or, cette influence si juste, si nécessaire à l'opinion publique sur la marche du gouvernement et les mesures qu'il adopte suivant les circonstances, serait absolument impossible si elle était privée de son organe naturel pour se faire entendre, qui est la presse : la presse libre pouvant être réprimée et punie quand elle abuse de sa liberté et se livre à des écarts répréhensibles, mais ne pouvant jamais être baillonnée au moyen d'un système de prévention, de censure ou de tout autre moyen analogue. Cette influence serait impossible si cette grande voix de l'opinion publique n'était répétée et multipliée comme par une foule d'échos sur tous les points du territoire où l'action du gouvernement pénètre et se fait sentir.

L'existence des partis divers est aussi un élément nécessaire dans les pays libres où les nombreux intérêts et les besoins si variés, les opinions si diverses doivent être représentés. La liberté de la presse est pour ces partis une condition vitale ; il faut bien qu'ils puissent parler et se faire entendre, discuter et justifier les motifs de leurs exclusions et de leurs préférences, de leurs sympathies et de leurs haines, démontrer enfin par la discussion et le raisonnement la vérité ou l'erreur de leurs systèmes, la loyauté ou la perfidie de leur but.

C'est à ces conditions seulement que les nations peuvent s'avancer dans la voie du perfectionnement et des progrès sociaux.

Que si la liberté de la presse est un instrument si puissant pour la conservation et la garantie des droits des citoyens, elle n'est pas moins utile et salutaire pour le Gouvernement qu'elle fatigue et contrarie quelquefois , mais à qui elle donne des conseils souvent précieux , dit la vérité sans flatterie et l'empêche de s'égarer par l'ignorance des faits et de l'opinion. C'est par elle que toutes les mesures prises par le Gouvernement sont discutées, examinées sous tous les aspects, sous toutes les faces, critiquées à tort quelquefois, avec partialité, avec passion , avec injustice , mais quelquefois aussi avec une franchise et une sagacité que l'esprit de parti peut seul donner , et que le pouvoir chercherait en vain partout ailleurs. C'est par elle que les fautes sont révélées, les abus signalés, les infractions aux principes fondamentaux dénoncés au patriotisme et à l'indignation de tous ; c'est par elle qu'est rendu impossible le retour de la tyrannie et du despotisme qui ont besoin du silence et des ténèbres pour s'insinuer sous le masque, et qui, s'avançant en rampant vers leur but par les détours tortueux de la déception et des surprises , abhorrent avant tout le grand jour et la publicité des débats.

Or si les institutions écrites dans une charte même non octroyée , mais librement et volontairement consentie , ne sont rien sans la liberté de la presse, la liberté de la presse, à son tour , n'est rien sans l'institution du jury et le fonctionnement régulier et complet de cette grande institution. La presse agit sur le jury ; le jury réagit sur la presse : il la protége comme il en est protégé à son tour. Ces deux institutions sont indispensables l'une à l'autre et se complètent réciproquement. De même que le jury pris dans la masse du peuple pour la décision de chaque affaire, a besoin d'être éclairé par la liberté de la presse ; de même la liberté de la presse, dans ses luttes contre le pouvoir, a besoin de la garantie du jugement par les jurés. L'institution du jury appliquée aux crimes ordinaires a été un des plus grands progrès de nos temps modernes, un admirable moyen de perfectionnement pour nos lois pénales. C'est par là seulement que l'harmonie peut être maintenue entre nos lois et nos mœurs, et qu'une juste et exacte proportion s'établit entre le crime et la peine.

L'institution du jury, si essentielle et si fondamentale, l'est surtout dans ces affaires où le pouvoir est directement intéressé et joue lui-même le rôle de partie, dans les affaires politiques et dans les affaires relatives aux délits de la presse. Si dans ces sortes d'affaires, le pouvoir était à la fois juge et partie ou, ce qui revient absolument au même, s'il exerçait les jugements par des fonctionnaires à qui il aurait délégué son autorité, la liberté ne serait plus qu'un vain mot et une large voie serait ouverte à l'oppression et à la tyrannie. Les fonctionnaires, naturellement portés à épouser la cause du gouvernement qui les nomme et sur les faveurs duquel ils ont à compter pour leur avancement, n'ont pas cette impartialité, cette indépendance de position nécessaires à des juges, et le glaive de la justice ne deviendrait que trop souvent un instrument de persécution. Avec les meilleures intentions, on ne peut jamais se soustraire entièrement aux influences de ses habitudes et de son état, et les soldats du pouvoir ne seront jamais que difficilement les défenseurs de la liberté. Dans les temps de trouble et d'orage surtout, lorsque l'esprit de parti dénature, condamne ou justifie tout, fait au gré de ses caprices les vertus et les crimes, quel refuge pour l'accusé qui retrouve parmi ses juges le même adversaire qu'il a combattu à la tribune ou dans la presse ! Le jury, au contraire, est dans une position bien différente : libre dans ses allures, sans engagements, sans précédents, sans arrière-pensées d'ambition, il n'a à consulter que sa conscience ; il juge d'après les idées et les sentiments qu'il a puisés dans la foule dont il est sorti momentanément pour y rentrer bientôt et toujours. Son jugement n'est que l'écho de l'opinion publique, le reflet du sentiment populaire, l'expression des intérêts, des besoins, et, si l'on veut, des préjugés de tous, préjugés qu'il faut comprendre, qu'il faut savoir respecter, souvent utiles, quelquefois vrais sous le rapport pratique, quoiqu'ils ne puissent pas être entièrement conformes à la vérité abstraite et absolue. Chaque classe de fonctionnaires dans l'Etat a ses idées, ses intérêts, ses opinions, ses goûts, ses sympathies, ses aversions à part ; elle est séparée des autres par ses attributions, par la nature, l'exercice des fonctions qui lui sont confiées. Les jurés, au contraire, sont les véritables pairs de l'accusé ; comme lui, ils appartiennent au peuple ; comme lui, ils sont étrangers au pouvoir ; comme lui, ils ont à souffrir de ses écarts et de ses abus. Il peut donc attendre d'eux commisération, protection, sympathie : ce n'est pas lui seul qui est traduit à la barre ; le Gouvernement y est aussi traduit à ses côtés ; il y est traduit avec ses actes, ses paroles, ses mesures, ses systèmes, ses fautes et ses abus : souvent l'acquittement de l'accusé est moins une déclaration et une preuve de son innocence qu'un avertissement donné au pouvoir.

Ce qui fait donc l'excellence du jury en matière de jugement pour les crimes politiques et les délits de la presse, c'est qu'il ne forme pas un corps particulier, une classe à part; c'est qu'il est parfaitement indépendant du pouvoir et ne se rattache à lui par aucun lien. Sorti de la foule un moment, il y rentre bientôt et s'y confond pour jamais. Il est partout et il n'est nulle part. C'est, si l'on peut ainsi dire, une magistrature sans magistrat, un tribunal sans juges : c'est la voix de la conscience publique, la manifestation de l'opinion populaire sujette à l'erreur, il est vrai, mais ne pouvant être altérée par des influences corruptrices.

C'est de ce point de vue qui est vrai, si nous ne nous faisons illusion, qu'il convient d'examiner la question que nous nous sommes proposé de traiter.

La loi, dans tout état librement constitué, a dû établir, relativement à l'exercice de la liberté de la presse, une différence entre les actions du citoyen dans sa vie privée et les actes du fonctionnaire dans sa vie publique. La vie privée du citoyen doit être murée, comme on l'a dit si souvent : la presse doit la respecter; il ne lui est permis d'y porter ni son inquisition, ni sa censure. Mais il n'en est pas de même des actes du fonctionnaire : ils sont soumis à la discussion publique, à la critique, aux investigations de la presse. Il faut bien qu'elle puisse exprimer sa pensée et ses jugements sur les actes du pouvoir, et par conséquent sur ceux de ses agents. Elle a, à cet égard, une juridiction naturelle. Les agents du gouvernement ne peuvent pas être plus inviolables que le gouvernement lui-même. C'est la première condition de la liberté que le gouvernement soit soumis au jugement et à la critique de l'opinion publique.

C'est le pouvoir qui gouverne ; mais il doit être éclairé, averti et, au besoin, redressé par la presse et par la tribune. Ce droit de discuter et de critiquer les actes des fonctionnaires publics est donc fondamental dans les pays libres, sous la garantie, toutefois, des lois répressives qui punissent les abus commis par la presse dans l'exercice de ce droit.

Mais qui doit juger si l'usage a dégénéré en abus, et l'exercice légitime du droit en punissable licence? Qui doit juger s'il y a lieu à l'application des lois répressives, et, si au lieu d'examiner, de discuter, de critiquer, comme c'est son droit, l'écrivain a diffamé et calomnié les agents du pouvoir, en leur imputant des faits faux et controuvés, et si ses écrits lui ont été dictés, non par l'amour du bien public, le zèle pour le maintien et la défense des institutions et des intérêts généraux, mais par un coupable esprit et pour déconsidérer injustement le pouvoir dans la personne de ceux qui l'exercent? C'est le jury seul à qui cette mission doit être confiée, puisque lui seul est assez indépendant pour la remplir. Autrement la presse ne serait plus libre si elle était soumise au jugement des tribunaux ordinaires, nommés et institués par le pouvoir, et sous ce rapport ne présentant pas des garanties suffisantes d'impartialité et d'indépendance. Aussi les lois sur la presse ne s'y sont-elles pas méprises et ont-elles placé le jugement de ces sortes d'affaires dans les attributions exclusives du jury. Le jury seul peut déclarer si l'écrivain est sorti des limites de son droit, s'il y a abus et si cet abus doit être puni.

C'est ici qu'arrive la distinction faite entre l'action publique et l'action privée, entre la punition du délit et la réparation du dommage. Au jury seul, dit-on, il appartient de déclarer si l'écrivain est coupable et si la peine doit lui être appliquée. Mais rien n'empêche de porter l'action privée devant les tribunaux ordinaires, ainsi que la demande pécuniaire en réparation du dommage. Le texte de la loi est formel à cet égard. La jurisprudence actuelle, fondée sur ce texte, est donc inattaquable.

Ce raisonnement, Messieurs, quelque péremptoire qu'il paraisse au premier abord, peut cependant, nous en avons du moins la confiance, être solidement réfuté.

Rappelons, d'abord, ce grand principe de Montesquieu; que les lois doivent être appliquées suivant l'ordre des choses sur lesquelles elles statuent; qu'il ne faut pas décider des choses du droit civil par les règles du droit politique, ni des choses du droit politique par les maximes du droit civil. Or, ici, nous sommes sur le terrain des matières politiques, et si, sur le point que nous examinons, il y a opposition entre les règles du droit civil et celles du droit politique, auxquelles convient-il de donner la préférence? Il faut recourir au principe enseigné par Montesquieu. Il n'est pas sans exemple, il est vrai, que la raison de la loi civile ait pu forcer, dans quelques cas infiniment rares, la loi politique; mais c'est l'exception, ce n'est pas la règle, et la loi politique étant d'un ordre supérieur à la loi civile, toutes les fois qu'une opposition se manifeste entre les principes de ces deux droits, c'est le droit politique qui doit l'emporter et faire pencher la balance, surtout lorsqu'il s'agit de matières qui tiennent au domaine de la politique, parmi lesquelles il faut évidemment ranger les lois qui attribuent au jury la connaissance des délits de la presse. Or, si le maintien de cette attribution est incompatible avec la jurisprudence actuelle, qne dire de cette jurisprudence elle-même ? Et suffira-t-il pour la justifier de soutenir qu'elle repose sur des textes de la loi civile, si elle se trouve ainsi en opposition flagrante avec les dispositions de la loi politique?

Il est facile de le voir : cette jurisprudence tend à dépouiller le jury de ses attributions et les écrivains de la garantie que la loi politique a voulu leur assurer pour les protéger dans l'exercice d'un droit qu'elle a regardé comme nécessaire au maintien de nos institutions, et à cette surveillance que les citoyens doivent avoir la faculté d'exercer envers le pouvoir, pour l'empêcher de s'égarer et d'oublier dans sa conduite les principes qui doivent constamment lui servir de règle. En matière de délits ordinaires, en effet, cette séparation de l'action publique et de l'action privée, et la faculté de porter cette dernière indistinctement devant les tribunaux criminels ou devant les juges civils, sont sans inconvénient, puisque le ministère public peut agir librement, sans le concours de l'individu lésé, et conserver ainsi au jury les attributions qui lui ont été faites par la loi. Mais il n'en est pas de même lorsqu'il s'agit de diffamation contre les Cours, les Tribunaux et autres Corps constitués, contre les dépositaires ou agents de la force publique, pour faits relatifs à leurs fonctions. Le ministère public, dans ces divers cas, ne peut être mis en mouvement que par la plainte de la partie diffamée : en l'absence de cette plainte, son action est enchaînée et il ne peut en investir le jury.

Voilà donc encore une grande voie ouverte pour enlever au jury ses plus précieuses attributions, et aux écrivains la plus essentielle de leurs garanties. Le moyen le plus assuré de transporter aux juges civils la connaissance et le jugement de l'une des parties les plus importantes des délits en matière de presse, et cela contre l'esprit évident de la Charte et de nos institutions, c'est que les fonctionnaires publics se concertent à cet effet, et ils le peuvent facilement ; qu'ils prennent la détermination de ne plus s'adresser au jury pour demander la réparation due à leur honneur offensé, de refuser au ministère public tout moyen d'agir, s'abstenant de formuler aucune plainte ; que d'une affaire d'honneur, il fassent une affaire d'argent, et ne voient dans la loi qui punit la diffamation qu'un moyen nouveau de spéculation et de fortune ; qu'ils portent directement devant les tribunaux civils une demande en dommages-intérêts pécuniaires. Que deviendront tous ces règlements, toutes ces précautions de la loi pour assurer à la presse et aux écrivains la garantie du jury ? Toutes ces lois dont se compose notre Code de la presse et sur lesquelles le législateur a porté une attention si spéciale et attaché une si haute importance, ne seront-elles point par le fait complètement annulées ? La loi a voulu que le jury fût le juge par excellence en matière de débats de la presse , et sa juridiction pourra être impunément éludée au moyen d'un détour et d'une distinction , entre l'action publique et l'action privée, puisée dans la loi civile ! Mais si cette distinction de la loi civile est incompatible avec l'esprit manifeste et la disposition de la loi politique, elle est par là-même sans effet.

La Restauration, dans ses vues rétrogrades et dans ses arrière-pensées contre le développement de nos libres institutions , avait donné aux juges civils la connaissance des délits commis par la voie de la presse. Mais à peine la Révolution de Juillet eut-elle renversé un gouvernement qui méconnaissait à ce point les besoins et les vœux de son époque, qu'on sentit la nécessité de revenir à cet égard aux véritables principes : aussi, était-ce dans les premiers jours qui suivirent cette révolution, que la loi du 8 octobre 1830 se hâtait de proclamer que la connaissance de tous les délits commis, soit par la voie de la presse, soit par tous autres moyens de publications, était désormais attribuée aux Cours d'assises. Lorsque cette loi fut soumise à la discussion de la Chambre des pairs, elle était confiée au rapport d'un de ces esprits supérieurs qui ont pris en France une si grande part à la création et au développement du gouvernement constitutionnel. M. le comte Siméon, notre illustre compatriote, fut chargé du soutien d'une discussion si importante. La statue qui, tantôt, va être inaugurée devant ce temple, rappellera donc sans cesse les principes fondamentaux que nous soutenons aujourd'hui. C'est en invoquant l'autorité des grands hommes qu'on leur élève des monuments plus durables que le marbre et l'airain. M. Siméon proférait les paroles remarquables que nous allons rappeler et qui ont été citées par M. le procureur général Dupin, dans son réquisitoire de l'affaire Achille Marrast :

« Lorsque la diffamation ou l'injure ne concerne que de
» simples particuliers, c'est un délit privé qui, ainsi que
» les autres délits, n'a pas besoin de l'intervention du jury;
» mais elle est nécessaire lorsqu'il s'agit de diffamation
» contre les Cours, les Tribunaux ou autres Corps consti-
» tués, contre les dépositaires ou agents de la force publi-
» que, pour faits relatifs à leurs fonctions...... *de peur*
» *que* la protection que le gouvernement doit à toutes les

» personnes, et *leur qualité pèsent trop dans la balance, on y* » *met le contrepoids du jury*. La diffamation et l'injure con» tre ces personnes appartiennent même autant aux *délits* » *politiques* qu'aux délits de la presse, et l'on aurait pu les » ranger parmi les délits politiques si on ne les trouvait » déjà placés dans les délits de la presse attribués aux » Cours d'assises par la loi du 26 mai 1819.

» M. Siméon avait d'autant plus de raison d'en agir ain» si, ajoute M. le procureur général en la Cour de cassa» tion, que M. de Serre (*Moniteur* du 27 avril 1819, page » 522) avait dit : *J'admettrai avec les divers préopinants, que* » *tout délit d'une nature véritablement* POLITIQUE *doit être sou-* » *mis au jury. De ce nombre sont..... les diffamations et in-* » *jures contre les tribunaux, les corps constitués et les fonction-* » *naires publics*.

» Voilà nos institutions, continue M. Dupin; le devoir » des magistrats comme celui des citoyens est d'accepter ces » lois dans l'esprit qui les a dictées; et surtout après une » révolution qui les a rendues nécessaires, il faut que ces » lois soient une vérité et qu'on les exécute, comme l'a dit » le Roi, avec sincérité et sans arrière-pensée. »

Sous un autre point de vue plus restreint, la thèse que nous soutenons ne nous paraît pas moins conforme aux principes : l'écrivain a le droit de contrôler, de discuter et de critiquer les actes des fonctionnaires publics; ce droit est si essentiel que l'on ne concevrait même pas que l'on pût en être privé dans les pays libres où il ne peut y avoir de fonctions, de pouvoir sans responsabilité. L'écrivain peut donc incontestablement user de ce droit et il peut en user librement, impunément tant qu'il n'en dépasse pas les limites. *Qui jure suo utitur nulli quœrelœ subjectus est.* Ce n'est donc que lorsqu'il va au delà, qu'il change son droit en abus, qu'il tombe dans le mensonge ou la diffamation, qu'il doit être réprimé. Mais s'il y a mensonge, s'il y a diffamation, il y a délit, et le jury est seul compétent pour en connaître. Otez l'abus du droit, ôtez le mensonge, la diffamation, il n'y a plus que l'exercice d'une faculté légitime, d'un devoir patriotique, à raison duquel aucune condamnation en dommages-intérêts ne peut avoir lieu. Que pourra donc objecter le fonctionnaire public, qui, pour arracher l'écrivain à son juge naturel qui est le jury, et pour éluder, par un détour captieux, la loi politique qui attribue à ce jury la connaissance de tous les délits commis par la voie de la presse, aura traduit cet écrivain devant le juge civil? Que pourra dire enfin ce fonctionnaire, afin d'obtenir une allocation de dommages-intérêts, pour motiver la demande d'une somme d'argent en réparation de son honneur outragé? Répètera-t-il qu'il y a diffamation; que l'écrivain a outrepassé son droit? Mais s'il y a diffamation, si l'écrivain a franchi les bornes de l'attaque, il y a délit, délit commis par la voie de la presse, délit dont ne connaît pas le juge civil. Répondra-t-il encore que bien qu'il n'y ait pas diffamation, il y a cependant dommages? Mais s'il n'y a pas diffamation, l'écrivain n'est donc pas sorti des limites de son droit, et, dès lors, il ne saurait y avoir lieu à réparation : l'exercice d'un droit légitime comme celui de l'écrivain ne pouvant constituer un tort, un dommage légal, ni donner lieu à une réparation pécuniaire qu'autant que ce droit a dégénéré en abus et son exercice en licence, c'est-à-dire en délit. Le juge civil ne pourrait donc allouer des dommages-intérêts qu'en supposant qu'il y a délit, diffamation, et il n'est pas compétent pour connaître de ce délit.

En matière ordinaire, il n'en est pas ainsi, il est vrai. Il s'est aussi formé une jurisprudence sur ce point, qui, un jour peut-être, attirera l'attention des hommes les plus jaloux de leurs droits, et par conséquent les plus ombrageux sur toutes ces questions qui touchent de si près à la dignité du jury et à la conservation de ses prérogatives.

Les délits communs ont permis jusqu'ici, parmi nous, de faire cette distinction entre le délit proprement dit et le fait simplement dommageable. Le jury peut prononcer négativement sur le premier, et le juge civil affirmativement sur le second. En fait d'homicide, par exemple, il pourra ne pas y avoir meurtre en ce sens que l'homicide n'aura pas été commis volontairement, mais il y aura homicide commis par imprudence, par inattention, par inobservation des règlements, il y aura fait dommageable et lieu par conséquent à réparation civile.

Ainsi, en matière de presse, ôtez la diffamation, il n'y a plus que l'exercice légitime d'un droit que la constitution donne à l'écrivain et le fait dommageable disparaît. La question est donc de sa nature indivisible et ne souffre pas de distinction. L'écrivain, en imputant tel fait à tel fonctionnaire, a-t-il dit vrai ou a-t-il dit faux? S'il a dit vrai, il a usé de son droit, il est irréprochable, irresponsable, à l'abri de toute peine; s'il a dit faux, au contraire, il a abusé de son droit et doit être puni.

Un autre inconvénient résulte de cette jurisprudence; il est immense et des plus déplorables, et c'est celui contre lequel la loi n'a pas cru pouvoir prendre de trop grandes précautions. Cet inconvénient, Messieurs, est celui de jeter la magistrature dans l'arène politique, de la mêler aux agitations, à toutes les passions des partis, et de la dépouiller ainsi de ce caractère d'impartialité qui est à la fois sa sauvegarde et sa gloire. C'est très-certainement pour échapper à ce danger que la loi attribue au jury la connaissance de tous les délits politiques et de ceux commis par la voie de la presse. Elle a voulu que la magistrature restât pure et indépendante, isolée dans sa haute sphère, et immuable comme la justice dont elle rend les oracles. L'indépendance et l'impartialité de la magistrature sont la plus ferme et la plus solide garantie des citoyens. Que dire d'une jurisprudence qui tend à lui ravir ces qualités si précieuses et à enlever aux citoyens cette inappréciable garantie? Eh quoi! au moyen de ce détour subtil, de cette distinction sophistique entre le délit et le fait dommageable, les compétences seraient bouleversées, l'ordre des juridictions détruit, le vœu et l'esprit de la loi complètement éludés! Le juge civil, que la loi n'a pas voulu constituer juge des procés politiques, en décidera seul, exclusivement, et il suffira au fonctionnaire qui se prétendra diffamé, d'oublier que c'est à son honneur, s'il a été véritablement outragé, qu'une réparation est due et non à sa bourse! Il lui suffira de convertir une question d'honneur en une question d'argent pour transporter au juge civil toutes les attributions du jury et rendre ainsi tout-à-fait illusoires les garanties que la loi a voulu donner à l'écrivain!

Comment, Messieurs, considérer de sang-froid ce renversement de tous les principes et les conséquences qui en doivent nécessairement résulter pour la liberté et la justice?

Comment garder le silence, lorsque ces funestes conséquences viennent de se manifester à la suite d'un grand événement qui a ému toute la France, et qui s'est passé dans votre juridiction? Mais n'arrivons aux faits que lorsque nous aurons examiné, au moins en partie, cette vaste et si importante question de droit.

Quand, de son paisible sanctuaire, on transporte la magistrature dans l'atmosphère politique, il ne faut pas oublier que de tous les procès qui s'agitent dans cette région embrasée, il n'en est point qui aient plus de retentissement dans l'opinion publique, qui soulèvent plus d'agitation et de trouble, qui excitent à un plus haut degré toutes les passions de l'esprit de parti, que les affaires de presse.

La presse est le grand champ de bataille des partis : c'est par elle qu'ils vivent, qu'ils parlent, qu'ils se communiquent, qu'ils s'attaquent et se défendent : c'est par elle qu'ils agissent sur l'opinion, expriment leurs idées, leurs sentiments, leurs passions et s'efforcent de les faire passer dans les masses. Et c'est dans cette arène brûlante et orageuse que l'on veut précipiter la magistrature, dans cette arène où elle ne pourrait descendre sans perdre ce qui fait sa dignité et sa gloire, nous voulons dire son calme et son impartialité! Le magistrat est aussi citoyen. Il a lui aussi ses opinions politiques. Comme magistrat, il est aussi fonctionnaire public et à une époque où il n'est pas encore défendu d'avoir de l'ambition et d'aspirer à un avancement légitime. Dès lors, son caractère de juge impartial et indépendant ne sera-t-il pas gravement compromis s'il est appelé à juger un écrivain dont les opinions sont directement opposées aux siennes ou dont les écrits auraient attaqué le gouvernement et même quelque personnage puissant ou en crédit? Dès lors, que deviendront son impartialité et sa justice? Ne sera-t-il pas placé entre son intérêt et son devoir, entre ses passions, ses opinions et sa conscience de juge? N'est-il pas à craindre qu'il succombe? Et s'il résiste, s'il parvient à tenir la balance d'une main ferme et assurée, le soupçon injurieux n'ira-t-il pas encore l'atteindre? L'esprit de parti, si défiant, si injuste, si passionné, ne le flétrira-t-il pas des plus odieuses imputations? N'ira-t-il pas jusqu'à prêter à sa conduite les motifs les plus intéressés, les plus vils? à expliquer un acquittement ou une condamnation par des vues d'ambition, de servilité ou autres, toutes également étrangères à la justice. Une grave atteinte sera donc portée à cette considération si essentielle à la magistrature et qui lui est due à tant de titres. Cette haute réputation d'indépendance et d'impartialité, qui doit faire sa force dans l'opinion publique, sera obscurcie par les nuages soulevés et amoncelés autour d'elle, et la ruine de son influence, de son autorité morale, entraînera bientôt celle de la justice et des lois.

Il y a deux sortes d'interprétations dans l'application des lois : l'interprétation par le texte, l'interprétation par l'esprit de la loi. Cette dernière espèce d'interprétation est d'un ordre supérieur : c'est elle qui fait le véritable jurisconsulte et le magistrat éminent. Connaître les lois, ce n'est pas seulement en posséder le texte, c'est en pénétrer l'esprit et la portée : c'est se rendre compte des motifs et du but du législateur par l'ensemble de ses dispositions et la connaissance approfondie des circonstances dans lesquelles la loi a été portée. Le texte, en lui-même, n'est qu'une lettre morte s'il n'est vivifié par l'esprit de la loi. Atteindre le but que le législateur s'est proposé, faire sortir sa volonté à effet, telle est la règle suprême de toute interprétation. Il ne faut donc pas s'arrêter devant un texte isolé comme devant une barrière infranchissable, lorsque ce texte, appliqué d'une manière générale et absolue, conduirait à des conséquences manifestement contraires à l'esprit de nos institutions.

Il n'y a pas de règle sans exception ; pas de disposition de loi si générale dans sa rédaction qu'elle ne puisse et ne doive être quelquefois limitée dans son application. De là, ces axiomes de l'expérience et du bon sens : *Omnis definitio in jure periculosa. Exceptio firmat regulam.* Que l'on cesse donc de nous opposer cette distinction que fait la loi entre l'action publique et l'action privée, entre l'application de la peine et la réparation civile, entre le même fait considéré comme délit d'une part, et, d'autre part, comme dommageable. Ces distinctions sont vraies et doivent être admises dans les matières qui les comportent ; elles cessent de l'être toutes les fois qu'elles auraient pour résultat de choquer l'esprit de nos institutions : pour ce cas, elles doivent être censées implicitement abrogées. Il ne peut être dérogé au droit public par le droit privé : c'est le premier et le plus haut de tous les principes, et nous pensons avoir démontré qu'appliquer ces distinctions en matière de délits de la presse, et y trouver un expédient pour soumettre au juge ordinaire la connaissance de ces sortes de délits, c'est violer la loi politique qui n'a voulu confier qu'au jury de pareilles attributions et qui, en créant cette juridiction exceptionnelle, a voulu fonder une solide garantie en faveur de la liberté de la presse.

Il ne saurait donc suffire à la liberté d'être inscrite dans la loi; il faut encore qu'elle soit sanctionnée par la jurisprudence. Vainement auriez-vous les meilleures lois ; si elles ne sont pas appliquées avec un esprit libre , généreux, libéral, elles pourront, d'interprétation en interprétation, de théorie en théorie , conduire insensiblement à la servitude. Dans les gouvernements libres c'est l'opinion publique qui doit décider en dernier ressort ; car l'intérêt général , de quelque côté qu'il incline , doit tout emporter et faire pencher la balance. Or, l'intérêt général est manifesté par l'opinion publique , et l'opinion publique est exprimée par le jury. Voilà pourquoi dans les procès politiques où il s'agit moins de rendre une justice abstraite et absolue, qu'une justice relative et subordonnée au temps et aux circonstances, ainsi qu'aux besoins et aux idées du moment, la loi a préféré le jury qui n'a d'autre règle à suivre que ses propres sentiments et sa conscience , aux juges du droit commun qui sont enchaînés par le texte de la loi et des précédents. « Le jury, même avec ses inconvénients , a dit M.
» Dupin dans le réquisitoire que nous avons déjà cité, c'est
» ce qu'a voulu la loi en matière de presse ; la magistrature
» fixe , même avec ses immenses avantages sous d'autres
» rapports, c'est ce qu'elle n'a pas voulu.

» Je le sentais si bien , ajoute le savant et éloquent ma-
» gistrat dont nous ne saurions trop citer les paroles, je le
» sentais si bien que, lorsqu'en 1830, aux premiers jours,
» aux jours critiques de la révolution , j'eus l'honneur de
» lutter pour le maintien de la magistrature , au risque de
» tant d'animosités suscitées contre moi, je compris que je
» ne pouvais espérer le succès, au milieu de toutes les pré-

» ventions politiques soulevées contre elle, qu'en la présentant comme ne devant plus être appelée à juger les procès politiques, ni les questions de la presse.

» A la séance du 26 novembre, où l'on demandait que les magistrats fussent assujettis à une nouvelle institution, je disais à la Chambre : « Si tous les genres de causes étaient encore entre les mains des juges, il resterait peut-être une sorte de prétexte aux appréhensions que l'on manifeste. Mais tous les crimes, tous les délits politiques et la presse sont réservés au jury. Le juge n'est là que pour le bon ordre, pour la police des débats ; il entend la défense, il prononce un arrêt en vertu de la décision du jury, et fait l'application de la loi requise par l'homme du roi, le représentant du gouvernement. Ainsi, *dans l'ordre politique, les juges ne seraient pas de votre opinion politique, qu'il ne serait pas possible pour eux d'absoudre ceux que le jury aurait condamnés, ni de condamner ceux que le jury aurait absous.* Et l'on passa à l'ordre du jour sur la funeste proposition. C'est à cela, Messieurs, que l'on a dû la conservation de la magistrature, et j'ajoute encore que c'est à cela qu'elle doit la paix dont elle a joui depuis cette époque et la haute considération dont elle est en possession, placée qu'elle est au dehors de la politique et au-dessus des partis. »

Si, après ces paroles du procureur général Dupin, on persistait à soutenir cette jurisprudence qui, trompant le vœu de la loi et l'esprit de nos institutions, enlève au jury la connaissance des délits en matière de presse, et le dépouille ainsi de ses attributions les plus précieuses pour les transporter aux tribunaux ordinaires, au grand détriment de la liberté ; si après tous les développements auxquels nous nous sommes déjà livré et ceux dont cette grande question serait susceptible ; si, après tous les raisonnements qui abonderaient encore sous tant de formes et avec tant de forces nouvelles, il fallait déduire des conséquences immédiates, arriver aux démonstrations les plus réelles, aux preuves les plus déterminantes, alors, Messieurs, nous en viendrions aux faits, aux faits qui se sont montrés dans notre juridiction, qui se sont passés sous vos yeux, en présence de tous. Mais peut-être aucun n'y regarde d'aussi près que dans le ministère public, et personne certainement n'y doit réfléchir plus mûrement que le magistrat qui en est le chef dans un vaste ressort, placé qu'il est, par la loi, à la tête de la police judiciaire, le surveillant de la presse et de l'esprit public, et chargé, par conséquent, au sein de la société, d'en observer les sentiments et les ressentiments, d'en discerner les instincts et les haines, d'en diriger les bonnes dispositions, et d'en combattre les tendances mauvaises.

Ce ne serait pas non plus de ce siége qu'il faudrait attendre de lâches tempéraments dans un exposé de faits ni dans la déduction des conséquences qui en découlent. Fussions-nous obligé de parler, de trop parler de notre administration judiciaire et de nos actes, il faut savoir se mettre au-dessus de soi-même, au-dessus de toute considération de personne, de temps et de lieu. Il ne faut pas oublier ce qu'est un grand devoir à remplir.

Jadis, le parquet était en avant de tout ce qui était utile au pays et urgent pour la défense de ses droits. Pourquoi serait-il en arrière aujourd'hui que le prince répète sans cesse, dans les circonstances les plus solennelles, qu'*il veut que sous son règne, il y ait sincérité dans l'application des lois*, et lorsque le magistrat qui est si justement placé à la tête des parquets, ajoute de son chef, que *c'est aux gens du roi à faire valoir les plus belles paroles sorties de la bouche de S. M.?*

Mais quand la bouche la plus auguste invoque la sincérité si nécessaire dans le domaine de la loi, qu'elle insiste encore le premier jour de cette même année, en répétant : *on savait bien qu'il n'y aurait pas d'arrière-pensée de ma part*, il faut que ces nobles accents de conscience et de conviction sortent aussi des entrailles et du cœur de ceux qui sont les mandataires directs de la couronne. Nous répétons, en conséquence, que c'est à nous, par notre exemple et par nos paroles, à fortifier les institutions du pays : que c'est à nous qu'il est réservé de les faire respecter et chérir. On n'est porté à donner force, amour et respect qu'à ce que l'on comprend le mieux et à ce que l'on affectionne le plus.

Certainement les docteurs de la loi, les commentateurs éclairés et laborieux qui expliquent le sens et la portée des textes écrits dans nos codes, méritent des témoignages publics de gratitude. Ils ont consciencieusement et fort judicieusement recherché comment doit être entendue, comment peut être appliquée la parole du législateur. Lorsqu'ils en viennent à l'application de la théorie sur la séparation, la suspension ou la réunion de l'action publique et de l'action civile, ils ne trouvent plus qu'embarras à transporter la procédure de la presse devant le tribunal civil. L'un de ces habiles commentateurs [1], celui dont l'opinion est la plus

[1] M. Faustin Hélie.

conforme à notre système, conclut en disant : « Nous n'a-
» vons pas prétendu que notre interprétation fût exempte
» de difficultés ; car la loi que nous examinons n'a prévu
» qu'à demi la question que nous agitons et par consé-
» quent les textes se heurtent quelquefois. »

Mais en supposant que sur une des plus hautes questions de droit public, des textes puissent être opposés les uns aux autres ; que la loi ne soit pas aussi explicite qu'elle devrait l'être ; que des sens divers puissent être sujets à à l'interprétation, il est des magistrats qui ne doivent être ni arrêtés, ni trop entravés par l'incertitude et le doute. L'hésitation serait aussi fatale aux officiers de parquet qu'aux officiers de terre et de mer. Là, il faut savoir se diriger sur l'heure vers le point menacé et marcher droit au bruit du canon. Ici, nous avons à nous presser, à serrer nos rangs pour repousser cette cupidité qui envahit tant de terrain, et à combattre ces faux braves qui n'osent descendre dans l'arène commune, et persistent à choisir un lieu privilégié de combat.

Qui doit donc aller en avant, marcher avec résolution, inspirer confiance et proclamer ses meilleurs sentiments envers la société et au jury qui la représente ? N'est-ce pas celui qui, dans aucune circonstance, n'a cessé d'exprimer ni de montrer les plus confiantes dispositions dans l'équité et le bon sens des jurés de ce département ; celui qui, par ses actes, soumet aux juges du pays, *frons aperta*, le cœur haut, au milieu des grands troubles de l'époque contemporaine, la cause de son honneur outragé et de sa considération.

Un jour, le procureur général en cette Cour, pendant l'instruction d'une affaire célèbre, est publiquement attaqué par un organe de la presse locale. Ce magistrat, *a voulu faire voyager des accusés la corde au cou.... il a exercé des rigueurs barbares envers deux malheureux.* Aujourd'hui, au sein du calme dont jouissent tous les esprits, il ne faudrait pas se transporter au plus fort de nos tourmentes passées pour apprécier de pareilles imputations, les seules articulées et les seules poursuivies; maintenant comme alors, elles ne paraîtraient ni fort graves, ni méritant une répression bien sévère. On n'avait voulu que mettre en contradiction des principes hautement reconnus avec une conduite judiciaire qui aurait été révoltante et indigne d'un caractère élevé. On voulait déconsidérer le pouvoir dans un de ces moments où l'action publique a autant besoin de considération personnelle que de force coercitive. Il en fut à l'instant déféré au jury des Bouches-du-Rhône. Nous avions hâte de publier les instructions que nous avions données au colonel chargé de l'escorte des prisonniers : — « M. le marquis, avions-nous » dit, vous avez les meilleures voitures; vous suivrez les » meilleurs traitements et vous ne cesserez d'avoir tous les » égards qui sont dus au malheur. S'il ne nous est pas per- » mis de traiter un lieutenant-genéral comme Eyzig le por- » tefaix, le gouvernement du roi ne trouvera pas mauvais » que je prescrive de traiter un portefaix comme un lieu- » tenant-général. Le Trésor est riche et la France est gé- » néreuse. D'ailleurs les hommes qui sont sous la main de » la justice sentent, là, et apprécient plus qu'ailleurs, l'é- » galité devant la loi; avant son application, la loi ne doit » avilir personne : avant l'arrêt définitif, l'accusé n'a perdu » ni son rang, ni sa dignité. »

Une éclatante satisfaction fut donnée au magistrat qui

descendait ainsi dans l'arène pour faire juger, non la plus insignifiante attaque de son administration, mais son administration tout entière. Il fut proclamé que dans une situation amovible, nous n'avions ni varié, ni abdiqué les sentiments d'humanité professés dans des rangs inamovibles, ni aucun de nos principes politiques. Ce mémorable arrêt fut prononcé en présence de toutes les passions déchaînées, accourues dans le temple des lois pour imposer.

Bien avant l'ouverture des débats, nous avions formé une demande en dommages-intérêts. Cette demande préalable, dictée par la loyauté et la confiance, fut d'abord combattue par une fin de non-recevoir. Le gérant soutenait que le jury, avant de prononcer son verdict, ne devait pas être mis en mesure d'en prévoir les conséquences. C'est ainsi que l'écrivain, lorsqu'il se voyait en présence de ses juges naturels, voulait en éviter la justice et l'inflexibilité.

Fort et calme, dans une attitude impartiale et sévère, bien avant la loi qui prescrit le secret des votes, le jury fut prompt et unanime. Plein de délicatesse et d'indépendance, par une espèce d'anticipation légale, il opinait comme le prescrit aujourd'hui la loi de septembre 1835.

Nous n'avons rien à rappeler sur l'emprisonnement et l'amende qui furent prononcés : c'était la conséquence naturelle d'un verdict fort significatif. D'un autre côté, par une demande en dommages-intérêts, nous espérions faire établir la seule règle efficace pour contenir alors, non le désespoir des partis vaincus, mais les excès d'une presse en délire. La gérance des feuilles publiques était confiée à des hommes qui spéculaient sur la durée d'un emprisonnement. Les amendes donnaient occasion de raviver les factions et de faire nombrer leurs soutiens. La quotité des dommages-intérêts pouvait ne pas indiquer seulement l'opinion publique sur la conduite du fonctionnaire chargé de maintenir l'ordre; elle aurait au besoin menacé l'existence d'un organe séditieux qui serait devenu trop dangereux. Nous obtînmes la plus forte réparation qui ait été adjugée dans ce ressort aux fonctionnaires outragés par la presse. Mais il y avait loin de là à menacer l'existence même du seul organe d'un parti vaincu. Alors, comme aujourd'hui, nous pensions que la presse est aussi nécessaire aux partis qu'elle est utile au pouvoir. Elle est le frein le plus salutaire à l'autorité ; car dans les orages politiques , l'autorité peut être quelquefois confiée à des têtes imprudentes et à des cœurs disposés à la vengeance et aux rancunes. Mais si les partis, au lieu d'être seulement contenus, peuvent être persécutés, et si la loi et ses organes ne sont destinés qu'à empêcher toute persécution, les partis ne se doutent pas toujours que le seul moyen de vaincre les passions les plus désordonnées sur le terrain politique , c'est de leur laisser sur ce vaste terrain le plus d'espace possible. Plus les mauvaises passions s'agitent sur elles-mêmes , plus elles attaquent un pouvoir qui veut être juste et qui sait être calme et impartial , plus elles s'efforcent d'agiter les masses et moins les masses se trouvent disposées à attaquer l'autorité qui respecte et fait respecter les lois. Les passions politiques , toutes les factions inévitables dans les gouvernements libres se calment ou se détruisent peut-être plus par elles-mêmes et par le temps , que par les châtiments et la persécution. Un fougueux coursier qui ne connaît ni le mors destiné à le contenir , ni la main qui doit le diriger , a besoin de s'étendre dans l'arène , et n'est dompté que lorsqu'il a épuisé sa force. Toutefois la répression a été assurée lorsqu'elle est devenue nécessaire. Nos plaintes ont été accueillies par le jury plus que sur aucun autre point du royaume. Dès 1839, nous disions déjà sur un texte à peu près pareil à celui que nous traitons aujourd'hui : « *Avant que les formalités de ces procédures eussent été modifiées et accélérées comme elles devaient l'être, le jury avait sanctionné plus des deux tiers de nos poursuites; toutes avaient donc été généralement approuvées par l'opinion et ses juges.* »

Voilà, Messieurs, les résultats d'une administration, celle de la justice. Lorsqu'on comprend et que l'on aime les institutions du pays, on les fait facilement adopter, respecter et exécuter par tous. Lorsque ces institutions sont destinées à clore de longues et sanglantes révolutions, à cicatriser des plaies larges et profondes, à établir enfin l'ordre et la prospérité dans l'Etat, il n'est pas sans importance de les bien connaître, ni sans quelque mérite d'en étudier sans cesse l'appréciation.

Dans quelle partie du royaume voit-on une paix plus confiante et plus stable que dans ce ressort, un ordre plus régulier, la justice fonctionnant en meilleure harmonie avec des populations qui n'ont pas toujours été aussi disposées au respect de l'autorité et à l'obéissance aux lois ? Quelle est la grande cité de France et peut-être de l'Europe entière où la prospérité publique, la sécurité commerciale puissent être égales à celles de Marseille ? Partout, les lois ont été exécutées sans contrainte, la société a été protégée contre les émeutes, la presse contre les excès, le commerce contre les monopoles, les grandes industries contre les petites spéculations qui pouvaient les gêner. Les mœurs publiques ont été sauvegardées, autant que nous l'avons pu, contre ces habitudes pernicieuses qui perdent la jeunesse des villes et des campagnes en la détournant du travail, en l'éloignant de l'intérieur domestique, en la dégoûtant des vertus de famille. Les vertus de famille, l'intérieur domestique et le travail assurent seuls au peuple un bonheur véritable, une grandeur réelle, et la prospérité qui donne la force de résister dans les mauvais jours.

Plus tard, une autre administration est aussi attaquée par la presse de la localité. Aucune considération politique n'avait inspiré une si forte agression. Dans deux articles rédigés, non sans art ni notions didactiques, le journal incriminé articulait différents griefs plus graves les uns que les autres. S'il ne nous est pas donné de taire ce qui, dans le temps, fit matière d'une publique et solennelle discussion, nous n'annoncerons cependant que les principaux de ces griefs : 1° on reprochait de se laisser diriger par l'intrigue dans les choix des marchandises ; 2° on dénonçait des intelligences intéressées dans les réceptions avec les fournisseurs ; de porter sur des registres comme reçues des quantités qui n'étaient pas délivrées ; 3° on relevait des abus dans la réception des houilles et dans leur délivrance. Puis, l'on jetait un blâme général sur tous les agents de cette administration que l'on considérait comme complice de fraudes et de dilapidations sans nombre.

Les chefs toujours plus dignes de ces administrations si utiles à la gloire de l'Etat et à la sécurité du commerce, sont quelquefois plus offensés pour l'honneur du corps qu'ils ne le seraient peut-être pour l'honneur de leur personne, s'il était donné à qui que ce fût d'y porter atteinte. Ce ne sont pas ceux qui versent si généreusement leur sang pour la patrie, qui l'illustrent dans leurs grands commandements et dans les combats, qui éprouvent le moins d'éloignement et de dégoût pour les dilapidations de nos arsenaux, et qui font le moins d'efforts pour les prévenir et les faire cesser.

Plainte fut donc portée par le préfet maritime de Toulon. Dès le principe, elle fut trop promptement accueillie par l'autorité judiciaire de l'arrondissement. Devant la Cour d'assises des témoins furent entendus. Il ne serait ni utile, ni convenable de rappeler leurs dépositions. Il suffit de savoir que le jury rendit un verdict négatif.

A peine cette plainte en diffamation était-elle ainsi repoussée par les juges du pays et l'acquittement de l'écrivain était-il solennellement prononcé, que l'administration de la marine changeait de rôle, plaçait la question résolue sur un nouveau terrain, et formulait une autre demande : « Elle
» se déclarait partie civile. Après une ordonnance d'acquit,
» elle prenait des conclusions tendant à ce que le gérant
» responsable du journal fût condamné par la Cour à dix
» mille francs de dommages-intérêts pour réparation civile
» à *raison de diffamation* par lui commise contre ladite ad-
» ministration générale de la marine, au port de Toulon,
» et à ce qu'il plût à la Cour ordonner l'impression et l'af-
» fiche de l'arrêt à intervenir, au nombre de huit cents
» exemplaires. »

En reproduisant littéralement ce texte d'arrêt, nous n'avons pas besoin de rappeler des motifs auxquels il a déjà été répondu par des considérations générales. Mais il doit être permis de faire remarquer que si les magistrats accueillirent des conclusions en contradiction si manifeste avec la négation du jury, il ne fut cependant accordé que les plus minimes dommages-intérêts. L'écrivain fut seulement condamné aux dépens.

Voilà donc, dans ce ressort, deux administrations publiques simultanément attaquées par la presse départementale et diversement jugées par la justice du pays. Vous connaissez les chefs de prévention, la conduite des fonctionnaires attaqués et les décisions intervenues.

Les résultats de ces sentences ont dû se manifester. Essayons de les apprécier en parcourant les événements et les faits qui se sont produits dans les mêmes lieux et dans le même espace de temps.

Lorsque environ dix années se sont écoulées sur des actes entièrement différents, sur des procédures dirigées dans les voies les plus opposées, il faut, après cet intervalle déterminé, reconnaître des situations respectives.

Ici, avec un verdict affirmatif, avec ce haut témoignage de confiance et d'estime publiques, l'autorité conquiert à son tour une telle puissance d'estime et de confiance générales, que le jour où l'ordre et la paix sont audacieusement attaqués par les factions les plus anarchiques, la paix et l'ordre sont énergiquement maintenus sans efforts, sans autre appareil que celui de la justice, par la seule action des lois et par le seul ascendant de ses organes. Dans le dernier attentat de mars 1841, soumis le 10 décembre suivant à la Cour d'assises des Bouches-du-Rhône, le jury prononçait cinquante-une condamnations sur cinquante-quatre accusés. Ce parti n'a plus levé la tête : et depuis cette époque l'anarchie n'a reparu sous aucune forme au milieu de nous.

Là, ne semble-t-il pas qu'on fût destiné à porter la peine d'une tentative qui avait eu pour but de faire réformer le jury par le juge civil ? Lorsque, en présence d'un verdict négatif, la marine essayait d'obtenir une réparation de l'autorité de la Cour d'assises, elle ne prévoyait pas que l'opinion publique adopterait, dans toute sa plénitude, la décision des juges du pays, et ferait peser sur la partie vaincue tout le poids des soupçons dont l'écrivain avait exprimé la pensée.

Il survient un événement désastreux : les flammes du Mourillon consument un des riches approvisionnements de nos constructions navales.

Les bruits les plus injurieux et les plus contradictoires, les rumeurs les plus étranges se répandent de toutes parts. La calomnie, sous mille formes, insinue les plus odieuses imputations, et l'intervention de la justice du droit commun est invoquée à grands cris et par tous les organes de la presse.

Le crime, s'il y en a un, n'est pas découvert, et la société ne paraît pas satisfaite.

Toutefois, la justice du droit commun, en présence de ce grand désastre, n'a manqué ni de vigilance, ni d'activité, ni d'indépendance. Le procureur général accourt sur le lieu du sinistre, tandis que le foyer fume encore. Il rend compte au Gouvernement et à la Cour royale d'un malheur assez justement envisagé, au premier aspect. La Cour, par trois fois informée, approuve nos investigations, la réserve de notre attitude et de nos actes. Ce n'est pas nous qui aurions failli en n'invoquant pas votre autorité souveraine, s'il y avait eu occasion de recourir à cette grande mesure. Chaque événement nous a retrouvé avec la force et à la hauteur qu'il pouvait exiger. Mais l'évocation est le plus grand acte d'une Cour royale. La justice souveraine ne dépouille pas la justice locale sans les plus graves motifs ; elle n'attire pas à elle une information criminelle sans pressentir s'il y a crime et utilité d'instruire elle-même ; elle n'enlève pas à une juridiction ordinaire ce que cette juridiction peut faire avec plus de promptitude et de succès que la justice plus élevée et extraordinaire.

Toutefois, dans cette circonstance grave, le ministère public aurait-il ici manqué à ses devoirs, méconnu une occasion d'évocation? Les flammes du Mourillon n'étaient pas éteintes, que nous écrivions à M. le ministre de la justice : « Si c'étaient des forçats qui fussent seuls les auteurs du » crime, il faudrait peser encore si la haute intervention de » la Cour ne devrait pas se manifester en présence d'une » si grande calamité. » Lorsque nous n'en jugions pas ainsi, d'accord avec la Cour elle-même, une dépêche ministérielle du château d'Eu, datée du 12 août 1845, exprimait des regrets sur la « *non évocation et le désir que tous* » *les éléments du crime fussent recueillis et constatés par les juges ordinaires, sauf le renvoi ultérieur de l'affaire, s'il y avait* » *lieu, aux juges spéciaux.* »

Il vous en souvient, Messieurs, on l'ignore encore au sein du Parlement et dans le public, il vous souvient que la justice du droit commun, que votre autorité souveraine a usé, d'accord avec le mandataire du prince, de toute la plénitude de ses droits. Dans cette enceinte, nous avons tous assez d'indépendance dans le cœur, assez de dévoûment au Trône et à l'Etat, pour comprendre que la résistance est quelquefois un devoir. Mais le public, justement impatient de tout connaître lorsqu'il s'agit de si grands intérêts, ne peut pas toujours être assez promptement ni assez complètement informé. Par exemple, le ministère public, qui est ce grand ressort imprimant à la justice le même mouvement que celui qui est destiné à donner la marche régulière aux nombreux rouages qui font compter les heures de la vie, ne fonctionne qu'à l'abri de tous les regards. Mais il arrive un moment où ce qui est demeuré secret, pour la meilleure administration de la justice, éclate et resplendit au grand jour.

A la tribune et pendant la session dernière (*Moniteur* du 19 mai 1847, 3me suppl., n° 139, pag. 1232), on disait encore sur cette affaire, que « si la justice avait pu pénétrer partout, un résultat négatif n'eût pas eu lieu ; que » le gouvernement s'y était opposé et qu'on en avait fait » une espèce d'affaire de police. »

S'il est au loin des régions d'où l'on ne peut pas tout savoir, il en est de plus rapprochées où l'on aurait pu chercher à s'éclairer. Aussi lorsque, par trois fois, dès les premiers moments du sinistre, la Cour royale n'a pas cru nécessaire de recourir à une évocation, elle ne pouvait que la rejeter plus tard et avec plus d'autorité.

Faudrait-il encore, sur les indications les plus incertaines et les plus suspectes, porter, sans résultat et sans but, des investigations alarmantes au commerce et au toit domestique ? Serait-ce sur des lettres anonymes, sur des articles de journaux, sur des révélations de forçats que l'on mettrait en mouvement la justice du droit commun ?

Chaque administration veut et doit être honorée : c'est la

condition de son existence. Mais la considération publique n'est attachée qu'à nos actes et ne peut nous venir d'autrui. Le jour du danger, le jour de l'agression, lorsque les passions se lèvent contre nous, à tort ou à raison, c'est à nous à défendre notre honneur, à ne pas fuir, à ne pas décliner la justice ni méconnaître ses arrêts. Lorsque, dans une circonstante importante, on a succombé devant les juges du pays, qu'on a reproduit la même demande devant d'autres juges, le pays refuse ses sympathies et accable de ses méfiances, fondées on non, justes ou injustes.

Tant de soupçons se sont même élevés, alors que l'administration maritime avait l'honneur d'avoir à sa tête un de ces généraux dont l'intégrité inflexible offrait les garanties les plus rassurantes.

Le préfet maritime était le premier accouru au feu du Mourillon; de sa personne, le vainqueur de St-Jean-d'Ulloa ordonnait toutes les mesures propres à maîtriser les flammes et à maintenir l'ordre. Sur le champ de bataille, comme sur les chantiers de l'arsenal, cet habile homme de guerre et d'administration n'avait qne de glorieux exploits à montrer et rien à céler. A chaque occasion, et la Cour a tout su, l'amiral Baudin nous a offert tout ce qui était en sa possession la plus intime. Il nous écrîvait encore le 24 juin dernier : « La marine, quoiqu'elle ait sa juridiction
» spéciale, n'a décliné dans cette circonstance, vous le sa-
» vez, M. le procureur général, l'intervention d'aucune ju-
» ridiction; elle a accepté le concours de la magistrature
» locale et de la police de sûreté du Royaume, en même
» temps qu'elle agissait par son commissaire du Roi près
» les tribunaux maritimes et par la police particulière du
» bagne.......

» Je tiens à votre disposition toute ma correspondance » tant officielle que particulière avec le ministre de la ma- » rine ; enfin les moindres documents qui pourront être de » nature a jeter quelque jour, soit direct, soit indirect, sur » cet événement dont il importe au pays que les causes » soient connues , et sur lequel cependant de longues et » minutieuses investigations n'ont amené jusqu'à présent » que des résultats négatifs..... »

Commandée, représentée et honorée par des chefs d'une bravoure héroïque, d'une loyauté chevaleresque, l'administration de la marine ne cesse pas de gémir sous une prévention injuste et permanente. A chaque instant, elle sent sur sa tête cette épée de Damoclès toujours plus menaçante lorsque quelques mots magiques réveillent un triste et déplorable souvenir.

Des évadés des bagnes de Toulon viennent d'être repris sur le territoire d'Aix : ils prononçaient hier le nom du Mourillon. Aujourd'hui les journaux reprennent le texte de l'évocation sur le désastreux incendie de ce chantier.

Demain l'incident le plus imprévu rappellera-t-il aussi une autre plainte en diffamation d'un maire du département du Var? Cette plainte, repoussée par le même jury, avait été également reproduite devant la Cour d'assises sous forme d'action civile, avec conclusion en dommages-intérêts. Sans aucun doute, à la première occasion, le public reproduira aussitôt, et avec amertume, tout ce qui dans le temps et sans retour fit perdre la députation à celui dont une demande inconsidérée avait été repoussée par les juges du pays.

Qu'est-ce donc que ce supplice qui s'attache si fort à des

situations malheureusement amenées par des conseils imprévoyants et des inspirations intéressées? Après en avoir indiqué l'origine, après en avoir déterminé la cause, ne serait-il pas facile d'en prévenir le retour?

La société française, toujours confiante et généreuse envers ceux qui lui témoignent sympathie et confiance, devient un jour inexorable. Elle accable alors ceux qui ont dédaigné ses lois, méprisé ses juges, foulé aux pieds des verdicts, parce qu'ils ont reproduit, à fins civiles, des plaintes repoussées par le jury et motivées en réparations pécuniaires.

« Oh! ce n'est pas ainsi, s'écrie M. Dupin, qu'un grand « citoyen, par l'esprit et le cœur, représentait la révolu- « tion de Juillet et comprenait nos institutions et nos lois! « Ministre, au plus fort des passions déchaînées, diffamé « avec un illustre maréchal, il n'hésita pas à porter le ju- « gement de sa plainte devant le jury. Un verdict et un ar- « rêt lui donnèrent pleine satisfaction. Voilà l'exemple à « suivre. Devant le jury, Casimir Périer était vraiment mi- « nistre : devant le tribunal civil, demandant des domma- « ges-intérêts, on eût dit : c'est le banquier! »

Avocats,

Vous connaissez notre estime pour le barreau. Ce n'est pas une estime banale ni stérile. Dans plus d'une occasion vous avez dû remarquer les sentiments que nous inspire votre ordre ; ils nous ont porté à le faire honorer et à le protéger contre tout ce qui pourrait porter atteinte à sa considération et à son avenir.

Tantôt nous avons dit nos efforts pour préserver des plus mauvaises habitudes la jeunesse des villes et des campagnes. Ces habitudes sont bien plus dangereuses pour les jeunes hommes qui se destinent à votre noble et laborieuse profession. Ici, et par intervalle, se sont révélés de pernicieux penchants qui ont menacé les plus chères espérances de familles vertueuses. Les pères qui nous ont confié leurs douleurs, ont trouvé près de nous consolation et appui. Nous avons fait notre devoir : les anciens de l'ordre nous ont compris et secondé.

Mais dans les réunions où on laisse méconnaître les règlements de discipline intérieure, on n'a bientôt plus assez de force pour faire respecter les bienséances. Nos avis n'ont pas été accueillis là, avec les égards qu'ils avaient reçus ailleurs. Nous nous sommes alors souvenu d'une de ces pensées justes et vraies, si souvent exprimées par l'homme d'Etat qui, dans un pays voisin, a indiqué de si bonne heure les meilleures dispositions au gouvernement de son pays. Devant les esprits les plus avancés d'Angleterre, le gendre de lord Grey s'exprimait ainsi avec une noble simplicité : « Pour jouir de tous les avantages des gouvernements re-« présentatifs, il faut veiller à l'éducation nationale de tou-« tes les classes de la société. Je suis convaincu que dans « ces gouvernements, les questions qui s'élèvent de toutes « parts et à chaque occasion, ne peuvent être bien com-« prises que par ceux qui ont reçu une bonne éducation. »

Toutefois, notre sollicitude n'a pas dû se ralentir. Après avoir avisé, nous avons recueilli des documents officiels, et le parquet garde ses notes. Les jeunes membres des barreaux qui aspirent au sacerdoce de la magistrature doivent être soumis à ces sortes d'informations qui garantissent des vocations sincères.

Avoués,

Vous ne cessez de donner au siége de la Cour et dans toute l'étendue du ressort les exemples de probité et de zèle. Ce sont les bonnes et anciennes traditions de cette cité : vous les conserverez et vous les transmettrez à vos successeurs. Vous auriez même au besoin le courage que donnent les positions qui se respectent et qui veulent être respectées. Si dans la corporation quelqu'un oubliait ses devoirs envers la Cour, envers les avocats et les justiciables, vous en feriez justice, tout d'abord par les avertissements et les mesures que la loi place dans les attributions des corps.

. . . .

Nous avons hâte de finir, Messieurs, chacun ici est impatient d'assister à la pieuse cérémonie qui va être célébrée au seuil de ce palais. Nous regrettons d'avoir prolongé si longtemps cette séance et tant retardé le moment où il vous sera donné d'entendre l'éloge des deux hommes illustres dont le ciseau d'un habile artiste a reproduit les traits.

Dans cette fête nationale, chacun de nous apportera le recueillement que fait naître l'expression de la reconnaissance publique envers des hommes dont s'enorgueillit la Provence. Portalis et Siméon ont pris une grande part à l'établissement de nos institutions, au développement de nos libertés et à l'affermissement de l'œuvre immortelle des temps modernes.

Il m'a fallu deux jours, mon cher Borély,
pour que je fusse bien convaincu de votre
destitution; j'en étais honteux, car on ne se
refuse guère dans ce bas temps, les petites et
les inférieures. vous sentez que je ne viens pas
vous consoler. votre magnifique protestation
ne vous devait pas mériter moins; en lisant
avec joie votre discours, dans les journaux
et dans l'imprimé que vous m'avez
envoyé, je pensais bien qu'un jour ou
l'autre on châtierait votre courage; mais
je vous avoue que je supposais qu'on
attendrait que l'effet produit par ces
paroles fut un peu oublié. à tout
prendre, ils ont bien fait. leur pensée
en est plus claire et ceux qui n'avaient

pour bien comprendre toute la portée de votre excellent discours, en vont — d'autant mieux saisir le sens et la valeur.

Quant à vous, Mon cher Doily, vous reposerez mieux terminer votre carrière judiciaire. elle a été toujours brillante et votre nom restera cher à notre pays. Les applaudissements des honnêtes gens, des vrais patriotes vous suivront dans la retraite et si vos concitoyens sont justes, ils vous enverront à la Chambre pour travailler à la réforme des lois que nous ont faites ceux-là mêmes qui, en vous frappant, montrent ce qu'ils veulent faire de la justice. en vérité, auprès de ces grands là, les Souverains, contre qui nous avons tout osé, étaient des aigles non seulement par le talent, mais par le tact et la mesure.

Où allons nous? cette question est souvent faite maintenant par des conservateurs qui s'effraient de l'audace de leur chef. La France a surtout besoin d'administration et de justice, et depuis trois années, le pouvoir corrompt ces deux forces vitales de notre unité politique et morale; ce qui m'étonne c'est que la magistrature ne semble pas en prendre souci. Je suis tenté de croire que ces Mess. malgré leur inamovibilité, pensent que ce serait trop payer de leur avancement l'honneur que vous venez d'obtenir, la récompense n'en aura que plus de prix pour vous

et l'ombre de Manuel doit tressaillir
de joie à voir la noble chute de son
ancien ami : car c'est ainsi qu'il
est tombé, il y a 24 ans.

Adieu, mon cher Boily,
je vous admire et vous embrasse de cœur

Béranger

Passy, 24 Xbre 1847.

Mon cher Ami. J'avais lu avec beaucoup d'intérêt votre dernier discours de rentrée et j'y avais trouvé avec plaisir la loyauté et la noblesse de vos sentiments. J'apprends à l'instant la réponse qu'on vous a faite elle ne fait qu'accroître la haute estime et la tendre amitié que je vous ai voué

Tout à vous de cœur

Le G.al Pajol

Paris le 23 Décembre 1847 –

paris, 19 février 1848.

Mon ancien et digne procureur général,

ma vieille santé ne m'a permis de me rendre à paris que dans les dix premiers jours de février et ce n'est qu'alors que notre cher Béranger a pu me remettre ce dont vous l'aviez chargé pour moi, notamment votre bonne lettre du 25 X^{bre} dernier et votre excellent discours de rentrée. je l'ai lu plus d'une fois et, tout en déplorant l'esprit rétrograde de notre gouvernement, j'ai très bien compris qu'il vous ait fait descendre de la haute magistrature, où je m'honore, moi, de vous avoir fait élever en 1830. si vous avez encouru la disgrâce de M. le garde des sceaux hébert, vous vous en consolerez aussi facilement que je me suis consolé moi-même des coups que m'a portés, sous la restauration, son digne prédécesseur M. le chancelier ~~de~~ pasquier.

je vous remercie de la part que vous m'avez faite dans votre envoi à Béranger et je serais heureux de vous en témoigner ma reconnaissance à paris, où j'espérais presque vous trouver. il faut bien que vous y veniez, si vous voulez me voir encore une fois à 80

je suis trop vieux pour jamais aller en provence.

au surplus, mon cher Monsieur Borely, à quelque distance que je sois de vous, croyez bien que mon estime et mon attachement vous sont acquis et que j'aurai toujours du plaisir à vous en renouveller l'assurance, je me recommande aussi à vos bons sentimens pour moi.

Dupont
C Desaure

Mon cher ami,

je vous aurais écrit, si je ne vous avais pas su à Cannes. Vous avez très bien fait d'aller passer quelques semaines avec Lord Brougham et de quitter Aix au moment de l'installation de votre successeur. J'ai reconnu là votre tact, comme j'ai reconnu votre noble dignité dans l'attitude que vous avez gardée et dans la lettre que vous avez écrite, après votre remplacement. Tout cela est parfait. Vos amis s'en applaudissent sans s'en étonner. les regrets universels que vous ont été exprimés, la considération empressée et affectueuse dont vous avez reçu les témoignages, étaient le juste prix dû au caractère élevé du magistrat et aux excellentes qualités de l'homme. on aurait été ingrat, si on avait été moins démonstratif. —

je suis fâché, et je ne le suis pas seul, que vos affaires si longtemps négligées pour le service public, ne vous aient pas permis de venir nous voir dans ce moment à paris. ceux qui vous aiment autant qu'ils vous estiment, auraient eu plaisir à vous le témoigner. vous auriez assisté à l'ouverture des grands débats dans lesquels il s'agit de notre cause et de la cause des peuples. notre ami y grandit encore. il s'y prépare le rôle beau et utile que lui réserve l'avenir. Il sera la ressource heureuse de la dynastie et de la liberté. — celle-ci est malgré tout en progrès. après la peninsule espagnole, vient la peninsule italienne. tous les cœurs de cet admirable pays battent pour elle, depuis les alpes du piémont jusqu'au pied de l'Etna. ils sont comprimés par la force ou bombardés, mais partout ailleurs leurs sentiments éclatent et triomphent. Là même, la nature irrésistible des choses l'emportera plus tard sur la domination étrangère moins avancée après trente quatre ans que le premier jour. On ne gouverne pas longtemps un pays contre l'ensemble de ses intérêts et l'unanimité de ses désirs.

Adieu, mon cher Borély, ne m'oubliez pas auprès de Madame Borély à laquelle je présente mes bien affectueux hommages. Tout à vous avec une tendre amitié

Mignet

Paris - 4 fév.r 1848

Le statuaire est provençal ; son génie n'a pas été seulement inspiré par l'étude de notre histoire, mais encore par les élans d'un cœur patriote [1].

Allons admirer son œuvre, et puissions-nous aussi admirer un jour le bronze que le pays reconnaissant élèvera à la mémoire de Monclar et de Mirabeau.

---

1 M. Ramus.

A Lord Brougham.

Aix, 9 décembre 1847.

My dear Lord,

J'aime qu'on me conseille et non pas qu'on me loue

J'accepte donc le reproche d'inopportunité ; je l'accepte, s'il le faut, même de notre ami Dupin ; j'ai compris la situation exceptionnelle de cet ami : il s'est trouvé placé entre un Procureur Général qui est à deux cents lieues de distance, mais élu en 1830, et un Premier Président qui le touche et qui a été Ministre. Quoique je sache que les absents ont tort, j'espérais que le Procureur Général en la Cour de Cassation tiendrait plus à la chair de sa chair qu'il ne paraît l'avoir fait dans cette circonstance. Au surplus, je ne suis mécontent ni de ce qu'il m'écrit, ni de ce qu'on m'écrit à ce sujet.

Certainement, *my dear Lord*, il y a eu de l'inopportunité dans mon acte. Pardieu ! je savais et je voyais bien cela. Lisez en ce moment les journaux, vous verrez que l'inopportunité est ce que les ministres opposent aujourd'hui, comme toujours, à toute réforme, à toute idée grande et généreuse : « L'inopportunité, dit une feuille qui n'est pas sans « malice, voilà la grande excuse du Pouvoir quand on lui « reproche de ne pas prendre l'initiative ; l'inopportunité « lui tient même lieu de réplique à toute proposition libé-

« rale; bref, c'est le grand mot à l'aide duquel on écon-
« duit le progrès. »

Vous connaissez l'histoire de ce médecin qui dit à son malade : On peut guérir votre gastrite, certainement; mais il y a là une petite question d'opportunité à laquelle vous n'avez pas pris garde. Pourquoi cesseriez-vous de vous mal porter? Eh! mon Dieu, si cela arrivait, vous ne seriez plus malade et je ne serais plus votre médecin. La chose ne me semble pas du tout opportune.

Oh! non, ce n'est pas avec une politique si expectante que *lord chancellor* du ministère Grey a détruit tant d'abus et obtenu tant de réformes *in law département*. C'est avec une politique plus résolue et plus ferme que ce grand ministère a commencé toutes les réformes qui, depuis, s'opèrent chez vous à chaque session parlementaire.

Mais qu'ai-je donc demandé de si insolite et de séditieux? Si vous m'avez lu, vous avez dû voir que j'ai pris mon texte dans le plus beau réquisitoire de M. Dupin, et qu'à l'appui de mon thème, j'ai cité les faits qui viennent de se passer dans mon ressort. Il est vrai que je suis venu en aide à la liberté de la presse méconnue et insultée par les juges et du jury soupçonné et escamoté par des fonctionnaires. Il est tout aussi vrai encore que je suis également venu au secours du gouvernement et de sa dignité, du pouvoir et de sa force. Mais ceux qui ont bien voulu me lire, et qui n'avaient pu m'écouter, sont aujourd'hui plus qu'étonnés de ce qui a été dit et suscité contre ce discours.

J'avoue encore que, prononcé devant le Premier Président de la Cour de Cassation, il y avait lieu à examiner si c'était là une inconvenance. J'ai trouvé qu'il n'y avait d'autre inconvenance que de faire l'éloge de ce magistrat. Si vous vouliez connaître les motifs de ma conduite à ce sujet, je vous prie de lire, pour votre édification, *The law Review and quaterly journal of british and foreing jurisprudence. — May* 1847, p. 143, art. 9, *Judicial abuses en France* [1].

Et, pour vous édifier encore mieux, je place également sous vos yeux la lettre que j'écris à l'amiral Baudin. Vous verrez s'il n'est pas urgent, indispensable de porter remède à de si grands maux. Je me prépare donc à ce grand œuvre qui sera bien autre chose qu'un simple discours de rentrée.

Mais depuis quand ne peut-on pas s'occuper d'une jurisprudence devant les magistrats qui y ont concouru? Notez encore que ce n'est pas seulement la jurisprudence de la Cour de Cassation que M. Dupin et moi voulons réformer, que c'est celle de toutes les Cours royales de France; et lorsqu'il s'agit d'un assaut général, serait-il défendu, pour emporter la forteresse, de regarder de si près à l'armure, aux allures et à l'impétuosité des assaillants?

Quoi qu'il en soit, nous avons foi en notre cause, aux croyances et assistances religieuses des grands et saints amis, et vous permettrez, Mylord, que je vous mette en première ligne dans cette phalange et que je sois toujours à vous de cœur.

BORÉLY.

---

[1] Mais il y aurait eu de l'inconvenance à retracer au Lord tout ce que cette revue anglaise avait dit à notre sujet : c'était l'éloge le plus pompeux qui nous ait jamais été adressé et que nous ne rappelions que par ironie. — Voir d'ailleurs l'extrait qui en est donné en note dans le cours de ce volume dans la *plainte dénoncée à l'occasion d'une élection cantonnale des Bouches-du-Rhône*.

A l'Amiral Baudin.

Aix, 15 décembre 1847.

MON CHER AMIRAL,

Mes amis de Paris se plaignent de ce que je n'écris pas et de ce je suis trop fidèle à ma devise *immotus in motu*. J'aurais, au surplus, bien peu de détails à donner sur ce qui se passe ici au sujet de mon discours; si, après lecture, on en parlait encore, avec malveillance et aigreur, je pourrais me contenter de citer ce que m'écrit de Toulon un des plus chauds électeurs Portalis. Agé de plus de quatre-vingts ans, cet ami, qui doit être aussi une de vos connaissances, n'est pas un des hommes les moins distingués de la cité, où il a été maire pendant la grande et funeste époque du choléra. *Comment est-il possible*, m'écrit-il, *qu'il y ait eu dans une réunion choisie, un résultat pareil à celui que l'on a d'abord indiqué? La lecture de ce discours a même dû être une humiliation pour ceux qui, l'ayant entendu, l'ont tant improuvé.*

Eh bien! cher et très-honorable Amiral, ceux qui ont le plus énergiquement manifesté à Aix leur improbation, persistent encore à Paris, comme si c'étaient des héros de dignité magistrale et des modèles de désintéressement.

Eh quoi! seraient-ce les Portalis qui, lorsqu'on vient de tant honorer leur auteur, voudraient pousser des cœurs comme les nôtres à faire connaître si la noblesse des races se conserve ou se dégrade.

Déjà, nous savons bien des choses, trop de choses même sur ce qui s'est passé aux dernières élections générales et au collége *extrà muros* de Toulon. Nous deux, qui dans une situation élevée, n'étions que spectateurs impassibles et surtout désintéressés au combat, nous avons pu remarquer, noter, annoter jusqu'à quel point on peut descendre dans cette arène politique où la magistrature a tant à souffrir.

J'ai à vous raconter encore ce qui vient de se passer ici à l'occasion de l'inauguration des statues. Vous verrez que quand on a tout abdiqué sur le terrain électoral, on n'est pas autre ailleurs et en toute occasion.

Les familles Portalis et Siméon arrivent à Aix pour la cérémonie, fixée au 8 novembre, jour de la rentrée de la Cour royale. Au nombre de dix personnes, elles descendent chez M. le président ...... Après dix jours de galas et de fêtes, ces nobles familles regagnent Paris ; dix jours après, le frère de M. le président ..... était nommé juge à Marseille. L'ordonnance de cette nomination, donnée au palais de Saint-Cloud, est à la date du 25 du même mois de novembre. L'acteur Lepeintre qui a dénoncé, dans la pièce de la *Carte à payer*, des indignations si vraies, ne connaissait point encore celle qui s'est manifestée à la suite des faits que je vous révèle. Encore ne vous dirai-je rien de ....., et son frère va occuper une place de juge dans le tribunal du ressort où les appointements sont les plus élevés. C'est ce frère-là, Amiral, sur lequel on m'écrivait ceci le jeudi 5 avril 1747 :
« M. le juge ....., de Draguignan, s'est fait inscrire dans
« l'arrondissement de Toulon pour faire la cour à la famille

« Portalis ; il paraît avoir poussé l'obséquiosité bien loin « aux dernières élections, car je sais qu'il a fait rire la no- « ble famille par son attitude et ses paroles. Il a un grand « mérite cependant, il a bien voté. » Ce document émane de l'impartialité la plus rigoureuse. J'ajoute ce que je sais mieux qu'un autre : M. le juge ......, qui était procureur du roi sous la Restauration, n'avait à cette époque d'autre mérite aux yeux du gouvernement qu'une dévotion exagérée. Faut-il dire encore que le nouveau juge de Marseille arrive de Paris le 5 décembre, ce qui veut dire qu'il ne s'en tenait pas aux promesses électorales, à la parole donnée au prèsident son frère, et que pendant deux mois il sollicitait là-haut où l'on a pu juger sa nullité et ses manières obséquieuses.

Je ne fais aucun commentaire, *my dear and Rt hon. Amiral*, et je me tais. Mais, me tairai-je toujours ? Vous connaissez les pensées d'un magistrat qui aime la justice, et les travaux d'un procureur général qui ne craint pas la disgrâce.

BORÉLY.

Lettre de M. Dupin.

Paris, le 10 juin 1861.

Mon cher Procureur Général,

J'ai relu votre réquisitoire, qui ne m'était pas tout-à-fait sorti de la mémoire. J'avais soutenu la même thèse dans l'affaire Marrast. — On est fort loin de ces idées-là aujourd'hui.

Votre retraite a eu lieu dans un temps si voisin de février 1848, qu'elle n'a pas laissé après le même retentissement que si les choses eussent continué sous un régime constitutionnel. — Quand on voit les trônes tomber, que sont en comparaison les autres fonctionnaires ?

Vous vous occupez d'agriculture ; et moi aussi et seulement *en vacances*.

J'ai bientôt 78 ans, et j'ai peu de temps à durer, j'en profiterai pour achever autant que je le pourrai quelques ouvrages dont j'ai réuni les matériaux.

Recevez, mon cher Procureur Général, l'assurance de mon cordial attachement.

DUPIN.

SUR LES CANDIDATURES A L'ASSEMBLÉE CONSTITUANTE.

A M. le Rédacteur du *Mémorial d'Aix*.

Aix, le 16 mars 1848.

Monsieur,

Parmi les candidatures à l'assemblée nationale que votre feuille annonce ce matin, vous avez placé mon nom en première ligne. Je réponds sur-le-champ à l'initiative que vous avez bien voulu prendre à mon égard, moins pour vous parler de moi que pour m'exprimer sur un autre nom qui ne saurait être oublié et qui, parmi nous, doit passer avant qui que ce soit sur toutes les listes de ce département.

Je ne dois pas souffrir qu'on me place avant celui que j'ai toujours reconnu, dans notre Midi, comme l'illustration la plus vraie, la moins contestable. Les grandes illustrations d'un pays sont aujourd'hui le prix des connaissances politiques, des travaux parlementaires, des *states mantike qualities*, pour me servir du mot technique.

M. Thiers n'a jamais été suspect lorsqu'il a été question de défendre les libertés publiques et la gloire de la France

Aux services qu'il a déjà rendus, notre ancien député d'Aix peut certainement en ajouter de plus importants.

Au milieu d'une assemblée qui va décider des destinées de la République française, la patrie a besoin des lumières et de l'expérience de ceux auxquels nous reconnaissons le plus de talent, de dévoûment éprouvé et d'attachement à la liberté. Je ne sais qui nous pourrions placer, ici, avant le compatriote qui, pendant dix-huit ans, a représenté cet arrondissement.

Je ne crois pas exprimer une opinion ni une préférence individuelles. M. Thiers est aussi bien apprécié par les étrangers que par ceux qui le connaissent plus particulièrement.

Un ancien chancelier de la Grande-Bretagne, c'est-à-dire un des hommes éminents qui ont le plus d'influence dans les affaires publiques, m'écrivait le 5 de ce mois : *Quant à MM. Thiers, Odilon-Barrot et Billaut, ils se sont couverts de gloire. Leur adhésion, vu les circonstances, a été parfaitement patriotique et désintéressée.*

L'illustre auteur du *Traité de philosophie politique* s'exprimait ainsi lorsque, déjà, il avait écrit dans son pays pour faire sentir la nécessité d'une adhésion franche et affectueuse à l'œuvre de Février.

Que, si l'on voulait ensuite reconnaître quelques titres à un magistrat disgracié qui a fait le devoir de la justice et qui a conservé sa pureté et son indépendance au milieu de la corruption qui vient de perdre le dernier gouvernement, je ne saurais reculer devant le difficile mandat que le suffrage universel va conférer le 9 avril. On me permettra seulement de rester dans cette réserve et dans cette dignité que donnent les habitudes sérieuses. Les graves préoccupations passent avant les sollicitations de suffrages. Je voudrais avoir le temps de présenter quelques idées sur la justice. J'ai étudié des matières qui peut-être ne sont pas assez connues en France. Depuis plus de dix ans, dans de longues conférences et par une correspondance suivie avec le premier jurisconsulte d'Angleterre, avec un des députés les plus libéraux de Westminster, j'ai pu entrevoir ce qui est à faire pour rendre la justice véritablement indépendante et digne de sa haute mission. J'ai à travailler beaucoup et dans peu de temps. Le plus que je pourrai, je resterai à l'écart du mouvement électoral. Je ne suis cependant ni indifférent, ni suspect, pas plus alarmé qu'irrésolu. On sait dans toute l'étendue de la juridiction de la Cour d'Aix comment j'ai succombé sur le champ de bataille. Trois départements connaissent des opinions et des travaux qui ne doivent pas être rappelés par moi. Je n'ai donc qu'à insister, à insister avec force et conviction sur la supériorité incontestable, sur la prééminence d'un compatriote dont l'affection inaltérable m'a toujours été précieuse et que je ne cesse de regarder comme un des premiers hommes d'État de notre époque.

Recevez, Monsieur le Rédacteur, l'assurance de mes sentiments distingués.

BORÉLY.

Démission de Colonel de la Garde Nationale.

Aix, 6 décembre 1851.

MONSIEUR LE MAIRE,

Pour tout Français, le service de la garde nationale est obligatoire et personnel. Mais pour celui qui est appelé à la tête d'une légion, il peut en résigner le commandement.

Le garde national restera donc dans les rangs où le place la loi, quelles que soient les circonstances qui puissent survenir : le colonel doit en sortir lorsqu'il n'est plus en rapport avec ses supérieurs, avec sa conscience, ni avec les principes qu'il a professés toute sa vie.

Je ne pourrais seconder les résolutions du chef de l'État qui veut rompre toutes les traditions parlementaires que la France possède depuis près de quarante années. Je ne pourrais non plus prêter mon concours à l'autorité départementale qui proclame en tête de ses actes nouveaux que *nous avions tous pressenti ou désiré l'acte solennel et suprême* qui viole la Constitution, qui brise la représentation nationale et qui met en captivité des représentants que nous avons choisis et des amis qui nous sont chers.

Je ne serais bientôt plus à l'aise avec le chef de l'administration de cet arrondissement qui suspend une compagnie de la Légion sans demander ni donner au colonel commandant aucune explication préalable ni officieuse.

Je ne trouverais donc au-devant de moi qu'une autorité municipale avec laquelle, je l'avoue volontiers, je n'ai eu que les meilleures relations sous tous les rapports.

Je me tais sur certaines relations d'intérieur. Mais en quittant le corps d'officiers qui a bien voulu m'élever à sa tête, par le choix assez étrange d'un ancien magistrat, qu'il me soit encore permis d'adresser les vœux d'un chef habitué au commandement d'une autre milice connaissant la discipline et les égards qui sont dus à tout chef de service. Le service militaire de la garde civique, comme le service judiciaire des parquets, exige ce dévoûment bienveillant et empressé qui garantit le respect des lois, des propriétés, des personnes, des consciences et qui assure partout une bonne administration des affaires publiques.

J'aurais voulu résigner mes fonctions dès qu'a paru la première dépêche télégraphique. J'ai dû attendre que les événements fussent entièrement connus. A Paris, c'était la veille que le général Perrot quittait le commandement de toutes les légions de la garde nationale. Cet officier général ne reculait pas devant les périls de la situation : il ne le cède à personne en résolution ni en courage ; il est aussi brave que le général de Lavœstine qui le remplace dans ce commandement important.

De quelque manière que soit envisagée la conduite que j'ai à tenir aujourd'hui, on doit savoir que je n'ai pas l'habitude de céder à la crainte ni aux dangers. Je ne voudrais pas être dirigé non plus par d'autres sentiments qui peuvent égarer et faire dépasser le but. Je sais seulement résister aux entraînements des pouvoirs et des masses.

Recevez, etc., etc.

BORÉLY.

P.-S. A cette lettre était joint l'ordre du jour suivant :

« GARDES NATIONAUX,

« Je ne saurais vous faire autrement mes adieux qu'en « vous donnant connaissance des motifs de ma retraite. Ces « motifs ayant été exposés à l'autorité municipale, je mets « à l'ordre du jour la lettre que je viens d'écrire à M. le « Maire. »

Le lendemain, 7 du même mois de décembre, le Maire d'Aix accuse réception de la démission du colonel et s'oppose à l'impression de cet ordre du jour.

Discours prononcé le 24 septembre 1856, par M. Borély, ancien procureur général sous le gouvernement de Juillet, sur la tombe de M. Esprit-Joseph-Balthazar de LA BOULIE, ancien procureur général sous la Restauration.

MESSIEURS,

Les hommes à principes fermes et à convictions profondes se portent estime et affection jusqu'au tombeau. Ces sentiments ont été inaltérables entre les deux chefs qui ont dirigé le même parquet et représenté, pendant près de quarante années, dans ce ressort, l'autorité des deux monarchies constitutionnelles.

Lorsque des changements survinrent dans la politique du pays et dans la forme de son gouvernement, les hommes ne changèrent pas; ils restèrent fidèles à leur culte. Le procureur général de La Boulie résigna noblement la charge qu'il exerçait avec autant de distinction que de dévoûment, avec autant d'application que d'intégrité. Ce ne fut pas sans une satisfaction sincère qu'il vit passer le mandat qu'il ne devait plus remplir entre les mains de celui qu'il aurait désigné lui-même pour son successeur.

En donnant cet exemple de fidélité à sa cause et de loyauté dans ses actes, le procureur général de la Restauration eut même la consolation d'être suivi de tout son parquet. Il inspirait ainsi, par son ascendant respecté, les sentiments qu'il pratiquait si honorablement lui-même.

Lorsqu'après avoir si bien rempli les devoirs publics, on remplit encore, pendant vingt-six ans, les devoirs de la vie privée, on peut recevoir ici un dernier et doux adieu, sans redouter le jugement de Dieu et des hommes.

Oui, mon ami, vous avez géré avec intelligence le mandat qui vous fut longtemps confié. Vous avez veillé à l'exécution des lois avec fermeté, au maintien des bonnes mœurs avec sollicitude, à l'observation de la discipline avec énergie, et vous avez abdiqué le pouvoir sans hésitation et sans regret.

Mais il restait encore à M. de La Boulie beaucoup de bien à faire sur la terre. Dans la retraite, son activité parut redoubler devant les œuvres de bonté et de charité qu'il aimait tant à accomplir, et devant toutes les consolations qu'il avait tant à cœur de répandre auprès des oppressés de tout rang, de tout âge.

Si je n'avais à respecter la pudeur d'un ami, la modestie des siens et une des plus délicates gratitudes, j'aurais à retracer des faits du plus touchant intérêt.

Quand on sait les attachements et les douleurs qui accompagnent au tombeau cet homme si excellent, si aimant et si aimé; quand on a pu apprécier la réputation d'équité, de savoir et de sens, qu'il laisse à un fils distingué lui-même, par tant de talent et par tant de succès; quand on sent l'affection si respectueuse du petit-fils et de toute cette bonne famille, on peut assurer que le chef transmet à tous le meilleur et le plus précieux des héritages : il transmet cette considération qui ne s'acquiert que par la réunion du mérite et du respect de soi-même, par le pouvoir connu d'obliger et par l'usage éclairé qu'on en fait.

Adieu donc, homme digne de nos respects et de nos regrets ; adieu, ami digne de l'estime publique et de l'estime privée ; adieu, cher et bon La Boulie : nous conserverons de vous ce souvenir qui ne s'efface pas des cœurs qui sont restés purs et fidèles dans la magistrature et dans le pays.

A M. DUPIN.

Réconciliation avec indication que son portrait donné par lui-même avait été retourné.

Aix, 19 mai 1861.

Monsieur le Procureur Général et cher ancien Collègue,

Le pli que vous avez bien voulu m'adresser et qui contient des témoignages de votre bon souvenir me parvient fort tard. De plus, je sors d'un concours régional et vous savez mieux que pas un autre ce que sont les concours et toutes ces nouvelles solennités agricoles.

En rentrant en ville, je me mets donc en mesure de vous répondre et cependant je ne l'ai pas fait tout de suite.

J'écris beaucoup de lettres que je retiens. La réponse que j'ai dû vous faire, l'autre semaine, a été sur le point de subir le même sort. Mais l'aimable dame qui m'a donné de vos nouvelles m'a tant rassuré sur des sentiments auxquels je ne comptais plus guère, que je laisse aller à son adresse tout ce que j'ai à vous dire.

Ensuite, il m'a semblé que le magistrat qui nous a donné l'exemple des inspirations les plus soudaines et les plus nettes, ne craindrait pas de retrouver dans les mêmes dispositions celui qu'il avait eu l'obligeance de distinguer un peu, précisément à cause de la netteté et de la spontanéité de ses résolutions.

Je viens donc, sans plus d'hésitation, et à l'aise, me rappeler aussi à votre souvenir et vous dire un mot d'une situation à laquelle, dans le temps, vous avez pris plus de part que vous ne sauriez l'imaginer.

Je ne sais si vous voudriez bien vous rappeler que mon dernier discours de rentrée, qui allait être en novembre 1847 un discours de sortie, n'était qu'un assez long développement du texte du meilleur de vos réquisitoires.

C'est donc sous votre bannière qu'en dissertant sur la *Presse* et le *Jury*, au lieu d'encenser des statues et des familles moins intéressantes qu'intéressées, j'encourais une disgrâce qui ne se fit pas attendre.

Cette disgrâce a été le plus heureux événement de ma vie, puisqu'elle me déposait sur le rivage deux mois, tout juste, avant la tempête du 24 février.

Je ne devrais pas dire ce qu'à cette époque il m'advint de consolations et surtout de félicitations dont je suspectais souvent le motif. Sur place, ce fut une espèce de triomphe auquel je sus me soustraire devant la proclamation d'une République dont je venais naguère de combattre au parquet les velléités ridicules.

Fils d'un ami de Manuel et de tous nos patriotes Bas-Alpins, je ne me suis nullement trouvé disposé à suivre aucun exemple de mes proches ni de mes intimes sur le terrain politique; je suis demeuré sincèrement attaché à la révolution et au trône de juillet 1830 auxquels j'avais voué toute mon existence. Au loin et au-delà de la Manche, je reçus aussi quelques témoignages de sympathie sincère.

Dans le recueillement de la retraite et avec cette répugnance invincible pour tous ces gouvernements postérieurs, je n'eus à regretter que le silence d'un collègue, ce fut celui en complicité d'attitude et de sévérité magistrale avec lequel j'étais le plus rapproché, ainsi qu'avec le baron Séguier.

J'ai conservé ce culte sympathique au Premier Président de la Cour de Paris, que je n'ai jamais vu.

A l'égard du Procureur Général en la Cour de Cassation, il y a eu solution de continuité, puisque toute communication a cessé entre nous.

Mais, j'ose le dire, je n'ai pris aucune part aux sentiments qui ont fait explosion lors de votre rentrée à la Cour de Cassation.

En dissidence sur ce seul point avec tous mes anciens amis, je n'ai jamais permis qu'on attaquât devant moi l'ancien chef sous la bannière duquel j'avais combattu et succombé. On peut suivre des voies différentes en matière politique, passer d'un camp à un autre, mais l'on ne mérite pas toujours une ingratitude complète, ni la barbare flagellation des temps anciens.

Jadis on mutilait les statues et l'on brisait les bustes ; on lacérait les belles toiles des plus grands artistes : de nos jours, en présence d'un portrait donné avec dédicace affectueuse, on ne peut que se souvenir de ce qui fut dit par l'orateur romain : je crois que c'est Cicéron qui exprime quelque part ce qui s'est fait de son temps et du nôtre : *Alicujus effigiem invertere et postea revertere*. La lithographie que Napoléon Thomas a faite sur votre portrait en pied de Fanelli Semah et que vous me laissiez à Aix le 3 août 1836 a repris ses droits. Sans changer de place, elle se montre au milieu des plus grands personnages du règne constitutionnel. Tous ces portraits m'ont été donnés par le roi Louis-Philippe, par Madame la duchesse d'Orléans et par nos compatriotes Thiers et Mignet. On y voit de plus les grandes images de nos grands chanceliers encore debout, Lord Lyndhurst, de Lord Brougham, de Lord Campbell et celle du plus puissant orateur de la Grande-Bretagne, Charles James Fox.

Nos républicains ont un jour passé devant toutes ces physionomies. A travers nos orages, unanimement appelé au commandement de la garde nationale d'Aix, je recevais dans nos salons mes officiers et toute la cité, moins la Cour et les tribunaux. Je ne cachais ni l'ancien drapeau, ni ceux qui l'avaient tant élevé par leur talent; et je repoussais même ceux qui l'avaient si compromis par la corruption électorale et par leur couardise.

J'eus encore, là, un dernier jour de popularité, quoiqu'elle fût au rebours du popularisme du jour.

Depuis, cher M. Dupin, dans ma retraite et au milieu d'occupations que je me suis créées, je n'en suis pas moins avec une sollicitude toujours plus patriotique ce qui se fait là-haut et ici-bas.

Je vous remercie de l'envoi de vos derniers opuscules. Mais sachez bien que je suis toujours le premier à vous lire et à applaudir à vos œuvres judiciaires et agricoles.

Pour la politique, j'en suis resté à ce dernier discours que j'ai la bonhomie de replacer sous vos yeux. N'ayez pas le dédain de le détourner de vos regards, quoiqu'en pareil cas, le *bis* ne doive pas être accordé. Jetez même un rapide coup d'œil sur ce que le *Mémorial d'Aix* disait, l'autre semaine, de New-Powrcelles sous la plume de M. de Séranon, jeune avocat doué de talents et de bons sentiments.

Je ne vous demande aucune réponse sur tout ce qui s'est passé et sur ce qui se passe confidentiellement entre nous. Je me plais seulement à penser que vous ne pouvez prendre qu'en bonne part des révélations dont la franchise et la loyauté ne sauraient déplaire au plus franc et au plus net de nos orateurs judiciaires.

Agréez, etc., etc.

BORÉLY.

P.-S. — Je ne vous dis rien de notre situation religieuse, je pourrais en dire là-dessus autant et plus que qui que ce soit. Vous seriez donc dans l'erreur si vous croyiez avoir dit au Sénat tout ce qu'il y aurait à relever. On se tromperait fort à Paris et ailleurs, si l'on croyait savoir jusqu'où peut aller jusqu'ici et partout l'envahissement jésuitique. J'ai passé par la Restauration et je l'ai traversée avec assez de surveillance et de labeur. J'ai présidé à Marseille la police correctionnelle pendant toute cette période. J'ai dirigé le parquet d'une cour souveraine pendant le règne constitutionnel ; j'avais été conseiller auditeur sous le premier Empire.

A aucune de ces époques, je n'ai rien vu de pareil à ce qui se passe *hìc* et *nunc*. Ni au Sénat, ni ailleurs, on ne se doute d'un envahissement qui déconsidère autant l'administration publique, qui ruine et divise les familles et qui crée pour l'avenir bien des embarras.

A M. DUPIN,

A l'occasion d'une malice insérée dans ses *Mémoires*.

Aix, 2 octobre 1861.

MONSIEUR LE PROCUREUR GÉNÉRAL
ET CHER ANCIEN COLLÈGUE,

Je vous suis partout, dans les comices, aux Chambres et à la Cour suprême. Mais je n'ai pas seulement à vous remercier de l'envoi pour ce que vous disiez à Lormes, le mois dernier, j'ai à vous conter encore une petite histoire de la semaine passée.

Quant au discours, je suis toujours avec vous sur le sol français : je ne vous suis plus dès que vous traversez la Manche. Je n'applaudis qu'au progrès agricole que vous avez aidé parmi nous. Au-delà du détroit, j'applaudis à tout, et, d'un seul mot, je puis vous faire ma confession publique; je n'en fais pas d'autre. J'approuve donc tout ce que fait l'Angleterre, tout ce qu'elle dit dans ses banquets municipaux et, dans ses meetings populaires, pour la défense de son sol, de sa liberté et de ses droits. Quand on a fondé, Monsieur Dupin, une telle patrie, on a aussi créé un patriotisme ombrageux et j'ajoute, sans hésitation, un patriotisme orgueilleux.

Demandez-le à Lord Brougham. Notre ami n'hésitera pas plus à vous dire ce que je ne tais à personne, que je suis, de ce côté, aussi anglais qu'un ancien chancelier de la Grande-Bretagne.

Ce qu'un chancelier, le chef suprême de la justice anglaise, fait passer avant tout, c'est la justice et la vérité. Je ne sache pas qu'il y ait un pays au monde où la vérité puisse être plus énergiquement proclamée et la justice plus inexorablement rendue qu'en Angleterre. Vous permettrez donc, Monsieur le Procureur Général, à un de vos anciens collègues qui n'a voulu adorer dans son parquet que la justice et la vérité, de continuer ses adorations où il les trouve toujours intactes et vivifiantes.

A ce sujet, je me retrouve plus à l'unisson des sympathies qui se manifestent au-delà du Grand Océan pour l'Angleterre que de ce qu'on ressent pour ce grand pays en deçà de la Manche. Aussi, toutes les fois que notre ambassadeur Adams ouvre la bouche dans quelque réunion britannique, je l'applaudis avec transport, et comme les Américains, je me surprends aussi fier qu'un Anglais des traditions de l'Angleterre. Et je répète, avec le représentant à Londres du cabinet de Washington, que tous les *combats que l'Angleterre a livrés pour la liberté, je les considère aussi comme acquis à cette sainte cause qui est la nôtre en tout pays.*

En Angleterre, comme en Amérique, vous le savez bien, car on l'exprime assez nettement où l'on peut nettement s'exprimer, on n'estime que l'expression ouverte, libre, franche, des opinions : et, pour ma part, je vous confesse aussi que je suis tellement animé de cet esprit, qu'il me serait impossible de vous dire ici des choses que je ne penserais pas et même de vous taire des choses pour lesquelles on ne serait pas fâché de se taire.

En voilà trop sur ce chapitre, puissé-je n'en pas trop dire sur cet autre chapitre inévitable qui suit si naturellement celui-ci.

Nous dinions, la semaine dernière, chez notre ancien Maire du gouvernement constitutionnel : il fut question de vos *Mémoires*. Je parlais de vous, comme j'en ai toujours parlé. Pour confondre cette autre excentricité qu'on ne cesse de me reprocher, on fut chercher votre troisième volume, dans lequel vous dites un petit mot de moi On hésitait même à lire publiquement ce mot-là, tant on craignait d'exciter des susceptibilités sympathiques. Je me taisais et je devais me taire, quoique je connusse votre récit beaucoup mieux qu'eux tous. Je suis toujours le premier à vous lire et à vous lire le plus volontiers.

Parmi les convives qui se récrièrent le plus, je vous cite M. Mignet et M. Prévost-Paradol.

Le premier de ces amis voulut alors rétablir des faits qu'on ne dit pas soi-même : et, sous ce rapport, il n'est ici ni ailleurs, personne qui me connaisse et m'affectionne plus sincèrement que votre collègue en Académie Française et en classe des sciences morales et politiques.

Si je ne sais prendre ni le style académique ni celui d'historien même au petit pied, voici en résumé ce que de nombreux et joyeux convives ont écouté avec quelque attention de la bouche du plus chéri de nos compatriotes. Je laisse donc, là, l'éloquence animée d'une voix aimée, et en prenant la plume, je suis astreint, pour retracer l'oraison amicale, à employer le pronom personnel.

« Magistrat à Marseille pendant toute la Restauration, j'avais dû être remarqué par la manifestation invariable et assez énergique de principes et d'idées qui n'avaient pas trop de cours en Provence. Aux dernières élections de ce régime, il fut convenu qu'il y aurait protestation contre la violation du secret des votes, que ce serait le magistrat présent qui protesterait. »

C'est sur cette protestation que la dernière élection légitimiste fut cassée par la chambre des députés. Je ne vous dirai pas tout ce que répétait à cette occasion et à mes amis le premier ministre de la justice du gouvernement de Juillet. Je vous adresse, sous ce pli, une autographe de la dernière lettre que m'écrivait M. Dupont de l'Eure à l'occasion de ma disgrâce.

Mais M. Mignet a fortement insisté sur ce petit épisode-ci, encore inédit, de la dernière élection légitimiste à Marseille.

Nous venions d'être honteusement battus par un scrutin qui nous promettait d'avance la plus éclatante victoire. Les vainqueurs inopinés ne purent contenir leur surprise. Des manifestations, qui ne furent que jusqu'aux insultes, ils auraient bientôt dépassé toutes les bornes sans l'assistance de quelques honnêtes carlistes.

En sortant de la salle électorale, les amis au milieu desquels je me trouvais eurent leurs vêtements déchirés. Le général Garavaque eut les basques de son habit lacérées. Notre premier fabricant de savons, mon condisciple Arnavon, Flotte, Arnaud et *tutti quanti* furent pris les uns par la cravate, les autres au collet et tous plus ou moins maltraités. Quant à moi, je ne sais par qui, ni comment je fus pris au corps et jeté en poids au fond de la loge du portier. On dut mettre trop d'empressement et de force à me soustraire à cette foule. La porte de la loge dut être fermée sur moi et à l'instant. Je ne sais le temps que j'ai pu rester seul sur un vieux banc de rebut qui avait appartenu à l'Académie de Marseille. Je dus frapper de la tête, puisque je restai évanoui et que je fus ainsi retrouvé sans connaissance. Revenu à moi, au milieu de gens que je ne connaissais pas, je voulus sortir sur-le-champ. Quand je parus sur le boulevard du Musée, pâle comme un revenant, le premier avocat général de la Cour accourut pour m'offrir son bras. En cette occasion, il me semblait que je ne pouvais accepter le bras de mon meilleur ami, qui était le plus honnête, sinon le plus modéré du camp ennemi. Je remerciai donc le cher Dufaur qui, à chaque occasion, m'est devenu plus chéri par sa fidélité et son dévoûment absolu à l'absolutisme. Notre cher et discret Mignet n'a pu raconter cette particularité-ci que je n'ai jamais oubliée moi-même et qu'à mon âge on peut raconter sans trop de prétention.

Ce refus d'une protection amicale si naturelle et si affectueuse m'en attira une autre à l'instant même, et certes je ne dus pas repousser celle-ci. Les trois plus belles Marseillaises me placèrent au milieu d'elles et m'offrirent leurs bras. J'ai encore plaisir à me rappeler les soins empressés de Madame Murphie et de sa sœur, de Madame Daniel qui était la femme du plus grand légitimiste de toute la légitimité marseillaise.

J'arrivai ainsi chez ma belle-mère où l'on ne dut remarquer que mon extrême pâleur et chez qui je me gardai bien de faire connaître nos mésaventures et la douleur que je ressentais déjà dans la tête.

C'était la seconde secousse que j'éprouvais de la sorte

dans le cerveau : celle-ci détermina instantanément un bruit dans la tête qui n'a plus cessé depuis cette époque.

Lorsque le docteur Cauvière vint auprès de moi, la saignée eût été tardive : mais il jugea de suite, avec la sagacité et la sûreté de son grand tact médical, qu'il y avait injection sanguine sur le nerf acoustique ; cet ami savait, aussi bien que pas un autre, qu'avec une tête des Alpes, il n'était pas trop facile de faire prendre le change à l'aide d'un subterfuge. Je ne me mépris donc ni sur son jugement ni sur son pronostic.

Depuis cette époque, j'ai dans l'ouïe une infirmité qui ne pouvait pas diminuer : elle n'a augmenté que graduellement et presque insensiblement. Mais cette dureté, mon cher Monsieur Dupin, ne me rendait pas tel que vous me représentez en juillet 1836, lorsque vous êtes venu nous visiter à Aix. Aujourd'hui, après vingt-cinq ans, je pourrais presque m'inscrire encore en faux contre une de vos facéties historiques, à laquelle vous n'avez pas dédaigné de donner place dans les annexes de votre troisième volume. D'abord je ne fusse pas resté encore douze années à la tête d'un parquet de cour souveraine, si je me fusse trouvé tel que vous m'avez dépeint avec mes domestiques sourds-muets, m'infligeant ainsi deux ridicules au lieu d'un et, s'il faut vous le dire, n'en acceptant aucun.

Mais comme vous l'avez fait auprès de M. Guizot en mars 1859, à l'occasion d'un texte sur lequel nous ne nous sommes jamais mépris, je ne vous adresse aucune réclamation.

Pour ce qui me regarde en ce point et sur bien d'autres, il m'a toujours suffi que ceux qui me sont chers connussent la cause de mon infirmité et le point d'où elle partait.

Deux magistrats qui président actuellement deux sections de la Cour de Cassation et qui ont passé dans mes parquets pourraient aussi vous dire que je n'ai été *véritablement sourd* qu'aux exigences électorales, et aux corruptions magistrales.

L'un de ces présidents de votre cour suprême en sait long là-dessus. Il pourrait vous raconter un double et fort déplaisant refus que je lui faisais le jour même que des électeurs du Var lui donnaient un banquet à Saint-Maximin. Je refusai à cet ami, non-seulement de l'accompagner chez les Boyer, alliés de Lucien, que j'affectionnais particulièrement, mais je refusai de lui donner ma voiture et mes gens. Comme il insistait sur ce dernier point, à cause du temps et des moyens de transport qui, dans ce moment, manquaient à Aix, je fus obligé de tout avouer : — « Mon « équipage et mes muets sont si connus qu'on dirait que « le Procureur Général est dans sa voiture et qu'il accom- « pagne un candidat. » — Une susceptibilité pareille pouvait alors étonner un candidat éperdu, mais elle ne perdait pas la dignité magistrale de quelqu'un qui avait tant à faire pour la conserver dans cette région.

Maintenant que j'ai entendu, l'autre semaine, raconter mon histoire par cette bouche amie qui s'ouvre si volontiers en ma faveur et que l'on écoute toujours avec un nouveau plaisir, j'ajoute que l'académicien n'ignorait pas combien je souffre lorsqu'on veut attaquer l'ancien chef du parquet de la Cour de Cassation : j'ai toujours si volontiers marché avec vous quand nous voulions acclimater la presse et le jury et que nous cherchions si sincèrement à fonder ce gouvernement constitutionnel que je regrette toujours et que je ne cesserai d'aimer et de regretter !

Bref, MM. Mignet et Prévost-Paradol ont insisté à l'envi sur le fait et les suites de l'élection marseillaise : je n'avais jamais eu l'occasion de la faire connaître moi-même, ni à Aix ni ailleurs. On ne raconte pas soi-même les blessures qu'on a reçues sur le champ de bataille. Il est vrai qu'après cette dernière élection, mes compatriotes Marseillais ont bien voulu me dédommager de mes blessures patriotiques ; ils n'ont cessé de m'appeler à la présidence de leurs collèges électoraux pendant fort longtemps, et lorsque cette faveur m'a été retirée, elle ne l'a été qu'à la suite d'une poursuite correctionnelle contre des fabricants, électeurs et brocanteurs de votes, qui furent atteints et convaincus de monopole et furent condamnés à la prison et à l'amende.

Si le sort des magistrats est d'être sacrifiés aux exigences ministérielles et aux rancunes populaires, il est aussi de leur devoir de continuer à s'offrir en sacrifice et de donner l'exemple des délicatesses de conscience et d'honneur qui restent fort souvent inaperçues et incomprises.

Je vous dis donc encore ceci pour l'édification de votre âme et de la mienne et pour l'atténuation des reproches que vous pourriez vous adresser à mon encontre.

Transféré à Aix comme chef de parquet, je conservai à Marseille mon domicile politique ; je n'en conservai pas moins aussi mes affections déjà anciennes avec M. Thiers. Eh bien ! lorsque notre député venait à Aix à l'occasion des élections, il n'en descendait pas moins à l'hôtel du Procureur Général et le Procureur Général n'en quittait pas moins son hôtel et allait présider un collége électoral de Marseille.

M. Thiers et moi trouvions ainsi quelque satisfaction à proclamer de la sorte la sûreté de notre amitié et la sincérité de notre indépendance.

Je ne sais ce que tout ceci pourra déjà vous inspirer à mon égard sur le trait malin que vous avez lancé contre une infirmité dont vous connaissez maintenant l'origine et dont vous avez exagéré la gravité. Je me plais encore à croire que c'est en rappelant la particularité de se faire servir par des sourds-muets que vous n'avez pu résister à la tentation de décocher une antithèse, qu'elle fût vraie ou fausse, blessante ou non, enfin de railler un collègue dont vous n'aviez pas trop à vous plaindre alors, qui vous recevait avec bonheur et qui ne vous a pas abandonné dans le malheur des tribulations politiques.

Je pardonne volontiers ces malices rétrospectives en compensation des vives émotions que m'ont sans cesse procurées tant d'aperçus clairs et rapides, à travers toutes vos brillantes discussions de tribune, de barreau et de parquet.

N'est-ce pas, que si vous m'aviez mieux connu, vous n'auriez consulté que le bon jugement qui vous a souvent si bien servi et que vous n'auriez pas été tenté de choisir, dans les légères rognures d'une esquisse de touriste, des notes hors d'œuvre pour des mémoires sérieux et pour railler un bon collègue et ses bons serviteurs?

Au sujet de mes pauvres sourds-muets, si vous connaissiez aussi un peu leur histoire, vous verriez encore, par là, qu'il n'y a pas plus à railler sur eux que sur leur maître.

Lorsqu'en juin 1830, j'éprouvai l'accident que vous connaissez maintenant, j'avais déjà à mon service et depuis assez longtemps ces sourds-muets dont l'un vient de mourir. Celui-ci, après avoir été attaché à ma personne pendant près de cinquante années, en qualité de valet de chambre, a laissé en mourant plus de mille francs de rente à son cousin germain également sourd-muet, qui, de cocher, a avancé de grade en le remplaçant. Le premier avait eu le premier livret de la caisse d'épargne que nous fondions à Marseille en 1819 sous les auspices du vénérable duc de Larochefoucauld.

Si vous connaissiez, comme on la connaît, l'histoire de ces serviteurs, vous verriez combien ils sont dignes d'intérêt et d'égards.

Et puis, que j'en finisse sur tout ceci; c'est bien long pour vous et trop long pour moi et mes gens. Vous nous pardonnerez et nous continuerons à nous conserver une affection à laquelle je ne cesserai de tenir et des sentiments dont je vous renouvelle l'assurance.

BORÉLY.

A M. ALPHONSE KARR

Sur la peine de mort.

Aix, 14 décembre 1864.

MONSIEUR,

Ce n'est qu'aujourd'hui que me parviennent vos réflexions sur la peine de mort : je viens de les lire sur l'heure et je vous réponds incontinent.

D'abord, j'ai hâte de vous dire, avant de vous adresser les remercîments que je vous dois et les observations que j'ai à vous faire, que le maçon auquel vous avez remis votre rapide et piquant écrit sur un sujet si intéressant pour un ancien de la justice, est un ouvrier gardanois inexact, ignorant et insouciant comme le sont tous nos Provençaux par ici.

Cela dit, à titre d'excuse et d'explication, j'ajoute qu'ordinairement je ne laisse point passer vingt-quatre heures sans réponse à la lettre qui en mérite une. Jadis, quand j'étais au pouvoir, j'apportais la même exactitude au réquisitoire du Procureur Général et à l'exécution des arrêts de la Cour.

Je me fais donc un devoir de politesse rigoureuse de ne m'imputer aucun retard auprès de ceux qui m'écrivent ou qui veulent bien m'adresser leurs écrits.

Vous ne pouviez, Monsieur, rien m'envoyer qui pût exciter davantage mon attention, surtout lorsqu'on n'apporte dans la discussion d'un sujet aussi grave que le bon sens et la bonne foi dont vous êtes doué.

Je n'aurai donc point à vous faire de profession de foi, car je crois que nous sommes à peu près du même avis et que nous pourrions tous arriver *à penser absolument les uns comme les autres,* si les uns comme les autres nous ne disions absolument que ce qui est l'expression de sentiments sincères pour la société et la justice.

Pendant dix-huit ans que j'ai dirigé le parquet d'une Cour souveraine, je n'ai signé aucun ordre d'exécution pour la peine capitale. Cette peine a dû cependant être exécutée, mais une fois seulement dans le département des Bouches-du-Rhône : j'en eusse cependant signé la réquisition si je me fusse trouvé de service au parquet ; mais comme cette exécution eut lieu pendant les vacances, j'étais absent du siége de la Cour.

Dans une autre circonstance, un de nos plus grands criminels était condamné à la peine de mort, aux assises des Basses-Alpes : il avait commis des assassinats qui certainement méritaient la sévérité de cette peine.

Cet assassin ne fut pas défendu comme il le souhaitait, comme il l'avait demandé et comme il aurait dû l'être. Ayant cessé d'avoir confiance entière à deux défenseurs qu'il avait choisis au chef-lieu des assises où il devait comparaître, il réclama l'assistance de deux avocats près la Cour ; il souhaita cette assistance en offrant le double de la forte rémunération déjà donnée.

Les avocats d'Aix refusèrent tout concours et toute participation à cette défense.

Il me sembla dès lors qu'en montant sur l'échafaud, ce

criminel pouvait nous dire qu'il n'avait pas été défendu comme il l'aurait souhaité et que, par conséquent, il pouvait dire encore, et non sans quelque raison, que ses juges n'avaient point été éclairés comme ils devaient l'être et comme il aurait voulu qu'ils le fussent.

La défense, Monsieur, qui n'a jamais changé mes opinions acquises pendant les débats, ne m'en a pas moins toujours inspiré le plus profond respect et j'ai poussé ce respect jusqu'à ce scrupule-ci :

En adressant à la Chancellerie le dossier de cette procédure, le Procureur Général dut relever dans son rapport la circonstance particulière et si grave qui le contraignait à proposer une commutation de peine, se fondant sur ce que, dans les débats, la défense de l'accusé paraissait incomplète d'après les appréciations du ministère public et dans les circonstances toutes particulières du fait qu'il retraçait.

Je ne saurais vous dire, Monsieur Alphonse Karr, comment le roi releva tout ceci et s'attacha à faire triompher dans son conseil l'opinion du mandataire direct de sa couronne. Il me fut écrit à ce sujet des particularités très-curieuses, entre-autres celle-ci : que pour faire triompher son avis personnel et celui de son mandataire, le roi invoqua l'assistance de la reine : — « Ma bonne Amélie, disait-il,
« notre bonne reine intercèdera elle-même auprès du
« garde des sceaux et du conseil des ministres. — Sou-
« vent mes ministres en jugent autrement que moi, mais
« il faut que je l'emporte cette fois et quoique la reine soit
« étrangère aux affaires et à toute politique, je fais une
« seule fois cette exception avec sollicitation et approbation
« du roi. »

Voilà donc qu'entre nous, Monsieur, tout peut être entendu et suffisamment expliqué sur ce que vous avez écrit, sur ce que je vous dis et sur ce que nous pensons l'un et l'autre à ce sujet.

Mais j'ai à vous adresser plus que tout ce que je viens de vous dire : je vous adresse encore une image en tête de cette longue épître.

Je ne dis pas que la vue d'une humble ferme puisse être comparée à ce que jadis vous avez vu et ce que je voyais dernièrement à Etretat avec mon cher Prévost-Paradol.

Mais, l'autre jour, en venant me chercher par ici avec sa ravissante Lucie de 9 ans et après avoir fait tous deux en descendant de wagon leurs quinze kilomètres à pied, Anatole s'écriait en arrivant au milieu de ces bois et dans le plus modeste manoir, qu'à Etretat, à Sainte-Adresse et à Dieppe, rien ne lui plaisait autant que New-Powrcelles.

Si je pensais qu'après Nice que je connais fort bien, qu'après Cannes où pendant vingt ans j'ai passé tant de beaux mois d'hiver à côté des plus grands esprits et des meilleurs cœurs de l'Angleterre, vous eussiez quelque curiosité de paraître dans une ferme qui, après les plus beaux coups d'œil de Provence, ne présente que l'utilité d'un établissement nouveau et tout rustique, vous seriez reçu par ici comme vous recevrait à Mirabeau ce spirituel Gabriel de Montigny. Que je vous dise encore en finissant, sans souvenir de vos *Guêpes,* qu'un jour cet ami, en me montrant votre portrait avec dédicace manuscrite, je me récriai trop brutalement peut-être sur ce que votre belouse n'avait besoin d'aucune décoration. Vous n'avez pas, Monsieur Alphonse Karr, de meilleure décoration que votre nom, mais puisque le peintre a voulu vous décorer ainsi, peut-être malgré vous, j'ai à vous demander très-sérieusement à mon tour si cette belle croix d'honneur vous préserve des rhumes mieux que ce beau climat de Nice.

Recevez mes salutations ,

BORÉLY.

DISCIPLINE JUDICIAIRE.

—

Plainte d'un ancien procureur général contre M. Dupin, procureur général de la Cour de Cassation.

Aix, le 22 mars 1865.

MONSIEUR LE MINISTRE,

L'an dernier, à peu près dans ce temps-ci, M. Rigaud, premier président de la Cour, après sa présidence d'assises dans la grande affaire Armand, fit avec toute sa famille une apparition à la Capitale. On ne sait s'il croyait être reçu en triomphateur ; mais personne n'ignore qu'à son retour, il parut avoir éprouvé de tels mécomptes que ses allures furent changées et son caractère fort assombri.

Moins qu'un autre, je ne pouvais comprendre de la part d'un magistrat doué d'un caractère naturellement bienveillant, quelle pouvait être la cause d'une froideur plus étudiée et plus marquée envers moi : je croyais être à Aix celui qui devait être le moins préparé à un tel procédé.

Ce n'est point à moi à rappeler ici quelles étaient les délicatesses et les prévenances dans lesquelles paraissait souvent se complaire le nouveau chef de la cour envers son ancien procureur général.

Depuis quelque temps, à cause des élections qui sont survenues et d'autres accidents qui se sont succédé, je n'ai été nullement étonné de changements dont je ne cherchais pas même à connaître la cause.

Aujourd'hui, tout s'explique et, en rapportant à votre Excellence cette explication elle-même avec pièces probantes et à l'appui, je crois que je puis demander satisfaction du grief dont j'ai sérieusement à me plaindre.

L'an dernier, vers cette même époque, à l'occasion de l'acquisition que faisait le parquet de la Cour de Cassation, je crus devoir complimenter le docte chef de ce grand parquet sur sa nouvelle collaboration.

Mes anciens rapports avec M. Dupin s'étaient renoués : il était revenu à moi après plusieurs années de silence ; une aimable intermédiaire avait rapproché deux caractères qui n'ont pas toujours été sans se comprendre ni même sans se rendre quelquefois réciproquement justice.

Je n'avais au surplus à dire sur le compte de M. l'avocat général Bédarrides que deux mots auxquels je tenais assez ; j'avais à dire, ce qui est assez rare de nos jours, que ce magistrat n'a *jamais* rien demandé à ses chefs et qu'il a surtout été introduit dans les parquets sans s'en douter lui-même : au surplus, j'ai l'honneur de vous adresser copie de la lettre que j'écrivis à ce sujet et copie du paragraphe séparé qui donne lieu à la déplorable indiscrétion dont je me plains.

Après réception de ce pli, M. Dupin rencontre M. Rigaud dans les rues de Paris : — Venez me voir demain, lui dit-il, j'ai à vous montrer ce que pense de vous et sur l'affaire Armand quelqu'un que vous croyez être votre ami : il donnait en même temps à cet ami une qualification qu'il ne croit pas mériter et qu'il ne lui paraît pas de sa dignité de reproduire ici.

Le lendemain, M. le premier président Rigaud fut exact au rendez-vous : il lut de briêves et significatives appréciations sur ce triste drame dont le président de la Cour d'assises, le jury et le public sont encore loin de se douter, ici, sur place et même ailleurs.

Il y a à peine quelques jours que j'ai été informé d'une telle conduite à mon égard de la part du procureur général de la Cour suprême, avec lequel, dans nos confidences intimes, nous n'étions certes pas habitués aux dissimulations ni aux réticences.

Maintenant, Monsieur le Ministre, si la conduite de M. le premier président Rigaud s'explique assez naturellement à mon encontre, j'ai à expliquer tout aussi formellement à mon tour la conduite que j'ai à tenir à l'égard de M. le procureur général Dupin.

Aussi bien que pas un autre, je dois savoir qu'il est de principe que le ministère public ne peut être recherché que pour prévarications et qu'il n'est point responsable de ses erreurs.

Mais lorsqu'il survient *des faits qui ont un caractère d'inconsidération tel qu'on ne doit point l'excuser dans un homme chargé de pareilles fonctions*, il faut bien que ce fonctionnaire, quelque élevé qu'il soit, puisse être soumis à la responsabilité de ses faits et gestes, à une répression ou peine disciplinaire quelconques.

Le judicieux commentateur de l'action publique sur un titre de *la prise à partie* transcrit lui-même l'opinion que je cite textuellement et qui est déterminante dans la plainte que j'ai l'honneur de soumettre à votre Excellence.

Je n'ai pas plus à justifier ma conduite relativement au premier président Rigaud qu'il sera impossible à M. Dupin de pouvoir justifier la sienne envers moi.

Malgré tout ce que l'on connaît déjà à travers ces longs et lamentables débats judiciaires, j'ai l'honneur de vous le répéter aujourd'hui avec plus de conviction que je le mandais à M. Dupin, l'an dernier, à la date du 16 mars : — Malgré la perspicacité de cette vue de grand juriste, malgré la pratique la plus consommée, malgré tout ce qui est sorti de la presse européenne, M. Dupin lui-même ne saurait découvrir encore ce qu'il faudrait savoir sur ce grand procès et notamment sur les débats d'audience.

Si j'étais le seul qui ait pu comprendre le vrai mobile de ce long et émouvant épisode, je n'en ai encore dit le mot à personne et, ce mot, je persiste à le taire.

Mais revenons au fait dont il s'agit, à l'indiscrétion elle-même, à ce qui la précède, à ce qui l'entoure, à ses conséquences actuelles et aux réparations qu'elle exige.

Que suis-je, Monsieur le Ministre, à l'occasion de cette affaire Armand et en présence d'un premier président, sous la présidence duquel avait lieu la session d'assises appelée à juger un tel accusé ?

Je ne sais s'il faut avoir trop d'embarras à dire que dans le culte de la justice, je me suis toujours retrouvé un de ces croyants disposés au martyre pour le triomphe de sa foi.

De mon temps, j'avais combattu à outrance devant les assises des Bouches-du-Rhône et du Var la jurisprudence et les doctrines qui se reproduisaient dans l'affaire Armand et qui triomphaient avec plus d'éclat que jamais. Je me suis donc surpris, ébranlé, avec un tel surcroît d'irritation, que je ne savais dissimuler et qui réveillait en moi le dernier supplice qui m'avait été infligé.

Un jour de rentrée solennelle de la Cour, 7 novembre 1847, le jour même qu'on inaugurait les statues de Portalis et de Siméon, je ne voulus discourir que sur le *jury*. Mon discours de rentrée ne fut qu'un véritable discours de sortie : je fus mis à la retraite immédiatement, sèchement, mais avec tout l'à-propos qui pouvait être souhaité par celui qui se plaisait à succomber devant les convictions les mieux établies.

Depuis, quels qu'aient été les temps, mes convictions n'ont pas varié et n'ont même reçu la plus légère atteinte.

Dans ces dispositions et en présence d'une action si étrange, et si lugubre, qu'allais-je donc ressentir dans tout mon être lorsque la défense tentait de rechercher *comment la justice s'était trouvée entraînée à poursuivre* et, j'ajoute, comment le premier magistrat de la Cour se trouvait ici amené à la direction de ces débats ?

Je ne voudrais plus me rappeler *la scène de cette communion qui avait lieu en présence d'un juge d'instruction mêlant lui-même ses prières à celles du prêtre et ne paraissant les uns et les autres solliciter d'un mourant que des paroles d'accusation.*

Que d'autres et le défenseur lui-même *n'aient vu dans cette profanation qu'une de ces épreuves d'un autre âge, où l'on abaissait la confession jusqu'à la dénonciation : qu'une communion ait été légalement constatée puisque le greffier en a dressé procès-verbal :* que tant de monstruosités se soient alors impunément dévoilées ! Tout cela peut se comprendre au milieu de tant d'égarement et de tant de passions soulevées.

Mais aujourd'hui, qui irait jusqu'à penser qu'un ancien chef de justice répressive et de moralité publique, que l'ancien procureur général de ce ressort, toujours debout et en arrêt, ait pu rester alors stoïquement impassible et froid? on pourrait se méprendre fort étrangement sur les croyants et les martyrs de tous les âges, car chaque âge a ses martyres et ses croyances.

Naguère, un de ces grands croyants du dix-septième siècle nous était représenté par un des plus jeunes et des plus habiles écrivains du siècle actuel, comme *cédant à l'irrésistible mouvement de son propre cœur, à l'obsession du plus grand problème de la vie future, à l'impossibilité de s'en divertir par les objets ordinaires de l'activité et de la frivolité humaine et par l'irrémédiable dégoût de tout ce qui n'était pas Dieu, abandonnant en conséquence tout ce qui n'était pas lui pour s'en aller le chercher dans la retraite.*

Si des croyances nouvelles peuvent se traduire ou se calquer sur ces austérités d'un autre âge et qu'on ait le courage de les avouer, on se retrouve aussi dans cet irrésistible mouvement *d'un esprit convaincu*, dans cette obsession du plus grand problème *de la vie constitutionnelle, dans cette impossibilité de s'en divertir par quoi que ce soit* et *dans le plus irrémédiable dégoût de tout ce qui n'est pas la justice*, c'est-à-dire de ce qui n'est pas la grande institution du *jury* avec sa souveraineté, son indépendance et le respect universel dont elle doit être entourée.

Mais aujourd'hui, Monsieur le Ministre, les croyances nouvelles, et il en est de plus fortes et de plus tenaces qu'on oserait le penser, aujourd'hui les nouvelles croyances ne fuient pas le monde et ne cherchent pas la solitude : à l'écart, sans bruit, dans une studieuse retraite, elles savent se contenir et s'entretenir par la méditation.

Et si, un jour, ces mêmes croyances osent s'épancher dans l'intimité ; si cet épanchement n'a lieu qu'auprès d'un ancien chef ayant renoué lui-même de vieilles relations ; et si en telle situation le procureur général de la Cour suprême, par l'indiscrétion la plus inouïe et la trahison la plus perfide, livre un ancien et fidèle magistrat à un magistrat nouveau, improvisé d'hier, chef de Cour souveraine, les vieilles croyances se ravivent et font éclater une indignation qui est à son comble.

Si cette indignation est comprise du chef actuel de la magistrature française, Monsieur le Garde des Sceaux daignera excuser une agression dont je me reconnaîtrais par trop coupable et que je me reprocherais s'il n'y était fait droit.

Mais qu'on le croie bien : je n'aurai, certes, à me reprocher en tout ceci que plus de ménagements et plus de réticence qu'on n'en mériterait jamais.

Comment, Monsieur le Ministre, le procureur général qui aurait ainsi lancé à plaisir des brandons de discorde entre un nouveau chef de Cour et un ancien chef de parquet, serait ce même procureur général qui préalablement aurait également lancé contre ce même chef de Cour souveraine la plus sanglante des allusions historiques ?

Oui, Monsieur le Garde des Sceaux, oui, avant de livrer mes communications intimes à ce premier président, le procureur général Dupin aurait lancé sa gourmade et épanché sa bile contre pareil chef de magistrature impériale.

En conséquence, après avoir ainsi résumé le grief dont je me plains et les motifs qu'il m'a été impossible de ne pas déduire pour les justifier, je réclame comme satisfaction due à mon caractère par suite des indiscrétions commises auprès du premier président et à mon encontre personnelle, que M. Dupin, procureur général en la Cour de Cassation, soit mandé en chancellerie et que Monsieur le Ministre de la justice dans ses hautes attributions de discipline judiciaire avertisse ce magistrat qu'il a commis à l'égard d'un ancien procureur général de la Cour d'Aix un acte d'inconsidération tel qu'on ne doit point l'excuser du magistrat qui est à la tête de tous les parquets de France.

Daignez agréer, etc., etc.

BORÉLY.

ACTE D'ACCUSATION

Du complot et attentat contre le gouvernement.

Affaire du Carlo-Alberto.

30 avril 1832[1].

Le procureur général de S. M. près la cour royale d'Aix expose que, par arrêt rendu le 6 de ce mois par cette cour, la chambre des mises en accusation a déclaré qu'il y avait lieu à accusation contre les nommés : 1° vicomte de Saint-Priest, duc d'Almazan ; 2° Adolphe de Bourmont fils ; 3° Adolphe Sala ; 4° vicomte de Kergorlay fils ; 5° Mathilde Lebeschu ; 6° comte de Kergorlay ; 7° comte de Ménars ; 8° Edouard Lhuillier ; 9° André Semino ; 10° Antoine Deferrari ; 11° Didier ; 12° Amiel ; 13° de Bermond-Legrine ;

1 Si cet acte d'accusation ne donnait lieu qu'à revenir historiquement sur la plus grande conspiration de nos temps, peut-être n'y aurait-il pas eu nécessité de le reproduire textuellement ici. Mais il y a tant de satisfaction à rappeler comment jadis on savait allier un rigoureux devoir à de bons sentiments qu'il est par trop difficile de passer sous silence, des procédes inusités et si consolants pour des accusés, alors que ces mêmes procédés sont toujours plus satisfaisants pour un accusateur si consolé dans sa retraite.

On pourra donc voir dans le premier volume, en comparant ces temps avec ceux qui les ont suivis, un contraste assez frappant entre l'époque libérale et constitutionnelle et l'époque impériale et inconstitutionnelle.

14° chevalier de Candolle; 15° de Lachau; 16° chevalier Laget de Podio; 17° Esig; 18° Ganail; 19° Rougier; 20° le surnommé Belle-Viande; 21° Spitalier, et les a renvoyés à la cour d'assises du département des Bouches-du-Rhône, qui tiendra ses séances à Aix, pour y être jugés conformément à la loi.

De l'instruction et des pièces qui ont été communiquées par suite du susdit arrêt, ainsi que du nouvel examen de cette procédure, résulte l'exposé des faits suivants :

Abattue un moment sous les débris du trône dont elle avait précipité la chute par ses aveugles conseils, la faction du droit divin reprit bientôt ses vieilles habitudes de conspiration. La grande leçon de juillet ne l'avait pas corrigée; la révolution des trois jours n'était à ses yeux qu'une émeute heureuse ou l'effet d'une surprise dont la légitimité ne pouvait tarder à prendre sa revanche.

Par une bizarre prévision, et dans la conscience de l'impopularité qui devait amener leur expulsion définitive, les Bourbons de la branche aînée avaient, en se retirant, laissé sur le sol français des pierres d'attente pour une troisième restauration. La Vendée avait reçu une organisation toute secrète et toute militaire; l'influence du clergé avait été augmentée, et les cendres du fanatisme réchauffées dans le midi et l'ouest. La faction se remit donc à l'œuvre avec son incurable opiniâtreté. Une foule de *Gazettes* surgirent à la fois sur tous les points, affectant de ressusciter les dénominations des anciennes provinces, et s'étudiant à saper par des sophismes et des calomnies le gouvernement nouveau. Des émissaires parcoururent en tous sens la France et les cours étrangères pour y renouer le fil de vieilles intrigues.

La chouannerie reparut en Vendée; les églises retentirent de prédications séditieuses; des embauchages furent pratiqués dans les rangs de l'armée.

En même temps on prédisait la guerre universelle, l'invasion étrangère, la ruine entière du pays; il fallait expier la révolte en subissant de nouveau le joug de la famille déchue. On exploitait même les malheurs publics : le choléra était le signe éclatant de la vengeance du ciel irrité contre une ville impie.

Les esprits ainsi préparés, vint le moment d'agir. Napoléon débarqué à Cannes avait franchi d'un vol d'aigle l'intervalle qui le séparait des Tuileries; une faction sans sympathie populaire voulut aussi avoir son 20 mars.

A Marseille, la soudaine apparition de la duchesse de Berry devait y rallumer un enthousiasme mal éteint et soulever en masse les populations de ces contrées. L'ouest et la Vendée allaient également éclater, tendre la main au midi, renverser le gouvernement national et replacer sur le trône de la légitimité Henri V, le jésuitisme et la camarilla. Toutefois, le pays ainsi divisé, en proie à la guerre civile, ne pourrait qu'offrir un facile accès à l'invasion étrangère, et le prochain retour des torys aux affaires aurait été infailliblement suivi d'une nouvelle coalition.

On s'arrêta donc à un projet de débarquement, et ce projet, bientôt connu dans les derniers rangs de la faction, lui inspira la plus aveugle confiance. Sa joie comme ses jactances furent sans bornes : elle annonça hautement la chute du trône de juillet, et l'un de ses organes, feuille qui n'est pas seulement connue par ses doctrines rétrogrades, empruntant le style et les allusions bibliques, fit entendre ces mystiques paroles :

« Ecoutez cependant, hommes de désordre : vous avez « beau arracher de vos murs les tables éternelles où sont « tracés les devoirs que vous n'avez cessé de fouler aux « pieds ; la parole de Dieu n'était pas là tout entière. Un « jour, et *ce jour n'est pas loin*, une main vengeresse trace- « ra en caractères de feu, sur les murs de vos somptueu- « ses demeures, non plus des paroles de paix et d'espé- « rance, mais ces lettres prophétiques qui vinrent annon- « cer à Balthazard, au milieu de son festin sacrilége, que « les jours de sa puissance étaient finis !..... » (*Gazette du Midi*, dimanche 29 avril 1832, n° 196).

On sait aujourd'hui si l'événement suivit de près la prophétie !

La duchesse de Berry s'était retirée dans les Etats du duc de Modène. La petite junte de Massa était devenue le foyer de toutes les intrigues. C'est à Massa que, sous les auspices et avec le nom d'une femme, quelques ambitieux d'une vieille cour, de jeunes et audacieux conspirateurs, prêts à courir tête baissée au danger, tramaient tous les fils d'un vaste complot.

En avril 1832, cette femme disparut tout-à-coup du milieu de ses affidés, dont les regards se tournèrent sur Livourne.

Vers la fin de ce mois, le *Carlo-Alberto* se trouvait ancré dans ce port de la Toscane. Il venait de Gênes et faisait ordinairement les voyages de l'une à l'autre de ces villes.

Le 23 du même mois d'avril, l'ex-commandant du 66e de ligne qui, d'après des ordres du ministre de la guerre, se rendait rapidement d'Ancone à Paris, demandait passage à Livourne à bord de ce bateau à vapeur. On répondit au colonel Combes que la destination du navire n'était point encore fixée.

Cependant, le même jour, 23 avril, le *Carlo-Alberto* était ostensiblement nolisé pour un voyage à Barcelonne et Gibraltar. L'acte de nolissement, revêtu de la signature du nommé Deferrari, directeur subrécargue, et de celle du duc d'Almazan, porte que la totalité du bateau sera à l'entière disposition du duc; que le départ aura lieu le lendemain 24 avril, si le temps le permet, et que dans le prix du fret se trouve comprise la nourriture du duc d'Almazan et de treize personnes de sa suite.

Les papiers du bord mentionnent, en effet, quatorze passagers; ils y sont ainsi désignés : le duc d'Almazan avec trois valets (*con tres criados*), Luigi Bustar de Almendras avec son fils Adolphe et avec un domestique; James Corbett Taylor avec son domestique; Andrea Semino; Edoardo Francesco; Lhuillier, son domestique; Rosa Staglieno avec sa caméristе.

Tons ces noms étaient supposés.

Parmi les inculpés se trouvaient le vicomte de Saint-Priest, duc d'Almazan à la vérité, mais peu connu en France sous ce titre;

L. Florian père comte de Kergorlay, ancien pair de France;

Son fils, Gabriel-César, vicomte de Kergorlay;

Philippe-Auguste-Adolphe de Bourmont fils;

Adolphe Sala, officier de l'ex-garde royale;

Mathilde Lebeschu, ancienne femme de chambre des atours de la duchesse de Berry;

La duchesse de Berry elle-même;

Le comte de Ménars, son ancien premier écuyer;

Les autres passagers sont restés inconnus; on ne peut former que des conjectures à leur égard.

A Livourne, il était notoire que le *Carlo-Alberto* avait été frété par la duchesse de Berry, qu'elle s'était embarquée sous un nom supposé, et que sa destination était pour les côtes de Provence.

Dans la soirée du jour suivant, 24 avril, ce bateau à vapeur fit voile de Livourne avec sept passagers seulement. Quelques heures aprês le départ de ce port, le capitaine Georges Zahra fit tout-à-coup arrêter le navire vis-a-vis de Reggio. La chaloupe fut mise à flot; Deferrari et Adolphe Sala y descendirent et se dirigèrent vers la plage. Peu de temps après, un bateau remorqué par la chaloupe joignit le navire, et les sept passagers qui manquaient au départ de Livourne montèrent à bord du *Carlo-Alberto*. Parmi ces derniers venus étaient la prétendue Rosa Staglieno et sa prétendue camériste.

Le navire continua sa route, dépassa Nice et s'avança jusques aux îles d'Hyères. Le manque de combustible ou tout autre motif le fit retourner vers Nice, où il arriva le 27 avril, vers deux heures après-midi; il en repartit le même jour à onze du soir. Pendant cette courte relâche, les passagers semblaient craindre de se montrer. Le subrécargue Deferrari descendit seul à terre. Aucune visite ne fut reçue à bord, si ce n'est celle d'un seul canot portant quatre individus.

Le lendemain 28, le *Carlo-Alberto* navigua dans la direction de Marseille. A l'entrée de la nuit, il se trouva à la hauteur de cette ville, à une certaine distance cependant, puisqu'il ne fut pas signalé par les vigies.

Le lendemain, 29 avril, à deux heures du matin, le navire était en vue du phare de Planier situé à deux lieues de Marseille; la nuit était obscure et le vent soufflait fort à l'est. Deferrari donna l'ordre au capitaine de hisser deux fanaux à son mât de misaine. Quelque temps après, un bateau de pêche, armé de plusieurs rameurs, vint aborder le *Carlo-Alberto*. Sept des passagers, parmi lesquels la duchesse de Berry, de Kergorlay père, et probablement le comte de Ménars, y descendirent et se dirigèrent vers la côte. L'obscurité de la nuit ne permit pas de les suivre des yeux, ni de distinguer le point du débarquement.

Après cet incident, le navire continua de faire voile dans la même direction. Le lendemain, 30 avril, il relâcha à Roses sur la côte d'Espagne. Il faut l'y laisser un moment et exposer les faits qui suivirent son passage vers la côte de Marseille et le débarquement nocturne et mystérieux du 29 avril.

Des rumeurs inquiétantes et ces bruits sourds qui précèdent toujours les orages politiques s'étaient répandus à Marseille. Le parti carliste exultait; à ses discours, à ses jactances, il était facile de comprendre que quelques machinations se tramaient.

Des fonds étaient arrivés d'Italie par l'intermédiaire de maisons suspectes; de l'argent avait été distribué au peuple.

Tout-à-coup dans les vieux quartiers, la nouvelle se répand que la duchesse de Berry vient de débarquer. Déjà l'autorité avait été prévenue qu'un mouvement devait éclater.

En effet, lundi 30 avril, dès quatre heures du matin, une foule inaccoutumée s'était portée sur l'esplanade de la Tourette qui domine la mer et la rade. Des groupes d'individus armés de bâtons, de sabres, de fusils, de pistolets, paraissant par leur costume appartenir à la classe aisée, s'y étaient réunis, allant, venant, conférant entre eux, regardant vers la mer et donnant de temps à autre des signes d'impatience.

Cependant la foule grossissait; une procession devait avoir lieu à la nouvelle église de Saint-Lazare, elle est brusquement contremandée, et les femmes du peuple qui devaient en faire partie accourent en grand nombre du côté opposé et montent vers la Tourette.

Ce fut le commencement de l'émeute. Les conjurés pénétrèrent dans l'église Saint-Laurent, sonnèrent le tocsin et arborèrent au clocher un grand drapeau blanc qui se distinguait du bassin du port, des quartiers de Saint-Jean, de Saint-Victor, de Rive-Neuve, et qui devait s'apercevoir au large et des côtes qui forment la grande rade.

Alors la foule partie de la place Saint-Laurent forma divers rassemblements et suivit différentes directions. Une de ces bandes descendit sur le port, et, après avoir attaqué le poste de la douane, désarmé et maltraité un préposé, envahi la Consigne en escaladant la grille, abattit le drapeau national, le foula aux pieds et le déchira en lambeaux.

D'autres bandes parcouraient les rues étroites et populeuses du quartier de Saint-Jean, traversaient le marché au poisson, et, au milieu des femmes et de la foule des halles et des quais, espéraient opérer un soulèvement aux cris répétés de *vive Henri V! vive la religion! vive le drapeau blanc! vive la croix*! A leur approche, des individus apostés faisaient fermer les boutiques. Ces attentes furent vaines. Le peuple de ce quartier n'éprouva, à la vue de telles démonstrations, d'autre sentiment que celui d'une surprise mêlée d'inquiétude. Les conspirateurs furent réduits à leur seule ressource.

Le principal de ces rassemblements descendit la rue Saint-Laurent dans toute sa longueur, remonta à la rue Caisserie et s'avança vers le palais-de-justice. L'étendard de la révolte flottait à la tête du groupe séditieux qui débouchait enfin sur la place du Calvaire. Cet emblême d'une maison à jamais proscrite et des funestes doctrines qui ont humilié la France saluait, en présence des militaires et du peuple, l'image dont le parti vaincu a voulu faire un instrument politique : les révoltés inclinèrent le drapeau blanc devant le grand crucifix que les missionnaires placèrent en 1820 sur cette place publique.

Un peloton du 13e de ligne, commandé par le sous-lieutenant Chazal, était de garde au poste du palais. Il était environ huit heures. Suivant l'usage, les soldats, qui allaient être relevés, venaient de restituer les cartouches qu'on leur avait remises la veille. Aux cris des factieux, à la vue de leur drapeau, le brave Chazal fait recharger les armes ; la sentinelle croise la baïonnette. Cette contenance ferme, cette attitude résolue, cet appel au nom de la loi et de l'honneur, imposent un instant aux conjurés qui hésitent et s'arrêtent. Les chefs cependant, parmi lesquels se trouvent de Lachau, ex-colonel ; de Bermond-Legrine, officier de l'ex-garde, et de Candolle, ancien consul à Nice, marchent vers les soldats : *vive Henri V! vive la ligne!* s'écrient les révoltés, *à bas le drapeau blanc!* répond Chazal.

Une lutte s'engage. Après une très-vive résistance, et secondé par le sergent Rousselot et le soldat Bougreau, Chazal parvient à s'emparer de Lachau, de Bermond et de Candolle ; ils sont entraînés par les militaires du poste dans le vestibule du palais, fouillés et désarmés ; ils sont au même instant jetés dans les prisons du palais.

A cette vue, le reste de l'attroupement et ceux qui portaient des drapeaux blancs, découragés de ce qu'ils voient, prennent la fuite, se dispersent dans toutes les rues voisines et disparaissent.

Diverses tentatives avaient eu lieu sur d'autres points. Un individu, nommé Didier, marchand de comestibles dans la rue Sainte, avait essayé d'arborer le drapeau blanc sur le clocher de l'ancienne abbaye de Saint-Victor, situé en face de Saint-Laurent et sur l'autre côté du port ; le curé de cette église s'y était opposé.

En Rive-Neuve, un rendez-vous avait été assigné aux ouvriers sur la palissade de la *Pégoulière*. Un grand nombre de calfats, de scieurs de long, de maçons avaient quitté leurs chantiers et leurs travaux. Des cris, des menaces s'étaient fait entendre. Aux Grands-Carmes des groupes d'individus s'agitaient devant la porte de cette église. Mais l'échec essuyé par les factieux au poste du palais les avait déconcertés ; leur isolement acheva de les convaincre de leur impuissance.

Cependant, le drapeau blanc flottait encore sur le clocher de Saint-Laurent. Les troupes du fort Saint-Jean, exaspérées à cette vue, se disposaient à pointer le canon contre ce clocher, et ce ne fut pas sans peine que les officiers parvinrent à calmer l'indignation du soldat.

En effet, l'autorité avait pris ses mesures pour la répression du désordre et de la révolte. La générale bat dans les rues. La garde nationale et la troupe de ligne, qui, dans cette journée, ont rivalisé de patriotisme et de zèle, se réunissent en armes. Des patrouilles sont dirigées sur tous les points. Le commandant de la place, Mesnard-Saint-Martin, à la tête d'une compagnie de ligne, part rapidement de la place d'armes, longe les quais du port, monte à Saint-Laurent, fait enlever le drapeau de la révolte et adresse aussitôt une réprimande sévère au curé de cette église, qui avait eu au moins le tort de n'avoir pas donné avis à l'autorité.

Un détachement de gardes nationaux se porte vers Saint-Julien et les Cayols, villages dans les environs de Marseille soumis à l'influence du chevalier de Candolle, et parmi lesquels une bande de paysans armés se disposait à marcher sur la ville pour se joindre aux conjurés.

L'émeute fut ainsi réprimée sur tous les points. De nombreuses arrestations eurent lieu. A onze heures, l'ordre et le calme étaient déjà complétement rétablis.

Les commissions rogatoires qui devaient rechercher, dans les départements limitrophes, les traces des ramifications multipliées de ce complot, constatent que, dans cette même nuit du 29 au 30 avril, des feux furent aperçus au-delà de la Durance sur les montagnes de Cabrières, Gordes, Saint-Saturnin et la Garde, arrondissement d'Apt, département de Vaucluse.

Une diligence de Marseille portait à ces contrées des avis

mystérieux ; des départs précipités indiquaient des intelligences suspectes, des projets et une participation que l'instruction n'a pu complétement dévoiler.

D'un autre côté, à Aix et sur la plage de Séon, aux portes des forts et sur les quais, des proclamations imprimées au nom d'une prétendue régente étaient jetées au public, adressées à des chefs de corps et repoussées de toutes parts avec l'indignation et le mépris.

Pendant que ces scènes se passaient à Marseille et au loin, dans la nuit et la matinée du 30 avril, le *Carlo-Alberto*, comme il a été dit, relâchait à Roses le même jour. Sa destination apparente était pour Barcelonne et Gibraltar ; mais il avait déjà rempli le but de son voyage : il avait laissé sur la côte les germes, heureusement et promptement étouffés, de la guerre civile.

Le 2 mai, à 9 heures du matin, il appareilla de nouveau et reprit la direction de Marseille. Le 3 mai, un bateau pilote l'aperçut vers le phare de Planier, s'en approcha et le fit raisonner.

Le même jour, vers une heure de l'après-midi, le *Carlo-Alberto* relâchait à la baie de La Ciotat. Le bruit s'y répandit aussitôt que la duchesse de Berry était à bord, car on n'apprit que beaucoup plus tard les divers incidents du voyage de ce bateau à vapeur qui se trouvent rapportés ci-dessus ; quelques préposés de la douane en firent la visite. Le capitaine Zahra montra ses papiers à l'administration sanitaire qui les trouva en règle. Le subrécargue Deferrari déclara qu'il était venu en rade pour prendre du combustible et réparer sa chaudière ; qu'il était parti de Livourne avec quatorze passagers, dont sept avaient été débarqués et laissés à Roses.

Pendant ces pourparlers, deux des sept passagers qui étaient à bords, Andrea Semino et Edoardo-Francesco Lhuillier, descendirent à terre et disparurent. On n'a pu connaître leurs véritables noms ni la direction qu'ils ont prise.

L'expédition du *Carlo-Alberto* avait fixé l'attention du gouvernement et toute sa sollicitude. La plus active surveillance était prescrite et commandée sur les côtes. Plusieurs bâtiments de l'Etat avaient reçu ordre de rechercher ce navire, et, s'ils parvenaient à le rencontrer, de le conduire immédiatement à Ajaccio. L'exécution trop littérale de cet ordre a donné lieu à une méprise fâcheuse.

Le 3 mai, dans la soirée, le bateau à vapeur le *Sphinx*, qui depuis le 29 avril avait vainement exploré toutes les côtes, aperçut enfin le *Carlo-Alberto* dans la rade de La Ciotat. Il ne restait plus à bord de ce dernier que cinq passagers, parmi lesquels se trouvait une femme disant s'appeler Rose Staglieno, veuve de Ferrari, d'une petite taille, maigre, blonde et qui affectait de cacher les traits de son visage. Ces simples apparences suffirent pour tromper l'équipage du *Sphinx*, tant on doutait peu que la duchesse de Berry ne fût à bord. On jugea donc inutile de s'assurer autrement de l'identité.

Le *Carlo-Alberto* fut conduit à Toulon par le *Sphinx*. Placés l'un et l'autre au milieu de la grande rade dans la matinée du 4 mai, la plus rigoureuse surveillance fut exercée à l'entour du bateau suspect, toute communication fut prohibée.

Le 5 mai, le *Carlo-Alberto*, remorqué par le *Sphinx*, escorté par le *Nageur*, autre bâtiment de l'Etat, arrivait à Ajaccio. Pendant son séjour dans ce dernier port, les mêmes précautions ont été observées ; il a été bien constaté qu'il n'avait communiqué avec qui que ce soit. C'est pendant cet état d'isolement que des objets qui, vraisemblablement, étaient de nature à dévoiler le complot, ont été brûlés. Cette opération dut être confiée à un de ces hommes intelligents dont s'entourent les conspirateurs. Le charpentier du navire, qui faisait en même temps les fonctions de valet de chambre auprès des passagers, a fait l'aveu d'une grande partie de ces destructions importantes. Des papiers, dont les uns étaient imprimés dans un grand format, des lettres cachetées à la cire d'Espagne ont été jetés dans le fourneau qui était allumé : les flammes ont également consumé un habit de drap bleu, uniforme de général, couvert de broderies d'or, parsemé d'étoiles et de fleurs-de-lis.

Ce serait encore le même individu qui, lorsque le *Sphinx* s'approcha du *Carlo-Alberto* à La Ciotat, jeta à la mer un paquet de sabres et d'épées ; il a lui-même exprimé plus tard le regret d'avoir ainsi détruit *de fort belles armes*.

Sur ces dernières indications, des recherches ont été faites près de l'Ile-Verte, au point du mouillage du *Carlo-Alberto* ; mais elles ont été jusqu'ici infructueuses à cause de la hauteur des plantes marines qui, dans la saison actuelle, croissent au fond de cette partie de la mer.

Le 8 mai, de Saint-Priest, Kergorlay fils, Adolphe de Bourmont fils et Sala furent transférés à bord du *Nageur*, conduits à Marseille, immédiatement interrogés et placés sous mandat de dépôt.

Quant à la dame blonde, elle passait toujours pour la duchesse de Berry. L'erreur fut enfin reconnue : la prétendue Rosa Staglieno, veuve de Ferrari, était une ancienne dame d'atours de la duchesse de Berry, dont le nom véritable est *Mathilde Lebeschu*. Le 14 mai, elle fut conduite à Marseille sur le bateau à-vapeur le *Sphinx*; interrogée à son débarquement, elle fut également placée sous mandat de dépôt. La veille, 13 mai, la frégate la *Bellone*, ayant à son bord dix-sept hommes de l'équipage du *Carlo-Alberto*, les avait aussi transportés à Marseille.

Mais qu'était devenue la duchesse de Berry? Raisonnablement, on ne pouvait douter qu'elle n'eût fait partie de l'expédition du *Carlo-Alberto*.

Une commission de la cour royale d'Aix s'étant transportée à Marseille à la suite d'un arrêt d'évocation, les hommes de l'équipage du *Carlo-Alberto* furent interrogés et révélèrent les circonstances de l'embarquement nocturne et mystérieux de sept passagers en face de Reggio, et du débarquement, également clandestin, de sept passagers sur la côte voisine de Marseille, dans la nuit du 28 au 29 avril. Parmi ces passagers embarqués dans la nuit du 24 sur les côtes d'Italie, et débarqués dans la nuit du 29 sur les côtes de Provence, était une dame âgée de 30 ans environ, très-maigre, blonde, louchant un peu, et qui quelquefois se montrait sur le pont avec un pantalon sous ses robes. Le costume de tous ces passagers, les rapports qui existaient entre eux, habituellement réunis dans le même salon et mangeant à la même table, firent conjecturer à plusieurs hommes de l'équipage, et leur ont fait répéter dans l'information, qu'une telle réunion ne *pouvait être que des comédiens ambulants.*

Ainsi l'énigme commençait à s'expliquer ; mais il était trop tard pour retourner et suivre les traces de la fugitive. Elle avait débarqué le 29 avril, à trois heures du matin ; le 30, l'insurrection carliste avait éclaté à Marseille. La princesse en attendait sans doute le succès pour se montrer ; mais la tentative ayant échoué, il avait fallu se dérober promptement aux poursuites et fuir l'indignation qu'avaient simultanément montrée à Marseille la garde civique et la troupe de ligne.

Dans la soirée du même jour 30 avril, des fusées furent tirées dans l'intérieur de la vieille ville ; on vit s'élever un ballon de petite dimension, illuminé et captif. En même temps, le bruit de deux coups de canon se fit entendre ; il paraissait venir du côté de Carry, mais de beaucoup plus loin : Carry est situé dans la grande rade au nord-ouest de Marseille, environ à une distance de trois lieues.

Ce même jour 30 avril, une voiture ou char-à-bancs fut déposée par trois inconnus chez Livon, aubergiste à Gignac, petit village situé au revers septentrional de la forêt de Carry. Livon remit dans la soirée la même voiture à Pascal Maurel, garde particulier du duc de Caumont, principal propriétaire à Carry ; Maurel la conduisit chez Goirand, un des fermiers du même propriétaire.

Le lendemain 1er mai, les mêmes inconnus vinrent prendre de très-grand matin la voiture chez Goirand. Le soleil était à peine levé, lorsque la même voiture venant du côté de Carry fut aperçue descendant vers le territoire de Châteauneuf ; elle s'était égarée dans les terres d'une ferme exploitée par un nommé Laurent. Il y avait six voyageurs ; sur le siége du devant, recouvert d'une capote, une dame voilée et un monsieur assez âgé qui conduisait ; deux autres assis derrière sur un caisson, et deux qui l'accompagnaient à pied. Ces voyageurs et la dame surtout avaient l'air triste et pensif ; leur physionomie était telle qu'elle porta à faire dire à ces simples habitants de la campagne : *ces gens-là ont bien plus à penser que nous*. Ils demandèrent le chemin de Marignane. Sur l'invitation de sa mère, Rosalie Laurent leur servit de guide. Arrivés à ce chemin, ils dirent à cette jeune fille qu'ils trouveraient plus loin des gens qui les attendaient, et lui donnèrent deux petites pièces d'argent dont une de fabrique italienne et ayant cours dans les Etats de Modène.

Dans la soirée, un cabriolet de place arrive à Châteauneuf avec une lettre destinée à des inconnus qui devaient se trouver *à Châteauneuf, sur la route du Martigues*. Cette lettre, sans une adresse plus précise, était écrite en style si énigmatique que ceux qui furent invités à la décacheter et à lire n'y comprirent que fort peu de chose : *Notre fils est arrivé d'Alger..... Sa santé est mauvaise.... On a mis le drapeau blanc..... On l'a ôté.....*

Ce même jour 1er mai, le comte de Kergorlay, accompagné d'un lieutenant des douanes, Spitalier, avait passé par le petit chemin qui va de Carry à Marseille ; sur ses réponses suspectes, il était arrêté vers les cinq heures du soir sur la plage de Séon-Saint-Henri, à une lieue de Marseille. Il était déguisé en pêcheur, revêtu d'une capote de marin couleur bleue (d'un *pasthod*), et portait à la main un bonnet de matelot dont l'extérieur était noir et l'intérieur rouge.

Dans le cours de l'information, de Kergorlay père a été reconnu par les gens de l'équipage du *Carlo-Alberto* ; il était donc du nombre des sept passagers qui, dans la matinée du 29 avril, débarquèrent entre Marseille et le cap Couronne ; en l'ajoutant aux six voyageurs vus dans la commune de Châteauneuf, il complète en effet ce nombre de sept transbordés dans la nuit et débarqués le matin.

Ces divers faits confirment la vérité des bruits qui s'étaient répandus à ce sujet, et d'aprés lesquels la duchesse de Berry était débarquée sur la côte de Provence et avait passé à Marignane, accompagnée du duc d'Escars, du comte de Bourmont père et autres.

De pareils propos ou d'autres semblables qui se tenaient dans les sacristies la veille ou l'avant-veille de l'événement n'ont pu toutefois être recueillis, dans la vaste instruction qui a eu lieu, que de la bouche d'un jeune ecclésiastique attaché à la paroisse des Grands-Carmes.

Il restait à découvrir le bateau pécheur qui était allé prendre la duchesse de Berry à bord du *Carlo-Alberto*, et qui l'avait débarquée avec les six autres passagers sur la côte.

Le grand nombre de bateaux qui se livrent à la pêche sur ces parages devaient rendre ces investigations extrêmement difficiles. Les obstacles devenaient même presque insurmontables au milieu d'une population qui, vivant habituellement sur la mer, ne participe à aucun des bienfaits de la civilisation. Privée d'instruction, elle est par conséquent plus facilement disposée à toutes les impressions du fanatisme. La police a peu d'accès dans un quartier qui, il faut le dire, a plus de rapports avec les habitants des côtes d'Italie et d'Espagne qu'avec les mœurs françaises. On a donc à regretter de n'avoir pu obtenir de documents positifs sur un fait si intéressant à connaître et si important à constater.

On apprit cependant qu'un bateau, monté de neuf rameurs, était sorti de Marseille, le 28 avril au soir, avec des filets et des fusils, comme s'il s'agissait d'une partie de pêche et de chasse ; mais le bruit courut, dans le quartier de Saint-Jean, que ce bateau avait été prendre la duchesse de Berry.

Ces marins, difficiles à retrouver, ont été d'abord interrogés avec soin, et ensuite tous frappés de mandats d'amener. Il y a lieu de croire que dans ces circonstances, ils n'ont pas dit toute la vérité. Toutefois, il résulte de leurs déclarations qu'à la sortie du port, ce bateau se rendit à la Réserve, vis-à-vis la guinguette de Polycard ; qu'un individu qui paraissait être là pour attendre s'embarqua ; qu'à peine entré dans le bateau, ce personnage donna lui-même l'ordre de pousser au large, en prenant la direction de l'est. En effet, après avoir dépassé l'île de Riou, il revint vers le phare de Planier.

Pendant la route, le mystérieux et silencieux passager lut, à la clarté d'une lampe, un papier sur lequel il semblait chercher l'indication de la route qu'il fallait suivre. Quelque temps après, on aperçut un navire ayant deux fanaux à son mât de misaine. On eut ensuite la rencontre d'un bateau avec lequel un colloque s'établit. Immédiatement après, l'inconnu donna l'ordre de retourner à Marseille, et la force du vent qui soufflait dans la direction de l'est obligea de relâcher à Sainte-Croix, point de la côte vers lequel on pense que le débarquement a dû avoir lieu. La route tenue par ce bateau avait été si extraordinaire, que les marins crurent et dirent entr'eux qu'il s'agissait vraisemblablement d'une *opération de contrebande.*

Ces renseignements, trop tardivement recueillis, ne permirent pas à la justice de suivre pas à pas les traces de la duchesse. Sa fuite avait été protégée par l'erreur générale qui la supposait captive à bord du *Carlo-Alberto*. Tous les vestiges avaient dû en être soigneusement effacés. Mais si la route qu'elle a suivie à travers la France est ignorée, le terme en est connu. Sa présence dans la Vendée, la guerre civile qu'elle traînait à sa suite, l'effusion du sang français et tous les fléaux qui ont désolé ce malheureux pays ne l'ont que trop signalée.

Des recherches faites à bord du *Carlo-Alberto* ont amené de précieuses découvertes. Dans une chambre élégamment décorée et à l'usage des seuls passagers, on a trouvé le testament olographe de la duchesse de Berry ; il était enveloppé dans un pli cacheté aux armes de la famille déchue et portant pour suscription : *Ceci est mon testament.* Deux grandes croix de l'ordre de Saint-Ferdinand de Naples, avec leurs cordons, doivent appartenir au comte de Ménars ; une petite croix de Malte ; une écharpe blanche avec fleurs-de-lis et cette devise : *Mon Dieu, mon Roi, ma Dame* ; des espèces de petits scapulaires en soie blanche avec cœur brodé, surmonté d'une croix : tous ces objets étaient cachés entre des planches clouées l'une contre l'autre ; ils font partie des pièces de conviction.

Mazzarini, un des hommes de l'équipage, avait fait secrètement déposer à la chancellerie du consulat sarde à Marseille un gobelet, une fourchette et une cuiller. Tous ces objets en or, qui faisaient partie d'un nécessaire de voyage, portaient l'empreinte des anciennes armes royales ; une boîte en écaille noire, contenant sur sa partie extérieure les six portraits en miniature de la famille déchue, avec ces mots gravés sur une plaque d'or formant l'intérieur : *Donnée par* MADAME, *duchesse de Berry*, *au comte de Ménars*, *son premier écuyer,* 1827. La chancellerie de ce consulat a remis ces objets à la commission de la cour, pour être joints à la procédure.

Plus tard, et au moment même où la procédure allait se clore, une autre découverte de la plus haute importance a été faite encore sur le *Carlo-Alberto* le 23 juillet dernier. Un nommé de Lucchi, gênois, s'introduisait à bord de ce navire, dans l'intention d'en séduire les gardiens et de s'emparer d'une lettre qui avait été cachée dans la cuisine. Déjà il avait commencé à détacher avec de gros ciseaux et un fort hameçon la feuille de tôle qui était clouée au plafond en bois pour le garantir de l'action du feu. Prévenue à temps, la justice s'est transportée à bord et a trouvé, entre le plafond et cette feuille de tôle, la lettre qui était l'objet des recherches audacieuses de de Lucchi. Cette lettre écrite le 2 mai à bord du *Charles-Albert,* et signée *A. S.*, est adressée à *M. le marquis Fabio Pallavicini, chambellan de S. M.*, *à Turin.*

En voici les principaux passages :

« Une grande entreprise a été commencée ; nous ne savons quelle issue elle pourra avoir. Le courage, le dévoû-
« ment pourront peut-être beaucoup ; peut-être succom-

« beront-ils. Il est cependant un devoir que nous nous « empressons de remplir : si des ruines nous attendent, « nous ne voulons pas que les débris frappent d'autres « que nous !......

« MADAME et six personnes de sa suite ont été débar-« quées à bord d'un pêcheur le 29 au matin, trois heures, « en pleine mer, et je t'écris ce peu de mots le 2 mai, à la « mer, au moment aussi de prendre une détermination « finale. »

De Lucchi a été arrête quelques heures après, au moment où il montait dans une voiture de louage pour Aix; car il avait fait retenir d'avance une place (n° 2) dans le courrier d'Aix à Antibes, pour le départ dn 24 juillet.

Tels sont les faits qui résultent d'une information qui a donné lieu à entendre plus de cinq cent cinquante témoins, non compris tous les préposés de la douane qui étaient de service sur le littoral des Bouches-du-Rhône les derniers jours du mois d'avril. Des commissions rogatoires envoyées dans le ressort des cours de Nîmes et d'Aix n'ont pas toujours constaté ce que proclamaient la rumeur publique et la jactance d'un parti.

Malgré la réticence d'un grand nombre de témoins et le peu de sincérité de beaucoup d'autres, cinquante-trois inculpés figuraient dans cette procédure.

Par son arrêt du 6 de ce mois, la chambre d'accusation a déclaré n'y avoir lieu à suivre que contre trente-deux de ces inculpés, et a prononcé la mise en accusation contre les accusés. Ces accusés, au nombre de vingt-et-un, sont : etc., etc., etc.....

En conséquence, sont accusés de participation à un complot et à une tentative d'attentat dont le but était soit de détruire, soit de changer le gouvernement ou l'ordre de successibilité au trône, soit d'exciter les citoyens ou habitants à s'armer contre l'autorité royale, soit d'exciter la guerre civile en armant ou portant les citoyens ou habitants à s'armer les uns contre les autres; ledit complot ayant été suivi d'un acte commis ou commencé pour en préparer l'exécution; et ladite tentative d'attentat, manifestée par un commencement d'exécution, n'a été suspendue ou n'a manqué son effet que par des circonstances indépendantes de la volonté de ses auteurs; lesquels faits constituent les crimes prévus par les articles 2, 87, 88, 89 et 91 du code pénal, qui prononcent une peine afflictive et infamante.

Fait au parquet de la cour, le 14 août 1832.

LE PROCUREUR GÉNÉRAL,

BORÉLY.

A M. DUPIN,

Sur son discours au Sénat relatif au luxe des femmes.

Aix, le 27 juillet 1865.

Monsieur le Procureur Général
et ancien Collègue,

En m'adressant, de votre propre main, l'opinion que vous avez émise au Sénat sur le luxe des femmes, j'ai pensé que vous aviez conservé sur moi un droit particulier, tout en me réservant le mien, c'est-à-dire de nous courre sus l'un l'autre et quelquefois sans trop de ménagement.

Vous le savez bien, je ne recule devant aucune agression; j'ai ramassé le gant et marche à votre encontre sur ce terrain que j'ai étudié et que j'étudie autant que personne.

Toutefois, lorsque je vais à vous, je n'arrive pas toujours jusqu'à votre personne, et, de loin comme de près, je ne frappe pas toujours à votre porte. C'est ainsi qu'assez souvent, j'ai respecté votre état de santé et, par deux fois, les graves maladies par lesquelles vous avez passé.

Alors, je retiens ma cartouche et je la fais couler dans le feu ou dans mes cartons parmi bien des notes qui se recueillent au passage et tous les jours.

Par ce petit manége, il me semble que j'ai presque satisfait à ce devoir d'ancienne magistrature et de censure publique que, comme vous, j'ai exercé pendant tout un règne et qu'il n'a dépendu d'aucun gouvernant de me laisser pratiquer dans le huis-clos et pour ma seule satisfaction. Quand on a disparu de la scène et qu'il n'y a plus de presse, il faut savoir ne jouir de son verbe qu'en silence, sauf, plus tard, à le répandre au dehors.

J'ai donc chargé l'arme à la première lecture de votre oraison sénatoriale du 22 juin dernier.

Mais comme le dit aujourd'hui même le judicieux critique qui examine la question et cite littéralement dans les *Débats* votre discours, j'ai dû aussi me contenir et *m'abstenir jusqu'à présent d'attirer aucune attention sur un point qui en mérite tant.*

M. Ernest Dottain cite les motifs qui lui ont fait différer jusqu'à ce jour la question débattue dans la séance du Sénat.

S'il n'y avait qu'à revenir sur des motifs pareils et sur tous ceux qui ont été développés par l'honorable rapporteur, M. de Goulhot de Saint-Germain et, par vous-même, Monsieur le Procureur Général, je m'abstiendrais d'aller au-delà de mes cartons.

Mais voilà que le critique, en refusant de donner son avis sur les mesures que « l'administration pourrait ou « devrait prendre dans l'intérêt des mœurs publiques, « ajoute solennellement que la question doit aller plus « haut : qu'elle touche à notre état social tout entier : « qu'elle est à la fois du domaine de la religion, de la morale, des mœurs publiques et de la politique.

« M. Dupin, est-il ajouté, l'a peut-être un peu trop restreinte en la ramenant uniquement au luxe des femmes,

« comme si ce luxe était la seule cause des désordres dont
« l'humanité est affligée et en particulier de cette inconti-
« nence publique dont Montesquieu a dit *qu'on pouvait la*
« *regarder dans un état populaire comme le dernier des*
« *malheurs.* »

Mais, s'il est bon de rechercher la cause de tels désordres, ne faut-il pas remonter à la source de cette cause, oser l'aborder avec révérence et respect; ne pas craindre de la démontrer lorsqu'il se passe sous nos yeux quelques-unes de ces circonstances qui tendent à la révélation de choses que ne voit pas le public et surtout que le public ne veut pas voir.

Tout ceci et tout ce que cela veut dire, je le prends sur le fait *hìc* et *nunc* et je mets la main à la plume.

Ce matin, au second départ du chemin de fer pour Marseille, je montais dans un wagon où ne se trouvaient que deux personnes du sexe : je ne fis pas comme le maire d'Aix qui fut prendre place ailleurs; il est vrai que je ne recule devant personne et pas même devant la jeunesse la plus ravissante, la plus élégante qu'on puisse rencontrer en voie ferrée ou sur tout autre voie.

Le municipal, chargé des lauriers électoraux de la veille, s'en allait les déposer aux pieds du sénateur et recevoir les félicitations que méritait la victoire administrative. Il n'y aurait cependant pas lieu de se trop réjouir d'un succès qui présente des anomalies pareilles : un premier président de cour souveraine qui n'obtient qu'un cinquième rang après un avocat, après un petit propriétaire de village, après un adjoint de mairie, après un conseiller de sa cour! un maire qui n'a que le dix-huitième sur la liste officielle lancée de toutes parts et à chacun, portée, colportée et transportée par les gardes-champêtres et agents de tous les quartiers *intrà* et *extrà-muros* et qui n'en a pas moins, devant lui, sur la liste électorale, ses deux adjoints et tant d'autres !

Mais laissons là tous ces aperçus barométriques de l'opinion ou de l'oppression locales, et que je vous conte, sans autre digression, cette historiette de wagon, qui me met la main à la plume.

Me voilà donc en présence de la jeune fille la plus gracieuse et la plus jolie qu'on puisse voir sous ce beau ciel de la Grèce, sur le sol qui en conserve et en reproduit encore les vrais types et sur les plus riants rivages de l'antique Phocée.

En face de cette belle et jeune créature, ornée de la plus resplendissante parure, mieux coiffée qu'aucune danseuse de l'Opéra, se trouvait la duègne d'étiquette qui par sa ressemblance indiquait n'être ni plus ni moins que sa mère.

J'ai peine à le dire, Monsieur le Procureur Général; mais pourquoi ne continuerait donc pas à tout dire un émérite de parquet qui, après quarante ans de magistrature, s'en va bientôt compter vingt ans de retraite ?

Je puis donc avouer, sans trop de vanité, qu'un sourire de cette jeune fille aurait presque réveillé je ne sais trop quoi. J'ai donc saisi mon courage à deux bras et laissé mon journal des *Débats*, Ernest Dottain, le discours au Sénat et j'ai pris place à côté de la mère et bien en face du plus frais minois.

Qu'est-ce donc que ceci ? est-ce que vous me connaïssez ? — On m'a appelé par mon nom et apostrophé de la sorte : — Un jour, Monsieur, vous ne voulûtes pas m'embrasser au milieu de mes premiers triomphes ; je vous en ai toujours gardé rancune et aujourd'hui je me venge et c'est moi qui vous embrasse.

Si une telle étrangeté a besoin d'explication, je m'empresse de la donner parce que tout cela nous mène droit à la véritable question que vous avez en partie dévoilée au Sénat et que le critique s'est abstenu jusqu'à présent d'aborder, même très-indirectement.

Il y a quelques années, j'eus dans ma ferme de New-Powrcelles réunion des maires, du conseiller général du canton et d'autres autorités locales.

On fut pressé de dîner et de descendre au village et l'on voulut me faire assister à la distribution des prix de l'école tenue par les religieuses.

En quelque sorte contraint, plus par des instances auxquelles je ne pus me soustraire que par le désir de voir une telle cérémonie, je vis jouer des pièces préparées pour la solennité et je fus fort scandalisé des costumes dont toutes ces petites paysannes se trouvaient affublées.

Je ne sais où l'on avait pu trouver au village tant de belles robes et tant de costumes différents.

Les chaînes d'or, bracelets et autres ornements sortaient de je ne sais où.

Bref, on en vint à la distribution des prix. A chacune de ces proclamations, le prix était remis aux fonctionnaires ou aux notables présents à la cérémonie.

Ces jeunes filles descendues de l'estrade étaient alors embrassées par tous les distributeurs de couronnes.

Quand vint mon tour, je posais la couronne sur la tête, remis le prix dans les mains et ne fus pas plus loin.

Lorsque le cortége eut quitté ses places et qu'il rentra, je crois, dans la salle où se trouvaient des rafraîchissements, il me fut en quelque sorte demandé raison de la mauvaise humeur que j'indiquais et de mon abstention d'embrassade à la suite des récompenses distribuées.

Alors je ne sus pas m'abstenir de ces mouvements oratoires que persifle, non sans raison, cet excellent Dottain ; je m'en donnais tant que je pus : il y avait tant à dire sur un tel luxe inspiré de si bonne heure à de jeunes filles par des religieuses en costume et par des ecclésiastiques assistant tout cela dans les coulisses. — Est-il donc permis de fermer les yeux sur ce qui se passe au village et de ne pas les ouvrir sur ce qui se passe dans les villes qui nous entourent? — N'est-ce pas disposer ces jeunes et intéressantes créatures à paraître dans la cité du plus grand luxe et à se préparer pour en savourer les douceurs et en aborder les périls ?

Monsieur le Procureur Général, aujourd'hui ma rencontre en wagon s'est trouvée la vivante prophétie de cette censure qui n'est pas trop ancienne.

Mais que je me hâte d'ajouter aussi, avant d'aborder d'autres aperçus, que je ne sais si ma mercuriale accentuée au village ou si ce que j'ai pu en écrire ou en faire dire autre part est parvenu alors ou par d'autres voies au chef de l'instruction publique ; ce que je sais bien, c'est que M. Rouland, je crois, pendant son ministère et vers cette époque, a fait supprimer toutes ces cérémonies qui outrageaient autant la religion que la morale.

Toutefois, je crois aussi qu'avant la dernière prescription de ce ministre, il existait déjà des circulaires de 1820 qui prescrivaient, en toutes lettres, que dans les pensionnats de jeunes filles, les représentations théâtrales étaient interdites à l'occasion des distributions de prix ; que ces distributions ne pouvaient même être faites qu'en présence des maîtresses d'établissement, des père et mère et des dames inspectrices ; que si l'on remarque cette ancienne date à laquelle on voulait tant relever le trône et l'autel et qu'il n'était pas même alors question de couvents ni de religieuses, on pourra naturellement comparer les temps et les systèmes employés pour propager une religion qui, certes, n'aura qu'à souffrir de telles propagations.

J'ai dit le mot, Monsieur Dupin, et c'est sur ce mot-ci que j'insiste. Oui : c'est la religion qui, dans nos pays et de nos jours, se laisse aller à des mouvements assez significatifs mais fort contestables aussi. Jamais dans aucune nation catholique, les cérémonies publiques n'ont été plus multipliées ni plus luxuriantes que parmi ce peuple-ci qui aime tant les spectacles et l'éblouissement des yeux.

Rien en France, en Espagne ni ailleurs ne peut être comparé aux processions marseillaises : elles durent des semaines entières et des journées entières ne sont consacrées qu'à l'embellissement des rues et des reposoirs, qu'à l'ornement des congrégations et à la toilette des congréganistes. Les feux, l'encens, la musique religieuse et militaire, les plus belles fleurs naturelles et artificielles, tout ce que l'art et la nature peuvent inventer, tout est mis à contribution dans quelque rang et quelques professions que ce soient.

Mais quels que puissent être les temps et les âges, les costumes des filles et des garçons sont toujours renouvelés, toujours plus recherchés, plus élégants et plus coûteux.

A Paris, en aucun point de l'intérieur de la France, on n'a pas d'idées des dépenses auxquelles donnent lieu les premières communions et les processions dans les villages.

Qui n'a vu dans ces grandes et belles rues de Marseille, dans chacun de nos bourgs, d'heureuses mères contempler, en ces jours solennels, leurs jeunes filles marcher devant elles, voilées comme des vestales et parées comme des actrices !

En toutes cérémonies, le luxe va croissant jusqu'aux enterrements.

Si je montrais la note des frais qu'ont occasionnés les simples funérailles des père et mère de mes pauvres sourds-muets qui sont à mon service depuis une cinquantaine d'années, on verrait que ces dépenses des plus pauvres paysans d'un pauvre village emportent plus d'un cinquième de leur patrimoine.

Qu'on ne s'y trompe pas, c'est là un impôt indirect si l'on veut, presque aussi direct que celui des processions. Dans quelques classes que ce soit, personne n'ose ni ne veut s'y soustraire : aux enterrements comme aux processions, aux mariages comme aux premières communions, partout et pour tout, les dépenses se multiplient à l'excès. On cède d'autant plus volontiers à tous ces courants du jour, à ces petites vanités des plus grandes misères, qu'on se surprendrait bientôt s'écriant aussi comme le poète :

> Oui, je suis las de médire,
> Le luxe a des charmes puissants,
> Il est la gloire d'un Empire,
> Il encourage les talents.

Je ne serai certainement pas le seul ni le dernier à vous répondre, car nous lisons parmi les brochures qu'a soulevées votre thèse du jour, les échantillons de l'opuscule d'une parisienne elle-même [1] qui s'écrie aussi : « Est-ce « notre faute si les hommes ont souvent 50,000 fr. en « portefeuille pour acquitter les factures de Mlle Anna ou « de Mlle Cora, tandis qu'ils tirent à peine de leur caisse, « tous les mois, deux ou trois pauvres mille francs pour « payer la couturière de leur femme légitime, qui a cependant sur ces demoiselles l'avantage de ne pas être née « dans une soupente et de ne pas parler javanais ? »

Mais la parisienne de Marseille, quelque spirituelle qu'elle soit, a-t-elle bien raison de dire « que ce n'est pas aux « femmes qu'il faut faire la leçon ? Et alors de rappeler « que depuis Hercule, les hommes ont perdu l'habitude de « préférer la vertu au vice ou tout simplement la grâce à « l'impudeur. Quand les hommes gourmandent les femmes, disait le poète traduit par Jules Janin, il me semble « voir les corbeaux reprocher aux corneilles leur noirceur. »

Hélas ! Monsieur le Procureur Général, les corbeaux sont noirs partout et les corneilles n'ont pas la blancheur des colombes.

[1] Mad. Olympe Audouard.

Quand j'ai vu les vicaires d'alentour moins, je crois, mon curé cantonal, quand j'ai vu de simples et modestes religieuses se tourmenter et prendre tant de peines et de soins pour orner et parer les jeunes et innocentes colombes confiées à leurs soins, il n'était pas difficile de prévoir ce qui pourrait arriver un jour et où conduisent ces prix de vertu, distribués avec un luxe ainsi favorisé par la religion et les religieuses.

Croirait-on trouver quelque remède dans les fondations de tant d'établissements religieux qui s'élèvent de toutes parts? Nos grandes villes se font des boulevards de couvents mieux bâtis les uns que les autres.

Ces couvents ne reculent devant aucune difficulté ni devant aucune clameur : aussi n'y a-t-il eu ni clameur ni difficulté pour faire disparaître une filature de coton qui était en plein exercice l'an dernier en face de mes écuries.

Oui, là, Monsieur le Procureur Général, sous nos yeux, une fabrique vaste et bien montée, des métiers nombreux et pompe à vapeur de grand prix, tout a disparu en un clin d'œil. Le couvent s'est merveilleusement et promptement installé ; à la place des tournants et des machines, quelques religieuses élèvent quelques jeunes filles et reçoivent beaucoup de visites.

Si l'on connaissait le montant en combustible et en fourniture qu'il fallait alors à cette filature de coton, les centaines de familles qu'elle faisait vivre par le travail et si l'on savait qu'un soir, dans la rue, l'on a pu être arrêté par une de ces jeunes ouvrières de son village, que n'y aurait-il pas à dire lorsqu'elle se défendait ainsi sur les reproches qui lui étaient sévèrement et si justement adressés? — La fabrique nous donnait du travail; elle n'existe plus : quand elle allait, je nourrissais ma mère infirme : elle est au lit depuis plusieurs mois; elle refuse d'aller à l'hôpital. Je ne devrais ni ne voudrais me trouver où je suis ! ! ! J'en rougis, j'en gémis autant que vous.

Vous souvient-il, Monsieur Dupin, de ce qu'on répondit à cet ermite qui, sous la plume de M. de Jouy, demandait, il y a au moins une quarante d'années, ce qu'était devenu le couvent qui se trouvait au milieu de la grande plaine entourant sa ville natale. — Il y a donc bien longtemps, M. l'ermite de la Guyane, que vous n'êtes venu à Orléans? — Le couvent dont il vous souvient était nourri par la contrée : aujourd'hui ce couvent a fait place à une fabrique qui nourrit la contrée.

Agréez, etc.....

BORÉLY.

DISCIPLINE JUDICIAIRE

—

PLAINTE DÉNONCÉE

1° Au Ministre de la Justice et des Cultes ;
2° A la Cour Impériale d'Aix ;
3° Au Procureur Général près cette Cour ;
4° A l'Archevêque métropolitain ;
5° Au Barreau d'Aix,

A l'occasion d'une élection cantonale des Bouches-du-Rhône.

Aix, le 25 juin 1866.

Monsieur le Garde des Sceaux,

Le Procureur Général en cette Cour souveraine du Midi dut, jadis, rapporter au Ministre de la Justice qu'aux dernières élections du Gouvernement constitutionnel, les magistrats qui venaient d'obtenir la députation pour eux-mêmes ou pour leurs fils avaient gravement compromis le caractère dont ils se trouvaient revêtus.

Ces magistrats n'étaient rien moins que le Premier Président de la Cour de cassation, un Avocat Général en la même Cour, le Premier Président de la Cour du ressort et un Président de tribunal civil.

Le Garde des Sceaux dut demander des explications. Il interrogea presque en catéchiste quelqu'un qui savait aussi bien qu'un autre sa doctrine et son thème.

Qu'entendez-vous par ces paroles ? me fut-il demandé.

La réponse ne se fit pas plus attendre que mes explications.

Du point si propice et si élevé d'un parquet de Cour souveraine, de cet observatoire où tout avait été exactement et régulièrement guetté, où tout avait été journellement et fidèlement recueilli, un rapport officiel et confidentiel ne pouvait être que le résultat le plus consciencieux de faits certains, jugés, appréciés et connus de tous.

Aussi jaloux de la dignité de la justice que dévoué à son culte, le desservant de ses autels ne cherchait pas seulement à exposer des doléances et ses plaintes, il visait déjà à son plan de réforme et aurait voulu formuler, en réquisitoires explicites, des conclusions tendant à des poursuites disciplinaires contre les quatre magistrats désignés. C'est ainsi qu'il se trouvait amené à interroger, confidentiellement mais sans mystère, ces grands maîtres de la justice qui avaient le plus d'autorité sur le continent et au delà du détroit.

Un ancien chancelier de la Grande-Bretagne répondait avec cette sollicitude anglo-saxonne qui croit n'avoir jamais tout dit ni assez fait pour la justice et ses amis [1].

Le procureur général qui était à la tête de tous les parquets de France sans être aussi explicite qu'on l'est toujours

[1] Quoique ce soit l'ancien chancelier qui ait dû participer à un article de *The law Review and quarterly journal of british and foreing jurisprudence*, etc., etc., il ne saurait être trop inconvenant de reproduire un alinéa qui pourra indiquer que si l'on n'est ni prophète dans son pays ni trop écouté, on n'est pas tout à fait inaperçu et inconnu dans le pays de la justice : — *But M. Borély who filled that high office is a man of profund learning and of the most strict integrity – one who abhors all'intrigue, and who, above every thing, sudders at any thing that approaches to judicial corruption.*

Une autre réponse qui était faite à ce sujet à ce grand ami de la chambre des lords ne saurait être trop indifférente même aujourd'hui bien qu'elle soit du 9 décembre 1847.

au delà de la Manche, n'en avait pas moins fait une réponse qui comme celle du lord chancelier méritent d'être aujourd'hui rappelées l'une et l'autre à l'appui de griefs nouveaux, puisqu'ils ne sont malheureusement pas sans précédents dans cette juridiction.

Il n'y a pas jusqu'à ce digne amiral qui, en quittant la préfecture maritime de Toulon, m'écrivait de sa main gauche, puisqu'il n'avait plus de bras droit, une lettre aussi bien burinée que bien pensée et digne de prendre rang parmi les plus curieux autographes.

En telles circonstances comme en chaque occasion et à toute épreuve, le mandataire direct de la Couronne n'a pas seulement à soutenir les droits du trône et les institutions de son pays, comme on soutient tout édifice du côté où il penche, il doit prévenir et signaler les bouleversements et les troubles, indiquer ce qui, seul, amène les révolutions dans tous les temps et dans tous les lieux.

Le peuple qui jouit du grand bienfait de la Justice n'a rien à demander à ses gouvernants : il fait le reste parce qu'il sent et parce qu'il sait que la Justice protége ses droits et son indépendance.

Vers la fin de ce règne constitutionnel, j'en étais à bout de réquisitions et de remontrances, d'avis officiels et officieux ; chaque jour j'avais moins de crédit en chancellerie et moins d'influence dans mes actes.

La députation avait tout envahi. Il ne pouvait en être autrement ; l'institution péchait par sa base fondamentale. Comment résister et que refuser à des députés investis de l'inamovibilité dans leur emploi ? Si le pouvoir ministériel succombait sous le poids du plus grand vice de nos institutions publiques, l'immixtion de la politique dans le domaine de la Justice, ne fallait-il pas qu'un autre pouvoir ne se laissât pas envahir et sût résister, sur place, au plus fatal entraînement de ces temps?

Le gouvernement dut succomber à sa tâche.

Dans ce discours de rentrée, à la reprise solennelle des travaux de la Cour, en novembre 1847, qui ne fut, on nous permettra de le répéter, qu'un discours de sortie, puisque je fus disgracié le mois suivant, je sonnais le tocsin. Pendant de longues heures, je dissertais sur les déviations du jury et de la presse: je me taisais sur une inauguration de statues. C'était malheureusement les glas d'un gouvernement peu soucieux et, s'il faut le dire, par trop imprévoyant sur une justice ne pouvant que semer désaffection, méfiance et qu'emportait soudainement cette fatale république du 24 février 1848.

Si je n'entendais pas être plus prophète qu'un autre, il me semblait que je n'en étais pas moins plus vigilant et plus dévoué qu'on ne l'était à mes côtés, au dessus et au devant de moi-même.

Mais, tant est profonde l'influence des traditions judiciaires et des déviations de la justice, qu'aujourd'hui, nous retrouvons, aux élections de tous les degrés, aux assises de tout le ressort et dernièrement au chef-lieu de la Cour, les mêmes doctrines et toutes les funestes aberrations qui, jadis, avaient excité notre zèle et occasionné notre disgrâce.

Certainement, on peut se complaire dans son passé et le silence. Quand on a su faire solution de continuité avec tous les pouvoirs qui se sont succédé, on peut se suffire dans l'exploitation du patrimoine paternel, dans les méditations de son culte et dans l'espérance d'améliorations souhaitables et si souhaitées. Après une navigation d'une quarantaine d'années, en panne, sur la plage, depuis près de vingt ans, on n'a pas seulement laissé passer les temps, fuir les heures, vu courir les eaux troublées.

Mais alors que les corps judiciaires renouvellent à notre face, *hìc* et *nunc*, les plus désastreuses et les plus fatales traditions, dans le même canton, où un ancien de la justice cultive son champ, élève son bétail, améliore les races, peut-on croire l'émérite entièrement absorbé dans ses œuvres agricoles et ne cherchant plus à s'occuper de ce qui est tant au dessus de tout labeur, de toutes pensées et de nos vœux les plus chers ?

Oh ! non ; cet ancien, si fidèle à son culte, ne se retrouve ni dégénéré, ni impassible et froid devant la justice, devant les hommages qu'elle doit mériter, ni devant les abus qui l'outragent.

Ce ne serait pas nous qui voudrions chercher des conflits, toujours regrettables, avec les plus hauts magistrats du pays, mais nous ne voudrions pas non plus reculer ni faillir devant les difficultés et le péril. Nous sommes peu disposé à éviter toute occasion, surtout lorsque la plus flagrante occasion se présente dans notre propre canton. Ne serait-ce pas faillir et reculer que de fléchir en pareille occurrence ? Il y a longtemps que j'ai pris cette pensée pour épigraphe de plus d'un chapitre et de quelques circonstances de ma vie :—Les résolutions viriles sont celles que l'on prend avec la conscience du danger auquel on s'expose.

Comment supposer que la gravité et la témérité de pareils écarts puissent être inaperçues de cet ancien chef de la répression publique dont jadis on appréhendait tant les réquisitoires et la voix pour la conservation de la morale et le maintien des lois ?

Je ne saurais me lasser de le répéter et je ne voudrais pas trop lasser, cependant, ceux qui daigneraient comprendre encore qu'un justicier du libéralisme endurci ne peut abdiquer aucun des sentiments qu'inspire la justice ni le ressentiment de l'injustice et de la provocation.

Oui , c'est une véritable provocation à la sincérité de la justice et à la liberté de l'élection que de voir un Premier Président présenter lui-même son fils dans un canton étranger , patroner un très-jeune avocat inconnu dans le même canton et exercer ce patronage dans des circonstances , où l'on a mis de côté toute dignité magistrale, toute retenue et même toute pudeur.

Le nouveau Premier Président de cette Cour délaissant une clientèle productive , quittant une mairie républicaine qu'il avait disposée à l'Empire, terminant le cours de législatures avisées , mettant en oubli de premières velléités légitimistes, franchissant naguère et de plein saut tous les degrés de la magistrature souveraine, se voyait élevé à la plus haute dignité, à la première présidence de la Cour impériale d'Aix aux applaudissements autoritaires de tout le pays.

Il recevait les ovations du jour et toutes les faveurs locales.

L'antique cité parlementaire lui offrait une médaille d'or du plus grand module, alors que les Etats de Provence n'en avaient présenté qu'une en bronze du modeste module de cinquante-trois millimètres de diamètre, bien moindre ainsi que la nouvelle médaille d'or massif.

Mais lorsque le Tiers-Etat de Provence décernait dans

l'assemblée de ses communes, en 1788, cet hommage public à G. J.-B. des Galois de la Tour, intendant du pays, il qualifiait le Premier Président du Parlement *son ami depuis quarante années*.

Si, aujourd'hui, on ne se souvient guère de ces grandes et longues magistratures, de la simplicité et de la modestie de ces vertus héréditaires, nous avons sous les yeux, cherchant à frapper nos regards, un Premier Président qui restaure le plus bel hôtel de la cité, qui possède le plus vaste château de la contrée, de riches mines en exploitation, une famille qui s'établit somptueusement, et un fils, jeune avocat, plaidant et plaidant bien et beaucoup devant son père.

Tant d'avantages n'auraient-ils pas dû suffire à une ambition individuelle ? Oh ! non : il est une autre ambition ; elle est naturelle quoique la plus séduisante et la plus périlleuse de toutes, puisque c'est l'ambition qu'inspire la paternité.

Si le père de famille allait se croire au terme de ses souhaits personnels, les souhaits dynastiques, qui sont si naturels sur le trône, ne seraient certainement pas surnaturels dans les rangs de la démocratie française ni même dans les rangs de la magistrature contemporaine.

Il faut donc disposer une nouvelle voie à une destinée nouvelle. Si la carrière politique n'a été ni sans attrait ni sans profit pour un heureux père, vraisemblablement elle n'aura ni moins de profit ni moins d'attrait pour un fils doué de toutes les qualités paternelles et édifié par tous les exemples qu'il a constamment sous les yeux.

Aux élections départementales de 1865, M. Paul Rigaud, avocat, fils du Premier Président de la Cour, se présente dans son canton natal. Il échoue au début de la carrière que rêvent déjà les siens.

Croyant même qu'il ne doit avoir à évoquer qu'un seul titre , il se contente seulement d'imprimer et de dire aussi à ses électeurs : *Je suis le fils de mon père* (sic).

Revenus d'une pareille émotion, père et fils , juges et amis, tous veulent réparer au plustôt un humiliant échec lorsque Gardanne perd son représentant au conseil général.

Quoique déjà vulnérable et battu au canton natal, le jeune avocat reprend courage et sa candidature s'élève dans un pays ahuri et si étonné de la proposition d'un tel choix.

Cet étonnement va cesser à la voix de celui qui revendique l'honneur d'une telle initiative.

Le jour du décès de M. Lauzier , le juge de paix de Gardanne accourt chez le Premier Président de la Cour : il indique le remplacement du représentant du canton au conseil général ; il propose , dispose et impose même une candidature aussi souhaitée par lui que souhaitable par ceux qui ont la cornée des yeux plus forte, plus sûre et plus exercée qu'eux tous.

Le lendemain, le magistrat guêtré se vante et se prévaut à Gardanne de l'honneur et du succès de son initiative. Dans ses longues et fréquentes visites, l'avocat-candidat est reçu chez le juge ; il accepte sa table et l'hospitalité complète. Ce juge, ancien avoué en la Cour, mulcté et inoccupé fera mieux les devoirs de l'obséquiosité qu'il ne faisait ceux de sa clientèle.

On n'en faisait ni plus ni moins de notre temps. J'avais jadis signalé au ministre que les plus grands dignitaires de la magistrature s'étaient laissé emporter à leur tour à ces dangereux courants. Un brave et digne amiral comprenait, dans le Var, l'honneur français sur le terrain civil comme il savait le défendre dans les combats où il avait laissé son bras droit.

Au surplus, s'il y avait enquête quelconque sur cette élection gardannoise, sur ses précédents et ses suites, il y aurait, quant à tous ces faits, les affirmations les plus édifiantes et les plus imposantes du pays. Le maire est mandé à l'hôtel de la première présidence et tous les fonctionnaires accourent à la file comme de raison et comme de coutume. D'un autre côté, la presse indépendante intervient : elle articule des faits, relève des assertions par trop hasardées et reproche au candidat-avocat de se prévaloir de l'assentiment du frère aîné survivant à M. Lauzier cadet.

Ces reproches ont une telle gravité, et peuvent porter une telle atteinte à l'honneur de cet ordre, si jaloux de son honneur, qu'il ne saurait être inutile ni offensif de reproduire, sous les yeux du conseil de discipline des avocats, un seul des articles de nos feuilles publiques. Cette reproduction paraîtra d'autant moins malveillante qu'elle est choisie dans un des journaux qui conserve le mieux ses anciennes doctrines et ses nombreux abonnés.

Au fond, les gémissements sont plus ou moins impitoyables et les plaintes, en général, sont aussi plus ou moins fondées. Mais en particulier et dans le cas présent, la plainte d'un émérite de la justice, de mon âge, de mes services, de mon caractère, ne saurait être que cette plainte sérieuse et grave qui ne doit reposer que sur les faits les plus certains et les bruits les mieux accrédités.

D'ailleurs notre magistrat cantonal n'a pas moins de

vertu que n'en ont tant de juges de paix appelés et classés par faveur politique et préférence électorale.

Celui-ci, du canton d'Istres avancé à Gardanne, n'ignore certainement pas qu'il n'est plus qu'à dix kilomètres d'Aix, tandis que le bourg si chaud et si triste qu'il quittait en est éloigné de cinquante.

Hélas ! chacun ne dit - il pas sans trop de gêne et sans trop baisser la voix que le juge de Gardanne aspire à une justice de paix d'Aix, de Toulon et de Marseille même ; — que notre maire veut à son tour succéder à la justice de paix qui va être vacante. Que ne dit-on pas et que ne doit-on pas dire en pareille occurrence, devant toutes ces petites ambitions, tant excitées à plaisir et tant remuées sans trop d'intérêt ni d'honneur pour la justice et le pays !

Ah ! si c'est là faire preuve d'habileté, si pour gouverner aux temps où nous vivons, il faut, comme on le dit partout, subordonner tous les mouvements de son âme à de honteux calculs, s'il faut tour à tour énerver les cœurs, exalter l'égoïsme, susciter les mauvaises passions, avilir les institutions, flatter les penchants les plus bas, en un mot tirer parti de toutes les situations pour élever la sienne, de toutes les positions pour une petite intronisation dynastique, pour une édification de famille, alors ne peut-on pas gémir, ne doit-on pas se plaindre ?

Quand on gémit du malheur, on se plaint du malheur; on avise.

Pourquoi donc ne dirions-nous pas tout ce qui paraîtra peu croyable, mais tout ce qui était annoté hier, transcrit sur l'heure, dicté à la minute et transmis demain à qui de droit ?

Il est des enfants gâtés de tout âge et de toute condition: peu résistent aux tentations auxquelles on expose souvent leur ambition trop précoce, et quelquefois un petit orgueil qu'on apporte en naissant et qui n'est que le germe de la maladie sous laquelle on va se débattre et succomber. Ces jeunes êtres se font surtout remarquer par l'obstination dans leurs volontés et leurs caprices. S'ils se trouvent entourés de doux et bons exemples domestiques, ils pousseront les vertus de famille jusqu'à vouloir égaler et surpasser leurs père et mère. Si c'étaient des sentiments glorieux qui les animent, ils s'en iraient jusqu'au rêve de l'ambition et de la gloire. Alors il n'entrerait jamais dans leur esprit que le reste du monde pût faire obstacle à leur haute destinée; de quelque parti que puisse apparaître une opposition, les opposants seront dignes de leur mépris autant que le suffrage universel sera digne de leur hommage, suffrage bien entendu, aidé, soutenu, ravivé par l'autorité de tous les rangs.

La candidature au conseil général des Bouches-du-Rhône, inspirée par le juge de paix du canton au Premier Président de la Cour impériale, agréée par son fils avocat plaidant, va donc être maniée et remaniée à la façon du jour.

M. le Premier Président Rigaud, quinze jours avant l'élection, fait visite à ce beau château qui ne recherche pas assez les honneurs, mais qui, un soir, se trouve très-honoré de la distinction qu'il reçoit.

Huit jours après, le dimanche 17 juin qui précédait tout juste l'élection du 24, M. le Premier Président de la Cour arrive au chef-lieu du canton : Gardanne est en émoi; la justice de paix s'ouvre devant les autorités judiciaires, religieuses, civiles, et la foule, peu habituée à ces spectacles, s'empresse d'envahir le prétoire. Le premier magistrat du ressort, après avoir affectueusement serré les mains et promis bienveillance et protection au juge, au curé, au maire et aux adjoints, prend la parole : il sait la garder comme ancien avocat tout le temps nécessaire au gain de la cause. Après une heure au moins du banal récit des eaux du Verdon, du canal et du chemin de fer, et par conséquent de ses mines et de notre culture du tabac, il a fallu résumer et tout réduire en ces deux mots aussi significatifs que ceux imprimés à Trets dans la première profession de foi du fils.

Lorsque celui-ci avait cru avoir tout dit à Trest: *je suis le fils de mon père*, le premier président n'a-t-il pas été aussi bien inspiré en terminant ainsi sa harangue électorale: *mon fils c'est moi* (sic, sic, sic).

Père et fils, France et Provence, ignoreront donc ce qu'on disait, déjà, chez nous, vers le milieu du dix-huitième siècle et ce que font chez eux les Anglais depuis plusieurs siècles aussi :

« Nous ne connaissons pas cet orgueil de naissance, » s'écriait chez nous le poète. Chez nos voisins, les pairs d'Angleterre s'éloignent des circonscriptions électorales lorsque leurs fils se présentent comme candidats à la chambre des communes.

Et puis, reculerait-on devant cette autre question et devant toute autre :—Le père et le fils peuvent-ils siéger dans le même conseil général ? Ah ! certes, il y a pire : le mal est plus grand ailleurs.

Vulgairement et sans poésie, démocratiquement et sans façon, aucun n'ignore par ici et par là ce qu'il y a au dessus du panier et au fond du sac. Mais pas un n'ose et ne peut même parler à haute voix ni à voix basse.

En effet, que dire et comment relever tant et tant de choses, de toute heure, de chaque jour et de mainte et mainte audience ?

Dès son élévation à la tête de la Cour, le Premier Président actuel annonce aux avoués qu'il ne siégera pas dans les causes que plaidera son fils.

Naguère, aux avoués réunis, le même Premier Président retirait son avertissement antérieur : « Mon abstention au » jugement des affaires dans lesquelles doit plaider mon » fils fait tort à sa postulation. A l'avenir, je présiderai en » toutes causes et en toutes circonstances. »

Pas plus tard qu'au mois dernier, la Cour jugeait la validité de la reconnaissance d'un enfant naturel. Après le tour des voix, recueillement d'avis, l'arrêt passait contre l'opinion du chef des chambres réunies à la majorité d'une seule voix. La cause est renvoyée à huitaine pour rédaction de l'arrêt convenu. A la huitaine, retour d'une opinion, rédaction d'autre arrêt ; l'avocat Rigaud gagne son procès ; de plus il est remarqué que quatorze magistrats suffisant à cette audience solennelle, le Premier Président faisant le quinzième, pouvait s'abstenir, car dans cette Cour comme ailleurs les abstentions ne répugnent à aucun.

La Cour, le barreau, le public, savent le reste et tout ce qui se passe en pareilles occurrences !

Que de jeux et d'enjeux ne pourrait-on pas exhiber de ces sacs à procès ? Il n'y a pas de jour qu'on ne cite ce plaideur ou tel autre s'exprimant très-naïvement sur le gain de son litige. — Nous étions beaucoup d'intéressés dans cette importante affaire : l'avocat était choisi , instruit et nanti des pièces. Lorsqu'il se vit assisté d'un collègue , il en demanda le motif et rapportait ainsi la réponse du Premier Président : Ne craignez pas que je m'abstienne et que je ne siége pas dans ce procès. Faites plaider le fils , le père siégera et bonne justice sera faite !

Il n'y aurait plus rien à dire sans ce dernier et fatal épisode qu'il y a bien de la peine à ne pas taire et à ne pas oublier. Après avoir ainsi mêlé la justice à la politique, pourquoi donc attirer encore dans l'arêne des passions populaires cette autre autorité qui devrait en être aussi éloignée que la magistrature?

« Les curés, dont les devoirs civils ont été si noblement
» retracés par la plus éloquente plume de nos jours , les
» curés ne doivent pas se laisser entraîner au milieu des
» choses humaines, passagères, fugitives, instables de leur
» nature. La religion , gouvernement éternel de Dieu sur
» la conscience , est au dessus de cette sphère des vicissi-
» tudes , des versatilités politiques ; elle se dégrade , en y
» descendant ; son ministre doit s'en tenir soigneusement
» séparé. Le curé est le seul citoyen qui ait le droit et le
» devoir de rester à l'écart , dans les causes , dans les hai-
» nes, dans les luttes des partis , qui divisent les opinions
» et les hommes..... Il ne doit jamais oublier que son
» influence commence et finit au seuil de son église , au
» pied de son autel, dans la chaire de vérité , sur la porte
» de l'indigent et du malade, au chevet du mourant. Là, il
» est l'homme de Dieu ; partout ailleurs, le plus humble,
» le plus inaperçu des hommes. »

Eh quoi ! les modestes ecclésiastiques des campagnes auraient-ils dû quitter leurs autels, renvoyer leurs fidèles au jour et à l'heure de la prière pour venir donner leur assistance aux ambitieux de la terre !

Tout ce qui se passait là, dans ce jour d'élection, ne pourrait-il pas rappeler cette réserve que le même curé cantonal affectait un jour de nôces dans le château voisin. Ce respectable ecclésiastique ne s'asseyait point à la table des conviés : il se faisait servir dans un appartement voisin et s'il n'avait pas trop de raison de s'éloigner d'une société bien élevée et polie, on peut se demander si, en suivant là la prescription rigoureuse de ses chefs, il s'est bien ici souvenu de cette réserve que commandent encore mieux les exemples des dignitaires de l'Eglise.

Et nous enfin, Monsieur le Ministre, nous qui n'avons paru nulle part dans toutes ces menées et à travers tous ces préambules, aurions-nous outre-passé le devoir du citoyen en paraissant sur la place publique deux heures seulement avant la clôture du scrutin ? C'est à cheval et en vrai costume de country-gentleman que ce 24 du mois de juin dont nous pressentions une plus grande défaite sur les bords du Mincio, que nous rappelions à nos compatriotes ce que sont les nationalités en tout pays.

Notre allocution ne pouvait être ni plus naturelle ni plus simple : « Les Italiens veulent être Italiens, les Gardannois » veulent être Gardannois. Notre candidat est né dans le » pays ; il appartient à une famille honnête qui vit dans » l'aisance et la modestie. Il soignait naguère des cholériques aux bains de Lamalou. S'il ne pratique point son » art à Marseille, son concurrent à Aix sait pratiquer le » sien devant la Cour impériale présidée par son père.

» Compatriotes et amis, soyons donc nationaux dans notre
» canton et repoussons l'ennemi au delà de l'Arc, comme
» nous voudrions repousser les Autrichiens au delà du Min-
» cio et de la Vénétie. » Hélas ! l'agglomération gardannoise a résisté comme l'armée italienne : ce sont nos communes voisines qui ont succombé aux manœuvres des gardes champêtres répandant l'alarme et leurs bulletins, comme ces gros bataillons de Bohémiens et des Hongrois qui ont arrêté l'élan du patriotisme cisalpin.

Aurions-nous résisté jusqu'à la fin et jusque sous l'humble toit de la ferme ? Il serait trop long de le dire ici : nous nous bornerons à le recueillir à la fin de ces lamentations interminables.

Comme il pourra n'être pas sans intérêt non plus de savoir comment on se conduisait en d'autres temps pour l'élection gardannoise au conseil général des Bouches-du-Rhône, nous donnerons ci-après la lettre du procureur général du gouvernement constitutionnel ; cette lettre, adressée aux journaux, fut surtout on ne peut mieux accueillie par le *Sémaphore de Marseille* n° 2727, du 16 décembre 1836.[1]

C'est avec douleur mais sans hésitation ni regret que je soumets cette plainte au chef de la magistrature française et des cultes afin d'éveiller sa haute sollicitude sur la conduite magistrale d'un chef de Cour souveraine, sur celle de son fils, avocat plaidant devant lui, et sur celle des membres du clergé.

J'adresse les mêmes griefs à la Cour elle-même pour lui

[1] C'est la même lettre qu'on a déjà pu lire dans le cours de ce volume et à la page 80, sous le titre de : ***Retraite du conseil général.***

donner occasion d'arrêter et de prévenir, par ses attributions disciplinaires, les abus les plus funestes à la justice, les plus attentatoires à son indépendance et les plus opposés au respect dont elle doit être entourée comme aussi d'aller au devant des sourdes doléances du barreau au sujet d'un des plus jeunes de ses membres, qui profite et abuse des liens de famille.

Je fais part à M. le procureur général de tout ce qui est, par lui, à examiner dans la circonstance présente sur la conduite d'un juge de paix de mon canton où il est arrivé tôt par avancement et d'où il veut sortir au plus tôt et au même titre.

Je me plais à croire que le digne supérieur ecclésiastique de ce diocèse ne sera ni étonné ni fâché qu'on porte à sa connaissance des condescendances ne pouvant que compromettre le respect que doit inspirer un culte qui, lui aussi, a besoin de se faire respecter.

En ces circonstances, le barreau se tait. Jaloux de ses prérogatives et de ses droits, respectueux envers la Cour et son chef, l'ordre, par son silence, ne doit-il pas être considéré sous le point de vue de ces susceptibilités qu'inspirent le désintéressement et la dignité, l'intérêt général du corps et l'intérêt particulier de ses membres ?

Hélas ! pourquoi faut-il encore se souvenir de son La Fontaine et rappeler en finissant et presque sans variante cette philosophie si juste à certains âges et dans certains temps :

On lit au front de ceux que l'hermine environne
Que la justice vend ce qu'on croit qu'elle donne !

Daignez agréer, etc.,

BORÉLY.

P. S. — A travers ces interminables longueurs fallait-il rappeler au Ministre de la Justice ce qu'il sait mieux que pas un autre, qu'en matière électorale il existe une loi accompagnée de dispositions répressives ; qu'il y a des délits et des peines : que la loi elle-même a pris soin de doubler ces peines lorsque le coupable est fonctionnaire public ?

Ces dispositions avaient été invoquées aux dernières élections dans le département de Loir-et-Cher et ailleurs.

Aujourd'hui, dans son propre canton, en présence du chef de la Cour du ressort et de son fils avocat, il a paru convenable à un ancien magistrat, de saisir les corps de la localité par voie disciplinaire et de chercher ainsi à sauvegarder sur place l'honneur, l'indépendance de la Justice et les droits du Barreau.

INCIDENT ÉLECTORAL

Il ne saurait paraître extraordinaire ni inutile qu'après ce qu'on vient de lire, on laisse encore glisser ici un de ces mille incidents qui dépeignent toujours mieux les astuces et les faiblesses auxquelles recouraient nos autoritaires du bourg et leurs valets de ville.

Le garde-champêtre.

Trois jours avant l'élection, c'est-à-dire le 21 juin 1866,

le garde-champêtre de Gardanne montait à la ferme et distribuait à tous mes travailleurs leurs cartes d'élection. Je fus appelé sur ces entrefaites et je remerciai le Garde de ce qu'il remplissait ainsi de bonne heure et convenablement une mission électorale. Après un malin sourire, il fut tiré des sacoches municipales des bulletins portant le nom du candidat officiel. J'arrêtai cette distribution et je lui fis cette harangue : « Garde, vous outre-passez votre mandat; vous « attentez à la conscience de mes gens et à l'inviolabilité de « mon domicile. Faites ces distributions en lieux publics ; « ici vous n'en avez pas le droit. Je vous arrête; vous ne « sortirez d'ici que quand l'élection sera terminée. Si je « compromets votre position, je saurais vous indemniser. « Dès ce jour, s'il vous en mésarrive, je vous fais mon « garde. Vos appointements communaux ne seront pas ré- « duits. Le garde actuel ne sera pas fâché de jouir de sa « retraite et de reposer ses lauriers sous l'honorariat à l'or- « dre du jour. »

Dans sa bonne contenance, le Garde n'acceptait ni mes propositions pécuniaires, ni la détention immédiate. Les menaces furent même faites jusqu'à employer la force sur l'heure, car il fut menacé de la prison et des liens.

« Je suis ancien soldat, dit-il, et quoique je n'aie servi « que dans nos troubles civils, comme à Marseille aux bar- « ricades de la place aux Œufs, je ne me laisserai ni arrê- « ter, ni emprisonner, ni garrotter par qui que ce soit. Le « soldat Français sait se faire hacher partout plutôt que de « se rendre. »

Et moi, sur-le-champ, je me rendis à ce brave et lui offris très-volontiers à déjeûner.

Cet émissaire ne valait-il pas mieux que ceux qui l'envoyaient, puisqu'il voulait résister à mes politesses et aux anecdotes que je lui racontais, et entre autres à celle-ci qui ne fut cependant ni incomprise ni dédaignée par lui :

« Dans ces heureux temps où la Grèce secouait le joug ottoman, le comité hellénique de Marseille fut un jour appelé à faire une protestation solennelle aux premières autorités de la ville ; on refusait l'entrée du port au premier bâtiment qui apparut avec la croix de la Grèce. Quoique non encore reconnue par aucune puissance, la puissance du libéralisme devait déjà l'emporter alors sur toutes les résistances qu'il rencontrait.

« Le comité grec fut assemblé : il fut incontinent délibéré et arrêté, de faire une protestation énergique ; sur l'heure, elle fut signifiée au général commandant la division et au préfet. L'huissier fut à l'instant mandé en préfecture. Président du comité grec et du tribunal correctionnel, je dus précéder mon huissier ; je lui demandai devant les autorités, et catégoriquement, ce que lui avait coûté sa charge. Eh bien ! dis-je à mon fidèle et dévoué Du Rozoy, je vous assure devant ces messieurs que si vous étiez révoqué, je vous rembourserais les dix mille francs que vous a coûté votre emploi. »

Il n'en fut rien : ces autorités légitimistes étaient bien plus tolérantes et surtout bien mieux élevées que ne l'ont été tant d'autres qui les remplacent. Libre entrée fut accordée au *Léonidas*, et nous, qui étions alors les représentants des anciens Phocéens et des nouveaux libéraux, nous assistions, sous l'étendard de la croix, à ce premier succès de nos vœux et de nos résistances.

Vieux soldat, le Garde ne fut pas insensible à notre récit, mais, à son tour, il se maintint dans sa noble résistance, et le jour de l'élection, il conservait surtout en notre présence, ce respect auquel d'autres autorités ont failli.

La gendarmerie, qui nous suivait partout, n'a cessé un seul instant de rester dans les convenances que sait garder cette arme ; je lui adressai plusieurs fois la parole pour la féliciter de cette manière de remplir son devoir. Peut-être n'aurai-je pas donné les mêmes félicitations à quelqu'un qui voulait avoir l'air de tout conduire, et qui dans le fait conduisait tout intrà-muros et extrà-muros, au chef-lieu du canton et dans les environs.

DISCIPLINE JUDICIAIRE

Un Premier Président de Cour souveraine assistant et communiant à une messe de minuit en église de Jésuites.

Aix, 28 janvier 1867.

MONSIEUR LE MINISTRE,

Le 28 janvier 1763, le Parlement de Provence rendait ce mémorable arrêt qui *prononçait contre la société soi-disant de Jésus son expulsion du royaume de France.*

Le 24 décembre 1866, la veille des dernières fêtes de Noël, le Premier Président de la Cour souveraine, en même juridiction, assistait à la messe de minuit dans cette ancienne église des Jésuites et recevait la communion des mains du supérieur d'un ordre proscrit par la Justice du pays.

Après cent trois ans, onze mois et quatre jours de cet anniversaire plus que séculaire, après la fin du dix-huitième siècle si fécond en lumières, après une révolution qui a produit tant de calamités et d'enseignements, après les événements qui se passent au delà et en deçà des Alpes, n'y a-t-il pas lieu de douter d'abord, de considérer ensuite, ici, sur place, quelle est la conduite du premier magistrat de ce ressort, quelle est l'attitude du pouvoir gouvernemental et d'un corps judiciaire succédant à un des plus grands Parlements de France?

Sur le fait, la certitude est complète; il n'y a pas lieu à douter davantage sur les circonstances aggravantes qui entourent la solennité, la signification et l'importance de l'acte du premier magistrat du ressort.

Chacun a tout appris, sur l'heure; le lendemain, tout était connu. Dans le recueillement de ces récits, peut-être ne sait-on pas qu'il est bien des âmes pieuses, mais aussi étonnées qu'alarmées, qui gémissent sur ces conversions d'étiquette et du jour. Un magistrat de siége inférieur, sincèrement religieux, assistait à cette messe de minuit et à cette communion magistrale : le lendemain, il confessait lui-même sa grande surprise : il se reprochait les distractions que lui avaient procurées un pareil événement.

Sans avoir les droits et les prérogatives de cette ancienne et respectable magistrature française, la nouvelle magistrature de Provence peut-elle surtout méconnaître et mettre en oubli les doctrines sur les libertés de l'Eglise Gallicane, alors que ces libertés ont été sanctionnées par les décisions les plus solennelles et les plus imposantes ?

Je ne voudrais pas qu'on vît rien d'affecté ni d'hostile dans cette nouvelle excursion de ma part; mais, s'il le fallait, je n'en saurais pas moins supporter les attaques de ceux qui souhaiteraient ne jouir qu'à l'aise et sans la moindre opposition des biens et honneurs si bien acquis par tant de revirements de conscience.

Qu'on daigne le croire : je n'ai souci que des anciens principes que je vois méconnus, des anciens arrêts de justice qui sont mis en oubli et de la conduite des magistrats de l'époque actuelle dans une juridiction et dans un corps déjà célébrés dans les vieux temps et dans les temps modernes sur le sujet le plus important de tous et le plus digne d'attention.

Je ne sais qui pourrait avoir envie de rendre l'Etat plus dévot qu'il ne doit l'être, ni de le pousser vers une dévotion pareille. Sans faire tort aux principes religieux et en les respectant autant que pas un autre, on peut comprendre et l'on doit savoir ce que la magistrature pourrait perdre de considération et de respect en voulant marcher de conserve avec ce corps qui reparaît, qui se relève plus que jamais et qui n'est pas autre que celui qu'elle avait condamné, il y a plus d'un siècle, et que le plus célèbre de nos procureurs généraux accusait de *flétrissures humiliantes et de censures accablantes*.

A mon tour, je signalais dans son temps les tentatives des apparitions et des velléités jésuitiques, et après bien des doléances officielles et officieuses, j'en vins à faire l'éloge du plus illustre de nos prédécesseurs dans une solennité de rentrée à la Cour même de céans.

J'ai l'honneur de replacer sous les yeux du Ministre de la justice actuel le discours que je prononçais le 6 novembre 1843.

En revenant sur ces actes anciens et nouveaux, sur les temps modernes et sur ceux qui sont passés, c'est à s'y perdre en conjectures et en prévisions de tout genre.

Les partis les moins clairvoyants et les plus arriérés se disputent et se disputeront sans cesse ces triomphes momentanés qui, à l'avenir, ne pourraient contribuer qu'au malaise public et au trouble des consciences.

Mais la Justice , mais les chefs des corps judiciaires doivent-ils servir les partis quels qu'ils soient ? Que si c'était les partis pour lesquels les vrais cœurs du pays sont les moins sympathiques ne réveillerait-on pas des antipathies qui pourraient un jour devenir les plus funestes embarras du pouvoir ?

S'il était vrai comme on l'a tant écrit et réimprimé naguère que nos femmes et nos filles ne fussent élevées et gouvernées que par ceux qu'on a qualifiés depuis si longtemps et qu'on qualifie bien encore comme nos *ennemis*, vrais ennemis , abrutisseurs de l'esprit moderne , de la liberté et de l'avenir ; il serait tout aussi vrai de dire que la magistrature et tout pouvoir du jour paraitraient vouloir se ranger et passer avec corps et bagages sous ce gouvernement occulte mais réel , sous cette domination dissimulée mais conquérante , absorbant tout dans l'ordre moral , intellectuel et physique.

Il n'y aurait donc plus d'autorité indépendante dans ce ressort ni nulle part? La pensée vaincue devrait se résigner, s'en aller succombant toujours davantage et se soumettant aux pieds d'un jésuitisme ainsi protégé, honoré et proclamé de la sorte !

Le saint - office moderne sait en effet rétablir ses précédents et tous ses moyens d'action , et c'est dans cet ancien et beau temps du régime passé qu'on pousse toujours et qu'on s'en va cherchant sans cesse cet idéal de torture morale qu'on a si bien appelé jadis la torture de tous les tourments.

Mais qu'on le sache au moins, qu'on sache bien qu'il est des cœurs qui ne se souviennent pas seulement de la patrie des Monclar et des Castillon , que ces cœurs ne sont pas seulement de leurs convictions les plus intimes , de leur croyance la plus sincère, de leur sympathie la plus étroite, mais qu'ils ont été investis à leur tour du même ministère, à la même place et que, dans le recueillement de la retraite, ils se retrouvent sans cesse excités par les mêmes craintes et par l'effroi des mêmes dangers.

Quoique nous ne soyons plus au pouvoir ni au dix-huitième siècle et que nous nous croyions en pleine tolérance de notre siècle , nous ne craignons pas de venir professer et renouveler même des doctrines qui ne sont pas sans analogie avec les temps actuels.

Du parquet de cette Cour, après avoir jadis disciplinairement requis à l'occasion d'une messe au grand jour, pourquoi ne se croirait-on pas encore obligé d'aviser à l'occasion d'une messe de nuit ?

De notre part et en plein midi, d'autre part et dans l'obscurité de la nuit, n'est-il pas toujours question de manifestations hostiles au pouvoir et aux convenances publiques ? N'y a-t-il pas même rapport dans ces conduites magistrales qui donnent d'aussi mémorables exemples? C'est en se trouvant amené à les rapprocher qu'il faut se résigner à quelques épisodes réveillés par occasion, dans cette occurrence nouvelle et si étrange qu'on a peine à la concevoir et quelque embarras à la reproduire.

Si le poète, appelé national de son temps, avait dit qu'on *peut aller même à la messe, qu'ainsi le veut la liberté* , voyons ce que nous avons fait, nous, qui étions aussi personnellement lié avec le poète que cordialement dévoué à la liberté; voyons donc ce que nous avons fait en circonstance pareille, devant une mesure qui dut réveiller alors toute la sollicitude du ministère public.

Un juge rallié ou se prétendant tel alors, comme il se montre rallié aujourd'hui avec une présidence de chambre à la cour impériale, assista avec ostentation le 15 février 1831 à la cérémonie religieuse qui avait lieu dans l'église métropolitaine d'Aix à l'occasion de l'anniversaire de la mort du duc de Berri. Le premier du mois de mars suivant, ce magistrat était cité en discipline à la requête du ministère public devant l'assemblée générale des chambres de la Cour pour l'audience du 8 du même mois de mars.

Je voudrais pouvoir oublier et ne plus relire ce que je rappelais en chancellerie le 18 mars sur ce qui venait de se passer au sein d'une cour où un ancien parti conservait tant de rancunes.

Toutefois, les vingt-deux magistrats réunis en chambre de conseil, après une délibération orageuse et irritante qui dura jusqu'à six heures et demie du soir, se trouvèrent divisés : onze pour la condamnation du juge inculpé et onze pour son acquittement.

Il faudrait oublier encore jusqu'où purent aller les circonstances aggravantes dans la défense d'un magistrat se complaisant pour sa justification à développer les plus fausses et les plus inconvenantes doctrines sur le serment. Le dépôt d'une pareille défense fut requis par le ministère public et ce dépôt fut refusé par la Cour.

Quoi qu'il en fût, cet acquittement et ces doctrines compromettaient bien plus la dignité de la magistrature que le repos de la tranquillité publique et le respect des institutions nouvelles.

Il ne pouvait pas y avoir là exagération ni inconvenance dans la conduite du ministère public, lorsque sans comparer des pays si différents, nous voyons ce qu'est la justice dans un autre hémisphère et ce qu'elle doit être partout.

Le juge West-Humphries, dans le district de Tennessee, a été privé de son siége sur la seule appréhension d'avoir eu des sympathies pour l'institution qui vient enfin de crouler dans le pays de l'esclavage.

Quoi que chez nous, il en ait pu advenir à l'occasion d'une messe dite en plein jour et quoi qu'il en puisse advenir à l'occasion d'une communion nocturne dans l'église actuelle des Jésuites, nous n'avons pas été alors comme nous ne sommes pas aujourd'hui moins tolérant que l'exigent les principes de la plus large tolérance, tolérance qui n'a cessé d'être également invariable et éclairée dans tous les temps et dans tous nos actes.

Un autre jour, déjà élevé au pouvoir et à la tête du parquet de cette Cour, j'appris que les Capucins qui existaient déjà dans tout le ressort excitaient le courroux du général qui venait de prendre le commandement de notre division.

Après quelques pourparlers sur les antipathies et les projets de ce chef militaire, les Capucins furent tous arrêtés dans ma juridiction par ordre du général et mis à la disposition de la Justice. Par mes ordres tous ces religieux furent immédiatement rendus à la liberté.

Le chef du parquet avait prévenu le chef de la division de tout ce qui allait se passer.

Partant pour Paris comme député du Jura, le général baron Delort fut bien aise de voir le magistrat qui lui résistait. Au moment de monter en chaise de poste et lorsque le général faisait ses adieux à son état-major, je passais dans la rue.

On insista pour m'introduire dans ce moment là même, auprès du député qui partait pour la capitale.

Je ne puis me soustraire à la satisfaction de rappeler tout ceci en l'honneur d'un brave de l'armée mais peut-être aussi en l'honneur d'un intrépide de la Justice : — Monsieur le Procureur Général, je puis donc vous interpeller avant mon départ et vous demander s'il n'y a pas des lois contre les ordres monastiques et pourquoi elles ne seraient point exécutées ?— Général, il est des lois contre les rois et les religieux qui ne s'exécutent plus et que moi - même ne veux mettre à exécution. Au surplus, nous sommes deux autorités marchant l'une et l'autre sur deux lignes parallèles qui ne doivent jamais se rencontrer. Je n'ai à répondre qu'à une interpellation ; c'est à celle du Ministre de la Justice : si j'examinais bien les attributions de ma charge et les ordres qui pourraient vous être adressés par la Justice , j'aurais peut - être le droit de vous requérir sur l'heure pour que vous eussiez à vous transporter avec vos bataillons sur le point de mon ressort dont je croirais la tranquillité menacée.

Cet excellent général me tendit noblement la main en s'écriant avec autant de grâce que d'à-propos : *Cedant arma togæ !*

A peine était-il rendu à son poste législatif , je recevais la traduction d'Horace que venait de publier en vers cet officier général.

Je ne voudrais pas aller plus loin dans cet excusable épisode, incident presque inévitable en ce grave et sérieux sujet. Mais en se laissant aller à le reproduire, il ne sera pas du moins question de la dédicace qui accompagnait en vers un souvenir aussi flatteur pour le magistrat d'alors, que pour le souvenir de l'état militaire en collision passagère avec une corporation religieuse et la Justice elle-même.

Peut-être savions-nous résister sans bravades aux braves de l'armée, protéger des capucins sans capucinades et nous opposer aux mauvaises tendances des magistrats sans espoir de censure magistrale.

Aujourd'hui, quoiqu'on ait quitté un des plus hauts rangs et un des plus grands emplois de la magistrature française, on n'a quitté ni son pays ni le culte de la Justice ; on n'est pas seulement de la patrie de Monclar et son panégyriste, on conserve ses traditions et l'on se croit toujours un de ceux dont le même ministère et la vue du même danger se trouvent sans cesse excités par les mêmes abus, par les mêmes craintes pour l'Etat, pour les mêmes principes de justice et pour ce sentiment qui ne cesse d'être en sollicitude pour l'indépendance, la fermeté de la magistrature.

Enfin, si pour clore ces plaintes sur l'attitude ostensible de la magistrature actuelle et sur l'envahissement occulte du jésuitisme local, il fallait lever ce dernier coin du voile dont on voudrait couvrir la tête d'un chef de Cour souveraine, n'en reviendrait-on pas à s'enquérir si l'on ne cherche pas ainsi à calmer, par l'ingrédient jésuitique, les angoisses qui doivent tourmenter l'âme déjà tant bourrelée de remords à la suite d'un dernier et mémorable arrêt, de cet arrêt qui méconnaissait la souveraineté du jury, de cet arrêt qui a été si censuré par la Cour suprême et par toutes les décisions qui s'en sont suivies ! Et par les clameurs de tous les organes de la presse intérieure et extérieure ! C'était à ces dernières assises qui avaient eu un si grand retentissement, il y a peu d'années, que le jury des Bouches-du-Rhône avait donné un démenti juridique à l'allégation d'un valet ; la Cour d'assises d'Aix retournait ce démenti au jury et mettait à sa place une autre décision infirmative en accordant des dommages-intérêts , Cour présidée par le Premier Président.

Après ces années de lutte opiniâtre et si scandaleuse pour la Justice, la Cour suprême rendait naguère sa dernière décision dans l'affaire Armand ; ne serait-ce pas que dans ce moment-là même il aurait fallu calmer enfin les étreintes d'une conscience troublée et si persécutée par tant d'arrêts et par l'opinion publique ?

On se perd dans ces conjectures , on dit tout où il y a tant à dire et l'on se demande si une conscience magistrale n'aura pas cherché une absolution suprême dans cette communion expiatoire, reçue dans l'église des Jésuites et de la main même du supérieur de cet ordre !

Pour ce qui pourrait humblement m'incomber en paisible et studieuse retraite, je ne dois aujourd'hui m'adresser qu'au chef de la magistrature française : et même si j'avais encore en mains la poursuite en matière disciplinaire, j'hésiterais par la difficulté, par l'impossibilité même d'atteindre le vrai but auquel il n'y aurait qu'à viser.

On ne peut convertir une plainte en censure pareille pour obtenir le seul résultat efficace. Ce résultat serait de transmuer la peine de la réprimande ou de la censure en dommages-intérêts et de faire condamner personnellement le délinquant à la réimpression du réquisitoire que le procureur général Monclar prononçait le 4 janvier 1763 et à la réimpression de l'arrêt du Parlement de Provence qui intervenait le 28 du même mois de janvier 1763 ; le tout extrait en due forme des registres du même Parlement en tel nombre de mille exemplaires déterminés pour être distribués à chaque magistrat du ressort, à chaque ecclésiastique du diocèse, à tous les chefs d'établissements d'instruction publique de l'académie d'Aix, ainsi qu'à tous les journaux qui paraissent dans cette juridiction pour en faire tels extraits ou tels emplois qu'ils jugeraient convenables.

Pour la justification de telles mesures qu'il serait aussi difficile de qualifier que de proposer, il n'y aurait qu'à énoncer un fait dont on garantit la sincérité.

La recrudescence, l'activité et l'inquisition du jésuitisme établi se manifestant à toute vapeur, de toutes parts et sans qu'aucune expression puisse représenter ces accès, elles sont parvenues à ce point qu'on ne trouverait aujourd'hu un seul exemplaire de ces réquisition et arrêt qui se trouvaient encore partout il n'y a pas vingt ans. On peut affirmer de plus qu'on a fait disparaître naguère, en vaste et opulent château, une collection fort curieuse et très-belle de toutes les gravures et des dessins qui furent si répandus contre les Jésuites à l'époque de leur expulsion. Y a-t-il à regretter d'avoir amené l'affaire à ce point ? L'affaire en est là : *Eò loci res est.*

Veuillez agréer, etc.

BORÉLY.

Une triple exécution capitale à Marseille.

Du 27 Janvier 1868.

Vers la fin de l'an dernier, de grands crimes vinrent effrayer le cœur de la Provence : des arrestations à main armée, commises sur nos grandes routes, entre Aix et Marseille, furent suivies d'assassinat.

La justice accourut avec ses agents et tous les renforts militaires nécessités pour ses explorations et ses poursuites. Ces premiers succès n'ont pas été moins assurés et moins prompts qu'ils n'ont été réels et exemplaires devant les assises : là, chacun a fait son devoir, les jurés sans hésitation et les magistrats sans ostentation.

Dans ces grandes affaires, comme dans les affaires ordinaires, le magistrat ne doit chercher d'autre effet que celui qui est nécessaire, indispensable à la manifestation de la vérité. Lorsqu'il ne songe qu'à lui, dans quelque circonstance que ce soit de ses augustes fonctions, le magistrat perd de sa dignité et de son ascendant autant que la Justice perd de ses droits et de son prestige.

Mais il ne suffit pas d'amener un drame sanglant jusqu'à l'heure suprême, il faut encore que, dans cette heure fatale, rien ne trouble la conscience publique et que tout satisfasse complétement à ce que commandent la Justice et l'Humanité, c'est-à-dire à tout ce qu'exigent si impérieusement l'exécution des lois, les mœurs contemporaines, les améliorations, les adoucissements qui s'opèrent chaque jour.

C'est à cet effet qu'il faut de plus constater qu'il est des questions qui commencent à disparaître du vaste champ des abstractions philosophiques, et qui ne peuvent pas moins laisser encore, dans certains esprits, des doutes que les faits viennent ensuite dissiper.

Ce sont ces faits qu'il faut relever, qu'il faut examiner afin de débarrasser le domaine sacré de la Justice de tout ce qui peut altérer la sérénité de son atmosphère.

On peut donc aujourd'hui et non sans intérêt, se moins préoccuper de l'abolition de la peine de mort sans se montrer trop partisan d'un supplice pareil ; comme on arrive aussi à ne pas trop considérer les circonstances atténuantes avec leur vice originel et les abus qu'on en a faits et qu'on en fera malheureusement encore.

La presse et les écrivains les moins autoritaires, à ce qu'on croit, laissent souvent des traces de bon sens qui germent pendant quelque temps, finissent par s'élever et assurer leur triomphe complet.

Il n'en a pas fallu beaucoup au spirituel auteur des *Guêpes* pour piquer la curiosité publique et la ramener à des résultats dont on ne se doutait pas. — Quand vous me dites : « la peine de mort n'arrête pas les assassins, » — je vous réponds : « *vous n'en savez rien.* »

« Certes, la peine de mort n'arrête pas tous les assas-
« sins, — de même que la médecine ne guérit pas toutes

« les maladies, et que les pompiers n'éteignent pas tous
« les incendies.

« Mais je vais vous prouver qu'elle en arrête le plus
« grand nombre.....

« Combien d'assassins avez-vous vus, devant la justice,
« ne pas lutter de toute leur puissance contre la peine de
« mort? — Voyez-les, au contraire, faire plaider toutes les
« circonstances qui ne peuvent les faire condamner qu'aux
« travaux forcés; — puis, condamnés à mort, combien en
« avez-vous vu repousser la chance de l'appel, du pourvoi,
« du recours en grâce, quelque invraisemblable et absurde
« que l'atrocité de leur crime rende le succès de ces re-
« cours? Voyez Lapommerais. »

D'où vienne le bon sens, de quelque côté que le bon sens puisse épouvanter, il faut aujourd'hui accepter tout ce qui est bon dans le sens intime, tout ce qui est lumineux, utile, indispensable à la raison publique.

Maudissez ou admirez la vapeur : ses effets sont là, acquis à tout le monde; tout le monde est en wagon, même les bœufs, les moutons et les chiens.

Eh bien , quelles devaient être ces jours-ci les nécessités de l'exemple qui allait avoir lieu? Fallait-il deux, trois, quatre exécutions capitales dans une ville si impressionnable et si avide d'émotions?

On a dû poser cette question en parquet, en chancellerie et même autre part où cette question ne doit jamais être posée : la politique peut être trop sévère et portée aux rigueurs, et le prince être trop doux et porté à l'indulgence.

Il est un pays où la justice marche seule, en avant de

tout pouvoir et avec une indépendance dont personne ne doute.

C'est le pays qui a inscrit sur l'armoirie nationale : *Dieu et mon droit.*

Pendant le règne du prince de la débauche, qui précédait ce glorieux et digne règne d'une reine vertueuse et bien-aimée, il y eut sous George IV, un homme de banque ou de négoce qui commit, dit-on, un *forfeit* emportant peine de mort. La condamnation ne se fit pas attendre et l'exécution non plus. Mais dans l'intervalle, le haut commerce de Londres, tout une population qui avait tant souffert elle-même d'un crime pareil, les ministres et le roi lui-même, tous, souhaitaient une commutation de peine, tous l'espéraient jusqu'à la famille du condamné. Le condamné seul n'hésita pas à dire qu'un « chancelier d'Angleterre « n'hésitait jamais. La justice pèse autant sur sa tête que « sur la mienne : justice sera faite ; demain je serai pendu ! »

Ce qui veut dire que si dans le domaine de notre justice, la justice seule eût été consultée, il y aurait eu deux exécutions capitales, alors même, dit-on, qu'on a été jusqu'à faire délibérer sur quatre.

Il est inutile de discuter là dessus ; il ne faut pas avoir l'air de marchander des têtes coupables ni de discuter avec des têtes qui ne sont pas de notre juridiction. Il s'agit d'intérêt plus élevé, de considérations plus morales, il s'agit du respect que doit inspirer la justice et des effets que doivent produire ses actes. C'est là que tout doit être imposant et auguste, indépendant et inébranlable. C'est ici, dans ce temple, que tout a été remarqué dans ses détails et que tout est remarquable dans ses résultats.

S'il a été question de circonstances atténuantes, d'efforts vrais ou feints dans la défense, le jury a été inflexible.

En tout pays où le jury peut être librement admis et fonctionner librement, le jury est à l'aise aujourd'hui.

« On a aboli les tortures, le bûcher, la roue, les sup-
« plices de tout genre. On a supprimé successivement la
« peine de mort pour sacrilége, pour blasphème, pour
« chasse sur les terres du seigneur, pour fausse monnaie,
« pour vol de grand chemin, pour vol domestique, etc. —
« Et on a bien fait, — parce que la peine de mort n'était
« pas indispensable pour l'exemple.

« On l'a supprimée pour cause politique, et on a bien
« fait, — parce que, en politique, ce sont les vaincus qui
« sont jugés par des ennemis vainqueurs ; — c'est une
« continuation du combat, avec cette nuance que le com-
« bat a lieu entre des ennemis armés et des ennemis dé-
« sarmés.

« On a aboli la peine de mort pour l'assassinat quand la
« préméditation n'est pas établie.

« On l'a tellement abolie, — qu'il n'y a pas un crime,
« tel hideux soit-il, pour lequel la peine capitale soit as-
« surée.

« C'est précisément parce qu'on a réduit la peine de
« mort aux *nécessités de l'exemple seul*, c'est-à-dire qu'on en
« a retranché tout ce qui peut l'aggraver par les souffran-
« ces ; — c'est parce qu'on en a borné l'application à un
« petit nombre de cas et pour des crimes horribles, pour
« aucun desquels cependant elle n'est certaine ; — c'est
« précisément pour cela qu'il n'y a pas lieu d'en demander

« la suppression. » Et nous ajoutons nous-même l'aggravation.

Si donc, d'après le critique et son bon sens, *les nécessités de l'exemple seul* militent pour l'exemple à donner, ne peut-il pas être permis à un magistrat de persister à penser qu'une triple exécution a dépassè les bornes de la justice et de l'humanité, alors que ce magistrat octogénaire ne permet encore à personne de dire qu'il n'a été ni assez juste, ni assez philanthrope, ni assez convenant pendant ses quarante années d'exercice.

Mais il ne suffit pas de trop apprécier ses actes ni de trop critiquer la conduite d'autrui et l'administration présente, il faut surtout exhiber ses actes eux-mêmes et retrouver peut-être quelque satisfaction dans des souvenirs qui ne sont pas tout-à-fait sans charme et sans consolation dans la vieillesse.

Si, pendant cette longue administration d'un parquet de Cour souveraine qui a duré tout le règne Constitutionnel, on en est sorti avec les mains pures et le cœur net, il faut ajouter, tout de même, que s'il eût fallu une seule fois requérir une exécution capitale, la réquisition, quelque triste et douloureuse qu'elle pût être, n'en aurait pas moins été signée.

Si une seule exécution a eu lieu dans le département des Bouches-du-Rhône pendant ces dix-huit ans, et si le Procureur Général a eu l'heureuse chance de ne pas la signer, c'est parce que c'était en temps de vacation et qu'il était absent de son siége.

Mais qu'on le croie bien, dans le parquet de la Cour, comme dans les parquets du ressort, tous avaient déjà le cœur merveilleusement disposé. Il y avait déjà des sentiments qui étaient alors bien différents de ceux dont le chef donnait l'exemple ; il y avait ce qu'il y a peut-être encore un peu aujourd'hui ; il y avait un tel désir d'avancement, des ambitions si peu contenues et si immodérées, qu'à la disgrâce du Chef, au renversement du trône Constitutionnel, à la proclamation de la République et de l'Empire, tous mes officiers de parquet, substituts et autres, à peu d'exceptions près, tous se sont élancés à droite et à gauche, ont tant couru et tant discouru qu'ils sont tous parvenus aux postes les plus élevés et qu'il en est même qui sont assis sur les premiers siéges de la Cour supréme.

Ce n'était point, alors, dans le temple de la justice qu'il fallait rechercher le zèle de la justice. On se méfiait du trop de zèle, comme il faudrait peut-être aussi s'en méfier aujourd'hui. La justice, qui a toujours le bandeau sur les yeux quand elle est en action au milieu des peuples, ne doit marcher qu'avec la gravité et le désintéressement qui sont ses attributs.

Ce n'est donc pas nous, qui recherchions ces grands coups d'éclat qui font si promptement les renommées du jour; nous cherchions au contraire à trouver quelque occasion qui permettait d'allier la justice à ces sentiments qui en adoucissent, dans tous les temps et dans toutes les circonstances, les rigueurs inévitables.

Jadis, un grand criminel comparaissait devant les assises des Basses-Alpes. Le 4 octobre 1838, Fabre d'Annot était condamné à la peine capitale pour divers assassinats. Peu d'affaires criminelles ont présenté plus de difficultés ni autant d'étranges et de nombreuses émotions.

Fabre avait choisi longtemps à l'avance les deux avocats les plus distingués du barreau de Digne ; il les avait déjà largement gratifiés. Il pouvait beaucoup donner parce qu'il avait volé beaucoup. En dernier lieu, il ne crut faire un meilleur usage du produit de ses vols qu'en le répandant plus loin pour sauver sa tête. Il voulut faire adjoindre à sa défense locale les deux défenseurs du barreau d'Aix, les plus renommés pour les affaires criminelles. Les démarches et les offres les plus généreuses furent faites aux avocats de La Boulie et Moutte. Ces messieurs refusèrent chacun le double des honoraires qui avaient déjà été reçus par d'autres collègues.

Cette détermination jeta Fabre dans une exaspération et un découragement qui furent bien plus forts que lorsqu'il entendit l'arrêt qui le condamnait à la peine de mort.

Le pourvoi et tous délais expirés, le procureur général, comme c'était l'usage, dut envoyer en chancellerie la procédure et son rapport.

Dans ce rapport, il dut être exposé que si criminel que fût cet assassin, quelle que fût la justice qui eût présidé au verdict et à l'arrêt, en montant à l'échafaud, Fabre n'en conserverait pas moins le profond et si cruel regret de n'avoir pas été défendu comme il le voulait, comme il croyait avoir droit et raison de le vouloir.

La commutation de la peine capitale était donc proposée sur ce seul motif par le chef de la justice répressive locale en celle de la peine des travaux forcés à perpétuité.

Le Roi, qui passait alors pour avoir fait partie de la société de la morale chrétienne, le roi Louis-Philippe exigeait sur toutes ces matières, avant délibération de son conseil, que toute procédure criminelle lui fût spécialement communiquée.

Dès que ce bon prince eut connaissance du rapport de son mandataire direct, il mit la procédure sous le bras, fut conférer avec la Reine et invoqua son assistance en ces termes : « Ma chère Amélie, lui dit-il, notre bonne Reine in-
« tercèdera elle-même auprès du garde des sceaux et des
« membres du conseil ; — souvent mes ministres en ju-
« gent autrement que moi, mais il faut que je l'emporte
« cette fois, et quoique la Reine soit étrangère aux affaires
« et à la politique, je fais une seule fois cette exception
« avec sollicitation et approbation du Roi. »

C'est là le récit textuel et particulier que m'adressait un des aides de camp de Sa Majesté avec lequel j'étais en relations intimes bien avant qu'il fût aussi élevé auprès du Souverain, et qui, avant même que le recours en grâce fût signé par la main royale, m'avait déjà instruit de ces particularités et de leurs résultats.

La blancheur de la neige de mes Alpes ne fut donc point alors rougie par le sang humain ; après, il n'y eut pas plus d'assassinats qu'il n'y en avait ordinairement et déjà ils étaient fort rares. Ils le sont même devenus davantage.

Au contraire et en d'autres temps, en janvier 1860, deux exécutions capitales avaient lieu à Aix dans l'espace de huit jours.

Toutefois, c'est sans allusion aucune de personnages et de lieux qu'il vient d'être question d'un Souverain et d'un département chéris. Nous répétons au contraire et volontiers ce que disait sur un autre roi celui de nos amis qui était alors le plus jeune et le plus hardi dans la presse, comme il est maintenant un des plus vieux et un des plus résolus à la tribune nationale.

C'était au commencement de 1830 que M. Thiers écrivait dans *le National*, en parlant de Charles X : *Nous suppléons à l'amour par le respect.*

Le même jour que nous traçons ces lignes à Aix, M. Thiers en rappelle à peu près textuellement le sens à la tribune, à la séance de jeudi de cette semaine, 30 janvier 1868.

Pour nous-même, c'était en 1859, lorsque le chef de la nation française se trouvait, le 18 juin, en présence de l'armée autrichienne, lorsqu'on venait de franchir le *Mincio* sur quatre points et que les destinées de l'Italie allaient se décider sur le champ de bataille, qu'il me fut demandé communication des lettres du poète qui avait tant chanté nos victoires.

On savait que j'avais été un des meilleurs amis de Béranger et que j'étais celui qui avait le plus de ses lettres particulières. Le collecteur de cette correspondance chercha donc à obtenir ce qu'on savait, de ma collection, être le plus mordant contre le chef de la nation. Je refusai toute communication, parce qu'on ne doit se permettre ni raillerie ni insulte à l'égard de celui qui tient le drapeau Français, qui le tient devant l'ennemi et un jour de bataille.

Il ne suffit donc pas d'être équitable et juste en champ clos de justice, il faut être encore imperturbablement convenant et juste sur tout autre champ de bataille et même sur celui de la politique, ce qui n'est ni sans péril ni sans peine.

De digression en digression en voilà trop, et beaucoup trop sur un sujet qui en comporterait encore davantage et qui même va nous conduire, en dernier lieu, jusqu'à deux antithèses certainement plus amenées par la direction des pensées que par le choix des expressions et la tournure des phrases.

Il faut tout avouer : lorsque j'ai vu dans les journaux un des comptes rendus qui représentait le chef du parquet de Marseille placé aux fenêtres d'une maison et dresser le procès-verbal requis par la loi, j'ai éprouvé une de ces émotions presque aussi fortes que celles des foules avides de pareil spectacle. Je ne voudrais dire ni la peine que j'ai ressentie, ni ce qu'elle m'aurait peut-être inspiré.

Heureusement, le chef de ce parquet a dignement compris l'indignité qu'on lui infligeait. — Le lendemain, il a immédiatement et fort convenablement réclamé, et j'avoue qu'il ne s'est pas soulagé tout seul.

J'avoue encore que ce léger incident m'en a rappelé un des plus affligeants de mon temps.

Un chef de mes parquets se trouva en situation à peu près pareille à celle de ces jours-ci. On ne fut, certes, pas aussi réservé à Toulon qu'on vient de l'être à Marseille. L'officier du ministère public, comme c'étaient partout les tendances, se crut, en ce jour, un officier de gendarmerie et presque un exécuteur des hautes œuvres. Il était partout bien avant l'entrée en ville du triste cortége. Là et jusqu'à la dernière heure, il était plus que la mouche du coche funèbre :

« Voulant tout animer par son bourdonnement,
« Pousse l'un, pousse l'autre et pense à tout moment
« Qu'il fait seul aller la machine.
« Va, vient, fait l'empressé, tout semble que ce soit
« Un sergent de bataille allant à chaque endroit,
« Fait avancer les gens et hâter la victoire.

« . . . .
« Ainsi tous ces gens-là, faisant les empressés,
« Se mêlent trop de ces affaires,
« Ils font partout les nécessaires,
« Et partout mal venus devraient être chassés. »

Si mon substitut ne fut pas chassé cette fois, ce ne fut pas la faute de son chef, ni peut-être la faute du chef de la justice lui-même; il était électeur de Lisieux.

Pourquoi ne pas le dire encore, le répéter ici, sans cesse et partout : — que les électeurs, attachés au ministère public fussent de Basse-Normandie ou de Haute-Provence, des départements à beurre ou des départements à huile, ils ne devaient quitter leurs parquets en saison électorale que pour aller voter silencieusement et consciencieusement... Des instructions sévères prescrivaient de ne s'attacher ostensiblement à aucune candidature ni à aucnn parti politiques.

Celui-ci, après exécution de peine capitale, lorsqu'on l'avait vu à Toulon et partout, ne montrait pas moins d'empressement à courir des Pradeaux à Hyères, que de Lisieux aux chaînes de la Manche et à travers toutes ces basses plaines du Calvados presque au niveau des flots de l'Océan.

Quelques autres de ces officiers de parquets n'en manquaient pas moins quelquefois au devoir, mais ils n'y manquaient pas toujours impunément.

Les uns mandés et admonestés s'abritaient sous ces hauts et perfides patronages qui ont perdu la plus noble cause. — D'autres ne se voyaient pas, sans trop de regrets, éloignés de leur siége natal afin de recouvrer leur indépendance magistrale.

Ce qui est certainement moins triste et cependant ce qui n'a été ni sans affliction ni sans regret pour moi, c'est d'avoir remarqué que parmi tous les journaux de Marseille, un seul, et assez heureusement le seul, avait rubriqué son article par ces mots-ci : **Exécution de 3 condamnés Italiens.**

Comment se fait-il qu'une feuille ancienne et respectable ait voulu montrer rancune politique jusque dans cette triste circonstance? Pourquoi saisir cette occasion d'indiquer une nationalité n'ayant aucun rapport aux crimes qui allaient être expiés? Quelque adoucissement qu'on ait eu l'air de donner dans la suite du récit, il a dû être remarqué que les autres journaux n'avaient pas eu la même pensée. — On sera d'autant moins étonné qu'elle le soit, ici, par quelqu'un qui est le moins suspect et le plus susceptible sur ce chapitre.

On sait à Aix que deux maires de la cité m'ont fait hommage d'un beau portrait qui orne mon cabinet. Le maire de la République et le maire de l'Empire m'ont un jour adressé, avec dédicace manuscrite, la plus belle gravure du général Garibaldi.

C'est donc ainsi que par cette antithèse frappante, je viens d'être appelé à faire l'éloge d'un chef de Parquet, alors qu'aujourd'hui j'ai conservé peu de goût pour la milice à la tête de laquelle je me suis trouvé si longtemps, et que, d'un autre côté, je n'ai pu éviter de censurer une feuille publique dont je suis un abonné d'honneur et un lecteur assidu.

A MONSIEUR LE DUC DE PERSIGNY.

RÉPONSE
à un ministre du gouvernement impérial
par un procureur général du gouvernement constitutionnel
sur *la Presse*.

Aix, janvier 1868.

Monsieur le Duc,

En vous autorisant, comme vous venez de le dire, de votre longue expérience et de la haute situation que vous avez eue pendant longtemps sur la presse française, un chef de parquet de cour souveraine n'est-il pas naturellement amené à faire connaître aussi comment il a administré, pendant tout le règne constitutionnel, cette partie si importante du domaine public?

Pourquoi faut-il alors qu'en descendant l'un et l'autre dans cette arène, nous nous trouvions ainsi poussés à l'avant-scène et malgré nous, de plein saut et à cette extrémité si contraire à notre dignité personnelle et à nos goûts?

C'est la destinée qui nous attend tous sur ce terrain, si mouvant et si périlleux pour les renommées qui devraient être les plus consolidées?

C'est aussi la destinée de la presse, à l'égard de ceux qui la gouvernent mal ou qui la gourmandent trop, de se venger avec cette arme que ne repousse aucun peuple du monde : et lorsque cette arme, l'arme du ridicule, se trouve encore trop gênée et même totalement prohibée, on ne reste pas toujours immobile.

Mais laissons, là, laissons, ici, ce qu'il faut néanmoins y laisser et abordons-nous sérieusement.

Si votre direction s'étendait sur tout l'empire français et si ma juridiction n'avait qu'un vingtième environ de cette étendue, je n'en étais pas moins, dans ce Midi, au milieu des partis les plus exaspérés, les moins équivoques et si agités par toutes les passions réunies contre le pouvoir modéré et légal qui nous était confié.

C'est dans le pays le plus légitimiste de France, mal disposé par ses soutiens et ses adhérents, plus mal préparé encore pour la presse et le moins enclin à toute idée libérale qu'on a pu étudier comment il fallait gouverner la presse et la sauvegarder contre ses propres excès.

Alors, Monsieur le Duc, j'ai su cela et je l'ai pratiqué. Je le sais encore et je conserve cet orgueil magistral de mon temps qui me pousserait presque jusqu'à demander s'il reste en France beaucoup d'hommes d'État qui sachent bien ce qu'est la presse et qui sincèrement osent n'en craindre ni les excès ni les abus. Aux heures des présents jours comme des jours futurs, il ne s'agit pas de nombrer nos armées ni de perfectionner nos armes. Ce n'est point sur ce champ de bataille qu'on se méfie du courage français ; mais sur un autre champ clos, il y a trop souvent on ne sait quoi ou on ne sait que trop ce qu'il n'y a pas.

Lorsque c'est sur ce terrain que, pendant quarante ans, un magistrat a manœuvré sans peur et sans reproche et que sa main octogénaire ressaisit encore l'arme, il doit en user et il en use.

Monsieur le Duc, j'ai maîtrisé les excès de la presse à l'aide de ses propres excès.

Plus la presse attaquait le pouvoir et s'acharnait contre ses représentants, plus la justice et le mandataire direct du prince se montraient impassibles devant ces attaques. Plus on cherchait à nous reprocher l'injustice et la partialité, plus j'étais impartial et juste.

Enfin, lorsqu'on voulait un jour nous pousser hors des lois et de nous-même, j'ai reçu ma devise des mains de ce noble lombard qui a presque passé, auprès de moi, tous ses vingt ans d'exil.

J'ai cru avoir justifié la pensée de cet illustre proscrit qui m'avait toujours retrouvé *immotus in motu*. Le premier procureur général de France n'avait pas plus forfait à la sienne, *sub lege libertas*.

Oui, sous le gouvernement constitutionnel, le procureur général en la cour de cassation et le procureur général en la cour royale d'Aix n'ont cessé de rivaliser d'ardeur et de fermeté pour maintenir et pour protéger les deux plus grandes institutions du pays.

Je ne sache pas que la presse et le jury aient eu alors des défenseurs plus convaincus, plus opiniâtres ni plus persévérants.

Les savants réquisitoires de notre docte chef sont inscrits dans nos annales judiciaires et ne sauraient être trop médités.

Ici, nous avons agi plus que nous n'avons discouru.

Pourquoi, lorsque tout semble remis en question et qu'on

cherche de nouvelles routes, pourquoi ne pas indiquer la grande voie que nous avons suivie, les procédés que nous avons employés et qu'emploient deux nations qui nous touchent ? Et pourquoi ne pas jeter préalablement aussi un coup d'œil rétrospectif sur ce qui se passe au-delà des Alpes, dans notre plus près voisinage ?

L'Italie, qui donne de si grands exemples au milieu de si grands périls, respecte la presse et le jury établis sur les plus larges bases ; l'Italie, aujourd'hui, sait mieux ce qu'elle veut et mieux ce qu'elle a que des voisins inconstants et légers. Il est vrai que l'Italie prend ses gouvernants où ils doivent être choisis et que, surtout, il lui est heureusement départi un souverain qui n'a pas de dynastie à faire puisqu'elle est faite depuis quatre cents ans.

Maintenant, qu'il nous soit permis en rappelant quelques-uns de nos actes, de montrer si, au début de l'entrée en fonctions, comme plus tard, nous avons eu la première qualité de ce général destiné sans cesse à se trouver en face de l'ennemi et à ne jamais manquer de vigilance et moins encore de fermeté ni de courage.

A peine étais-je installé dans ma charge que j'entreprenais, dans le ressort, cette tournée judiciaire, si nécessaire pour connaître son service et tout disposer au milieu de collaborateurs et de principes nouveaux.

Je dus commencer cette tournée par ma ville natale. Si je n'ai point à exprimer l'accueil si sympathique que je reçus de mes compatriotes bas-alpins, je ne puis éviter de rappeler ce que me dit en arrivant le bon parent qui me recevait.

Le temps était froid et le feu très-pétillant dans le salon.

Sur la cheminée se trouvaient tous les journaux du ressort qui avaient dû précéder mon arrivée.

Devant les autorités, les camarades d'enfance et toutes les notabilités du pays, le gros oncle mit plus d'empressement à me présenter la large et haute pile de journaux qui m'attendaient, que la longue et affectueuse file de mes compatriotes. Et tout d'abord, il me proposa de jeter au feu toutes ces feuilles qui, bel et bien, attaquaient son neveu avec plus de violence les unes que les autres.

J'arrêtai l'incendie ; je me saisis de tous ces journaux et les distribuai avec aisance, bonne tenue et parfaite sécurité, à toute l'assistance, profitant, ainsi, et assez volontiers, de l'occasion de témoigner mon respect pour la presse et ma confiance en mon pays.

« Lisez, chers concitoyens, lisez tous pour savoir si votre compatriote ne vaut pas mieux que ceux qui, après l'avoir acclamé, hier, lorsqu'on l'élevait au pouvoir, voudraient l'insulter ou l'intimider aujourd'hui au début même de ses fonctions. Déjà je sais ce qu'en bas, la tourbe démocratique et ce qu'en haut, la haine aristocratique et tous les partis reprochent à mes alliances de famille et à mes sympathies libérales : qu'on sache bien, maintenant, qu'un chef de justice est au-dessus de toute clameur et que son administration sera aussi impartiale et aussi ferme envers les classes les plus elevées de la société qu'envers les plus infimes. »

Tout fut dit ainsi en ville natale, comme tout allait être ainsi pratiqué à une des premières audiences qui devait juger le journal le plus hostile au pouvoir.

La *Gazette du Midi* était citée devant les assises des Bouches-du-Rhône ; le conseiller qui les présidait , gravement indisposé , craint fort de ne pouvoir satisfaire à sa présidence : je le rassure la veille et, le lendemain, je lui donne plus de calme que ne pouvait lui en procurer le bain dans lequel je le trouvai.

« Si vous présidiez cette affaire , avec l'impartialité que vous y apporteriez, il y a lieu d'attendre un verdict affirmatif, je n'en doute pas ; si vous ne présidez pas, je suis plus qu'assuré de l'approbation unanime du jury.

» Le conseiller qui vous remplacera, hostile au pouvoir quoique appelé naguère et par le ministre Dupont (de l'Eure) au sein de la Cour d'Aix, s'abandonnera à ses rancunes et à ses mauvaises passions : il cherchera à pousser le jury à l'acquittement. »

C'est à l'une de ces premières poursuites comme à presque toutes les autres que la *Gazette* a été condamnée et, ce jour-là surtout, à l'unanimité. Cette unanimité était moins rare qu'on ne croyait. Ce qui valait presque autant et ce qui était plus significatif encore c'est qu'aucune condamnation n'était le résultat de sollicitations ni de ces manœuvres qui se pratiquaient si ouvertement dans le camp opposé. La loyauté et les bons sentiments d'un parquet libéral et sensé suffisaient toujours à des jurés qui se trouvaient à l'aise et en harmonie parfaite avec le pouvoir. On va le voir encore dans ce trait-ci , qui fut alors assez répété et qui peut-être n'est pas entièrement effacé des souvenirs de ceux qui survivent à ces temps judiciaires qui valent peut-être d'autres temps.

Quatre marseillais , condisciples du procureur général, faisaient partie du jury , dans une session à laquelle allait comparaître la *Gazette du Midi*. Ces quatre jurés, avocat, avoué, notaire et médecin, en arrivant à Aix, visitaient tout d'abord leur ancien lycéen.

« Notre camarade, dirent-ils avec ton suffisant, nous li-
» vre la *Gazette du Midi*; nous la foulerons aux pieds. Le
» ministère public doit compter sur nous.... » On conçoit le reste d'une harangue qui ne sort pas de la mémoire:
— « Camarades, fut-il répondu, tous quatre vous serez
» récusés. Je ne veux jamais des juges prévenus. »

La récusation se fit comme elle avait été annoncée.

Mais un autre ami, juré marseillais de la même session, était descendu la veille chez le procureur général. Ce digne et juste marquis de Montgrand, ancien gentilhomme du roi Charles X et le dernier maire de Marseille, ne fut, certes, pas récusé; il fit le devoir d'un vrai citoyen pendant toute cette session qui fut longue et une des plus chargée d'affaires politiques

Une autre fois, en succombant devant notre action et sur nos poursuites personnelles, la feuille légitimiste gagnait presque sa cause en perdant moins d'argent qu'on ne lui en demandait.

Voici cet autre fait qu'il ne sera pas non plus trop indifférent de rappeler, parce qu'il contient un enseignement non moins digne de remarque.

Dans cette grande conspiration du *Carlo-Alberto*, chaque incident permettait d'allier les actes de justice et de fermeté à ces inspirations généreuses et de bon goût qui, pendant l'action, et surtout après tout débat, laissent les plus touchants et les plus consolants souvenirs.

Je ne voudrais pas transcrire ici et en entier la manière

avec laquelle je traitais des accusés de cette vaste conjuration, ni comment l'organe de la légitimité de cette contrée interprétait une conduite magistrale trop ignorée et qu'on aurait dû mieux connaître.

Toutefois, bien qu'il fût obtenu alors la plus forte répation adjugée aux fonctionnaires outragés par la presse, la Cour fut loin d'avoir l'attitude du jury ; elle ne décourageait pas seulement le magistrat qui donnait alors l'exemple le plus utile quoique le plus désagréable, mais elle donnait l'exemple contraire puisqu'elle semblait non pactiser mais encourager l'organe le plus hostile de la presse locale.

Ce qui est même le plus curieux encore à révéler aujourd'hui comme le plus nécessaire peut-être à l'enseignement ultérieur, c'est le petit incident qui suivit un arrêt réduisant à un dixième la somme des dommages-intérêts réclamés.

Il faut le dire : le Président de cette Cour se trouvait saisi d'une telle vergogne, qu'il voulut faire bonne grâce à un mauvais arrêt.

Mais pourquoi donc être amené en si grave sujet à rappeler aujourd'hui que jamais magistrat ne montra, en siége criminel, une physionomie si sévère qu'elle ne visait qu'à représenter la dureté la plus repoussante et une intimidation comme on n'en a jamais vu de pareille.

La Cour d'assises après cet arrêt suspendait son audience pour assister à une assemblée de chambres ; c'est là, qu'en telle réunion, ce président interrogeait le procureur général sur ce qu'il pensait de l'arrêt qu'il venait de recevoir.

Après s'être refusé de répondre à demande si insolite et après interpellations itératives et toujours plus inconvenantes, ayant professé de son respect pour les décisions de la Cour, le procureur général se contenta de demander poliment à son farouche interlocuteur s'il avait connu le Premier Président de la Cour des comptes. Robert Lefebvre venait de faire le portrait du marquis de Barbé-Marbois qui se trouvait à l'exposition dernière ; malgré ses titres, ses services et sa haute position, l'on avait dit alors en parlant de cet éminent magistrat que *c'était un roseau peint en barre de fer.*

Ce président de Cour d'assises d'Aix ne fut alors que ce roseau qui pliait à tout vent et qui n'avait, en justice réglée, ni en conduite judiciaire, la tenue qu'il faut avoir devant les passions politiques pour les vaincre et les calmer.

Malgré ces défaillances d'une justice si mal comprise, la presse n'inspira au procureur général de ces temps aucune crainte sérieuse ni aucun désagrément personnel. Il la défendit même jusqu'au dernier jour du pouvoir qui lui était confié.

Ce pouvoir se terminait par un discours public sur la *presse* et le *jury*, et l'orateur officiel, l'organe indépendant du ministère public, enfin celui qui soutenait ainsi jusqu'au bout et à outrance les grandes institutions menacées, était solennellement et brusquement révoqué dans moins de deux mois ; tout comme après et dans moins de deux mois la monarchie constitutionnelle disparaissait de France.

Quoi qu'il en fût, quoi qu'il advînt et quoi qu'il pût advenir au milieu d'une telle tranquillité publique, la presse n'avait jamais inspiré de craintes sérieuses, parce que les lois qui la régissaient étaient celles qu'avaient appelées la justice et la raison, et que le pays aurait voulu conserver pour le maintien de la paix et pour la garantie de l'avenir.

Toutefois, si la législation avait justement attribué au jury tous les délits de cette nature, elle avait fatalement attribué aux Cours de justice la distribution de ces annonces judiciaires qui ont été la malheureuse origine et la véritable cause de cette corruption moderne qui avait tant envahi les corps judiciaires et la presse elle-même.

Si ce sont là les seules causes déterminantes de nos désastres, il est par trop inutile d'indiquer ces autres causes *secondaires* qui ne tendraient qu'à couvrir de l'action publique les injures privées et par conséquent à énerver et à avilir la dignité individuelle.

Lorsqu'on a donné soi-même l'exemple opposé à celui qu'on indiquerait aujourd'hui, lorsqu'on s'est dépouillé de sa robe pour descendre dans l'arène du public et y demander individuellement justice, on peut se dispenser de disserter.

Facta non verba !

Veuillez agréer, etc.

BORÉLY.

LA STATUE DE MIRABEAU

A M. le Directeur de *l'Echo des Bouches-du-Rhône.*

Aix, 21 septembre 1868

MONSIEUR,

Dans la colonne des *faits divers* de votre journal d'hier, 20 septembre, vous placez en tête un article sur les réparations qui viennent d'être terminées au Palais-de-Justice d'Aix. Il y aurait tant à dire sur cet article que peut-être vais-je moi-même me laisser aller à vous en dire beaucoup trop.

J'ai donc lu avec attention ce qui vous a paru *quelque chose de grand, répondant à la majesté du monument, une grande salle présentant un aspect imposant lorsqu'on entre dans le temple de la justice ;* et puis vous indiquez le projet d'*une statue en pied de Mirabeau, reposant dans le Palais même sur un grand piédestal.* Enfin, vous avez bien voulu rappeler la devise qui, jadis, m'avait été conférée par cet illustre proscrit qui avait passé, loin de l'Italie et auprès de moi, presque tout son exil de vingt ans.

D'abord, j'ai à vous remercier d'un souvenir qui, en pareille circonstance, ne pouvait que m'être fort agréable. Aussi ne dois-je pas différer de répondre à une telle salutation.

Ce devoir de politesse rempli, il peut m'incomber un autre devoir au sujet du Palais réparé et de la statue projetée. Je ne me trouve ni suspect ni irrésolu sur ces deux textes.

Ne semblerait-il pas, en effet, que de nos jours et partout on s'est déjà assez occupé de constructions et de bâtisses? Sans abdiquer le goût des arts que la Grèce a peut-être encore un peu laissé aux descendants des Phocéens, il faut cependant savoir ce que nous sommes aujourd'hui et ce que nous ne sommes plus.

Si les Grecs avaient partout inspiré le sentiment du beau et le goût des arts, même au sein des classes qui, de nos jours, sont complètement abandonnées aux instincts les plus grossiers, ces instincts eux-mêmes ne se trouvent-ils pas remplacés par d'autres qui méritent d'être considérés à leur tour?

On a souvent dit que la civilisation, après avoir jeté le plus vif éclat dans certaines régions de l'Europe, avait pris pour foyer de froides contrées.

Entre ces extrêmes de latitude et de température ne convient-il pas de porter quelque attention à la justice elle-même dont le vrai temple doit être le cœur de chaque magistrat. Les bons arrêts, les sentences équitables, les jugements impartiaux conviennent mieux au présent et à l'avenir du peuple, à la sécurité des personnes, à la stabilité des fortunes, que les plus belles colonnes de l'ordre corinthien ou composite. L'impartialité du magistrat sera toujours préférée à l'éclat de sa robe et à la hauteur de son siége. Je donne donc beaucoup plus d'attention aux décisions judiciaires qui sont basées sur ces lois, protégeant nos plus chères libertés, la presse et le jury, que sur le matériel et les ornements de quelque monument que ce soit.

Quant à la statue de Mirabeau élevée dans notre Palais-de-Justice, je ne trouve, là, ni pensée logique ou classique, juridique ni politique. Ce serait certainement donner encore ici le plus grand contre-sens à ce qui devrait s'y faire et à ce qui ne s'y fait pas toujours. L'espèce de contre-sens dont on parle le moins et qui est pourtant le plus blâmable, parce qu'il est surtout le plus incurable, est celui que l'on fait en s'écartant du caractère et de l'objet que l'on veut faire.

Eh quoi ! inaugurer dans le même temple l'effigie de celui qui a eu tant à se plaindre de la divinité qui y présidait et qui, un des premiers, en a renversé les autels !

Qui donc ignore ici les grands démêlés que le plus ardent des plaideurs eut avec madame de Mirabeau ? Ce qu'on ne sait pas assez c'est que le fougueux tribun, essayant à Aix cette éloquence qui allait avoir plus tard et plus loin le plus immense retentissement, avait une bonne cause : il la perdit. Mirabeau présentait un de ces écrits qui terminent tout différend entre les époux. J'ai retrouvé, en lambeaux il est vrai, un mémoire imprimé, retraçant en toutes lettres, une demande en réconciliation de la part de madame de Mirabeau.

Quoique ce texte, reproduit dans nos codes, ait existé en tout temps et en toute législation, Mirabeau n'en succomba pas moins aux acclamations d'une aristocratie qui redoutait déjà un si puissant adversaire et à l'arrêt d'un parlement qui jugeait plus par esprit de parti et par rancune de corps que par le droit et l'écrit les plus manifestes. Il succomba aussi aux piéges de ce barreau où il trouvait plus de *vils marchands de paroles*, comme il le disait déjà, que de défenseurs convaincus de la cause qu'ils soutenaient : *Lou faou pougné*, répétait-on alors à voix basse et à la barre même : il faut l'*exciter*, le *pousser* à *se compromettre*.

Mais si Mirabeau ne mérite pas plus un monument de la justice nouvelle que de la justice ancienne, sa mémoire réclamera toujours l'hommage d'une nation qui voulut un jour s'affranchir et qui, un autre jour, s'affranchira plus complètement et voudra voir s'élever dans la capitale de la Provence une des plus illustres statues de toute la France.

Ce vœu était déjà assez clairement et assez périlleusement formulé dans la plus solennelle rentrée de la Cour de céans lorsqu'elle inaugurait les statues des avocats qui avaient plaidé contre Mirabeau lui-même. Ce n'était point un contre-sens de la part d'un chef du ministère public qui se taisait sur les statues si pompeusement inaugurées ce jour-là, et qui dissertait avec assez de résolution et trop d'à-propos sur les déviations qu'on donnait aux décisions du jury et sur la corruption qu'on tendait à la presse. N'étaient-ce pas les glas que faisait entendre jusqu'à sa dernière heure un vrai défenseur de la vraie monarchie constitutionnelle ?

Ce n'était pas seulement le nom du premier défenseur des libertés publiques qui était ainsi invoqué dans un discours de rentrée, c'était cet autre nom d'un grand magistrat qui avait été plus de quatre-vingt ans aupararant le véritable défenseur des libertés religieuses. Celui qui occupait le siége du procureur général Monclar crut ne pas faiblir devant une si grande image et devant un si grand devoir.

Aujourd'hui, sans mission et peut-être aussi sans but, ne serait-ce que pour mémoire et par conscience qu'on se aisse encore aller au rappel de tels souvenirs ?

Hélas ! ces souvenirs, un jour, n'auront besoin d'être ni trop rappelés ni trop invoqués. La France sait assez facilement subir les humiliations intérieures et extérieures. Mais cette France du XVIIIe siècle, si elle n'est pas tout-à-fait celle du XIXe, est encore moins celle du XVIe siècle.

Il doit suffire que de temps en temps quelques voix autorisées conservent la force de la véritable autorité des lois et de la liberté : on revient à elles quand il le faut.

Il y a aussi une vingtaine d'années qu'à Nîmes, au moment de visiter les antiquités avec un de mes plus dignes amis d'Angleterre, nous entendîmes le premier éclat de ce coup de tonnerre du 24 février 1848. Nous quittions aussitôt l'amphithéâtre romain, comme s'il entrait ces bêtes sauvages qui vont se déchirer entre elles. Nous étions sur-le-champ en wagon et, en quelques heures, rentrés en ville d'Aix. En quelques minutes et en habit de voyage, j'étais à l'Hôtel-de-Ville. Avant de recevoir le fusil de garde national que je demandais, on voulait me retenir autrement que comme garde civique.

Les assises étaient en session et les jurés hors de la salle d'audience. Ce fut le maire Aude qui, avant de quitter ses fonctions, proposait de m'en investir. Un juré marseillais, peut-être l'avocat Nègre, revendiqua des droits et fit valoir plus que ma qualité de propriétaire pour me faire opter en faveur de la grande mairie. Le notaire Michel, de Gardanne, également juré, ne fut pas un troisième plus indifférent en insistant, pour son village sur mes titres de *gentleman farmer,* de conseiller municipal et de je ne sais quoi encore.

En telles circonstances, pressé de m'expliquer et plus que jamais *immotus* devant la tempête, si je ne voulais m'embarquer de nouveau, il y avait lieu de prévoir les désastres. En cas d'acceptation, je fis mes conditions et, sur l'heure, je les formulai de la sorte :

1° J'exigerais de la ville d'Aix l'érection, sur le Cours, des deux statues de Mirabeau et de Monclar;

2° La ville de Marseille m'offrirait, pour mon joyeux avénement à la mairie, des écoles d'adultes dont elle n'avait encore aucune trace et dont elle avait plus besoin qu'aucune autre ville de France;

3° Je ne demanderais à mon village qu'une salle d'asile pour soulager les mères dans leurs travaux des champs;

4° J'offrirais de présider chaque jour les trois conseils municipaux. J'ai des chevaux de mains et le carrosse. Je ne refuserai pas de faire gratis ce triple service pendant une année.

La lave républicaine à peine sortie de ses volcans emportait déjà tout dans l'abîme et repoussait toute notabilité qui pût être sur pied. Ce dont on pourrait bien ne pas se douter sur Mirabeau, c'est qu'en lui refusant aujourd'hui ma voix pour une place au Palais de Justice, je souhaiterais fort que justice lui fût rendue dans la ville où il ne reçut un jour qu'injustices, affronts et humiliations. Il suffit de savoir tout attendre de la justice et du temps.

Gardons-nous bien d'aller trop vite et trop loin de quelque côté que ce soit. Si après cet envahissement des *congrégations religieuses*, après *cette enquête* que signale, en un volume, M. Ch. Sauvestre, et dont M. Emile Deschanel faisait hier, dans le *Journal des débats*, du 20 septembre, un si juste éloge; que si, après tout ce que relèvent à l'envi ces *courageux pionniers et défricheurs des questions sociales*, on arrive où conduisent inévitablement tant d'usurpations si contraires au bien et au repos des Etats, qu'on ne réponde pas aux excès par des excès. Que la lumière se fasse avec calme, comme avec calme la justice doit être proclamée dans son temple ; que chacun, après la conquête des libertés publiques, après le rétablissement de tous nos droits et surtout après l'inaltérable affermissement de l'indépendance magistrale, que chacun puisse rester, à son tour, *immotus in motu.*

BORÉLY.

Note du Rédacteur : — « Notre ancien procureur géné-
» ral a cru devoir se taire sur ce que chacun sait et voit
» chez lui. Dans le grand vestibule de son hôtel, une statue
» colossale de Mirabeau pose dans le plus solennel événe-
» ment de sa vie et de son temps ; elle paraît répéter cette
» réponse prophétique : *Nous sommes ici par la volonté du*
» *peuple.* »

LA PROVENCE ISRAÉLITE

Au directeur des *Archives*.

Aix, 1er décembre 1868.

MON CHER ET INFATIGABLE AMI,

En recevant le dernier numéro de vos *Archives Israélites* auxquelles je ne cesserai d'être abonné, je prévois cette grave et onéreuse transformation à laquelle vous vous préparez pour le commencement de l'an prochain.

Dès lors, il me semble que je ne puis laisser passer dans l'indifférence et le silence un nouveau projet si nécessaire et si bien conçu dans l'intérêt de la justice, de la tolérance de nos idées et de tous les principes libéraux qui en émanent, sans vous adresser le salut fraternel et mon cordial encouragement.

Ce n'est pas d'aujourd'hui que vous savez, aussi bien que beaucoup d'autres, mes inclinations particulières et mon attachement à tant de familles de votre antique race. Peut-être, n'aurai-je rien à vous apprendre à ce sujet; mais au début d'une œuvre qui doit prendre tant de consistance et opérer tant de bien, vous ne trouverez, certes, pas étonnant que je saisisse l'occasion de rappeler, dans une vie magistrale, quelques-uns de ces traits dont le souvenir nous plaît à tout âge et procure quelque charme surtout dans la retraite : *Hæc olim meminisse juvabit.*

Lorsqu'on n'envisage dans l'exercice du pouvoir que l'avantage de propager les principes de justice et de tolérance auxquels on a voué son existence, et qu'on a, plus tard, l'occasion ou le bonheur de jeter un coup d'œil sur le passé, on se recueille volontiers devant certains phénomènes qu'ont présentés les grandes races et qui peuvent faire pressentir encore de meilleures destinées. Ne peut-on pas alors se laisser aller à quelques-uns de ces épisodes qui font connaître ce que peuvent obtenir quelques exemples et quelques actes d'encouragement ?

Pendant ma longue et orageuse présidence de police correctionnelle dans la ville la plus fanatique de France, et pendant toute la période non moins fanatique de la Restauration, quelques mots prononcés en audience publique ne vous ont paru insignifiants ni sans influence, puisque, déjà, vous les avez rappelés dans vos annales.

Ici, à la tête du parquet de la Cour, j'ai eu plus d'une occasion pour reconnaître quels ont été le savoir, les vertus et le désintéressement de cet avocat israélite, qui mérite bien qu'en respectant sa modestie on relève un petit coin du voile dont il n'a cessé d'entourer sa carrière de jurisconsulte et de maire de la ville d'Aix.

M. J. Bédarride allait défendre aux assises des Bouches-du-Rhône un de ces coupables qu'on ne doit pas craindre de voir mourir sur l'échafaud. Une condamnation inévitable n'entraîna cependant que les travaux forcés à perpétuité.

Avant cet arrêt, la famille de l'accusé prenait des dispositions pour tâcher de distraire au fisc tout ce qui pouvait lui être soustrait. Le défenseur, qui n'avait reçu aucun honoraire , fut appele à prendre part à de pareils prélimi-naires.

Les avocats français n'ont point encore adopté cette méthode anglaise que repousse leur ancien et pubidond usage; ils ne reçoivent leurs honoraires qu'après les plaidoiries. Le plaideur anglais , quand on va défendre son droit , s'est déjà acquitté de ce que va lui coûter la plaidoirie de son avocat.

C'est sur ces entrefaites et en considération de mon caractère personnel que l'avocat Bédarride vint me soumettre ses appréhensions et ses doutes. Voici la simple et naturelle réponse qu'il reçut : « Quand on doute en pareille occurrence, c'est son désintéressement qu'il faut consulter pour résoudre toute question de cette nature. »

La défense eut lieu avec le plus noble désintéressement et avec un tel succès que des circonstances atténuantes si bien plaidées sauvèrent la tête du client.

Plus tard, les réclamations du fisc donnèrent lieu à des difficultés qui furent soumises au parquet de la Cour. Tout était terminé sans qu'il fût dit un mot de la défense. J'en rappelai des détails complètement ignorés ; je demandai ce qui pouvait être offert au défenseur et je crus avoir le droit de faire doubler les honoraires d'un avocat aussi désintéressé et de les lui faire accepter.

Toutefois, apres la revolution du 24 février 1848 , je ne vis pas sans une grande anxiété M. l'avocat Bédarride porté à la mairie de la ville d'Aix. Sans confiance en cette république inopinée et conservant tous mes principes de monarchie constitutionnelle , quoique disgracié et dans la retraite depuis un mois seulement , je pus craindre qu'une autre cause qui avait pour moi tant de prédilection et de bons souvenirs. que la grande cause israélite ne fût compromise ici, dans des fonctions municipales pouvant devenir difficiles et fort périlleuses.

Il n'en a rien été de tant d'appréhensions, quelque probables qu'elles fussent. Dans toute son administration municipale, le maire Bédarride n'a laissé que les meilleurs souvenirs et de beaux exemples d'impartialité et de fermeté qu'on n'a pas toujours conservés depuis.

A la première élection républicaine pour l'Assemblée constituante, le maire présidant cette réunion électorale proposa de permettre aux ecclésiastiques présents de les laisser voter avant tous autres électeurs, afin qu'ils fussent, jour de dimanche, moins gênés pour l'accomplissement de leurs devoirs et entièrement libres dans leurs exercices religieux.

Je ne sais quel est le maire catholique qui, ici et peut-être ailleurs, eût osé proposer une mesure semblable.

Peu de jours après, un comité rouge du faubourg venait exiger du maire le renvoi d'un des chefs des bureaux municipaux. Cette résolution déjà arrêtée venait même d'être signée par le maire : il la montra à un de ces comités toujours assez hautains et fort impérieux, la déchira devant eux en leur déclarant que le maire ne saurait être intimidé par aucun parti intérieur ni extérieur de la ville.

Pourquoi ne pas ajouter enfin que, retiré de la barre, ce docte jurisconsulte a déjà publié sur la législation commerciale vingt-sept volumes dont les doctrines sont sans cesse invoquées devant tous les tribunaux de France ?

Dans notre ville, il y a peu de personnages plus honorés

et plus modestes que ce digne fils d'Israël, bien qu'on l'ait laissé jusqu'ici sans décoration et sans aucun témoignage d'estime publique. Qu'il garde cette attitude !

Ne croyez pas, cher Directeur, que je puisse oublier un homonyme de cet avocat; cet homonyme est avocat général en la Cour de cassation. Je puis d'autant moins me rendre coupable d'un pareil oubli, que M. Gustave Bédarrides a obtenu ses premiers grades dans le parquet que j'ai dirigé en cette Cour pendant tout le règne constitutionnel, sans qu'il ait jamais sollicité ni son entrée ni aucun avancement dans la carrière magistrale : à peine M. l'avocat général Bédarrides entrait-il dans le plus haut parquet de France que son nouveau chef, le plus éminent de tous, me faisait demander avis sur son nouveau collaborateur.

Je n'hésitai point alors en répondant à M. le procureur général Dupin, et maintenant je n'hésite pas non plus, ne croyant commettre indiscrétion ni présomption, en vous rapportant textuellement ma réponse au sujet du nouvel avocat général qui arrivait au parquet de la Cour de cassation. Je crois qu'il fut ainsi répondu : « Votre nouveau collaborateur, qui a été si longtemps le mien, n'est qu'au commencement de sa carrière. »

Dixi, Monsieur, *crede mihi et in Israël.*

BORÉLY.

AU BARON SÉGUIER

Au sujet de sa retraite du tribunal de Toulouse [1].

Aix, le 31 janvier 1869.

MONSIEUR LE BARON,

Lorsque, il y a aujourd'hui un mois, vous avez résigné vos fonctions de chef de parquet du tribunal de Toulouse, il s'est manifesté partout une forte émotion qui, du Languedoc, a dû se ressentir plus vivement en Provence. Mais personne ici, je pense, n'a été plus ému qu'un ancien chef de parquet de Cour souveraine, qui avait succombé à la défense de la presse.

Quelque désir que j'aie pu éprouver pour la manifestation des sentiments que vous m'avez inspirés et des compliments que j'eusse souhaité vous adresser plus tôt, je n'ai pas voulu avoir l'air de céder à l'entraînement d'un juste enthousiasme.

[1] Le *Progrès libéral*, de Toulouse, reproduisant cette lettre dans son numéro du 31 janvier 1869, la faisait précéder des quelques lignes suivantes : « C'est pour le *Progrès libéral* une bonne fortune dont il ne » saurait trop se louer que le concours d'un magistrat qui a su, dans le » cours d'une longue carrière, concilier l'indépendance de son caractère » avec les exigences de sa position, et c'est pour M. le baron Séguier » un hommage qui a de quoi le satisfaire, sinon le surprendre ; aussi » pour donner à ce témoignage, qui n'honore pas moins son auteur que » celui qui en est l'objet, tout le retentissement qu'il mérite à tant de » titres, nous nous empressons de le porter à la connaissance de nos » lecteurs. »

J'avais cependant plus d'un motif pour rappeler des antécédents qui sont aussi inhérents à la mémoire du premier président Séguier qu'à la résistance d'un procureur général qui, peut-être un jour, se trouva seul à défendre votre aïeul, lorsque le barreau de Paris l'attaqua jadis avec tant de violence.

Je vais en finir sur un retard qui m'importune, et je profite de l'occasion de ce que disaient hier les feuilles publiques au sujet du licenciement de l'Ecole des arts-et-métiers d'Aix.

Qui donc aurait jamais cru qu'un tel licenciement eût pu être attribué à une adresse que les élèves auraient envoyée à l'ex-procureur impérial de Toulouse ?

Il faut, tout d'abord, le dire avec empressement et volontiers : aucun établissement d'instruction publique ne peut être, à Aix, soupçonné à cet égard. Il n'est aucune ville de France, aucune Académie où il n'y ait meilleure tenue, meilleurs principes et meilleur enseignement que dans notre bonne et paisible ville d'Aix.

L'incident dernier, survenu à l'Ecole des arts-et-métiers, dest un e ces accidents qui sont sans importance au dehors et qui, quelquefois, se manifestent inopinément par quelqu'une de ces petites révoltes ne déplaisant pas toujours aux petits hommes. Ce ne peut donc être là, comme on l'a déjà dit, « qu'une petite question locale, qu'une révolte » contre un professeur et rien de plus. »

Hélas ! Monsieur le baron, il y a moins encore : non-seulement, on s'est tu dans les écoles sur cet événement, comme on devait le faire : on s'est tu partout comme on ne devait pas le faire. Dans la magistrature, dans le barreau, dans le public, nulle part peut-être, aucun n'a osé prononcer un nom qui réveille tant de souvenirs et la plus honorable résistance du temps ancien et du temps nouveau. L'oppression est partout ; partout est le silence. Les feuilles publiques ne sont pas seulement bâillonnées par les annonces judiciaires, les défenseurs eux-mêmes de la veuve et de l'orphelin le sont aussi par leurs sordides intérêts.

Toute indépendance d'opinion et de caractère est complétement et généralement abdiquée.

Mais lorsqu'on est arrivé au comble de cette prostration universelle, il faut bien qu'il se trouve quelqu'un qui reste debout.

A chaque événemet qui concerne la magistrature et qui surtout touche au parquet, j'ai l'habitude de prendre au sérieux l'indépendance et le droit. Je me retrouve là assez volontiers sur pied comme jadis, sinon en siége du ministère public, toujours en selle du ministère privé, cravache en main comme un gentleman-rider.

Après quarante ans de magistrature et vingt ans de retraite, c'est un exercice hygiénique et moral comme un autre : il peut même n'être pas sans conséquence ni sans quelque profit ; il conserve la santé et les souvenirs ; il conserve les forces physiques et morales ; il conserve même l'espoir de meilleur avenir et du reste.

C'est en effet dans mes souvenirs de parquet que je viens si volontiers et presque forcément vers le petit-fils de ce magistrat qui, sous la Restauration, retraça un des ancêtres de la justice.

Deux personnages avaient seuls alors, dans ces temps

d'épreuve et d'anxiété si profondément provoqué ce respect et cette admiration qu'on croyait sentir personnifiés en eux-mêmes nos sentiments et nos principes.

Ce fut dans une grande solennité de premier jour de l'an que, s'adressant à la princesse entourée de tant de respect et de malheur, de tant de dignité et d'hommage, il fut répondu : — *Madame, la cour rend des arrêts, mais non pas des services.* Je trempe ma plume dans l'écritoire en bronze sur lequel on lit cette mémorable et antique leçon.

D'autre part, ce fut en plein parlement, dans une des sessions et des journées les plus orageuses de ces temps que Manuel, après avoir dit que la France vit, en 1814, le retour des Bourbons avec répugnance, s'écriait, le jour même de son expulsion de la chambre : — « Arrivé dans
» cette enceinte par la volonté de ceux qui avaient le droit
» de m'y envoyer, je ne dois en sortir que par la violence
» de ceux qui n'ont pas le droit de m'en exclure, et si cette
» résolution de ma part peut appeler sur ma tête de plus
» graves dangers, je me dis que le champ de la liberté a
» été quelquefois fécondé par un sang généreux...... Je
» serai votre première victime, puissé-je être la dernière !
» Je n'emporterai aucun ressentiment ; mais si je pouvais
» être animé de quelque désir de vengeance, victime de
» vos fureurs, je confierais à vos fureurs le soin de me ven-
» ger. »

Ces simples et nobles paroles du plus illustre de nos compatriotes et de mon meilleur ami, ne font que retracer le seul acte d'alors qu'on puisse comparer à celui du magistrat votre aïeul, que je n'ai pas eu l'honneur de connaître.

Enfin, d'autre part et de ma part surtout, ce souvenir magistral rappelle aussi un acte de ma magistrature de parquet dont le premier président Séguier fut la seule cause et le vrai but.

Après cette agression si inconvenante et si déplacée du barreau de la capitale contre le premier président de la Cour de Paris, il y eut des adhésions d'autres barreaux de France et entre autres de celui d'Aix.

Dès que le procureur général eut connaissance d'une pareille résolution, il en informa sur-le-champ le ministre et déclara formellement qu'il allait poursuivre le bâtonnier en discipline.

Après approbation d'une telle mesure, il fut répondu à mes menaces immédiates de discipline par une nomination de conseiller en faveur de ce bâtonnier lui-même !

Je fus vaincu : un bâtonnier à la veille d'être censuré, un avocat de second ordre, un citoyen déconsidéré, fut préféré au seul candidat que présentait le parquet, fut préféré au premier jurisconsulte du barreau, à cet éminent avocat qui, pendant plus de trente ans, fut à la tête de son ordre le plus estimé et le plus considéré de tous.

C'est en défendant ainsi le premier magistrat de France et la Justice de mon ressort que je puis affirmer, dans cette circonstance, ce que je n'ai cessé de proclamer dans mille autres, que c'est la justice qui perd les Etats les mieux constitués et les trônes les plus solidement établis.

Quand la Justice est ainsi outragée dans sa plus haute région, ainsi méprisée dans les autres régions élevées, ces mépris et ces outrages creusent l'abîme et nous jettent dans nos révolutions sans fin.

J'espère, Monsieur le baron, que vous agréerez volontiers toutes ces explications et mes sentiments de considération très-distinguée.

BORÉLY.

DISCIPLINE JUDICIAIRE

—

PLAINTE AU SÉNAT

Aix, février 1869.

Monsieur le Président du Sénat,
Messieurs les Sénateurs,[1]

Le nécrologe de 1868 ne mentionne que deux décès, dans le courant de l'année, au sein de la Cour impériale d'Aix. Il n'est fait aucune mention d'un troisième.

Ce ne peut être sans intention que certaines feuilles publiques ont fait une omission pareille ; il n'y a eu ici, sur place, et dans tout le ressort qu'un seul journal[2] qui, à l'occasion d'une telle annonce, ait osé mystifier la Cour en faisant remarquer qu'aucune députation de cette compagnie n'avait assisté au convoi funèbre d'un de ses membres.

Sous quelque point de vue et de quelque côté qu'on envisage un pareil événement, n'y aurait-il qu'à subir silencieusement autant de honte qu'on peut en infliger à la Justice dans tous les rangs de sa hiérarchie et surtout dans le rang suprême ?

[1] Cette plainte a été retenue : en Sénat conservateur et en Cour impériale, elle aurait eu peut-être moins de résultat qu'elle n'en attend ici comme pièce justificative.

[2] *Echo des Bouches-du-Rhône* du 6 décembre 1868.

On se tait ; on se tait partout : *intrà muros*, l'avancement et la corruption baillonnent toutes les bouches ; *extrà muros*, un souriant mépris est sur toutes les lèvres.

Au fond, il n'y avait jamais eu scandale qui ait fait plus de tort à la Justice ni à la morale publique, qui ait occasionné plus d'étourdissement ni même plus d'étonnement aux mœurs actuelles quoique toujours plus faciles et plus indifférentes que jamais.

Le 1er décembre 1868, M. Mar.-Ern. Nam., conseiller de la Cour impériale d'Aix, quittait dans la nuit les tables de jeu dans le cercle le plus brillant de Marseille ; il se rendait à quatre heures du matin dans la maison de prostitution la plus renommée et il y expirait vers sept heures dans sa couche habituelle de débauche.

Cette honteuse et humiliante mort se trouve littéralement transcrite dans l'acte même de décès dont extrait régulier et légal est ci-joint constatant en toutes lettres qualification *magistrale du décédé, demeurant à Aix, avec indication de son domicile rue V., n° 2, à Marseille.*

Le silence qui s'est fait à la suite d'une telle fin et dans les deux principales villes de ce ressort ne doit-il pas cesser dans l'intérêt même de la magistrature française et avec les garanties que doit assurer tout pouvoir dirigeant, principalement le plus sacré de tous, qui est celui de la Justice ?

Dans cette nouvelle Capoue, toujours plus livrée au luxe et aux plaisirs, dans cette ancienne cité, sa voisine, qui ne voudrait pas vainement conserver quelques-uns de ses anciens prestiges, ne faut-il pas voir enfin s'il n'y a remède quelconque à de tels malheurs, ni juste et haute répression devant tant de scandales.

Lorsqu'il arrive dans la Cour souveraine la plus éloignée et la plus arriérée un magistrat complètement inconnu à chacun, on se demande aussitôt et l'on a le droit de s'enquérir d'où part le nouveau venu, d'où viennent ses titres à changement et à avancement, et quels sont les aptitudes, le savoir et la considération qu'il apporte à la compagnie.

Après la fin si lamentable et si honteuse du dernier magistrat reçu et subrepticement installé, n'a-t-on pas entendu un des plus anciens et des plus réservés de la docte et haute compagnie s'écrier lui-même que lorsqu'il s'agissait de la nomination des gardes champêtres ou de tout employé inférieur dans quelque administration que ce fût, on exigeait tout d'abord et tout au moins un certificat de bonne vie et mœurs, une attestation de moralité individuelle. L'on a été même jusqu'à citer ce qui se passe aux foires au sujet des serviteurs ruraux. A Troyes, par exemple, lorsque des ouvriers viennent demander du service en se présentant au patron intéressé à cette marchandise humaine, ce patron s'enquiert des qualités de chacun, juge du caractère par la physionomie. Ce spectacle qui serre le cœur irait jusqu'à rappeler les marchés de l'ancien esclavage ; car, on s'attache, en Champagne, aux vices rédhibitoires comme on le faisait jadis pour les esclaves vendus à Rome.

Quelque affligeantes et déplacées que puissent être ces comparaisons, qu'y a-t-il de plus malheureux et de plus déplacé en ce monde que de soumettre une Cour de justice à subir par un de ses membres tant d'afflictions et de honte ?

Comment donc, en tel désespoir de cause et en circonstance toujours plus aggravante, ne pas chercher un remède à un si grand malheur et la juste et haute répression qui doit apporter enfin un terme à une situation pareille.

Certainement il pourrait y avoir plus tard remède à un tel état de choses ; certainement, il surviendra, un jour, quelque grande réforme judiciaire qui replacera avec égards et ménagements et qui relèvera enfin dans sa dignité la grande divinité qui doit présider aux destinées humaines.

Mais, *hìc* et *nunc*, un tel exemple d'infamie, une telle Cour qu'on ferait descendre ainsi de la considération publique dont elle doit être entourée, exigent cette solennelle satisfaction que le plus grand corps de l'Etat a seul le droit de prendre sous sa sauvegarde.

Une commission d'enquête n'aurait nulle peine à constater qu'à Alger et dans toutes les juridictions où a passé le conseiller Nam., il n'a pas été de son vivant autre qu'il a été à l'article de sa mort.

Il ne faudrait pas croire qu'enquête extrà-judiciaire n'ait pas déjà été faite sur les précédents d'une telle magistrature et sur les faits récents de la nomination, de l'installation et de toutes ces excursions cyniques et vagabondes du siége de la Cour au lieu de la débauche et du jeu.

On a dû même se méfier des premières rumeurs et des bruits publics auxquels elles donnaient lieu dès l'origine.

La fille Marco à côté de laquelle a expiré l'ignoble conseiller aurait éprouvé un tel effroi et de si vives émotions qu'elle en serait devenue folle et aurait perdu ses cheveux.

Quelque vraisemblables que pussent être ces funestes accidents, ils n'étaient pas vrais.

Les hommes de l'art les plus compétents, officieusement consultés, ont officieusement et confidentiellement répondu après descente sur les lieux, audition certaine et confrontation assez rigoureuse :

« Marco, sitôt après l'événement, a été sous le coup
» d'une émotion très-vive de fièvre et d'un malaise géné-
» ral. Cet état se prolongeant, on a cru au début d'une
» fièvre typhoïde et tous ces troubles nerveux ainsi prolon-
» gés avec réaction fébrile n'ont permis de déclarer cette
» affection qu'avec signification sceptique de fièvre ner-
» veuse. »

D'autre part, il à été également établi que « cette mort
» trouve son explication naturelle dans un accident patho-
» logique très-fréquent; qu'on ne peut, en conséquence,
» trouver aucune trace de mort violente ni de vol prémé-
» dité puisqu'on a trouvé une somme de trois mille francs
» environ qui n'avait été nullement détournée. Il n'y a pas
» eu non plus exposition à la morgue et des membres du
» cercle qu'il fréquentait ont assisté à son convoi funè-
» bre. »

Ce qui est également bien établi dans ce triste épisode judiciaire et non moins affligeant pour ce qui touche à la dignité et aux observances de la vie magistrale, c'est que ce conseiller en Cour souveraine se faisait présenter et se trouvait ainsi patroné par quelqu'un qu'il n'est pas convenable de désigner.

Si quelque trace de discipline existait encore dans l'ordre judiciaire, dans tous ses degrés et dans toutes ses régions, on aurait certainement appris que le conseiller Nam., dans les différents grades par lesquels il avait passé dans la magistrature algérienne, avait toujours manqué de retenue et de décence dans les postes qu'il a occupés en Afrique, aux parquets de première instance et d'appel et comme conseiller à cette Cour.

De tels renseignements ne pouvaient être recueillis autre part et peut-être est-ce d'autre part qu'il faudrait arriver à l'origine d'une telle calamité judiciaire.

Si c'était au Sénat qu'il pût paraître indispensable d'atteindre et de dévoiler la perfide et fatale origine d'un tel scandale , ce corps qui doit être toujours le sévère gardien de la constitution et de tous les droits qui en dépendent pourrait seul arriver à exiger la satisfaction suprême de la première garantie des pouvoirs publics.

Veuillez agréer, etc.

BORÉLY.

AU COMTE D'EXÉA

GÉNÉRAL COMMANDANT LA 9e DIVISION MILITAIRE A MARSEILLE

Sur des sérénades données aux chefs de la Cour.

Aix, le 28 février 1869.

MONSIEUR LE GÉNÉRAL,

Hier, à huit heures du soir, en sortant de chez moi, je trouvais plusieurs rues obstruées au point qu'il me fut difficile d'arriver sur le Cours. Sur le Cours lui-même, l'affluence était aussi considérable. Ayant aperçu des feux et entendu la musique militaire, je m'informais de ce qui donnait lieu à cette grande et populeuse réunion, lorsqu'on me rappela que c'était la sérénade hebdomadaire donnée par la musique du 99me régiment en garnison dans cette ville, et l'on n'oublia pas d'ajouter que c'était la sérénade habituellement donnée au Premier Président et au Procureur Général de la Cour.

Je connaissais déjà ces ovations nouvelles depuis l'arrivée du 99e; il n'y avait eu lieu jusqu'alors et de ma part à trop m'arrêter à pareille démonstration. Mais lorsque je vis qu'elle s'adressait ainsi à la Justice par devant sur le Cours et par derrière dans la rue Mazarine, et que les deux chefs d'une Cour souveraine se laissaient saisir ainsi par les fanfares de la nuit et du jour, je me trouvais saisi à mon tour, fort ému à cause de la dignité magistrale et vivement ébranlé par tous les souvenirs de mon culte.

Ce matin, je me retrouve de bonne heure sous les mêmes impressions et j'ai presque à me demander vers qui j'aurais à adresser les modestes et silencieuses doléances de cet ancien justicier auquel ont si longtemps incombé la charge de la mercuriale et les devoirs de la censure magistrale.

Hors des rangs dans lesquels j'ai servi pendant plus de quarante ans, je sais bien qu'il y a toujours place et accueil dans les feuilles publiques et particulièrement auprès de l'administration supérieure.

Je ne voudrais pas, dans cette circonstance, recourir à la presse et je me sens plus disposé à aller vers un chef militaire convenant et bien élevé.

Je me fusse bien gardé, Monsieur le Général, de m'adresser à votre prédécesseur pour toute observation même aussi légère que celle que j'ai l'honneur de vous soumettre.

J'eusse plus encore évité d'avoir aucun contact avec le sénateur naguère chargé de l'administration départementale.

Mais quelques lueurs que j'ai entrevues dans vos procédés et les bonnes manières d'un nouveau préfet, me font penser que si nous avons encore quelque fantaisie libérale et quelques principes constitutionnels et moraux, peut-être ne serons-nous pas aussi brutalement repoussé que nous l'avons été précédemment.

En en revenant donc à ces sérénades données aux flambeaux si recherchés et si éblouissants, qu'il soit permis à un ancien de la justice d'exprimer à ce sujet cet étonnement qu'inspirent la gravité de notre culte et les bruyantes démonstrations du vôtre.

Lorsque les militaires entourent la Justice, c'est pour maintenir le respect qui lui est dû; à l'intérieur, la force publique ne doit être appelée que pour assurer l'exécution de la loi et sauvegarder la dignité du juge.

Je ne veux pas ici et je ne dois pas auprès d'un chef militaire si élevé développer une thèse pareille.

Qu'il soit seulement permis de s'arrêter à ce qu'on lit dans l'*Echo des Bouches-du-Rhône* de ce jour 28 janvier, à l'occasion d'une prise d'habit de l'ordre de St-Dominique d'Aix : — « Parmi les personnes admises au chœur se
» faisaient remarquer par leur attitude recueillie et franche
» deux soldats aux épaulettes de laine....... Lorsque le
» jeune postulant est arrivé vers le plus jeune des soldats,
» le frère maître s'arrêta et lui fit connaître un frère de
» plus. »

Quelle que soit la tolérance dont on soit doué, n'y a-t-il pas lieu de se demander si les chefs de corps connaissent bien ces pratiques monacales auxquelles se livrent publiquement les militaires, et de savoir aussi si leurs chefs favorisent ces vocations qu'un public malin pourrait désigner sous le nom de *capucinade*.

On ne doit pas craindre d'attirer l'attention de l'autorité supérieure lorsque, dans les rangs les plus élevés de la Justice, on a fait des actes nombreux de tolérance comme celui-ci : — Pendant le dernier règne constitutionnel, la Cour d'Aix n'a cessé d'aller en corps aux processions de la Fête-Dieu. Le parquet et son chef n'ont jamais assisté à pareille cérémonie ; mais le procureur général requérait lui-même l'escorte d'honneur qui accompagne la Cour lorsqu'elle sort du Palais de Justice et se montre en public.

Le gouvernement d'alors respectait des croyances et des tendances des corps judiciaires ; il soutenait aussi l'indépendance et la persévérance de ses mandataires directs.

Veuillez agréer, etc.

BORÉLY.

Discours prononcé, le 9 mai 1869, par M. Borély, sur la tombe de M. d'Anselme, ancien conseiller à la Cour royale d'Aix.

MESSIEURS,

Lorsque nous ouvrons la bouche dans ce champ de repos, nous croyons toujours que c'est pour la dernière fois que nous y devons prendre la parole. Nous pensons qu'en ce lieu de silence et de respect, il ne faudrait jamais faire entendre que de rares accents de vérité, de deuil et de regrets.

Il y a près de quinze ans que l'ancien procureur général du gouvernement constitutionnel, s'exprimait ainsi sur la tombe de l'ancien procureur général de la Restauration :

« Les hommes à principes fermes et à convictions pro-
» fondes se portent estime et affection jusqu'au tombeau.»

Ces sentiments, restés inaltérables entre les deux chefs qui avaient dirigé le même parquet et représenté, pendant près de quarante années, dans ce ressort, l'autorité des deux monarchies constitutionnelles, sont les mêmes sentiments qui n'ont également jamais varié entre deux conseillers auditeurs de la création des premières cours impériales. Pendant près de soixante ans, dans des situations diverses et sous des bannières si différentes, ces deux jeunes magistrats, les seuls survivants à tant de magistratures et à tant d'événements, n'ont cessé de se porter une estime sincère, une invariable affection.

M. d'Anselme, conseiller de la Cour royale d'Aix, résignait ses fonctions lorsqu'un nouveau régime nous appelait nous-même à la tête du parquet de la même Cour. Lui, entrait dans la retraite avec un premier président du nom de de Sèze, un président de chambre, un conseiller de Foresta, et tout le parquet de la même Cour.

C'était le 24 septembre 1856 que nous disions encore de notre prédécesseur et dans le même cimetière : « qu'en » donnant cet exemple de fidélité à sa cause, le procureur » général de La Boulie eut cette grande consolation d'être » suivi de tout son parquet ; qu'il inspirait ainsi par son » ascendant respecté, les sentiments qu'il pratiquait si ho- » norablement lui-même. »

Tout cela était facile, compris et même assez goûté parmi nous, en temps si divers et à travers des tempêtes si soudaines. Les uns et les autres nous avions le même point de départ et le même but. Nous obéissions tous à nos consciences, à ces sentiments dont personne ne soupçonnait la sincérité et le dévoûment.

C'est de la constance et non de la fidélité que l'illustre penseur de la cité a dit que « la constance n'était bien sou- » vent que la chimère d'un autre âge. » Non, Vauvenargues avait trop de bons sentiments, trop de respectables souvenirs, trop de bons exemples de famille pour ne point placer la fidélité au rang qu'elle doit avoir dans l'estime des hommes. En tout temps, mais principalement dans le grand temple de la Justice, partout, la fidélité est le symbole du plus auguste devoir.

L'inconstance est légère.

L'infidèle est parjure, a dit un autre penseur [1].

L'ami qui vient de nous quitter, le fidèle magistrat dont la dépouille mortelle va disparaître à nos yeux, n'est pas celui qui eut le moins de mérite parmi les siens. Il obéissait en vrai sage, en homme modeste et convaincu, à sa conscience magistrale et politique. La charge qu'il abandonnait ainsi sans regret ne soulageait pas la charge du père de famille. Il est vrai que c'est dans ces graves occasions que les sacrifices sont acceptés comme des récompenses qui élèvent l'âme, la purifient, et qui disposent à bien des satisfactions ignorées de la foule et promptement oubliées dans le monde vulgaire et frivole.

Messieurs, Victor-François-Henri d'Anselme a eu toutes les nobles et légitimes satisfactions du magistrat consciencieux, toutes les vertus du père de famille, toute l'abnégation du chrétien, pratiquant avec sincérité, avec humilité, avec bonheur, les croyances qu'il a eues pendant sa vie entière. Tout a été pour lui satisfaisant et facile. Tout est satisfaisant et consolant pour l'avenir.

[1] Pascal.

NOTICE NÉCROLOGIQUE

SUR M. DUFAUR

Ancien Avocat Général près la Cour Royale d'Aix.

New-Powrcelles, 15 août 1869.

Hier, dans le plus près voisinage de ma ferme et de ma plus étroite affection, nous sortions du château de Saint-Savournin pour conduire au champ du repos un des plus anciens magistrats de la Restauration. Il me semble que c'est à l'ami qui survit à une intimité septuagénaire, à exprimer des regrets qui ne sont pas seulement ceux de deux familles, de deux grandes villes, des villages environnants et de tout ce vaste ressort.

M. Dufaur, premier avocat général pendant la Restauration, a certainement été l'un des magistrats les plus honorés à cette époque, où la magistrature conservait encore quelques débris de l'ancien régime et du nouveau. Avec de vieux conseillers du Parlement de Provence et de vieux juges des tribunaux de la Révolution, les Cours royales de 1814 ne pouvaient guère faire plus que ce qu'elles ont fait: rappeler quelques anciens us et coutumes, conserver ou produire quelque personnalité d'intégrité et d'honneur. M. Dufaur se montra en première ligne de cette catégorie; son talent fut au niveau de chacun de ses emplois, et son caractère au dessus de toutes les épreuves.

Il quittait le parquet de la Cour le lendemain de la révolution de juillet 1830.

Nous, le lendemain, porté sur le pavois constitutionnel, nous arrivions à la tête du même parquet.

On le sait : le procureur général de La Boulie m'embrassait sur le Cours au moment même de mon arrivée à Aix, et je recevais, avec une vive satisfaction, ses compliments, sa robe et tout ce qui peut être offert en pareille occasion, si occasion pareille se renouvelait jamais. Mon cher Dufaur conserva à mon égard, non son titre de premier avocat général, mais son titre de premier ami.

Oui ! dans toutes les phases politiques par lesquelles passaient deux magistrats ; oui, entre celui de la monarchie légitime et celui de la monarchie constitutionnelle, pendant ces deux régimes et tous autres qui ont suivi, il n'y a jamais eu le moindre nuage sur nos têtes, le moindre soupçon dans nos cœurs, la moindre hésitation dans nos doctrines. Cependant, l'un était sans contredit le plus pur de la pureté légitimiste ; l'autre n'était pas le plus impur ni le plus déloyal de la loyauté constitutionnelle.

Tout cet ancien parquet légitimiste donnait le grand exemple de fidélité à sa cause. Celui qui lui a succédé ne l'a pas suivi depuis 1848 ; qui peut savoir où on en est venu de tous ces côtés, et où on en viendra peut-être encore !

La défaillance générale, en France, n'a pas seulement atteint les siéges élevés. La parole n'est pas plus indépendante dans le barreau qu'ailleurs.

Toutefois, qu'il soit au moins permis, après ce simple et rigide aperçu d'individualité, de ne pas supprimer quelques mots sur les modestes obsèques dont nous venons d'être témoin dans un village qui se trouvait en ce moment même entouré d'incendies [1].

Détournons les yeux des malheurs publics et ne regardons que ce cortége cheminant si lentement.

Par ce grand soleil du mois d'août, on voyait, le long des murs, des groupes de vieilles femmes à genoux; à l'ombre des arbres, des jeunes filles également en larmes et en prières, toutes baissant des fronts consternés devant un simple cercueil sans le moindre ornement.

M. Dufaur avait reçu de son roi la croix de la Légion d'honneur. Après ce règne, la croix de ce premier avocat général, n'avait plus vu le jour.

Elle n'a pas paru sur son cercueil. Irréprochable jusqu'aux dernières limites de son culte, il a été et reste irréprochable encore après le trépas, devant la tombe et jusqu'au ciel.

Le fils d'un tel père ne peut-il pas être digne de lui? Ce fils que j'aime autant que s'il était mon propre fils, pouvait

[1] Toute la population féminine et enfantine précédait la bière du défunt Mais il n'y avait pas assez d'hommes pour la porter du château à l'église et de l'église au cimetière. Fermiers et serviteurs ne pouvaient suffire; on s'arrêtait à chaque dix pas. Tous les habitants valides, jeunes et vieux, avaient couru au feu.

Depuis deux jours, l'incendie détruisait les beaux bois de trois villages. Les détails vont être lamentables et dignes des plus grands regrets.

Ce qu'il y avait déjà aujourd'hui de regrettable, peut-être au premier chef, c'est qu'aucun de ces bois, disait-on, n'était assuré.

Tous les bois des propriétaires voisins sont assurés avec la plus grande sollicitude. Alors n'est-il pas naturel de demander quelle est la sollicitude qui préside actuellement à ces grands intérêts de tant de communes toutes mises en oubli à cet égard et à bien d'autres!

certainement devenir un de mes nombreux substituts. Il n'en a pas eu la pensée plus que son père ; celui qui devait l'avoir et qui l'avait, n'a jamais dû l'exprimer. Il ne voulait pas, il ne devait pas troubler dans cette bonne et noble famille, la sincérité, la sérénité des principes et des consciences.

Et cependant, mon cher Charles Dufaur, doue d'un grand sens, d'un bon esprit et d'une aptitude remarquable, est le fils d'un premier avocat général et le petit-fils d'un procureur général, du nom de Castillon.

BORÉLY.

SÉQUESTRATION MONASTIQUE

Un couvent de Cracovie et un couvent d'Aix.[1]

Le bruit qui s'est fait autour de l'affaire de Ubrick, la récluse de Cracovie, n'est pas près de s'apaiser; l'incident s'est élevé à la hauteur d'une question de principe. On s'est demandé s'il ne serait pas bon que, dans tous les pays catholiques, les couvents fussent soumis au droit commun et que la surveillance de l'autorité pût s'exercer à toute heure dans ces mystérieuses retraites. Quelques lignes, que *l'Univers illustré* avait eu l'imprudence d'insérer en ce sens, lui ont attiré en pleine poitrine une lettre d'un ancien procureur général près la Cour d'Aix, M. Borély. L'épître dont l'honorable magistrat nous demande l'insertion est certainement intéressante. Malheureusement, certaines critiques

[1] Ccet article, reproduit in extenso par l'*Echo des Rouches-du-Rhône* du 5 septembre 1869, était précédé de ces quelques lignes :

Cette antithèse historique et monastique de pays et de temps si différents a provoqué une relation insérée dans le dernier numéro de *l'Univers illustré.*

A notre tour nous reproduisons cette relation qu'on ne lira pas sans édification : elle vient d'un honorable magistrat qu'on retrouve toujours si volontiers dans le présent comme dans le passé, dés qu'il s'agit des intérêts de son culte.

qui l'assaisonnent nous mettent dans l'impossibilité de déférer à son désir. Une loi dont, au milieu des loisirs que lui laisse sa retraite, M. Borély aura sans doute perdu la mémoire, offre galamment de l'amende et de la prison aux journalistes qui s'aviseraient de se mêler de ce qui ne les regarde pas. Or, tel serait le cas de *l'Univers illustré* s'il prêtait ses colonnes aux réflexions piquantes, mais politiques, de M. Borély. A ces causes, notre honorable correspondant nous permettra de ne garder de sa lettre que la partie anecdotique, en laissant à nos lecteurs le soin d'en tirer toutes les inductions qu'il leur plaira.

Ceci dit, je passe la parole à M. Borély.

« ...... Un jour donc que le Procureur Général était confidentiellement informé qu'une séquestration avait lieu dans un couvent désigné, avec toutes indications de nom et de motifs, je montai sur-le-champ en voiture, suivi de mon secrétaire et d'un huissier.

» Avant d'arriver au couvent, je crus devoir m'arrêter à l'archevêché. Le digne chef de cette juridiction ecclésiastique était en rapports si particuliers et si intimes avec le chef du ministère public, qu'il ne me parut pas convenable de lui laisser ignorer ce qui se passait et ce qui allait être immédiatement fait.

» Fort sensible à une telle prévenance, le prélat voulut y correspondre et accepta de m'accompagner sur l'heure. Il fit demander sa voiture, sur quoi je l'arrêtai : « C'est dans « la mienne, lui dis-je, que vous devez vous placer ; je ne « pourrais entrer dans la vôtre. C'est la justice qui accède « et qui doit marcher seule. »

» Arrivés au couvent et introduits dans l'appartement

de la supérieure, le Procureur Général, au nom de la loi, voulut conférer avec la jeune personne désignée. La supérieure proposa à l'instant d'aller auprès d'elle pour l'amener devant moi. Je l'arrêtai : je lui signifiai même qu'elle ne pouvait sortir de son appartement et qu'elle était consignée auprès de Monseigneur.

» Je donnai ordre à l'huissier de conduire la jeune récluse au parloir réservé. Ainsi prévenu que toutes les dispositions ordonnées étaient exécutées, je procédai à l'interrogatoire confidentiel sur toutes les investigations nécessaires.

» Fort touché de l'importance et de la délicatesse des avis que j'avais reçus, je compris sans détour et sans peine qu'il n'y avait dans tout ce fait que des jalousies et des rivalités de famille, et je proposai incontinent à la jeune personne de rentrer sur l'heure dans sa famille, si elle m'en témoignait le moindre désir : « Libre à vous, lui dis-je, de « retourner à l'instant ou après, si vous le jugez convenable, et lorsque vous aurez ainsi démontré à vos parents « que vous avez recouvré la plus entière liberté. »

» Inutile d'ajouter que, dans tout ce qui venait de se passer, le Procureur Général précédait chacun, et que l'Archevêque n'était point en retard pour faire offrir toutes les friandises et la collation qui sont d'usage en ces lieux.

» Ce qui ne saurait être indifférent et ce qu'il n'est pas désagréable d'apprendre, c'est que, six mois après, la jeune récluse, après avoir secoué les liens monastiques, avait passé dans les liens matrimoniaux, et que, comme de raison, la cérémonie religieuse était bénite par l'Archevêque et les noces présidées par le Procureur Général.

» De cette idylle clérico - judiciaire , je pourrais passer à d'autres qui durent se faire avec moins d'éclat , mais qui n'en eurent pas moins les résultats les plus satisfaisants pour l'exécution des lois et la morale publique. »

J'arrête ici la citation. M. Borély me trouvera peut-être quelque peu lâche de ne pas pousser plus loin ; mais qu'il veuille bien se reporter au temps où il se livrait à la culture du réquisitoire ; qu'il daigne pour un instant se mettre à ma place, et il comprendra mes scrupules.

On n'a pas tous les jours la chance d'une amnistie.

A MONSIEUR LE COMTE DE KÉRATRY

LE JÉSUITISME
ET UN PREMIER PRÉSIDENT

Aix, 12 février 1870.

MONSIEUR LE DÉPUTÉ,

Puisque vous me manifestez le désir de connaître un de mes documents sur la question religieuse dont vous avez demandé à interpeller les ministres, je ne puis trop différer de vous adresser les faits que j'ai recueillis, les réflexions et les actes qui ont dû tout naturellement s'ensuivre de ma part.

Je suis obligé de vous l'avouer, j'ai mis quelque hésitation et je mets encore quelque peine à vous faire une pareille communication.

Il est fort inutile de vous dire incontinent que je ne mets aucune réserve à découvrir aujourd'hui à un digne fils ce que m'a inspiré jadis son très-digne père, sur ces questions d'ordre social toujours si difficiles à bien connaître et à résoudre le plus convenablement possible.

Et d'abord, sur la plainte en discipline que je portais au Garde des scaux, le 28 janvier 1867, à l'occasion d'une messe de minuit à laquelle avait assisté le Premier président de la Cour dans l'église des Jésuites, je pourrais bien vous éviter la peine d'en lire tout le développement et les particularités qui ont pu s'ensuivre au moment même d'une telle dénonciation. Peut-être le seul fait à connaître et à relever maintenant consisterait dans cette communion en église et en communauté jésuitiques.

Si tout peut se résumer dans ces quelques mots , ces quelques mots révélateurs d'une telle assistance magistrale ne contiennent-ils pas sur la question religieuse dont il s'agit, tout ce qui est à relever et à savoir pour prévoir et concevoir où l'on en est aujourd'hui et où l'on en sera demain.

Je vais donc pour expliquer ce que je crois pouvoir être entrevu dans l'avenir, retourner vers mon passé et vous indiquer la haute influence qui me l'a procuré.

Je saisis donc fort volontiers, Monsieur le Comte, l'occasion qui m'est offerte avec vous pour rafraîchir et, s'il faut le dire , pour rajeunir des pensées qui n'ont pas été sans effet sur mes premières idées dans la Restauration et sur mes actes subséquents dans mon exercice du temps constitutionnel.

Je me plais à espérer qu'en reportant mes souvenirs vers une mémoire qui vous sera toujonrs chère et qui m'a été si précieuse, vous excuserez cette digression qui sert si naturellement de corollaire à mon administration judiciaire.

Voici donc ce qui se passait à Marseille vers les dernières années de la Restauration , pendant ma présidence du tribunal correctionnel et lorsque M. de Kératry écrivait si dogmatiquement dans le *Courrier français* de cette époque.

J'étais si bien nourri de toutes les sages doctrines qui nous arrivaient d'une telle plume et d'un tel journal, que j'eus la plus mémorable occasion d'en faire une application solennelle et fort instructive au milieu du peuple le plus fanatique et le plus emporté du Midi.

Un dès plus riches négociants de Marseille, très-estimé de toutes les classes et principalement des nombreux ouvriers qu'il employait à ses fabriques et à sa filature de coton d'Aix, M. Paillasson se crut un jour au dessous de ses affaires commerciales. Cet aperçu le jeta dans un désespoir subit : résolu de mettre fin à ses jours, il fut se donner la mort à Mazargues, dans une campagne qu'il avait mise en grande valeur et qu'il avait merveilleusement embellie.

J'étais si lié avec M. Paillasson lui-même, qu'après avoir embrassé sa fille, la digne épouse du colonel Perrin-Solliers, il vint me serrer la main de très-bonne heure avec sa physionomie assez ordinaire.

Une heure aprèe, il s'était brûlé la cervelle dans les lieux de sa prédilection.

La nouvelle d'une fin si tragique produisit en ville une telle émotion, que la Bourse presque entière et tout le corps des portefaix et des différents ouvriers voulurent, le lendemain, assister à ces tristes funérailles.

Malgré mon caractère magistral et la dignité que je voulais lui conserver partout, je ne pus me refuser aux pressantes sollicitations qui m'advenaient de toutes parts. D'ailleurs des plaintes s'élevaient déjà des corporations les plus populaires et les plus nombreuses au sujet du refus qui était annoncé de la part du prêtre d'assister à l'enterrement d'un suicidé.

Il me sembla donc qu'il y avait peut-être lieu de montrer au milieu d'une population si mal disposée, une personnalité assez autorisée pour contenir et éviter des malheurs dont il était difficile de prévoir l'issue. Si je crus, là, qu'il m'incombait une espèce de devoir, je voulus le remplir presque en magistrat, en siége équestre et dans l'attitude la plus imposante pour la circonstance qui allait se présenter et dont il me semblait évident que je pouvais devenir le dominateur.

J'arrivais donc à la bastide Paillasson à cheval et suivi de mon fidèle muet. Quand je parus au dessous de la terrasse, le cercueil sortait de la maison; une foule de plus de cinq mille personnes de la ville et de tout le quartier était exaspérée contre le refus obstiné du curé qui n'avait voulu ni ouvrir la porte du presbytère ni la porte de l'église.

Au milieu de tant d'opinions diverses, à travers l'irritation la plus violente, j'étais à peine descendu de cheval que je fus saisi dans tous mes membres par les vigoureuses mains de tant de portefaix : en même temps, j'étais comme hissé sur la terrasse et placé sur des tables subitement improvisées en tribune aux harangues.

C'est de là, Monsieur le Comte, que je professais les saines doctrines du *Courrier* et les meilleures inspirations de l'écrivain avec lequel je sympathisais si vivement.

Il ne me fut donc pas difficile de démontrer que le curé était dans son droit; qu'il ne pouvait ouvrir les portes du temple et donner ses prières que lorsque les règles de son ministère le lui permettaient.

Toutefois, m'écriais-je d'une voix stridente et d'ordinaire si favorablement écoutée : « Allons nous présenter avec le
» mort et sa nombreuse assistance devant l'église elle-mê-
» me. De ma main, je frapperai les portes de la maison de
» Dieu ; d'autres mains sonneront à la maison curiale. S'il
» n'y a pas de réponse et que le silence indique le refus
» des prières de l'Eglise, nous respecterons ce refus de

» l'autorité ecclésiastique, et nous nous rendrons tous avec
» le même respect au champ du repos où nous laisserons
» aller silencieusement dans sa tombe celui que nous vou-
» lons respecter dans son honorable vie et jusqu'à cette
» dernière heure si fatale pour lui, pour sa famille, pour
» ses enfants et pour la ville de Marseille elle-même. »

Le lendemain, j'étais à Aix et j'y étais même précédé par le bruit et bien des rumeurs que produisait cette triste cérémonie.

Le premier président de Sèze, qui devait avoir tant de préventions contre le libéralisme d'un magistrat qu'il fallait censurer dans chacun de ses actes, le chef lui-même de la Cour s'était déjà refusé à croire tous les faux bruits répandus contre moi : — Rapportez-moi vite, me dit-il, ce qui s'est passé, parce que je ne crois rien de ce qui m'est déjà advenu de toutes parts et sur votre compte.

Après le récit que je fis tout simplement de ce qui avait eu lieu la veille, M. le premier président de Sèze, qui, certes, n'était communicatif ni expansif envers aucun des magistrats de son ressort, s'empressa de me tendre la main et voulut bien approuver tout ce que j'avais fait forcément et tout ce que, en pleine liberté, j'avais dogmatiquement professé.

Inutile de vous rappeler que cette conduite a été renouvelée dans tous mes actes de procureur général en la Cour et traduite dans bien des circulaires qui, aujourd'hui, étonneraient encore bien des libéraux de ce temps.

Mais, pardon, Monsieur le Comte, que j'en finisse sur l'ancienne histoire d'un émérite qui se rattache si naturellement à mes plus vieux et à mes meilleurs souvenirs : ceux du *Courrier français* que je replace sous mes yeux et ceux de ses meilleurs écrivains.

Veuillez bien revenir sur ce *Courrier français* du 3 février 1824 et vous verrez l'article que faisait notre ami Mérilhou sur la publication d'un membre de la Chambre des Députés d'alors : ce n'était rien moins que la *procédure contre l'institut et les constitutions des Jésuites, suivie au Parlement de Paris, recueillie par un membre du Parlement et publiée ni plus ni moins encore par M. Gilbert des Voisins.*

Que nous sommes loin, cher Monsieur le Comte, de ces procès jugés au Parlement de Paris le 8 mai 1761, de la procédure soumise au Parlement de Provence le 4 janvier 1763, par le procureur général de Monclar, et suivie du célèbre arrêt prononcé par le Parlement lui-même le 28 du même mois de janvier de la même année 1763 !

Où en sommes-nous donc en 1870 ? Les temps, les magistrats, la société, tout est changé autour de nous avec un gouvernement comme celui qui nous régit, et tout peut encore plus changer au dehors avec un concile œcuménique comme celui qui veut continuer à régir le monde.

Il faut établir en fait ce qui ne peut être contesté par aucun, et peut-être ce qu'aucun ne voit aussi clairement et ne sent aussi vivement que moi-même.

On ne décrète plus l'expulsion des individus et des corps.

On ne peut pas décréter non plus la répulsion d'aucun corps ni d'aucun individu.

On ne peut que favoriser ou non l'impulsion de tels corps ou de telles institutions.

Le sol français est ouvert à tout le monde. Le sol anglais lui-même est ouvert à tous les exilés de la terre.

Chacun peut donc venir résider, acquérir, vivre et mourir en France.

Comme chacun peut être sur nos routes, en railway et dans nos rues.

Mais chacun n'est pas reçu chez moi. Ma maison est ce château fort, *one castle,* du maître.

Le maître ne doit recevoir que ceux qui pensent comme lui , et qui sont ses amis. Il ne doit pas recevoir ceux qui ne pensent pas comme lui, et surtout ceux qui sont ses ennemis.

Et s'il pensait qu'il est des ennemis qui peuvent lui ravir les cœurs de sa femme et de sa fille, son patrimoine et son argent ; s'il craignait surtout l'invasion ou même le contact d'une morale fausse et dangereuse, alors il doit faire bonne garde et ne pas se cacher pour la faire.

Alors , Monsieur le Comte , quand et comment cela se fera-t-il ? Un jour, rien ne sera plus facile.

Qu'on ait donc un jour un gouvernement libéral, et l'on verra que ce gouvernement en opposition avec ce gouvernement impérial, ne favorisera plus aussi ouvertement qu'on le fait aujourd'hui un chef de Cour souveraine, un Premier Président de création impériale, allant solennellement communier à la messe de minuit dans l'église et des mains du supérieur des Jésuites, et auquel on donnait hier une croix de commandeur de la Légion d'honneur, un titre analogue et le même cordon du roi d'Italie et jusqu'aux insignes pareils dans un des ordres du Sultan lui-même.

Lorsque toutes ces faveurs s'obtiennent par les influences politiques et jésuitiques , qu'on saura bien et qu'on ne voudra plus employer de telles faveurs, des encouragements aussi significatifs pour des doctrines qu'il faut au contraire proscrire, oh ! alors on laissera tout aller du mauvais côté, et en délaissant ainsi jésuitisme et jésuites, on arrivera à ce résultat-ci : on n'exile plus les jésuites ; les jésuites s'exilent eux-mêmes.

Depuis les événements qui se passent en Espagne, il rentre dans ce midi de la France des essaims de jésuites qui s'arrêtent un peu partout et qui partout sont fort bien accueillis chez eux et par eux. Je vous affirme que dans les maisons de jésuites d'Aix, il y a une centaine de ces religieux depuis une année environ.

En voilà beaucoup, Monsieur le Député ; s'il y en avait trop, ce serait plus la faute de l'ancien député et du nouveau que la faute de celui qui a occupé le siége du procureur général de l'ancien Parlement de Provence. Quoi qu'il en soit, à la distance de plus d'un siècle, après tant de révolutions, je suis aussi convaincu que le procureur général Monclar ; mais aujourd'hui. nous ne pouvons vaincre l'ennemi que par la tolérance et la liberté. Je crois à ces nouvelles doctrines.

Daignez agréer, etc.,

BORÉLY.

UN BAS-ALPIN NONAGÉNAIRE

« Parmi les villes les plus obscures, dit
» Augustin Thierry, il n'en est peut-être
» pas une seule qui n'ait eu ses jours d'é-
» nergie. » — Nous ajoutons à ce que M. de
Laplane rapporte dans la préface de son
Histoire de Sisteron, qu'il n'est peut-être
pas aussi une seule ville qui n'ait un jour
son historien d'honneur.

Dans les derniers jours de l'an qui vient de finir et dans les premiers jours de celui qui commence, deux nonagénaires de la ville de Sisteron quittaient ce monde, dans les conditions les plus opposées, et chacun cependant recevait dans le cercueil la même expression des sentiments qui honorent l'homme.

J'ai pu serrer la main à mon compatriote Sylvestre, coutelier bas-Alpin, la veille de sa mort, en sortant de l'installation de M. Emile Reybaud, notre nouveau procureur général.

Si je n'ai pu assister aux obsèques de M. Edouard de Laplane, c'est que je n'ai pas été avisé à temps. Quoique j'eusse manifesté ce désir, il m'a été impossible de le satisfaire, au grand regret de mes amis de Sisteron.

Comme je tenais beaucoup au devoir que je m'étais presque imposé et qu'il ne me reste que la satisfaction intime que je puis encore me procurer, j'en use dans le recueillement du cabinet et plus volontiers qu'on a l'habitude de le faire dans le champ du repos. Les actes de respect valent mieux que les discours d'apparat ; une assistance silencieuse impose et suffit. Ailleurs et plus tard , il peut y avoir plus à dire. Le mort ne permet pas, qu'en sa présence, on parle d'autrui , et souvent le bien qui est à dire de lui exigerait qu'on le compare, pour mieux relever l'honneur et les rares vertus qui doivent être exemplaires.

Toutefois , de quelque côté et en quelque lieu que l'on puisse se procurer un de ces doux épanchements que j'ai toujours fort enviés , je vais me le procurer dans cette circonstance à l'aide de la publicité. Elle va être enfin permise cette insertion de quelques lignes , dans certaines feuilles publiques , même les plus avisées et même encore avec la signature et la garantie d'un ancien chef de justice répressive, ayant été le grand régulateur de la presse elle-même.

Or , il est consolant et peut-être assez flatteur pour ce magistrat, qui a été aussi rémunéré que renumérateur dans le gouvernement constitutionnel , d'avoir quelques-unes de ces mémorables et rares occasions de faire l'éloge de nos opposants fermes et honnêtes au gouvernement libéral lui-même. La louange alors n'est pas sans valeur ni à dédaigner, puisqu'elle n'est ni suspecte devant la tombe, ni suspectée d'aucun vivant.

C'est ainsi , qu'après avoir payé ce tribut , quoique devant son cercueil, au Procureur Général de la Restauration, le Procureur Général qui le remplaçait en août 1830 , en payait naguère un autre profondément senti envers son premier avocat général, qui n'avait cessé d'être à son tour son meilleur ami et qui avait suivi son chef lui-même dans la retraite et avec autant de dignité que d'abnégation complète.

Aujourd'hui, il n'est pas moins satisfaisant d'honorer la mémoire respectée de ce Nestor de la ville natale, qui n'avait cessé d'être fidèle à sa conscience et à ses principes comme aux actes et aux œuvres de sa vie entière.

Si toute la population de la ville de Sisteron faisait aux obsèques de M. de Laplane une imposante manifestation, ici à Aix, rue Monclar, aux environs du Palais de Justice, l'ancien coutelier du faubourg du *Bouen Reynaou* s'éteignait sans douleur, avec calme et avec tous les soins et toutes les consolations qu'il pouvait souhaiter.

Sur la tombe de M. de Laplane, alors que les ouvriers venaient d'y déposer l'hommage de leur vénération et de leur respect, une voix recommandable et digne, une voix amie et justement autorisée, a parlé des services que le défunt avait rendus à la science et aux Alpes. Poussé par une infatigable curiosité, M. de Laplane avait fait pour son pays ce que font peu de compatriotes. Il a compulsé toutes les archives de la vieille cité et l'on sait avec quelle intelligence il les a résumées. Bien plus, il a sincèrement aimé ce sol natal, dont le culte s'affaiblit aussi, comme les vieux cultes qui se trouvent délaissés dans les changements nouveaux.

Mais, il est un culte qui survivra aux plus mauvais exemples qui, certes, ne doivent point être oubliés, et qu'il est, par malheur, impossible à un ancien de la Justice de taire, pour en proscrire à jamais le retour.

Pourquoi faut-il donc, à côté de cette studieuse et modeste retraite, à l'occasion de notre éminent vieillard, se remémorer également des plus fatales et des plus turbulentes ambitions du même temps et du même lieu? S'il faut des ombres à chaque tableau, et si ces ombres ne doivent point être effacées pour mettre en meilleure lumière ce qui doit être le mieux éclairé; si, d'un autre côté, la main qui trace ces lignes est cette inexorable main de l'ancienne mercuriale, ayant dû recueillir tant et tant de souvenirs, il est difficile, disons plus, il est toujours impossible, en avançant dans l'âge, de reculer devant la vérité, devant les faits les plus récents et les plus vieilles remembrances.

Or, la vérité, la justice exigent qu'on jette un regard sur ces deux compatriotes qui ont présenté le plus frappant contraste avec celui qui a été le plus vénéré dans cet âpre recoin de nos montagnes.

M. de Laplane n'avait pas seulement conservé sa noble origine; il l'avait ennoblie et réellement illustrée par les distinctions reçues de l'Institut de France, Académie des inscriptions et belles-lettres, et de plusieurs sociétés savantes.

D'autre part et en sens si contraire à ces beaux exemples de dévouement et de fidélité, de désintéressement et de modestie, pourquoi rencontrer, dans les premiers rangs de l'armée et sur le premier siége de la magistrature locale, de si affligeants tableaux et cette dissidence si remarquée dans le dévergondage des deux plus fatales ambitions de cette époque?

Citoyen turbulent, mais intrépide guerrier, issu d'une

famille patricienne et même investi du premier titre de l'armée, ce Bas-Alpin veut abaisser son nom : il se fait démocrate; il va braver les honneurs éphémères de la tribune et prendre place dans les hauts rangs de la démagogie; il sera même appelé à la questure et visera peut-être à quelque ministère républicain; comme Clodius, qui avait insulté Cicéron, il méprisera hautement son ministre, maréchal de France.

Dans les temps anciens, les esclaves de Milon assassinèren Clodius; qu'au moins de notre temps, l'heureux changement des mœurs barbares permette le châtiment des souvenirs et de la publicité.

Si, à la mort d'un tel compatriote, j'eusse encore été à la tête du ministère public, j'aurais certainement poursuivi en discipline les deux magistrats de ce siége qui auraient paru dans la rare assistance d'un pareil convoi : s'il fallait, là, l'isolement complet, la présence irrévérencielle des magistrats méritait bien la peine d'une sévère remontrance.

Afin que ces cérémonies funèbres conservent quelque prestige, il faut tâcher de leur donner un caractère honorable.

Après cette autre mort d'un chef de tribunal de première instance, il y a eu tout au moins un châtiment qui, quoique mérité, a peut-être outrepassé les règles de la justice. Non-seulement son fils ne pouvait plus espérer de l'avancement dans sa carrière judiciaire, mais il lui a fallu comprendre lui-même qu'il ne pouvait plus rester dans un corps qui ne rappelait que d'affligeants souvenirs.

Reportons donc de meilleures pensées sur l'historien de

nos annales, sur l'éminent montagnard de la Haute Provence, sur son excellente famille qui saura conserver cet héritage de vertu et de fidélité à des principes qui ne cesseront d'honorer ceux qui les conservent avec indépendance jusqu'à la dernière heure des plus longues vies.

Que, s'il fallait enfin tirer quelque enseignement de la longévité et de la brièveté des existences, on pourrait établir que la vieillesse ne donne pas de trop mauvais exemples à l'humanité; tandis que bon nombre de ceux qui vivent moins longtemps, ne vivent souvent que beaucoup trop pour eux et pour les autres.

Si quelques aperçus philosophiques nous portaient encore à examiner les causes et les effets de la prolongation ou de la diminution de la vie, nous trouverions, dans la *Macrobiotique* d'un docteur étranger, une autre explication de ces contrastes dans les rapprochements où nous ont conduits des comparaisons inévitables.

« Lorsqu'on aime la vie, dit Hufeland [1], et qu'on ne craint pas la mort, » nous ajoutons : lorsqu'on aime l'honneur et qu'on est exempt de remords, « on vit heureux et longtemps. On ne voit pas l'ambitieux parvenir à un âge avancé. »

Tant pis pour ceux qui devraient rester loin de la scène publique, et qui n'y savent jouer que les plus mauvais rôles. Quand on veut servir sa patrie, il faut la servir avec désintéressement et justice. Lorsque l'homme est dévié de son état naturel, dit à peu près Pascal, il abrége sa vie et perd sa réputation.

[1] Premier médecin du roi de Prusse.

Enfin, si deux autres Nestors de ces montagnes duraient encore, restaient fermes et debout, le pays les jugera aussi. Ils suivent paisiblement et assez heureusement leurs inclinations et leurs principes. Tous deux octogénaires, ne sont ni trop pressés, ni trop méfiants sur l'arrêt que prononceront leurs concitoyens. L'un, à Moscou et à Waterloo, a bravement servi son pays sous les armes; l'autre, qui a vécu quarante ans sous la toge, a servi la justice et non la politique avec ses passions. L'un, comme doyen d'âge, vient de présider, à la satisfaction générale, le Corps législatif; l'autre, comme doyen de la magistrature de son ressort, ne reste ni inactif, ni indifférent à son culte.

Tous deux voudraient continuer leur modeste destinée en pratiquant les vertus de celui qui vient de les précéder au tombeau, dans la ville natale et dans la voie de l'honneur.

BORÉLY.

Aix, janvier 1870.

DISCIPLINE JUDICIAIRE

PLAINTE
PORTÉE A LA COUR
Contre un Président de Chambre.

Messieurs,

Dans le cours ordinaire du monde, les moindres manquements peuvent donner lieu aux plus graves et aux plus regrettables accidents de la vie : on le voit tous les jours ; on l'a même vu, la semaine dernière, devant le tribunal de la Seine, à cette audience dans laquelle trois duels étaient jugés correctionnellement.

La rencontre, à Maison-Laffitte, entre M. Frédéric de Beaumont et M. de Maugny n'avait lieu que parce que M. de Maugny avait salué très-légèrement M. de Beaumont.

L'autre jour, on lisait dans un de nos journaux sérieux [1] cet échantillon des mœurs du grand monde parisien, extrait du *Gaulois*.

Dans le grand escalier du Cercle Impérial, un ancien député ne répondait pas au salut qu'il recevait : son chapeau fut enlevé d'un coup de canne ; le chapeau ramassé, l'ancien député fut décoiffé de nouveau.

[1] *Gazette du Midi* du 17 décembre 1869.

Si nous ne savons pas le reste, nous savons comprendre ce que peuvent occasionner tous les incidents de cette nature : nous savons surtout les ressentir d'une manière plus vive lorsque, d'une part, pareille injure vient d'être faite en grande réunion de Cour souveraine par un ancien subordonné à l'égard de son ancien chef, et que, d'autre part, même injure était aussi accentuée, par un allié, en pleine promenade du Cours, en réunion de marquis mieux élevés que lui.

Tout en retraçant les faits relatifs à la plainte actuelle, il ne saurait être inutile d'en rappeler d'antérieurs et d'indiquer, dans les pièces ci-jointes, sous quel point de vue ils ont toujours été envisagés. S'il n'a été donné aucune suite à quelques-uns de ces outrages, il sera certainement démontré qu'un nouveau chef de magistrature impériale n'a pas été bien avisé de rappeler à un ancien chef de magistrature constitutionnelle *qu'il y aurait plus de grandeur à oublier qu'à poursuivre les torts qu'on aurait pu avoir envers lui.*

Toutefois, si ces poursuites antérieures n'ont pas eu lieu, elles ne pouvaient, sans manquer de grandeur, éviter de donner occasion de les recueillir dans nos méditations sur la justice actuelle et sur les moyens d'en réformer les abus et d'en relever la dignité.

Dès lors, on pourrait déjà voir quels ont été les ménagements dont nous avons entouré certaines positions et qui jusqu'ici nous ont fait retenir sous le boisseau quelques essais d'actualité qui n'auraient peut-être pas été sans échos [1].

[1] Les Saluts, ce qu'ils sont encore en France et ce qu'ils y font faire. Une ancienne candidature au trône de Grèce et une nouvelle candidature au trône d'Espagne.

Mais, voyons aujourd'hui où nous en sommes et où nous a conduit l'invitation que nous adressait M. le Premier Président de la Cour pour assister à la cérémonie d'installation de M. le Procureur Général Reybaud.

S'il a été adhéré à cette invitation, *le temps étant aux manifestes et au libéralisme* comme on l'a écrit à M. le Premier Président lui-même, ce n'était point pour y recevoir cette dernière et si grave injure dont j'ai tant à me plaindre et dont il a bien fallu demander le redressement au chef de la compagnie. Sa réponse ainsi que ma réclamation, jointes à ces pièces, motivent la plainte actuelle.

Si ce qui s'est antérieurement passé à notre encontre ne peut être mis en oubli; si ce qui vient de se passer a tant saisi toutes les facultés de notre âme, tant ébranlé nos sens, aurions-nous eu besoin, *hic et nunc*, en réunion si solennelle et en temple si auguste, aurions-nous eu besoin que ce grand poète du XVIIme siècle nous revînt en mémoire et nous émût à ce point? [1]

Consterné, il est vrai, devant tant de circonstances dont l'aggravation du passé surpasse toutes les circonstances aggravantes prévues par la loi, nous ne serons jamais déconcerté ni découragé pour demander justice. « On commence
» à savoir qu'il est un pays dont chaque habitant n'éprouve
» aucune crainte de se mettre en avant, et que rien n'ar-
» rête cet homme libre quand il s'agit d'un devoir à rem-
» plir et de réclamer justice [2]. »

[1] Qu'au sortir de Pharsale, le meilleur capitaine
Saurait mal son métier, s'il laissait prendre haleine
Et s'il donnait loisir à des cœurs si hardis
De relever du coup dont ils sont étourdis.

[2] Voir dans le *Journal des Débats* du 21 novembre 1869 un article de M K. Hillebrand sur lord Byron à propos de révélations américaines.

Il est un autre pays et des situations différentes que nous rappelions naguère au sujet d'un insulteur mercenaire quoique fort opulent.

A cette occasion, nous étions forcément amené à faire comprendre que celui qui avait poursuivi les duels ne pouvait jamais donner un exemple mille fois plus affligeant que le duel lui-même. En même temps il était ajouté qu'on ne pardonne point l'injure faite à celui qui ne peut pas en demander raison.

Qu'au moins un ancien chef de justice répressive puisse encore retrouver devant la justice réglée, par voie disciplinaire, ce qui doit toujours conserver l'honneur et couvrir la dignité des corps eux-mêmes [1].

La discipline judiciaire serait-elle donc paralysée, entièrement éteinte, parmi nous, lorsque ce grand corps qui veille toujours à la conservation de sa prépondérance et de ses priviléges s'occupe en première ligne de l'observance qui doit régner dans ses ordres religieux et dans toutes ses affaires intérieures. C'est ainsi que nous voyons dans une

[1] Naguère et à notre encontre, on a vu un conseil de discipline des avocats de ce barreau, indiscipliné au point d'outrager le magistrat qui avait été si longtemps à la tête de l'ordre comme procureur général, alors qu'il venait de prendre sa propre défense. Il n'y aura plus à l'avenir à désespérer de tant de défaillances dans les corps et dans les caractères; une mauvaise phase s'éteint. L'ordre des avocats de Paris n'aurait-il pas déjà décidé hier de ne point faire visite au chef de la magistrature actuelle par cela seul que M. Emile Ollivier aurait été autrefois rayé du tableau de l'ordre?

N'y aurait-il pas également lieu de relever ici et de faire réprimer la conduite si inconvenante d'un bâtonnier qui se serait fait l'instigateur de tout ce qui fut si honteusement pratiqué contre cet ancien et haut magistrat qu'on s'est tant plu alors d'accabler de dédain et de mépris dans la circonstance la plus honorable de sa vie passée et actuelle.

commission *de la foi* qu'ont été nommés les membres de la congrégation spécialement chargée de la discipline dans toutes les grandes affaires qui vont être soumises au concile œcuménique.

Si au lieu de cet exemple du jour même, nous jetions un regard rétrospectif et si instructif encore sur un passé qui ne s'oublie et qu'on cherche tant à faire revivre , nous retrouverions dans le corps le plus sévèrement discipliné ce qu'est en effet cette forte discipline qui seule maintient les corps et leurs doctrines malgré vents et marée.

Lorsque c'est, par la discipline elle seule, qu'on lutte avec tant d'opiniâtreté et de succès contre les lois du pays, contre les arrêts les plus solennels de la justice ; lorsque après tout ce qui a été révélé par le plus illustre de nos prédécesseurs ; après ce célèbre réquisitoire que le procureur général Monclar prononçait le 4 janvier 1763 devant le Parlement de Provence, chambres assemblées, et le mémorable arrêt du 28 du même mois , il faudrait au moins se souvenir de ce qu'est toute la puissance d'une discipline luttant contre toutes les puissances d'une époque ; c'est en comparant ces dimensions d'instruments conservateurs d'un temps , avec les instruments destructeurs d'un autre , qu'il faut ne considérer à chaque époque et en toutes choses qu'une bonne fin justifiée par les meilleurs moyens , par la loyauté et la franchise. Alors tout se conserve par la vraie tolérance en principe , par la vraie discipline en application ou bien tout se détruit par l'intolérance et la fausseté.

Puis, nous repliant une bonne fois sur nous-même , en invoquant notre grand pontife de la justice française , nous redisons orgueilleusement avec Daguesseau que si le premier soin du magistrat est de rendre la justice, il ne doit pas oublier un instant « que le second est de conserver sa » dignité, de se respecter lui-même, de révérer la sainteté » de son ministère..... Il trahirait ses intérêts s'il négli- » geait les jugements du public, puisque telle est la délica- » tesse de ce censeur inflexible, qu'il impute au corps les » fautes des membres et qu'un juge inconsidéré et rancu- » neux répand souvent sur ceux qui l'environnent la con- » tagion funeste de ses mauvais exemples. »

Serait-ce donc qu'une Cour souveraine, tout entière, aurait voulu infliger à un de ses anciens chefs cet affront qu'on ne pardonne pas dans le monde et qui malheureusement encore aujourd'hui fait mettre l'arme au poing et verser tant de sang généreux.

Eh quoi ! cet émérite octogénaire qui, certes, n'a point quitté, en transfuge, le poste élevé qui lui avait été confié après une grande victoire, et qui après une grande défaite et la disgrâce n'a jamais été reconnu que comme un vaincu sans reproche, n'ayant succombé sur le champ de bataille que pour la défense du droit et des libertés les plus chères, et quoi ! l'ancien athlète aurait-il donc démérité dans son camp et serait-il déconsidéré dans le camp ennemi ? Aurait-il trahi sa conscience et sa réputation ; aurait-il fléchi sous quelque point de vue qu'on veuille l'envisager ?

Deux mois après sa disgrâce, une république inopinée et soudaine confirmait toutes ses prévisions et voulait les récompenser par l'appas des plus hautes charges et par une nomination conférant le titre honoraire le plus élevé de l'ordre judiciaire.

Si tout a été refusé dans les régions les plus élevées pour

conserver une indépendance si connue et si respectée jusqu'à ce jour, comment d'anciens et honorables collègues voudraient-ils refuser aujourd'hui le simple respect dû à l'âge, ce respect que le grand orateur de Rome a si dignement invoqué dès le début et dans la dédicace de son sublime *Traité de la Vieillesse :* « Je fais à vous-même, mon cher » Atticus, l'application des vers qu'à Flamininus adressa » cet homme dénué des biens de la fortune, mais riche en » vertus. Je suis pourtant bien sûr que comme Flamininus » les ennuis ne vous tourmentent pas les jours et les » nuits.

» Je connais l'égalité de votre âme ; je connais sa modé » ration. Ce n'est pas seulement un surnom que vous avez » rapporté d'Athènes, vous en avez rapporté toutes les » qualités sociales, et la sagesse. Je soupçonne cependant » que vous êtes quelquefois vivement ému, comme je le » suis, et pour les mêmes causes. Les motifs de consola- » tion à cet égard exigent plus d'étendue et d'autres cir- » constances [1].

» Je cède aujourd'hui à l'envie de vous faire part de » quelques réflexions sur la vieillesse ; mon but est de di- » minuer pour nous la pesanteur de ce fardeau qui nous

[1] On a toujours remarqué dans cette phrase combien Cicéron était blessé des progrès de César vers l'Empire. Il voyait la liberté presque évanouie, et n'osait exprimer ouvertement à son ami la douleur qui l'affectait. Ce courage qu'il fit paraître, quand il sauva Rome des attentats de Catilina, qu'était-il devenu ? Catilina perdu de débauches et de crimes offrait à l'éloquence de son accusateur un champ vaste et libre. Quel moyen donc pour risquer des attaques contre le plus grand homme de ces temps, celui dont la hardiesse et l'audace semblaient légitimer l'ambition et l'adulation de Rome.

» est commun, qui déjà nous presse, ou que nous allons » du moins éprouver bientôt; quoiqu'intimément persuadé » que vous le porterez patiemment et en sage, ainsi que » tous les événements de votre vie, dès l'instant que je me » proposai cet ouvrage, vous vous présentiez sans cesse à » mon esprit, comme vraiment digne du don que je vous » en fais, et je vous le destinai dans la pensée qu'il pour» rait nous être à tous deux d'une égale utilité. La satisfac» tion que m'a donnée ce travail est telle, qu'il n'a pas » seulement écarté de moi les ennuis de la vieillesse; il me » l'a rendue même agréable et douce.

» Quels éloges ne mérite donc pas la philosophie qui » donne à ses vrais sectateurs l'heureuse faculté de passer, » exempts de chagrin, tous les âges de la vie! Mais j'ai » parlé beaucoup ailleurs, et je parlerai souvent encore, » des avantages divers qui résultent d'elle; je me borne au» jourd'hui à ceux que la vieillesse en retire [1]. »

1 Licet enim versibus iisdem mihi affari te, Attice, quibus affatur Flamininum. Ille vir haud magnà cum re, sed plenus fidei. Quamquam certo scio, non ut Flamininum, sollicitari te, Tite, sic notesque diesque.

Novi enim moderationem animi tui et æquitatem : tequenon cognonem solum At6enls deportasse, sed humanitatem et prudentiam intelligo: et tamen suspicor, iisdem rebus te, quibus meipsum interdùm graviùs commoveri : quarnm consolatio et major est, et in aliud tempus differenda.

Nunc autem mihi visum est de senectute aliquid ad te scribere. Hoc enim onere, quod mihi tecum commune est, aut jam urgentis, aut certè advertantis senectutis, et te, et meipsum levari volo. Et si te quidem id modicà ac sapienter (sicut omnia) et ferre et laturum esse certó scio. Sed mihi, cùm de senectute aliquid vellem scribere, tu occurrebas dignus eo munere, quo uterque nsstrûm communiter uteretur. Mihi quidem ità jucunda hujus libri confectio fuit, ut non modó omnes absterserit senectutis molestias, sed effecerit mollem etiam et jucundam senectutem.

Nunquam igitur satis laudari dignè poterit Philosophia, cui qui pareat, omne tempus ætatls sine molestia possit degere. Sed de cæteris et diximus multa, et sæpe dicemus. Hunc librum de senectute ad te misimus.

Sous cette haute et bienfaisante influence de tout ce que la vieillesse peut retirer des traditions du temps antique, qu'allait donc inspirer le temps actuel devant cette injure reçue en si grande solennité ?

Est-ce que la béatitude magistrale du jour serait d'endurer l'injure et de pardonner l'outrage ? Nous répondrions alors avec un célèbre orateur de l'Eglise, avec Bourdaloue, *que selon la morale du monde c'est une lâcheté que de supporter la moindre offense.*

Que faire donc dans le temple de la justice ? Dans ce temple ébranlé que cet autre grand poète du siècle suivant dépeignait de la sorte :

..... Où toute la nature
S'émeut à son aspect, où nos sens éperdus
Sont dans le même trouble et restent confondus ?

Sortant d'une telle audience et de pareille assemblée, on se fait conduire chez un vieillard qui se meurt et au-devant de nos deux pasteurs prêchant l'Evangile avec la même foi.

Mon compatriote Sylvestre, ancien coutelier de Sisteron, avait voulu terminer sa carrière auprès du magistrat qu'il n'avait cessé d'affectionner et de respecter. Il était venu prendre gîte dans le plus près voisinage de l'hôtel de son procureur général bas-alpin. A ses quatre-vingt-dix ans, je prescrivais un peu d'éloignement pour jouir en hiver des bienfaits du soleil de Provence. Il y a cinq ans qu'il vivait paisiblement en plein midi, à côté du Palais de Justice et non loin de la rue Monclar.

C'était la dernière fois que je revoyais le doyen de ma ville natale ; le lendemain, à l'âge de quatre-vingt-quatorze ans, il était dans le cercueil.

De ce numéro 5 de la rue Peiresc, le carrosse des grandes cérémonies me conduisait au palais archiépiscopal et je trouvais que le digne prélat, qui ne pouvait point être au concile œcuménique, ressentait cependant une amélioration très-visible dans sa santé. A ma troisième visite, j'éprouvais aussi une satisfaction non moins réelle : je retrouvais M. le pasteur Elysée Chenaud, entouré de sa bonne famille, des jeunes anglais confiés à ses soins et qu'il chérit autant que ses propres enfants.

Ces trois visites, qui ne devaient être sans consolation ni sans besoin de leur diversion, occupèrent le temps destiné à cette grande visite officielle que la Cour est dans l'usage de faire incontinent elle-même au magistrat qui vient d'être reçu. Je n'arrivai donc auprès de l'heureux installé du quart-d'heure qu'au moment même où la Cour s'éloignait de la demeure de mon ancien substitut, nouveau procureur général en siége d'une célébrité plus que centenaire.

Je ne voulais plus rencontrer cette Cour et je ne sais si je la reverrai jamais, à moins que satisfaction complète n'ait été dignement offerte et agréée.

Quand donc, là et ailleurs, sera rendue cette justice à cet émérite endurci qui ne cessera de la demander et de se défendre à travers tant de passions, tant d'ambitions personnelles, à travers quelques rancunes invétérées et pour tout ce qui se meut dans le milieu complexe et tourmenté de la vie moderne qu'on vient de nous faire.

Jadis, magistrat de résistance, aujourd'hui plus résistant que jamais, il faudrait enfin qu'on pût savoir si celui qui a vécu pendant quinze ans en présidence de police correctionnelle dans la grande cité méridionale la plus passionnée, pendant près de vingt ans à la tête d'un parquet de Cour souveraine en vieille cité parlementaire, peut continuer à vivre respecté, mourir en paix et sur place, quels que soient les projets, les astuces cachées et les perfidies ouvertes qu'il sait comprendre et saura déjouer.

Les saluts et leurs conséquences n'ébranlent point encore un gentleman qui est chaque jour en selle et en tenue aussi inébranlable dans ses principes qu'à cheval. Ces attaques directes ou indirectes n'auront pas plus de succès *extra-muros* de la vieille cité, au village et daus nos champs qu'elles n'en ont ailleurs.

Après une dernière perfidie qui me poursuivait jusqu'en humble ferme, je ne pense pas qu'aucun émissaire insidieux ne s'y présente de nouveau.

Il n'y a que quelques semaines, un marseillais, pur sang, venait impudemment visiter New-Powrcelles pour l'acquérir. Lorsque je demandais raison de cette espèce de violation de propriété et de domicile, il me fut répondu que le *bruit public* l'avait conduit à cette exploration.

Sur-le-champ il fut remontré à telle imposture que le bruit qui avait poussé à une telle agression n'était pas le bruit public dont on se prévalait, que ce n'était que ce bruit *autoritaire* et si malveillant dont on n'aurait, certes, pas dû se prévaloir: qu'une telle rumeur assurément si restreinte n'avait d'autre origine ni d'autre écho qu'un maire étranger à la commune, un juge de paix étranger au canton et un conseiller général plus étrange encore. Et puis si l'on cherchait quelque honteux dessous de carte dans ce jeu là, on trouverait certainement pour enjeu quelque promesse de substitut faite au fils de ce marseillais subrepticement décoré en meilleur temps et honteusement conseiller général de la République lorsque, dans le même canton, aucun notable sensé, ne s'était présenté à cette époque.

D'ailleurs qui ne sait qu'on a banni jadis Aristide pour avoir trop fidèlement servi la justice ! Qui peut s'étonner qu'on veuille bannir d'une humble ferme celui qui a voulu introduire quelques belles races à New-Powrcelles ; qu'on veuille chasser d'un village celui qui n'a voulu faire qu'un peu de bien à Gardanne et expulser d'une ville paisible celui qui n'a montré à Aix qu'une ferme attitude magistrale ?

On restera donc debout et sur pied , à la ville et aux champs , et l'on a l'intime conviction qu'on ne verra longtemps ni debout ni en place tous ces autoritaires qui ne cherchent qu'à satisfaire leur mauvaises passions , à faire leur grosse fortune et à pervertir la morale publique.

En première et en dernière ligne de tous ces types de mœurs magistrales , d'études contemporaines , il faut bien dépeindre , une fois pour toutes , en traits précis , pièces probantes et tous faits à l'appui , ce farouche et sournois jugeur devant s'asseoir enfin sur la sellette disciplinaire et recevoir le châtiment le plus mérité par tant de récidives incessantes et obstinées qu'on n'en a jamais rencontré de pareilles chez quelque délinquant que ce soit, en monde judiciaire et en nulle administration actuelle.

On va le voir : ces coups de pinceau relèvent d'une palette bien garnie en couleurs prises sur la nature même. Evidemment il ne sera rien retracé de trop flatteur au moral ni au physique. Toutefois l'origine d'un tel original et les copies qu'il en peut laisser ne montrent jusqu'ici aucun signe de race.

Tout d'abord, à propos de saluts et peut-être de l'un des plus anciens, qui donc, dans nos Alpes, aurait plus dignement salué un magistrat compatriote, que l'oncle paternel du président lui-même ? C'est le docteur Jacques Poilroux qui dédiait, il y a trente-cinq ans, son *Traité* si estimé *de la médecine légale* au Procureur Général de la Cour de son ressort [1].

Qui n'a reçu dans son passage au pouvoir de ces dédicaces flatteuses et toujours mieux étudiées ! Quand on se laisse aller à l'exhibition d'une telle réminiscence si peu suspecte, c'est qu'il y aura certainement lieu à s'arrêter et à revenir à l'expression la plus caractéristique de notre sujet.

Mais sans trop vouloir rechercher en ascendance et en descendance si heureusement éloignées du giron, il y en aura bien assez de passer forcément en revue tant de si tristes aperçus mais tous si indispensables à *l'instruction disciplinaire dont s'agit.*

Quel moment serait donc mieux choisi, qu'en ce jour

1 *A Monsieur*
Le Procureur Général en la Cour Royale d'Aix.

Hommage d'un ami de la justice
et de l'humanité
Au magistrat zélé, protecteur de l'innocence
et vengeur du crime.
J. POILROUX.

même, lorsque les échos de la presse officielle annoncent ainsi le retour du gouvernement parlementaire [1].

Laissons cependant à l'écart toutes ces convictions qui ne sont arrêtées que sur leurs intérêts et leur but. Laissons aller à l'aventure tout ce qui va si vite et sans honte : attachons-nous seulement à quelques-uns de ces points de vue que l'ambition instinctive ne cesse de dévoiler.

C'est en entrant enfin dans cette voie que nous allons directement à ce point culminant qu'a toujours voulu atteindre un officier de parquet : lorsqu'on n'a montré dans toute sa conduite que de fausses allures et des actes si équivoques, on ne doit plus viser qu'à cette inamovibilité qui, dans l'esprit de tant de magistrats, couvre tout passé quel qu'il soit, prépare ainsi avec de nouvelles transformations une existence plus assurée à toute ambition, vrai monopole de tout siége et vrai programme de tout parquet.

La présidence du même siége vient à vaquer en mars 1843 : la cité judiciaire et la camaraderie régnante sont en émoi ; le chef du parquet de la Cour fait le devoir : il trace nettement la situation, ce qu'exige la justice et ce que réprouverait l'opinion. Dans la présentation ministérielle du 15 du même mois, un seul candidat, président d'un siége voisin, est proposé pour la présidence d'Aix où il fallait un

[1] L'Empereur a donné hier aux Tuileries un grand nombre d'audiences, on a beaucoup remarqué qu'au lieu de dire comme autrefois : « Je m'en occuperai, » S. M. répondait invariablement : « J'en référerai au conseil des ministres. » Ce qui prouve que ce conseil est consulté sur chaque affaire, depuis qu'on est entré dans la voie parlementaire.

(Service officieux du *Journal officiel*, le *Courrier de Marseille*, jeudi 23 novembre 1869).

étranger ; un seul candidat est proposé ; un seul candidat est repoussé : il en est appelé à la haute sollicitude d'une administration déjà tant de fois surprise en défaut.

La désastreuse influence des coteries et camaraderies locales l'emporte sur la fermeté du mandataire direct de la couronne. Le chef amovible d'un parquet inférieur, en constante trahison d'amitié et en défaillance politique non moins évidente, craignant surtout l'inflexibilité de son chef, s'élance , met tout en feu pour se couvrir du manteau de l'inamovibilité. Mais , pour triompher, il fallait nécessairement invoquer tout le crédit de l'illustre homme d'Etat qui se trouvait à son tour et dans plus d'une occasion sous les fourches caudines des rangs si besogneux et si avides de notre classe moyenne.

C'est malheureusement cette classe elle-même qui a tant abusé , comme tous les partis , de la corruption et de ses mauvais instincts ; c'est dans ces rangs eux - mêmes qu'un jour , après châtiment si mérité , d'autres châtiments non moins prompts sont cruellement infligés au protecteur le plus éminent et le plus impassible par ces félonies particulières qui le touchent néanmoins si personnellement.

Ce président de siége et ce conseiller de la Cour, son allié et son complice, tous deux si obstinément et si vivement écartés par les présentations du haut parquet , ne sont pas les moins obstinés pour repousser le protecteur auquel ils devaient toutes les faveurs qu'ils avaient obtenues.

M. Thiers , qui se présentait dans la ville d'Aix même pour faire partie de l'Assemblée Nationale, fut impitoyablement repoussé par ceux qu'il avait naguère accablés de son puissant appui.

Si l'on montrait à ce sujet une partie de la correspondance de ces temps, on serait peu édifié de ce reflet des mœurs contemporaines.

Mais cette étude, ne pouvant se borner à quelque trahison électorale de cette espèce, conduirait encore à d'autres félonies non moins honteuses et si incroyables.

Ce même président, admis dans l'intimité d'une famille considérable et nombreuse, s'en écarte également un jour de détresse particulière.

Cependant il n'en a pas moins fallu faire autre enjambée de présidence d'un siége inférieur à une présidence de chambre supérieure. Pour cette fois, ce dernier tour de force l'emportera sur le mauvais vouloir et les prescriptions sévères du garde-des-sceaux lui-même. Dans une de ses circulaires, celle du 1er août 1859, le ministre Delangle déclare fort résolûment *ne vouloir plus tolérer des démarches, des visites, des recommandations si étrangères à l'administration de la justice.*

Le 13 janvier 1863, le président du siége d'Aix part pour Paris lorsque venait de vaquer à la Cour une présidence de chambre. Le ministre est *avisé* de ce départ et *rappelé* à sa circulaire : malgré cet avis officieux et toujours plus affectueusement accueilli, il passe outre, et ce nouveau tour de passe-passe s'accomplit au seul profit d'un chef de compagnie qui croit trouver, là, assistance et soutien au sein de la Cour tout au moins jusqu'à évolution et révolution nouvelles.

Il est vrai que tous deux sont habitués à pareilles manœuvres : tous deux, antagonistes au même canton, voulurent un jour entrer tôt au conseil général. L'un, candidat des légitimistes , n'ambitionnait alors qu'à soutenir son parti. Il était assisté de MM. de La Boulie père et fils. L'échec imprévu décida sur l'heure le départ subit du champ de bataille et d'un banquet municipalement préparé.

L'autre, visant à la décoration par la main gauche, soutenu par le préfet, passait de plus et sans ménagement sur le corps d'un de ses supérieurs les plus distingués, de mon premier avocat-général Desolliers.

Si l'on se laissait aller à tant et à trop de digressions, on pourrait commencer à faire entrevoir ici et non sans à-propos , quelle était l'attitude d'un chef du ministère public. Celui-ci mettait en pratique les vrais principes d'indépendance qu'il professait en matière électorale dans ses discours et ses circulaires : il poussait le scrupule jusqu'à laisser commettre dans son parquet même le manquement aux égards sociaux , dans la crainte d'attenter à l'indépendance d'une élection, quelque secondaire qu'elle fût.

Quoi qu'il en soit, en détournant la tête des plus infimes et des plus insolites minuties d'un petit parquet si misérablement envahi par l'ambition , retournons aux convoitises personnelles, à toutes ces obéissances d'aspiration au pouvoir, à tout anéantissement de conscience et de justice. C'est ainsi que nous voyons alors tourner le dos au procureur général de la Restauration , premier protecteur ; à un ministre du gouvernement constitutionnel, second protecteur; à un président de chambre, troisième protecteur, et à tous protecteurs passés, futurs et plus abusés les uns que les autres , moins toutefois ce chef qu'on cherche à outrager en dernière ressource et en désespoir de cause. Mais on aurait dû, certes, y prendre garde ; il est encore debout, celui qui ne craint l'outrage de qui que ce soit pour faire respecter sans tergiversation le culte de la justice et sa personne elle-même.

Le meilleur indice du style de l'écrivain, dit-on, c'est de chercher comment il montre les préférences les plus intimes et les plus impérieuses de son esprit. Le meilleur indice du caractère du magistrat, c'est de rechercher aussi comment il se trahit dans les circonstances qui touchent à la dignité de son culte et à tous les scrupules qu'elles réveillent.

Deux Premiers Présidents de cette Cour ont eu à apprécier la même plainte sur deux faits presque identiques.

Sur la première insulte faite dans le salon d'un président de chambre, le premier président d'alors ne sut envisager la plainte qu'avec ce contour fuyant, cet effacement banal, ce subterfuge si commode de la fin de non-recevoir. Le fait, dit-il, soumis à sa censure n'était pas de sa compétence : il était commis hors des fonctions magistrales, hors du palais de la justice.

L'insulte dernière, reçue en chambre de conseil, en réunion si solennelle de tous les fonctionnaires du pays, n'a pu être considérée qu'avec cette grandeur éphémère qui n'est peut-être pas tout-à-fait de la véritable grandeur et de la véritable justice.

Aussi va-t-on continuer d'attaquer le même émérite afin de l'ébranler dans sa dignité inamovible et de le vaincre par quelque moyen que ce soit.

C'est sous ces différents rapports qu'il faudrait, tout de bon, envisager tant de conjectures et tant d'appréciations diverses pour déterminer les causes qui ont occasionné tous ces soubresauts politiques, toutes ces félonies électorales et sociales, magistrales et privées. Ces causes ne sont évidemment que celles qui ne doivent être attribuées qu'à l'instinct de l'homme, à l'intérêt du moment, à l'ambition de chaque jour, au ressentiment de chaque nuit.

Dès lors, ce serait ainsi que tout pourrait être caractérisé d'un seul mot, dans cette expression familière de ce légitimiste si spirituel et si incisif; c'est l'avocat Tardif qui disait lui-même au président qui venait de lui faire perdre un procès : « — Tu ne peux avoir qu'un regret, c'est celui de » n'avoir pu condamner les deux parties. »

Qu'on réfléchisse sérieusement à cette simple boutade si piquante et si juste.

Tout ceci pourrait encore amener ce dernier aperçu qu'il ne faut pas craindre de retracer à travers tant de longueur, lorsqu'il s'agit de laisser entrevoir les caractères les plus dissemblables et leurs influences si opposées.

Le procureur général de la République, tombé dans la misère et la honte, passait, il y a quelques années, sur le cours de Marseille, à côté du procureur général d'un autre temps. L'attitude des deux magistrats fut remarquée et relevée par cet homme du peuple qui sent justement et retrace au vrai ce qui se passe sous ses yeux. Un vieil avironnier de Saint-Jean, Raymond Ollivier, considéra assez bien, dans cette rencontre, les deux chefs du ministère public qu'il connaissait depuis longtemps comme amateur d'assises. Il se tourna vers celui qui levait noblement la tête, mais qui avait peut-être la physionomie la plus consternée : le simple ouvrier proféra ces piteuses paroles qui allaient exciter un redoublement de pitié, paroles que par vergogne on ne peut reproduire qu'en idiome du pays, car l'idiome aussi permet bien des licences [1].

Si au lieu d'un compatissant avironnier, il se fût trouvé là un président hargneux, jaloux, morose, il y aurait eu manifestation bien différente à l'aspect d'un magistrat qui s'en allait marchant comme on n'ose le dire. Si tout ceci n'est qu'une étude de mœurs contemporaines, pourquoi le cacher à la justice et au monde judiciaire ?

Enfin, après l'affligeant tableau des plus affligeantes félonies, après avoir trahi les meilleurs magistrats, il en est un qui, sans les mêmes qualités, n'en est pas moins doué de quelque fermeté de caractère et d'une inflexibilité assez marquée pour les principes. C'est contre celui-ci que l'acharnement aura dû être le plus inexorable et qu'on aura impunément refusé de saluer en plein cours, dans les salons d'un président de chambre, en dernière installation de procureur général, et qu'on sera toujours plus irrité de voir cet ancien chef de parquet, conserver au siége de la Cour sa considération personnelle, son hôtel, son service, ses gens et même son carrosse.

Mais dans la conviction de ses droits et de sa cause, dans la réalité de ses griefs et de ses souffrancces, n'est-il pas permis enfin, *si parva licet componere magnis*, serait-il trop présomptueux en face du grand conflit qui se passe dans les plus hautès régions, d'invoquer l'exemple solennel que le pouvoir suprême donne à la nation à l'heure même.

Il ne s'agit plus aujourd'hui de satisfactions incomplètes

[1] *Marcho su lou Chréstian.*

à donner à l'opinion constitutionnelle ; les vrais libéraux et le chef de l'Etat répudient l'empire autoritaire : il faut renoncer à tout gouvernement précaire et marchandé.

Lorsque le gouvernement trace ainsi la nouvelle voie qu'il va suivre, qui est celle du gouvernement du pays par le pays, la justice, qui n'est pas la politique, doit profiter de cet exemple et prendre l'attitude qui lui convient plus que jamais. La justice doit se maintenir par la justice, sauvegarder sa dignité et son prestige par la discipline.

Du petit au grand, la marche doit être la même. Lorsque le pouvoir va tant gagner à se régénérer, la justice de son côté regagnera tout à se discipliner.

Il importe donc de se défendre et de vouloir conserver intact le patrimoine d'honneur et d'indépendance qu'on a acquis. Mais tout en éclairant, il faut aussi ne rien oublier en répulsion suffisamment articulée et en information complète.

En conséquence, il faut rappeler ce qu'on a été soi-même, rappeler ce qu'un autre aussi a été lui-même ; il faut démontrer si celui qu'on ne salue pas devant le monde doit être ou non salué, s'il est digne ou indigne, s'il mérite le mépris et s'il peut être impunément méprisé ? Il faut démontrer de plus si celui qui ne veut pas saluer est dans son droit ou s'il n'y est pas, si à son tour il est digne ou indigne dans ses refus et dans sa conduite.

C'est ainsi que, par quelques traits particuliers, on se trouve forcément amené à rappeler et à reproduire ce qui est advenu de part et d'autre.

Si donc quelques digressions pouvaient être longues ou qu'elles pussent le paraître, qu'elles eussent encore besoin de complément indispensable, il ne faut pas craindre de tout relever : voici surtout un de ces traits qui se ferait excuser par l'à-propos sinon par la modestie. Pas plus insignifiant par son origine qu'insignificatif par son application, ce petit et dernier récit complémentaire ne devait rester que dans la plus étroite confidence ; mais comme il retrace aussi des situations qui ne manquent ni d'analogie ni de contraste, il est difficile de ne pas trop parler de soi quand on a également à parler de ceux qui souffrent et qui ont été maltraités en situation pareille.

C'est de la plus haute et de la plus glaciale région de nos Alpes que m'arrive à l'instant même une de ces relations intimes que je laisse tomber parmi les pièces ci-jointes communiquées à qui de droit.

L'enveloppe et la date de cette lettre indiquent assez qu'il n'y a pas eu trop à réfléchir ni à hésiter sur pareille communication. C'est un de ces moyens de défense qui poussent, malgré soi et jusqu'à l'extrémité, l'entière édification qu'on veut tâcher d'obtenir.

Un vieux brave, mutilé et décoré, un de nos anciens et meilleurs magistrats de paix, n'a guère plus aujourd'hui d'autres consolations que d'épancher ses douleurs et ses peines de son humble asile, et par vingt degrés de froid, vers son ancien chef qui conserve encore toute la chaleur de ses sentiments. Cet ermite infortuné a perdu sa femme et sa fille et tous les biens sur lesquels il devait compter. D'avides collatéraux l'ont expulsé sans pitié de partout : malheureusement il n'avait pas été pris les dispositions testamentaires d'usage et de convenance qui n'en avaient pas moins été arrêtées à l'avance et qui ont été surprises et anéanties par une mort inopinée.

C'est dans cette situation calamiteuse qu'un ancien chef de justice a dû venir au devant d'un de ses malheureux compatriotes ayant servi sous ses drapeaux. En refusant un asile si mérité, le disgracié des siens et de son pays savait mieux qu'aucun que jadis un illustre proscrit d'Italie, pendant près de vingt ans d'exil, était devenu le plus fidèle compagnon et le meilleur ami d'un procureur général. Le juge de paix de Saint-Paul avait souvent vu et toujours bien reçu ce digne comte de Porro quand nous allions en tournée visiter les juges, la justice et les plus hautes vallées du ressort.

N'importe : M. Cogordan se raidit aujourd'hui contre tant d'infortunes et les frimas. Il voudrait seulement trouver moins de durée et de rigueur dans les procédés du juge qui le remplace. Ce vieillard méprisé et dans plus d'une occasion injurié peut-être n'a éprouvé d'autre consolation que de m'exposer la conduite odieuse et systématique pratiquée contre lui.

J'ai dû transmettre cette plainte au chef du parquet de la Cour. M. le procureur général Merville ne m'a fait aucune réponse ni renvoyé les pièces communiquées.

Ici, dans le voisinage du chef-lieu de la Cour, une conduite non moins blâmable n'indique pas d'autres sentiments même envers l'ancien chef du parquet de la Cour.

Le juge de paix du canton de Gardanne, le lendemain de la dernière élection départementale, venait à Aix pour faire son rapport et raconter ses prouesses. Sur le Cours, entouré de plusieurs conseillers, il se vante de ses faits et gestes et même de ses projets d'arrestation envers l'ancien Procureur Général, le plus paisible et le plus notable du lieu. Je n'avais cependant paru sur la place publique qu'à cheval et lorsqu'on procédait au dépouillement du scrutin.

Pareille jactance et tant de manquements aux égards les plus vulgaires sont déférés au chef de la justice répressive. Tous les propos étaient rappelés et comme ils avaient été récolés auprès de ceux qui les avaient entendus, ne devait-il pas y avoir lieu à quelque rappel à l'ordre à un magistrat inférieur et quelque réponse à adresser à un ancien supérieur lui-même.

M. le procureur général Merville a complétement gardé le silence qui était peut-être d'étiquette et d'ordre du jour. Cependant il n'y avait entre le nouveau et l'ancien chef du parquet de cette Cour aucun motif particulier d'éloignement et de silence. Dans les rencontres que présentent les habitudes sociales d'un même lieu, j'avais poussé jusqu'aux dernières limites la politesse et les égards les plus empressés. On n'aura pas oublié qu'en distrlbution solennelle de prix, je ne dus pas souffrir d'être placé devant le procureur général. N'importe, ce procureur général lui-même, *absorbé* en tout lieu et pour tout, a ignoré qu'il pouvait avoir à faire un jour avec ce procureur général qui de son temps et pendant son administration avait été *absorbant*.

Un chef de parquet d'une Cour, dont les deux premiers présidents étaient députés et par conséquent absents de leur siége plus de la moitié de l'année, ne marchait qu'avec des hommes politiques entravant la justice par leur absence, la corrompant par leur élection. Au Palais, il faut résister aux influences extrà-judiciaires et dans le monde faire honneur au gouvernement auquel on se dévoue. Si alors on n'augmente pas sa fortune, si l'on néglige et si l'on peut même amoindrir son patrimoine, on gagne tout au moins une considération qui ne s'aliène même pas entièrement à travers les tribulations de certains temps.

Lorsqu'on s'avise de ne pas se souvenir de ces exemples, de ne pas les voir respecter, d'aller même jusqu'à les voir mépriser, on doit au moins apprendre, un jour, que le respect revient forcément à qui il est dû. Je ne voyais plus M. Merville pendant toute l'absorption qu'il subissait : les relations sociales et même de voisinage avaient cessé, lorsque, le mois dernier, nommé à la Cour de cassation, ce chef de parquet faisant à Aix ses visites d'adieu, m'a prévenu. M. Merville m'a publiquement fait une visite en toute cérémonie. Je n'ai rien à dire sur cette initiative, si ce n'est que pendant toute mon administration, je n'ai jamais laissé ni lettre ni plainte sans réponse, ni même de visites de politesse et d'usage en retard.

Je ne saurais cependant m'inscrire en faux sur tous les éloges qui viennent d'être donnés à ce magistrat en séance solennelle d'installation. Qu'il me soit seulement permis de faire observer que je ne voudrais pas pour l'honneur de la magistrature actuelle et pour la dignité de la magistrature ancienne que l'opinion publique eût à se prononcer.

Si, cependant, il fallait en finir à travers des épisodes si longs à dérouler mais non susceptibles de dédain et d'oubli, il importe de se rendre bon compte d'une plainte soumise avec confiance à décision suprême. Puisqu'à chaque drame, il y a ce dernier acte qui n'est pas le moins tragique, il faut encore se résigner à celui-ci qui doit tout résumer.

Pourquoi ne pas en venir à aborder ce dernier trait ; pourquoi ne pas aller jusqu'à ces derniers confins qu'exige la justice ; pourquoi ne pas se défendre à outrance devant l'insulteur *togatus aut non togatus ?* N'en est-on pas venu à ce point où il est permis de s'entretuer moralement quand il est défendu d'en faire autrement : on se trouve alors réduit à s'écrier :

Quel est le magistrat débonnaire, impassible,
Qu'un affront imprévu ne trouve point sensible?
La représaille est juste et de droit naturel,
Celui qui la provoque est le seul criminel.

Dans les Basses-Alpes , le député Gravier avait trouvé à Castellane, dans la modeste étude d'un notaire , le vrai racoleur électoral de cet arrondissement.

M. Féraud fut nommé maire à sa première épreuve, sous-préfet à la seconde , à la troisième chevalier de la Légion d'honneur.

Mais M. Féraud n'avait pas seulement à assurer la fortune du député des Basses-Alpes, il voulait aussi assurer la sienne propre.

De cette triste résidence de Castellane et de ce pauvre arrondissement bas-alpin, il voulait aussi préparer son avenir. M. Féraud fut bientôt sous-préfet de la ville la plus parfumée de Provence et du plus riche arrondissement du Var.

La résidence de la ville de Grasse réunissait déjà Cannes et la plus brillante villégiature de France.

Ce fut à Cannes que M. Féraud put s'insinuer auprès d'un des directeurs du ministère Persigny. M. Frémy sentit de près l'intelligence du sous-préfet de Grasse comme Mme

Frémy, souffrante de la poitrine, trouvait des adoucissements à sa santé sous les orangers, les jasmins et les cassies de la plus belle plage du Midi.

M. Féraud est officier de la Légion d'honneur ; il passera sous peu à une préfecture. Un croc-en-jambe des temps cléricaux d'alors fait faire un faux pas au jeune et trop pressé bas-alpin.

Père Archange, au milieu de tous ses succès oratoires, s'en va, dans sa célèbre mission, jusqu'à l'auto-da-fé. On brûle sur la place publique de Grasse les œuvres de Voltaire, de Mérimée et de Thiers *(sic)* [1].

Un journal de Paris donne l'éveil. Le ministre demande avis et le préfet mande à Draguignan son sous-préfet de Grasse. Il ne fallait pas de renseignements ; il y avait notoriété publique et déjà deux rapports du sous-préfet.

Dans le premier rapport officiel, tout était avoué ; dans un rapport officieux, on demandait grâce pour les capucins et le prédicant.

Si l'on ne put savoir comment fut appréciée la conduite d'un administrateur si malléable, on connut néanmoins tôt et très-malheureusement l'aliénation mentale et complète de l'infortuné Féraud.

[1] Serait-il trop insignifiant et n'est-il pas assez bizarre de dire ici, en passant et en toute petite note, ce qui est advenu dans les prisons d'Aix, lorsque le père Archange est venu purger sa contumace. Il fut demandé au procureur impérial quelques livres pour supporter une captivité à laquelle on ne s'était ni attendu ni préparé : il indiqua même l'histoire de M. Thiers et ce fut le procureur impérial qui dut en appeler à ma bibliothèque. S'il fut alors confié la plus belle édition qui devait être chez l'ami de l'auteur, ce ne fut qu'à une condition, c'est que l'on pourrait avoir le portrait du détenu.

Son état devint tellement déplorable que pendant plusieurs mois on lui infusait par la bouche et le nez le liquide qui soutenait cette fatale existence. Après un an de souffrance, il s'éteignit dans une maison de santé aux environs de Paris.

Que devenait alors cette infortunée famille composée de cinq enfants et d'une intéressante veuve ?

Le fils aîné faisait son droit à Aix. Son père, qui avait épousé une cousine germaine du président Poilroux, était en relation de parenté et d'amitié avec ce magistrat d'Aix ; il voyait naturellement et avec un grand plaisir son fils reçu dans cette maison où il trouvait des camarades de mêmes études et de même famille.

Tout était à souhait et allait au mieux dans la prospérité du sous-préfet de Grasse. La parenté même se ravivait autant que l'avenir le plus prospère. M. Féraud n'avait pas seulement fait la conquête d'un administrateur éminent qui est aujourd'hui à la tête du crédit public, mais il avait encore conquis les sympathies d'un des proches de la famille Masséna. M. d'Attainville ne voulait le céder à aucun pour voir bientôt M. Féraud à la tête d'une préfecture.

Hélas ! si la plus cruelle des calamités physiques vint tout détruire dans cette famille, une autre calamité morale détruisit, dans une parenté assez rapprochée, des liens qui n'auraient pas dû être ainsi brisés par l'égoïsme le plus révoltant.

Le jeune Féraud est congédié sans ménagement de la maison du président Poilroux ; il quitte la Faculté, fuit la ville d'Aix et maudit peut-être encore ce parent qui ne s'en va pas moins de succès en succès dans sa carrière magistrale.

En somme, on l'a déjà lu, l'oncle paternel du président délinquant l'a retracé lui-même en tête de son mémorable *Traité de médecine légale ;* celui qu'il a qualifié : *vengeur du crime*, ne doit-il pas être aujourd'hui vengé de la plus criminelle des irrévérences ?

Il sera vengé.

La Cour souveraine du ressort, voulant enfin se discipliner , dira droit à chacun ; remplissant un suprême devoir, elle fera justice.

BORÉLY.

Aix, décembre 1869.

Une grande conspiration politique sous le gouvernement constitutionnel, et une petite affaire correctionnelle sous le régime impérial.

Pourquoi faut-il comparer ce qu'il y a de plus solennel, de plus important de nos temps avec ce qu'il y a eu, plus tard, de si triste et de si humiliant ? En jetant les yeux sur ces œuvres vraisemblablement oubliées , c'est moins pour recueillir quelques anecdotes du temps passé, que pour revenir sur des souvenirs toujours plus consolants dans la retraite magistrale et peut-être aussi assez édifiants pour les autres.

Pourquoi ne pas en convenir tout d'abord et répéter ce que nous avons entendu dire si souvent , que dans aucune de nos annales il est peu d'exemples comme ceux que nous avons donnés pour allier les règles de la justice, la sévérité des fonctions avec les devoirs qu'impose l'humanité et qu'inspirent par conséquent les mœurs nouvelles. Quand on en vient à essayer une telle comparaison, il faut nécessairement ne s'appuyer que sur les faits établis et régulièrement consignés dans les dossiers de procédures criminelles et dans les actes et arrêts déposés aux greffes.

Puisque parmi ces actes, le plus solennel de tous, l'acte d'accusation de la grande conspiration d'avril 1832, a été déjà officiellement reproduit dans son entier, il doit suffire de rappeler les considérations générales qui le précédaient. C'est de ces points de vue rétrospectifs, toujours si intéressants à connaître pour l'édification de la justice criminelle, qu'on pourra se demander surtout si les bonnes manières et les sentiments qui n'entourent pas ordinairement ces calamités n'ont pas été poussés en sens contraire, pour l'honneur et la dignité de la Justice elle-même, aussi loin qu'il est permis de le souhaiter à travers tant de troubles.

Quand une si vaste conspiration éclate, et celle du *Carlo-Alberto* a été la plus éclatante de toutes, quel est le cri des vaincus et quels sont les vœux des vainqueurs ?

Lorsque les vaincus s'écriaient : Sauve qui peut ! les vainqueurs leur répondaient par : *Sauve qui veut !* Ceci est tellement vrai et tellement textuel, que dans la matinée du 30 avril, lorsque dans les vieux quartiers de Marseille quelques gardes nationaux seulement chassaient devant eux ces bandes ahuries, il restait bien derrière elles quelques chefs qui auraient voulu les retenir et continuer à les exciter.

A l'heure même que ces circonstances m'étaient rappor-portées de la rive droite et de la rive gauche du port, du côté de Saint-Laurent et du quartier de Rive-Neuve, j'excitais de mon côté, par nos sentiments éprouvés, le colonel de la garde nationale ; je poussais mon ami Arnavon à chasser devant lui tous ses chefs aussi fanatisés que surpris : — « A ce baron, qui est toujours devant vous, faites appuyer sur son dos la crosse de vos armes. Pas plus de coups de sabre que d'arrestations ; chassez, dispersez. Que rien ne ternisse cette facile victoire du commencement à la fin de telle échauflourée. Faites sauver ceux qui ne veulent pas se sauver, et ce soir vous me rendrez compte de ces bravades de genre et de style nouveaux. »

Le soir, au rapport, en l'hôtel Beauvau, après compte rendu de toutes les arrestations inévitables et la désignation de tous ceux qui s'étaient jetés, tête baissée, dans nos filets à si larges mailles, il fut question de tous ces conspirateurs et du sort qui les menaçait. C'est dans ces circonstances, qu'entouré des chefs de toutes les administrations publiques de Marseille, au milieu des meilleurs amis et de tant d'anciens condisciples, il fut solennellement adressé cette demande-ci au Procureur Général de la Cour : — « Quand » ferez-vous élever sur cette Cannebière, qui est, là, sous » nos yeux, quand ferez-vous dresser l'échafaud pour faire » tomber toutes ces têtes criminelles qui viennent si auda- » cieusement troubler le pays, alarmer nos familles, ruiner » le commerce et la prospérité générale ?

» Messieurs, le Procureur Général de la Cour d'Aix, l'a- » mi de l'élite de cette population, n'est certes pas disposé » à suivre aucun de ces courants marseillais passés et pré- » sents. Pour aucun crime politique, il ne sera, par cette » main, requis l'exécution d'aucune peine capitale. Ici, il » n'y a pas seulement lieu à résistance en ce point d'hon- » neur magistral et de doctrine arrêtée, mais il y aura plus » à faire et plus sera certainement requis.

» Le Procureur Général, après toute instruction écrite » et terminée sur les lieux, demandera, par renvoi de l'af- » faire et de la procédure, que les accusés soient tous ju- » gés, au loin, par un jury étranger à ce ressort. »

Il est vrai de dire que si le Procureur Général avait eu

dans ses attributions le choix du siége de cette Cour, il n'eût peut-être pas désigné Montbrison.

Si l'on sait le reste, il pourrait y avoir encore quelques particularités ignorées.

Comme ces particularités sont loin de faire trop de tort aux magistrats dirigeants dans toute cette affaire, elles ne seront probablement pas aussi indifférentes à ceux qui veulent tout connaître dans ce temps et parmi ceux qui y prenaient part.

Il est vrai que les rôles ont été plus d'une fois intervertis, et comme cet intervertissement n'est certainement pas habituel et qu'il est même d'une espèce assez rare, il y a quelque plaisir à tout découvrir et à montrer, dans une affaire aussi exceptionnelle, qu'on était digne de celle qui devait être la plus intéressante de toutes, puisqu'elle est une des origines de la réforme projetée, de la réforme constamment en vue, de cette réforme enfin qui, suivant tous nos précédents, ne devait être conduite qu'avec ménagements et les meilleurs sentiments.

C'est ainsi qu'à la suite de plusieurs arrêts contre lesquels il y avait lieu de se pourvoir en cassation, les chefs de la Cour auraient voulu pousser le Procureur Général à solliciter le renvoi de toute la procédure à une chambre d'accusation autre que celle d'Aix, qui recevrait, ajoutait-on, une mortification bien méritée.

A la première ouverture qui fut faite au Procureur Général et dont il était ainsi rendu compte au Garde des Sceaux, le 24 août 1832, il était textuellement écrit en chancellerie: — « Suivant cette ouverture que me fit M. le Premier » Président, je me sentis peu disposé à employer pareil

» moyen. Il me parut qu'après arrêt solonnel, une manière
» aussi brusque de procéder pourrait blesser l'opinion pu-
» blique et qu'elle se concilierait peu avec la gravité et la
» dignité de la justice qui conviennent à la haute magistra-
» ture surtout en matière politique et au milieu d'une Cour
» généralement mal disposée.

» Dans le domaine de la justice, la société doit repous-
» ser tout ce qui ressemble à la persécution envers qui que
» ce soit et à la récrimination envers une Cour. »

Il est vrai que dans ces diverses dissidences avec la Cour et ses chefs, je me suis toujours trouvé en harmonie complète avec le ministère et qu'il n'est pas survenu d'incident qui n'ait mérité approbation et encouragement dans la même voie.

C'est encore ainsi à la même date et même depuis l'origine de la procédure que, du parquet, il avait été fait demande itérative du renvoi de l'affaire devant des jurés étrangers.

Si de cet horizon officiel qui n'a pas été trop assombri par les poursuites, ni trop méconnu par la défense, nous laissions entrevoir quelques points de vue officieux, peut-être trouverait-on que l'idylle, comme la violette, peut se montrer dans les champs les plus agrestes comme dans les buissons les plus épineux.

Une grande et digne dame, l'épouse du premier des accusés, pouvait être quelquefois exposée à être traitée comme la première venue. C'est ainsi que pour arriver auprès du Premier Président délégué pour cette instruction, une duchesse prenait son rang parmi témoins et autres intéressés dans cette affaire.

Alors, toutes les fois que le Procureur Général avait telle ou telle rencontre dans l'escalier, froissant ses instincts si contraires aux rigueurs, il invitait grande dame à venir attendre son tour dans l'appartement du chef du parquet. Seulement, disait-on poliment, Madame la Duchesse restera bien assise dans le plus grand fauteuil avec consigne de ne regarder ni sur nos tables ni sur les pièces de la procédure.

Tant et tant d'autres fois de pareilles scènes avaient lieu aux abords et dans la maison d'arrêt où j'avais été également assez heureux de concilier la garde de la prison avec les égards dus aux prisonniers.

Enfin, je ne puis soustraire ce dernier trait, quoiqu'il ait eu lieu lorsque l'affaire était entièrement terminée et lorsque la plupart de ces accusés venaient se réjouir à Aix même de leur acquittement.

La police crut donc devoir informer le Procureur Général d'une réunion très-nombreuse qui allait avoir lieu le soir dans les grands appartements de l'*Hôtel des Princes*.

La police voulut des instructions et attendait des ordres sévères.

Il fut dit à cette police de se retirer fort loin de l'hôtel, de ne pas troubler ceux qui avaient à se réjouir et même de leur laisser vider toutes leurs bouteilles de champagne avec assaisonnement des toasts d'usage et de circonstance. A l'occasion d'un de ces toasts, celui des acquittés qui avait le premier rang partout se crut obligé de prendre la défense de son accusateur contre un avocat parlant mal d'un de ses proches : cet avocat n'avait d'autre tort que d'avoir un parent, le Procureur Général, qui donnait ainsi un exemple tout à fait contraire au sien. « Vous avez d'autant plus de tort aujourd'hui, fut-il observé, que je vais vous raconter comment ce Procureur Général en a agi avec celui de ses prisonniers qui a le moins connu ses qualités et son nom, quoiqu'il le vît chaque jour et de fort près pendant toute sa captivité.

« Je ne savais, raconta le noble acquitté, jusqu'à quel point je pourrais supporter l'isolement complet du secret auquel je fus soumis dès mon incarcération ; lorsque, un jour, un monsieur qui traversait quelquefois la cour des prisons m'aperçut fort pâle à travers les barreaux de ma cellule.

» Je le vis entrer aussitôt : il s'informa de ma santé avec sollicitude ; et lorsqu'il connut l'effet qu'occasionnait sur moi un secret si prolongé, ce Procureur Général lui-même offrit de me faire causer avec un médecin, avec des religieux, avec des religieuses, avec un ecclésiastique. Il se proposa lui aussi de passer chaque jour quelques moments avec moi à titre de distraction : il imposa cette condition formelle qu'il ne serait point question de l'affaire ni de rien qui lui fût trop personnel et politique.

« Ces colloques journaliers, qui se sont souvent assez prolongés, n'ont jamais pu me prévenir que j'étais ainsi en rapports individuels avec mon accusateur lui-même. Dans mes solitaires pensées, cherchant enfin avec qui je pouvais avoir à faire, en telle circonstance et de telle façon, j'ai cru que ce consolateur des angoisses qu'augmente le secret, était un ministre du Saint Evangile. »

Ce récit me fut rapporté par vingt bouches amies malgré nos rangs opposés et nos couleurs politiques si tranchées ; j'appris de plus qu'après mon rôle de pasteur, il n'y avait eu qu'un protestant de fait à une manifestation pareille. Cette manifestation d'un ultra-royaliste était loin de faire l'éloge d'un parent ; elle faisait moins encore le blâme de l'autre parent ultra-libéral.

Si dans tout le cours d'une procédure dirigée contre ceux qui avaient,audacieusement et avec tant de moyens,attenté à la sûreté de l'Etat , nous avons pu recueillir quelques-unes de ces consolations si appréciées dans la retraite, ne faut-il pas pour les enseignements de l'avenir comparer ces temps passés avec les temps qui les ont suivis ?

En détournant les yeux de la procédure de la plus vaste conspiration et en les reportant sur la plus triste et qui devait être la plus insignifiante procédure correctionnelle, sur une honteuse excitation à la débauche, il sera par trop facile de voir jusqu'à quel point le ministère public et les tribunaux ne suivaient à leur tour que leurs excitations personnelles à l'ambition et aux courants ouverts de toutes parts.

Ce sera donc, dans une seule affaire correctionnelle , recherchée dans les plus mauvais lieux , qu'on retrouvera l'impulsion intéressée à des actes de dureté qui ne devraient plus être de notre siècle. Ces suites d'actes pareils ont montré dans ce pays et dans ces temps-ci ce qui ne mérite pas seulement d'être mis en parallèle intéressant, si avantageux pour nous-même et si instructif surtout pour faire juger des époques si différentes et des magistrats si dissemblables.

Un procès-verbal est dressé le 2 juin 1855 par la police d'Aix qui se dit informée : elle déclare officiellement qu'un vieux marquis se rend souvent en maison de tolérance désignée.

Le commissaire a instruit le parquet : sans retard, le parquet a donné ordre d'accéder et de constater le délit. Par cette impulsion, l'accédit a lieu, et, le vieux débauché, trouvé en maison de débauche, est arrêté, conduit au parquet et de suite en prison.

Les dates se suivent : elles indiquent la rapidité de l'interrogatoire du prévenu et l'audition des témoins.

A soixante-huit ans, l'inculpé fait l'aveu de tous les faits honteux qui lui sont reprochés. Il en confesse l'immoralité mais il en repousse la criminalité puisqu'il est en maison autorisée et parfaitement reconnue sous tous ces rapports.

Mais, hélas ! tous les scandales que retrace chaque témoin, dans cette scandaleuse information, ne présentent certainement pas de scandales plus déplorables que ceux qu'établissent toutes les excitations magistrales à conduite pareille.

On plaint un vieux débauché sous l'influence d'une vie aussi dépravée : on méprise les jeunes magistrats sous l'influence d'ambitions plus dépravées encore.

Des scènes de débauche, qui retracent des temps si éloignés de nous, paraîtraient certainement incroyables aux jeunes libertins de nos jours. Mais s'il faut tirer le rideau sur de pareilles faiblesses, il ne faut certainement pas voiler ces autres faiblesses bien autrement calamiteuses dans le plus auguste des ministères.

Quoi qu'il en soit, après ordonnance de renvoi devant le tribunal, le marquis est acquitté, le 27 du mois de juin.

Une entremetteuse est condamnée à un mois de prison : il lui est octroyé 1200 fr. d'indemnité par l'acquitté. Comme de raison, l'appel est interjeté avec célérité exemplaire, et il intervient arrêt immédiat portant condamnation à un an de prison et 500 fr. d'amende ; l'entremetteuse condamnée à son tour à six mois de prison et cinquante francs d'amende.

Mais que s'est-il passé devant la juridiction souveraine à l'occasion de la défense, et que va-t-il se passer en Cour de cassation , en recours en grâce et dans tout le cours de ce drame judiciaire toujours plus offensant à chacune de ses phases ?

C'est ainsi qu'on n'a pu ignorer ce que chacun a vu et ce que chacun a ressenti dans les rangs du barreau et dans les classes éclairées de la société. La pression que le ministère public a exercée sur les deux degrés de juridiction était par trop ostensible pour ne pas en apprécier les effets sur des caractères connus. Mais une autre pression plus incroyable et aussi fatale n'en a pas moins eu lieu et a étonné davantage : c'est celle qui a été exercée sur la défense en appel ; le choix du défenseur n'a pu être libre ; l'avocat qui avait obtenu l'acquittement en première instance ne pouvait plaider en appel au jour fixé devant la Cour. Cet avocat, membre du Corps Législatif , ne pouvait hésiter pour l'accomplissement du mandat le plus élevé et le plus impérieux. Cependant comme il allait ne se trouver éloigné du siége de la Cour que pour très-peu de temps et qu'il ne put obtenir le renvoi de la cause , il conseilla à son client de se laisser juger par défaut , si l'on refusait un court renvoi à quinzaine. La Cour était aussi inexorable que le parquet.

Le prévenu ne fut donc pas défendu comme il le voulait et comme il pouvait l'être.

Ce que l'on ne sait pas toujours assez sur ce respect de la défense , ce sont les scrupules qu'ont fait naître un jour dans la conscience d'un autre procureur général les regrets que pouvait laisser ce défaut de respect, regrets avec lesquels on ne pactise jamais, faut-il le rappeler ici ?

On ne peut se résigner à taire une circonstance analogue : le silence, en pareille occasion, est presque une offense à la justice et aux habitudes de notre temps [1].

Sur le pourvoi devant la Cour suprême, il y a encore bien à apprendre, quoique l'on n'ait pu tout savoir dans la plus haute juridiction.

Toutefois, ce qui transpire toujours par des indiscrétions naturelles et par la vigilance des arrêtistes, on a très-bien su qu'il y avait eu discussion sérieuse et haut mécontentement.

Le rapport de M. le conseiller Aylies, fait le 23 août 1855, avait dû soulever de graves objections contre l'arrêt de condamnation et sur les motifs de l'interprétation donnée à l'article 344 du Code pénal.

On a remarqué, au sein de la Cour suprême, sans savoir même tout ce qui s'était passé dans la Cour du ressort, que le pourvoi avait été combattu par le Procureur Général lui-même, et qu'il avait surtout fait des réserves.

Ainsi, ajoutent les arrêtistes, s'expliquent le rejet prononcé et la censure exprimée sur des motifs d'un arrêt néanmoins maintenu.

Après tous ces actes de dureté et de rigueur, on lit en marge de l'arrêt de condamnation « que, par décision du

1 Voir à la page 328 de ce volume : *Une triple exécution capitale à Marseille*, du 27 janvier 1868.

» 27 octobre 1855, l'empereur a daigné faire remise du
» restant de la peine d'une année d'emprisonnement pro-
» noncée contre de Bruny Château-Brun-Louis-Charles, âgé
» de soixante-huit ans, né à Paris le 31 décembre 1786. »

Comment cette grâce a-t-elle été obtenue ? Il ne saurait être insignifiant de ne pas démontrer que ce qui a entouré la faveur impériale n'est pas plus édifiant, pour la justice et les mœurs, que ce qui l'a précédée.

Si ce condamné ne se prévalait point de son titre de marquis, il ne craignit pas de rechercher dans sa famille tout ce qui pouvait lui venir en aide.

Le général Charles Faucheux, son frère utérin, arrivait d'Afrique au milieu de ces circonstances si douloureuses pour une famille qui, dans la robe et l'épée, avait laissé des titres les plus dignes des respects publics et privés.

Sans rappeler tout ce que ce général avait fait dès l'âge de seize ans sur le champ de bataille, dans les gardes du corps et plus tard dans les chasseurs d'Orléans, qu'il avait commandés en 1853, et comment il s'était distingué sur les champs de bataille de Crimée par sa bravoure et son intrépidité, il dut tout naturellement s'intéresser au soulagement de son frère.

Le général Faucheux ne pouvait être que bien accueilli auprès du ministre de la justice, car, dans la brigade qu'il commandait devant Sébastopol, un des fils du Garde des Sceaux avait été blessé et particulièrement soigné par les ordres bienveillants et attentifs du général Faucheux.

Le ministre de la justice ne pouvait donc mieux reconnaître ces attentions, ni mieux payer les dettes de la reconnaissance, qu'en invoquant la prérogative de la Couronne.

Mais l'acquittement d'une dette pareille ne parut pas être compatible avec les devoirs du ministre de la justice. Des objections furent faites et il fut répondu que l'Empereur ne pouvait rien refuser à un général qui venait de Crimée et qui avait si bien fait son devoir jusqu'à la prise de Sébastopol : — « Que le Ministre me soumette la mesure à prendre à l'égard de votre frère, puisque c'est moi qui suis responsable de ce qui va offenser une Cour souveraine et étonner un mandataire direct de la Couronne. Il faut que chacun fasse son devoir et que j'assume toute responsabilité puisque je les ai toutes placées sur ma tête. »

Enfin, la grâce obtenue, voici ce qui doit couronner toutes les indignités de la justice et de la Couronne sur tous les malencontreux exemples qui ont pu être donnés à ce sujet.

Transmarché des prisons de la ville d'Aix à Ste-Pélagie, le prévenu avait déjà passé quelques jours dans une maison de santé, lorsque la grâce arrivait et que le jour de la liberté immédiate était la veille du jour même auquel l'exposition universelle avait réunion solennelle et banquet d'honneur dans le plus grand hôtel de Paris.

Parmi les nombreux invités à ce banquet se trouvait le Procureur Général d'Aix qui venait de poursuivre le marquis condamné, marquis sortant la veille de prison !

S'il est pénible de relever tant d'indignes manquements faits à la Justice, tant de duretés envers un vieillard, tant de mépris envers la classe aristocratique d'une vieille cité et tant de méprises imposées au pouvoir souverain, qu'il soit au moins un peu consolant pour nous de finir par l'épisode qui aurait pu, dès l'origine de cette affaire, prévenir tant de déplorables incidents.

Dès les premiers jours d'une poursuite pareille, de l'incarcération d'un tel prévenu et du délit qui lui était reproché , quelques membres du parquet de la Cour voulurent pressentir l'avis de l'ancien chef du même parquet et savoir quelle aurait été la direction qu'il eût prescrite.

L'ancien de ce parquet n'hésita point à faire connaître ses impressions et à déduire ainsi la formule des devoirs qu'il aurait suivis en pareille occurrence et les exemples qu'il avait déjà professés.

« Nanti d'un procès-verbal qu'aucun n'a le droit d'anéantir , le Procureur Général aurait fait comparaître devant lui le prévenu de faits déjà suffisamment constatés. Il les lui aurait rappelés et placés sous les yeux.

» Quoique les poursuites ne puissent être arrêtées, le procureur général peut assumer sous sa responsabilité l'inexécution de toute poursuite ultérieure. Mais si le cours régulier de la justice est ainsi arrêté, il n'en faut pas moins que la justice se fasse et que la moralité publique soit vengée en toute occurrence.

» Une peine infligée à un tel prévenu doit être au moins équivalente à tout ce que pourraient réclamer l'exécution rigoureuse des lois et le dédommagement dû à la société.

» Un marquis nouveau venu dans la cité et recueillant un héritage de cinquante mille francs de rente, donnera incontinent et avant sa sortie de prison cent mille francs aux hospices et aux pauvres de la cité, et pendant deux ans ne reparaîtra plus dans la ville d'Aix. »

Mais s'il est des phases politiques à travers lesquelles aucun sentiment de générosité et de justice ne peut être éprouvé, il est d'autres temps qui n'inspirent, par impulsion contraire, que justice et générosité. Il faut donc plaindre ceux qui ne voient dans l'exercice du pouvoir que le moyen de satisfaire leurs ambitions et leurs passions personnelles. Alors il y a lieu aussi d'envier les positions élevées lorsqu'elles nous donnent occasion d'élever nos bonnes pensées et d'être aussi fidèles au service de l'Etat qu'au service de nos consciences elles-mêmes.

Le Ministère public en règne constitutionnel et en règne autoritaire.

C'est en comparant ce qui se passait dans les grandes affaires qui ne devraient pas avoir lieu,avec les petites affaires qui n'ont pas eu lieu, mais qui auraient produit un grand effet, qu'on pourra juger des vains efforts, si déplorablement tentés devant les assises, et par contraire des bons et heureux résultats obtenus par le défaut de poursuites.

Cette affaire Armand dans laquelle sont intervenus tant d'arrêts et de pourvois, pendant les années 1864 et 1865, qui a tant ému la presse et le public, n'a fini par présenter qu'un pénible spectacle de désunion entre la Cour et le Jury. Un pareil désaccord si formel sur son issue, ne devait avoir d'autre importance que celle que voulaient lui imposer ceux qui étaient intéressés à faire du bruit et à s'en prévaloir.

La simple lecture de l'acte d'accusation démontrerait suffisamment que le procès jusqu'à la Cour d'assises rendait un acquittement inévitable.

Toutes les décisions qui ont suivi l'arrêt de la Cour d'Aix ont indiqué que la première impulsion avait été aussi fatale à ceux qui l'avaient donnée qu'à un innocent qui avait été exposé à tant d'angoisses.

C'est qu'alors le pouvoir autoritaire ne voulait reculer devant aucun de ses instincts despotiques et ambitieux.

Au contraire, sous le gouvernement constitutionnel, on cherchait à éviter à la justice et à la société elle-même tout ce qui pouvait être évité pour sauvegarder les vrais intérêts de la société et la vraie dignité de la justice.

S'il n'y a pas lieu à rappeler quelques faits et quelques incidents de ce lamentable procès, on pourrait les retrouver dans ces *pages d'histoire contemporaine,* publiées en mars 1864 par un des plus habiles écrivains de ce temps. Mais cet ami, qui nous fut si cher et qui est si regrettable aujourd'hui, allait toujours plus avant et plus haut que les meilleurs critiques du jour.

C'est ainsi qu'en caractérisant le point de vue si essentiel de ce procès et à l'occasion des dommages-intérêts que réclamait un serviteur aussi mal avisé que trop intéressé, il était assez clairement indiqué le grave dissentiment qui s'était élevé sur le fond même de l'affaire entre la Cour et le Jury.

« Nos lois actuelles elles-mêmes ne permettent pas, est-
» il dit, à une Cour, mécontente du verdict du jury, de
» réagir de sa propre autorité contre ce verdict. Suppo-
» sons, par exemple, le cas où une Cour verrait condamner
» sous ses yeux par le jury un accusé qu'elle croirait inno-
» cent. Certes la solitude et l'intervention de cette Cour
» n'auraient rien que de bien naturel. Le législateur a pour-
» tant pris soin de fixer dans ce cas même la limite de
» cette intervention. Il borne le droit de la Cour (art. 352
» du Code d'instruction criminelle) à suspendre le juge-
» ment et à renvoyer l'affaire à une autre session, afin qu'-
» elle soit soumise à un nouveau jury. Et l'on voudrait que
» le législateur, après avoir borné, même dans l'intérêt sa-

» cré de l'innocence, le pouvoir d'une Cour à cet appel fait
» d'un jury à un autre, eût accordé à une Cour le pouvoir
» exorbitant d'annuler indirectement le verdict d'un jury,
» en infligeant à un accusé déclaré innocent les même dom-
» mages et intérêts que s'il eût été déclaré coupable ! Cette
» opinion ne peut se soutenir et ne prévaudra pas, nous
» en sommes convaincu, aux yeux de la Cour suprême.
» Mais le procès d'Aix n'en aura pas moins rendu un ser-
» vice important à la cause de la révision de notre législa-
» tion criminelle, en attirant sur une telle question l'atten-
» tion heureusement éveillée du public. A tout prendre
» donc, et malgré les cruelles épreuves que M. Armand a
» traversées, nous ne nous sentons pas le courage de re-
» gretter ce procès, puisque dans notre pays, plus qu'ail-
» leurs peut-être, c'est seulement par l'évidence et par la
» répétition des abus qu'on en vient à comprendre la né-
» cessité des réformes. »

Cette nécessité frappe si naturellement tous les bons esprits, qu'il est difficile de ne pas la retrouver dans chacune de nos pages et dans tout le cours de nos travaux.

Cependant malgré ce que nous en avions écrit au Garde des Sceaux dans la plainte que nous portions contre le procureur général Dupin, à l'occasion même de cette affaire Armand, page 257 de ce volume, il se rencontre dans cette même affaire ce qu'aucun ne sait encore. J'ai refusé d'en dire le vrai mot à M. Dupin lui-même, et si ce mot pouvait être encore dit aujourd'hui ce serait certainement un des mots les plus lumineux et peut-être le motif le plus déterminant pour appuyer notre système de réformation.

Mais s'il est pénible et malheureux de taire ce que dans

une seule affaire la Cour, le parquet, le jury, le barreau et le public n'ont pas compris, il est plus malheureux encore de ne pouvoir tout manifester. Le vieux marin connaît souvent mieux les brisans que tout l'équipage du bord.

Nous allons être plus à l'aise pour dire ce que nous n'avons pas fait, ce que nous n'avons pas voulu ni dû faire dans des poursuites qui, peut-être, auraient eu un retentissement plus solennel et plus propre à exciter un grand intérêt et à émouvoir les passions les plus susceptibles et les plus irritantes dans le Midi.

L'ancien évêque de Strasbourg, ancien sous-directeur du duc de Bordeaux, publiait une brochure, en avril 1838, intitulée :—*Les gémissements et les espérances de la religion catholique en France.* Il n'y eut pas seulement alors abnégation de poursuites, il y eut, ce qui devait être, approbation formelle et élogieuse sur la conduite réservée d'un ministère public toujours responsable.

Il est vrai toutefois que cette responsabilité ne fut point entièrement récusée et qu'il y eut de la part d'un tel procureur général une espèce de récrimination peu commune; elle était exercée contre ce prélat qui avait principalement dirigé sa brochure de 208 pages, en huit chapitres, contre la dynastie régnante et contre le mariage d'un prince qui *n'avait épousé qu'une huguenote devant être un jour assise sur le trône de France* (page 9).

Après cette citation épiscopale, n'est-il pas permis d'en finir sur ce long chapitre par cette citation magistrale ? Voici cette récrimination tendant à venger le trône constitutionnel, un parquet de Cour libéral et un public qu'il fallait édifier par le refus de persécution à ceux qui n'ont plus d'autre moyen de soutenir leur puissance et leur crédit.

Tout cela était très-catégoriquement énoncé dans le rapport adressé en chancellerie le 10 mai 1838: — « Monsieur le Ministre, y est-il dit, à défaut de réquisitoire, de poursuite et de martyre, le procureur général en la Cour royale d'Aix n'a été ni dans l'inaction pour la chose publique, ni dans l'indifférence pour une princesse désignée à l'animadversion catholique, ni dans l'imprévoyance sur les manœuvres ostensibles et les aspirations intéressées et secrètes du sacerdoce.

» La St-Philippe s'est célébrée à Aix, chez le mandataire direct de la Couronne; une loterie a été tirée en faveur d'une famille malheureuse. Madame la Duchesse d'Orléans avait eu la bienveillance de s'associer à nos charitables intentions. Le succès a dépassé nos espérances : nous avons pu recueillir le jour de la fête du Roi, au milieu de nos amis, un petit patrimoine pour une veuve et trois enfants en bas âge. L'Archevêque d'Aix et son chapitre ont également concouru à rendre plus complets nos projets de récrimination contre l'ancien évêque de Strasbourg. »

Si alors tout fut compris et apprécié dans des temps où nous concourions ainsi à l'apaisement des rancunes de bien des corps constitués et de toutes les classes sociales, nos exemples et nos efforts n'ont pas abouti plus tard à allier la justice à nos inspirations. Il semblerait que depuis lors la justice française n'aurait eu qu'un but, celui de faire sentir chaque jour et à chaque heure, dans toutes les circonstances d'époques et d'affaires, le besoin toujours plus urgent de cette réforme judiciaire plus indispensable que jamais.

Rien ne saurait donc être mieux démontré ni plus clair que la justice ne peut être véritablement indépendante que lorsqu'elle est à l'abri des ambitions et des mauvaises passions qui l'anéantissent.

DEUX FILS DE NOTAIRES

l'un Premier Président, l'autre Procureur Général en la même Cour.

Ce n'est point parce que l'un sera fils d'un notaire de grande ville et l'autre fils d'un notaire de village, qu'il faudra rechercher la différence qui a existé dans la conduite de ces deux magistrats. On peut, dans le plus petit bourg comme dans le plus grand, retrouver les traces de caractère généreux et élevé, ou celles de ce qui va manquer aux plus simples inspirations de la justice et de la délicatesse. S'il y a lieu de le répéter ailleurs et bien souvent, il y a certainement ici l'occasion de rappeler que la justice est plus dans l'instinct naturel de l'homme que dans la science et la pratique du juriste.

Le récit des deux faits qui sont à retracer à ce sujet donne également plus de certitude à la justesse de nos aphorismes que tout récit oratoire artistement exposé.

En différentes occasions et surtout lors de la première candidature du fils du premier président de la Cour pour le canton de Trets, au conseil général, voici ce qui se passait, ce qui se disait à voix basse dans tous les coins des villages et à haute voix dans toutes les chambrées et réunions publiques.

M. Augarde, successeur au notariat du père du premier président, n'avait point encore payé le prix de son office ; il ne s'en est acquitté qu'après sa nomination à la justice de paix de Trets, et ce n'est qu'alors et par ce moyen que le premier président est ainsi parvenu au recouvrement de certaines sommes encore dues à son père.

Il n'en a pas fallu davantage, et c'était déjà bien assez, pour infliger au fils la plus forte humiliation qu'il pût éprouver dans son canton natal.

Mais si rien n'arrête une jeune ambition, qui devait déjà tant rêver et tout espérer devant les traces politiques et magistrales de son père, on a droit de se demander si ce père lui-même mérite ou non la sanglante réminiscence de ces deux vers de Lafontaine un peu retournés à notre sujet, si fatalement et si justement amenés à la fin de cette plainte à laquelle donnaient lieu la seconde candidature au conseil général et sa réussite dans le canton de Gardanne.

Mais il s'agit ici de cet autre épilogue qui est le parallèle à développer entre le chef actuel de la Cour et l'ancien chef de son parquet.

C'est à cette occasion qu'il doit être nécessairement rappelé la conduite du fils de notaire en grande ville.

Pendant que j'étais premier vice-président du tribunal de Marseille, je me trouvais en remplacement permanent du chef de ce siége. M. Rigordy, âgé et fort souffrant, était si naturellement disposé au repos et aux habitudes de quiétude coloniale, que le plus souvent j'étais chargé de toute la juridiction gracieuse personnellement attribuée au chef du siége.

Dans une grande ville, cette juridiction donne lieu à de

fréquentes délégations de notaire pour représentation de mineurs absents aux inventaires et autres actes de pareil office.

Malgré cet état d'un président valétudinaire et ses abstentions habituelles, il existait entre lui et un notaire retourné des Antilles, comme lui-même, les relations très-étroites qui se contractent dans les colonies entre compatriotes de même cité.

Toutes les nominations de la juridiction gracieuse du président titulaire étaient réservées et faites en faveur de ce notaire : on allait jusqu'à dire que c'était pour lui un bénéfice assuré qui devait s'élever annuellement à six mille francs.

Je savais tout cela comme tout le monde, et tout le monde ne le savait pas plus impunément qu'un fils de notaire en même résidence.

Aussi au Palais comme ailleurs, accourait-on vers moi avec plus de confiance qu'auprès du chef de ce siége. On savait que loin d'avoir quelque préférence dans le notariat, quelque prédilection particulière pour qui que ce fût, je n'avais consacré en juridiction gracieuse qu'une exception : c'était celle de mon père qui n'avait jamais reçu de son fils de délégation pareille, de nomination quelconque pendant toute ma magistrature en ce siége.

Aussi pourrais-je me contenter d'indiquer qu'à toutes les élections marseillaises de cette époque, si j'avais de la peine à m'éloigner de toute candidature législative, j'en éprouvais encore plus de la part du barreau et de toute l'administration de la justice qui sans cesse aurait voulu me témoigner tous les sentiments que leur inspiraient un désintéressement si rare et un dévoûment si apprécié dans le seul intérêt de la justice elle-même.

Je puis dire encore qu'en m'éloignant ainsi de la carrière législative, j'ajoutais de plus à cette conduite un autre dévoûment et une déférence respectueuse : je ne voulus jamais entrer en concurrence avec les personnages que je respectais et des amis qui m'étaient chers.

En quittant cette magistrature de siége inférieur, j'étais élevé au premier rang de la justice répressive d'une cour souveraine, avec cet assentiment général formulé dans les vœux qu'exprimaient le lendemain de la révolution de juillet 1830 les nouvelles autorités d'Aix [1].

Ce n'est certes point par aucun sentiment d'amour-propre ni moins encore par vanité qu'on se trouve amené à pareille réminiscence ; mais lorsqu'on est contraint à rappeler des époques et à rapprocher des individualités, il faut bien dire ce qui d'un côté conduit à la justice par le simple essor des libertés publiques et par l'effet des bons sentiments, et ce qui, de l'autre côté, ne conduit qu'aux vains honneurs par la restriction de ces libertés et par le despotisme.

On en arrive alors au plus étrange parallèle et on ne doit pas craindre de le retracer quand il émane de mains qui ne peuvent être suspectes.

Il faut donc comparer ce que chacun doit retrouver dans son bagage au moment qu'il entre dans la retraite.

1 Ces vœux dont il est donné copie à la page 20 de ce volume ont été transcrits par une main qui est devenue celle d'un ministre de l'instruction publique. Avec pareil titre et une telle origine, on a pu aller jusqu'à l'autographie qui donne et conserve une espèce d'authenticité à tout ce qui touche au domaine judiciaire et historique.

Si je n'en viens pas, en décembre 1870, à la situation si équivoque d'un premier président qui se trouve hors de son siége et même hors de France, ce ne sera pas sans une satisfaction dont on appréciera la valeur, que je pourrai reproduire encore comme autographes les vers que m'adressait, lors de ma disgrâce, le père même du premier président Rigaud.

Si je comprends toute la valeur de la modestie qui porterait à garder un tel document dans le portefeuille avec tant de pièces pareilles, il y a cependant dans cette circonstance quelque chose qui l'emporte sur toute pudeur d'étiquette et sur toute modestie de bon goût.

Hommage respectueux d'un juste appréciateur
des hommes et des choses
âgé de 84 ans.

Intègre Borély, sois gai, console-toi;
N'a-t-on pas vu cette ville en émoi,
En apprenant ton injuste retraite?
Le grand Choiseul tombe d'un même coup,
Mais son exil à Chanteloup
Fut un triomphe et non une défaite.
Pour toi, mêmes regrets;
Chez toi, même affluence;
Hébert, sache-le bien, n'aura que des sifflets
Et l'on se souviendra de ton indépendance.

SUR LE BUSTE DE LORD BROUGHAM

A CANNES

et sur le procès auquel il donne lieu.

> Quelque étrangeté qu'on veuille trouver en tout ceci, rien cependant n'est plus simple ni plus régulier que de mettre à la charge d'un inconsidéré ses inconsidérations, à la charge d'un autoritaire ses abus d'autorité.— (Page 468).

Nous n'aurions pas voulu clore ce volume de pièces justificatives sans retracer avec quelques détails ce qui doit faire le mieux comprendre l'étrange et fatale époque que nous venons de traverser. C'est en arrivant à cette étrangeté que Montaigne, Morellet et autres n'ont fait qu'entrevoir et pour en adopter définitivement le mot, qu'il faut en venir résolument à introduire la chose, afin de nationaliser l'expression elle-même.

C'est principalement lorsqu'on est en présence de la justice et devant le public qu'il ne faut pas craindre de proposer, de mettre en discussion et de faire adopter des étrangements qui ne sont pas encore chez nous dans l'ordre et le langage communs.

Alors pour éviter toute surprise et n'obtenir que le redressement de torts qui sont dans le domaine de la justice elle-même, il va être permis de répéter ici ce qui ne se dit pas toujours gravement ailleurs, ce qu'on appelle vulgairement : mettre carte sur table.

Comme chacun pourra s'instruire ainsi et fort à l'aise, et que, comme de juste, il sera répondu à un exposé préparé longtemps à l'avance, nous aborderons les uns et les autres la sentence des juges, le bon sens du public et la hiérarchie de tous les rangs sociaux.

Bonne justice ne s'obtient qu'à ce prix et dans ces conditions. Chacun s'est défendu en droit soi : pièces en mains, défenses libres, devant des juges intègres et un public instruit ; sentence sera rendue et tous dommages seront réparés en l'honneur d'un grand justicier et le plus grand bienfaiteur du pays.

Les dates vont suffisamment indiquer le point de départ de cette affaire, son temps d'attente, le but qui est proposé et un juste reflet des temps et des caractères de l'époque.

Après l'acte qui fut d'abord signifié pour interrompre la prescription, il allait en être référé à nos jurisconsultes les plus éminents par un mémoire à consulter.

Toutes fins et conclusions qui allaient avoir lieu ont été nécessairement arrêtées par les grands événements qui se sont si malheureusement succédé dans le pays.

Mais dès que nos désordres publics seront apaisés et que les tribunaux auront paisiblement repris leurs travaux ordinaires, nous donnerons cours également à l'instance et aux poursuites auxquelles il ne saurait être renoncé.

C'est dans ces dispositions et avec des pensées bien arrêtées, qu'il a été signifié par acte judiciaire qu'aucune prescription ne pouvait être opposée à la suite du silence et d'un temps d'arrêt en quelque sorte obligés par les convenances publiques.

Toutefois, il a dû être retracé à l'auteur de tant d'inconvenances et de tant de méprises commises à ce sujet, tout ce qui allait donner lieu à une sérieuse contestation soit dans un intérêt public fort important, soit dans un intérêt privé devant conserver aussi toute son importance.

C'était donc en ces termes qu'on commençait à redresser ainsi l'ex-maire autoritaire de la ville de Cannes :

« L'ancien chef de la justice répressive de ce ressort a
» été assez heureux, pendant la vie d'un ancien chancelier
» de la Grande-Bretagne et dans les longs séjours qu'il a
» faits en Provence, d'être trouvé digne de l'affection par-
» ticulière d'un si grand justicier. Toujours plus pénétré
» d'une telle distinction, le magistrat français a dû cher-
» cher après la mort du chancelier anglais à donner un té-
» moignage public des sentiments internationaux et privés
» qui auraient quelque valeur pour la justice elle-même, ce
» vrai rapprochement des peuples.

» D'un autre côté, et bien avant toute inspiration ma-
» gistrale, une souscription avait été ouverte à Cannes pour
» ériger une statue en l'honneur de lord Brougham, qui y
» rendait le dernier soupir le 7 mai 1868; cette souscrip-
» tion, bien loin de conserver ce premier élan d'une émi-
» nente et bonne pensée de gratitude publique, s'en fut,
» peu de temps après, s'allanguissant à tel point qu'il y a-
» vait lieu à désespérer d'atteindre le noble but si géné-
» reusement et si spontanément inspiré à l'heure suprême.

» C'est sur ces entrefaites, dans des circonstances si ma-
» lencontreuses que dut surgir la pensée de mettre un ter-
» me à de si humiliants embarras.

» L'ancien de la magistrature française, ancien ami du
» magistrat anglais, osa croire qu'il pouvait survenir de sa

» part l'initiative la plus propice pour activer le projet pro-
» vençal et seconder au mieux la gratitude cannoise.

» Un modeste buste fut offert et accepté. Ce simple mo-
» nument s'élevait le 23 février 1870, à Cannes, sous l'ins-
» pection de l'autorité locale et d'après les offres généreu-
» ses qui devaient s'ensuivre sous tous les rapports.

» Comme de raison, l'inscription que ce monument allait
» recevoir avait été préalablement sculptée par l'artiste bien
» avant la pose du buste et les petits travaux nécessaires à
» son élévation.

» M. Méro, maire de Cannes, n'a rien compris dans ces
» circonstances: ni le but de la souscription première pour
» la statue, ni la destination des souscriptions déjà reçues,
» ni l'érection du buste, ni les dépenses que ces différents
» objets ont pu occasionner, et moins encore aucun des
» procédés de convenance et de politesse qui sont d'usage
» dans les actes les plus ordinaires de la vie. Le maire de
» Cannes n'a pas écrit un mot de politesse, un seul mot de
» prévenance.

» A cette simple et modeste inscription lapidaire,

A

LORD BROUGHAM

UN MAGISTRAT FRANÇAIS,

» le maire de Cannes, M. Méro, lui-même, a fait graver
» cette fausse addition

ET LES HABITANTS DE CANNES.

» Il a, sans aucun avis préalable, porté atteinte à une
» inscription magistrale et privée; il a porté dommage à
» une souscription publique et locale; il a porté outrage à
» tous projets d'honneur international, à toutes les idées

» auxquelles les temps nouveaux mieux inspirés se plai-
» raient peut-être à s'associer désormais.

» Dès que les journaux de la localité ont fait connaître
» cette altération à une inscription sacramentelle, de telles
» indignités et un si grave manquement à l'honneur et à la
» vérité, il s'est manifesté de toutes parts des sentiments
» de nationalité, de localité, sollicitant un redressement
» exemplaire, afin que justice soit faite sur tant de circons-
» tances si affligeantes pour les uns, si humiliantes et si
» fausses pour les autres.

» C'est devant la justice indépendante et impartiale, de-
» vant les tribunaux français que tous ces griefs seront ex-
» posés en temps convenable et que réparations en seront
» demandées avec fermeté et persistance. Etc., etc... »

Il n'est que juste et il ne saurait être étrange d'appréhender et de traduire en justice le municipal le plus mal avisé et le plus mal appris de nos temps et de ces lieux. Il est vrai que cet autoritaire ahuri ne pouvait pas plus mal tomber qu'entre des mains chargées jadis de faire exécuter la loi et la discipline, et de faire rendre compte à chacun de ses méfaits et de ses méprises. D'ailleurs, en tout ceci, je ne pense pas qu'on puisse aller plus droit et plus avant dans le cœur du public. Partout où cet autoritaire aura marqué son passage et par quelques traits que ce soient dans cette phase du gouvernement personnel, un jour, il sera arrêté, mis à nu et cloué au pilori de la vindicte publique qui attend ceux-là mêmes qui ont tant cherché à tout avilir à leur profit. A cet effet, il sera mis sous les yeux des juges les documents les moins irrécusables.

Quoi qu'il résulte des efforts que va tenter devant la justice un ancien justicier, l'émérite restera dans la mesure de ses droits et dans la mission qui lui incombe devant un illustre étranger, devant le pays de ses affections et sur la terre hospitalière où il a voulu rendre le dernier soupir.

De notre côté, nous garderons tous le précieux héritage que nous lègue le passé et que nous laissent entrevoir le présent et l'avenir.

Ce n'est pas ici une de ces extrémités, une de ces chimères mal comprises d'abord et souvent mal reçues en deçà du détroit. C'est au contraire et ce ne sera qu'un de ces reflets sympathiques de toutes les âmes généreuses répondant enfin aux vœux et aux besoins de la France, puisque la France après tout, dans le Midi comme dans le Nord, paraît si disposée à vouloir une justice honorée, une administration honorable, malgre les défaillances passagères, les ambitions les plus tenaces et tous les malheurs qui s'ensuivent si naturellement.

Sur le tout, ne laissons point amoindrir le culte que nous avons honoré et servi, que nous voulons voir honoré partout. Il encourage au contraire aux œuvres viriles, aux combats de toutes sortes où il doit grandir. Telle était autrefois la chevalerie, et cette chevalerie qui n'est plus une institution, n'est pas éteinte : son ancien souvenir peut même être quelquefois invoqué dans les plus graves sujets. Elle existe encore partout, dit-on de nos jours, où il y a une âme qui, possédée du désir de conserver et d'ennoblir l'objet de son culte, puise, sans cesse, dans le sacerdoce de la justice, la force nécessaire et pousse le vrai magistrat à de mâles actions d'indépendance et d'honneur.

C'est lorsqu'on veut nous éloigner de ces grandes vertus

qu'il faut rapprendre à ceux qui l'auraient désappris quel est le but de nos constants efforts.

Malgré ces rencontres inopinées et tant de dégoûts particuliers, laissons ces natures humaines envers lesquelles il y a si peu à faire , et les révolutions de nos temps à l'égard desquelles il y aurait tant à faire. Revenons à notre tâche classique et exemplaire : essayons de la rendre aussi claire et aussi saisissante qu'elle l'est pour nous, aussi satisfaisante et honorable qu'elle doit l'être pour la mémoire d'un grand magistrat étranger et pour l'honneur d'un modeste magistrat français ; pour ce pays libre qui, dans son île, jouit des bienfaits de la justice , et pour cet autre pays qui , certes, n'est pas libre encore, mais qui aspire à l'être un jour par le seul effet de la justice elle-même.

Ce serait donc à Cannes , en bourg si fortuné sous tant de rapports, ce serait encore sur les bords riants de la plus belle plage de la Provence, à l'occasion de la justice exotique, qu'il y aurait à revenir sur un des meilleurs souvenirs de la justice française.

Ce serait là, à Cannes même , qu'un ministre de la justice du ministère Thiers, 1er mars — 29 octobre 1840, que M. Vivien , le plus intègre et le plus ferme des gardes des sceaux du règne constitutionnel , était venu chercher le calme et le seul remède à un corps épuisé de fatigue , à une belle âme épuisée de douleur. Il ne s'éloignait de ces lieux que pour rendre le dernier soupir peu de temps après, ne voulant plus respirer que sous le toit paternel.

Si, dès lors, deux grandes images devaient ainsi retracer la gratitude et les meilleurs souvenirs d'un bourg reconnaissant envers la justice , n'était-il pas permis, au desservant du même culte, d'aller jusqu'à double hommage public et privé, pléonasme qui ne pouvait être pris qu'en bonne part.

Plus tard et ailleurs il sera rapporté sur ces deux éminents personnages un même fait, un pareil trait et si parfaitement identique dans leur carrière magistrale, qu'il révèle ce caractère inaltérable de haute justice et de la plus grande indépendance. Ces qualités de rare vertu ne sont pas différentes dans quelque pays que ce soit. Mais lorsqu'un pays a pu les posséder, les contempler de leur vivant, ne doit-il pas être permis de les unir dans les mêmes sentiments de respect actuel et d'encouragement ultérieur ?

Lorsque le buste Brougham s'exécutait à Barbentane dans l'atelier du statuaire ayant coulé en bronze ce brave Crillon qui, près du lieu de sa naissance, orne aujourd'hui la plus grande place d'Avignon, nous étions à faire les préparatifs du buste Vivien. La famille de notre ancien chef de justice était consultée. On s'était adressé à cet habile artiste qui a exécuté les deux groupes les plus remarquables de l'arc de triomphe de l'Etoile et qui légue aussi à la postérité les traits les plus illustres de nos temps. Aux bustes de Thiers, Odilon Barrot, Vitet, Dupont (de l'Eure), Châteaubriand, Cavaignac, etc., etc., Etex plaçait en tête de ses œuvres ce buste même dont M. Thiers nous a gratifié.

Nous en étions donc à la pose du buste Brougham, lorsque déjà tant de mauvais vouloir, de mauvaise grâce et tout ce qu'il y a de plus mauvais dans le plus mauvais autoritaire du jour et du lieu, a tant dénaturé le premier essai et tant alarmé sur tout le reste, que nous en sommes à gémir et à porter nos griefs devant la justice, nos doléances devant le public et nos espérances vers un meilleur avenir.

C'est ainsi que nous nous sommes trop complu devant les vrais symboles de notre culte. En entrant à Cannes, le touriste saluait la grande tête du magistrat étranger qui y était venu chercher ce calme, un des derniers besoins de l'homme public et laborieux. Il saluait en sortant une autre de ces têtes non moins dignes de respect. Et de l'est à l'ouest de la petite et florissante cité, il n'eût peut-être pas été indifférent de lire que c'était un magistrat français qui, en taisant son nom, n'avait eu que la pensée de montrer sur une plage fortunée, ce trait d'union dont le même sentiment ne doit cesser de rapprocher les deux peuples, réellement appelés à assurer les meilleures destinées du monde par le seul empire de la justice.

Espérons qu'il n'en sera pas autrement : les pensées, les bonnes pensées restent lorsqu'on en laisse les traces, tandis que les œuvres d'art ne sont pas à l'abri des influences atmosphériques et de bien d'autres.

En attendant, ne laissons rien dénaturer, rien retarder par la rencontre importune et le mauvais vouloir d'une autorité éphémère. Expliquons et démontrons à la justice comment doivent être réparées tant de méprises et tant d'inconvenances.

Quelque étrangeté qu'on veuille trouver en tout ceci, rien cependant n'est plus simple ni plus régulier que de mettre à la charge d'un inconsidéré ses inconsidérations, à la charge d'un autoritaire ses abus d'autorité.

Dans nos temps modernes et nos affaires publiques, l'autorité n'est pas le seul élément que l'on doive faire entrer en ligne de compte. Les administrés ne sont pas tout à fait créés et mis au monde pour l'administration ; c'est l'administration qui est faite et constituée par et pour les administrés.

Que les municipaux ne se croient plus être en sauf-conduit, à couvert, à tout abri, parce qu'ils auront manipulé l'élection et échoué partout, même à leur encontre, comme M. Méro. C'est une époque qui passera et qui passe comme les orages, pour indiquer que ces mauvais temps finissent et doivent finir, et qu'il faut saisir chaque occasion.

Plus l'occasion sera inattendue, grave et imposante, plus il faudra en profiter. En politique comme en administration, en justice plus que partout ailleurs, serait-ce chose justifiable à l'égard d'un ancien justicier de passer, de laisser passer sous silence tant d'outrages envers un illustre étranger, envers le bienfaiteur d'un pays auquel il a donné le grand essor qui étonne. Serait-ce chose pardonnable que l'ami, le reconnaissant adepte d'un tel juriste, d'un si grand réformateur du droit, fût amené à se voir troublé dans un incognito, si étudié, qu'il aurait souhaité garder avec la plus sincère satisfaction ? Je l'ai écrit au survivant de cette illustre pairie. Le 19 avril dernier, je disais à lord Brougham, lorsqu'il était à Rome : « A l'occasion du buste que j'ai » fait placer à Cannes en l'honneur du grand chancelier, » votre illustre frère, j'éprouve le grief personnel le plus » pénible qui pût m'être infligé : c'est celui qui contraint » à la nécessité de parler de soi.

» Alors qu'on a tant cherché à entourer de modestie un » humble mais juste tribut de gratitude magistrale, que » pouvait-il advenir de plus mortifiant que d'être forcé à » dévoiler tout ce qui, au contraire, avait été imaginé pour » voiler ce que devait exiger la pudeur du culte, de l'âge » et de la vie entière.

» Si, dans cette occurrence et dès le principe, tout a été
» incompris et si mal conduit en cité et en mairie cannoi-
» ses , il faudra bien qu'un jour , chacun comprenne ce
» qu'on a fait d'un côté et voulu faire, ce que d'autre part
» et plus tard on a défait, refait et contrefait. »

En somme, rien n'était plus simple ni plus facile à comprendre.

Une inscription, une seule inscription lapidaire disait tout et devait tout dire.

Il était certainement inutile comme il doit l'être encore ici de répéter au survivant lord Brougham : « Que la pen-
» sée qui a fait élever cet humble monument est plus et
» mieux que la pensée d'un magistrat français en l'honneur
» d'un magistrat anglais. L'illustration que s'est acquise
» lord Brougham dans sa patrie , dans l'exercice de la jus-
» tice, dans la pratique du droit , n'a besoin d'aucune dé-
» monstration publique et privée ; sa mémoire survivra au
» marbre et au bronze.

» Mais si cet illustre chancelier de la Grande-Bretagne
» n'exigerait aucune ovation contemporaine, si ses contem-
» porains de France et ceux qui s'honorent, à Cannes, d'ê-
» tre devenus en quelque sorte ses compatriotes , ont be-
» soin de faire éclater leur gratitude , que ne doit pas té-
» moigner aussi un magistrat ayant à s'acquitter d'un de-
» voir qui a bien une autre importance et qui est la dette
» la plus sacrée de toutes. »

Si de tous côtés on sait maintenant ce qu'il en est à notre égard, à l'égard de la famille et de ses adhérents, à l'égard des plus dignes compatriotes de lord Brougham , il y aurait bien de la peine et il serait bien affligeant de retracer ce qui a été pensé et écrit sur tout ce sujet. Néanmoins, toutes pièces à l'appui de ce qui est ici sommairement indiqué, il est impossible de se refuser à cette évidence :

1° Que la première souscription pour l'érection de la statue à lord Brougham n'a pas suivi son élan primitif par indifférence et couardise du municipal qui s'était chargé officieusement et officiellement de sa réussite.

2° Que si c'est de cet allanguissement que sont survenus l'indifférence et même l'oubli, il n'y avait plus lieu qu'à chercher un moyen de raviver les esprits et de chercher une autre voie pour élever le monument projeté.

3° Que c'est sur ces entrefaites qu'advint la pensée du buste comme ballon d'essai devant ranimer la souscription et faire élever la statue.

Ce projet ne fut pas seulement adopté par le maire de Cannes, mais M. Méro lui-même et en personne voulut désigner et choisit en effet l'emplacement où le buste serait placé.

Nous ne le souhaitions, nous-même, qu'aux environs et aux abords de la villa Eléonora ; ce fut le maire lui-même qui indiqua et signala l'emplacement d'honneur entre l'hôtel de ville et la mer et au milieu du plus bel emplacement. Nous nous sommes si peu douté de cette hypocrite générosité ; nous avions si peu pensé qu'il pouvait y avoir là le désir et le but d'arrêter la souscription et de supprimer la statue, qu'il fut relevé de notre part et personnellement réclamé quel serait plus tard l'emplacement ultérieurement consacré à la pose de la statue.

Ce lieu fut désigné par le maire Méro lui-même avec tant d'à-propos et de justesse, qu'aucun des assistants n'eut la moindre pensée de trahison et de perfidie municipales.

On sait le reste ; mais ce qu'on ne sait pas et ce qu'on voudrait taire après tant de longueurs, d'ennuis et de dégoûts, c'est que ce maire de Cannes n'a jamais écrit un mot à celui qui lui demande aujourd'hui raison de son silence, de ses impolitesses et de tous les redressements qu'il est en droit d'exiger sur tant de griefs plus condamnables les uns que les autres, et sur les torts publics et privés qui sont non moins répréhensibles.

Dernièrement lord Clanricarde rappelait à la haute chambre que les magistrats urbains, à l'occasion de leurs fonctions, de leur négligence et de leur incurie, pouvaient être, le cas échéant, mis en accusation pour avoir failli dans l'exercice de leurs devoirs. A ce propos, il a remis en mémoire une décision intervenue à Bristol, en vertu de laquelle les lords-maires qui n'auraient rempli tous les devoirs qui leur sont imposés pussent être traduits devant la cour du ban de la Reine.

Avec de tels précédents et tant de droits que nous aurons à faire valoir, il n'en faut pas moins persister toujours davantage à exiger :

1° Que la justice déclare que c'est faussement, par une addition subreptice et perfide que l'inscription première transmise par le donateur et gravée sur le socle par le sculpteur lui-même, a été altérée, et qu'elle sera rétablie dans sa simplicité première sans qu'il en reste ni trace ni souvenir, et que même, s'il y a lieu de changer le socle, il soit dit et ordonné qu'il devra être changé aux frais du maire lui-même.

2° Que tous frais faits à cet effet ainsi que tous ceux qui ont été occasionnés pour la base et l'entourage du monument et dont M. Borély avait généreusement offert l'acquittement personnel, restent à la charge de M. Méro en personne ou en sa qualité de maire de Cannes.

3° Que s'il y a lieu de transférer ailleurs ce petit monument surmonté du buste sculpté par le statuaire Véray, les frais en seront également à la charge de M. Méro, maire actuel.

4° Enfin que le susdit M. Méro, maire de Cannes, soit condamné à titre de dommages-intérêts pour avoir mal conduit et même arrêté la souscription votée pour une statue à lord Brougham, soit rigoureusement soumis aux frais et à ses risques personnels pour faire élever de ses propres fonds cette œuvre digne de la ville de Cannes et de son bienfaiteur.

5° Que ledit maire de Cannes soit astreint à rendre compte de la souscription première qui a été reçue.

6° Que le montant de ces souscriptions soit restitué à ceux qui les ont primitivement effectuées.

7° Et que de même suite, il soit ordonné qu'une commission composée de cannois et d'étrangers soit instituée sous la présidence du juge de paix de Cannes, aux fins de procéder sans délai à tout ce que nécessitera le nouveau monument à élever en l'honneur de lord Brougham.

8° Qu'en conséquence il soit annoncé et mis aux enchères ce plan de statue conforme au projet qui sera arrêté.

9° Que lors de ce projet, de l'examen et de la discussion qu'il pourra amener, il soit autant que possible donné la préférence à l'auteur du buste qui, dans son premier essai, a mis autant de talent que de générosité.

10° Que M. Véray pourra mériter d'autant plus la préférence, qu'il cherche déjà à se distinguer lui-même par l'offre la plus généreuse.

11° Qu'en conséquence d'avance et tout d'abord, M. Méro, personnellement ou comme maire, soit condamné à cet effet au paiement de 12,000 fr. pour les sculpture, livraison et pose d'une statue en pied de lord Brougham, dans le délai d'une année à compter de la signification du jugement à intervenir.

12° Que M. Méro soit condamné à tous frais du présent litige, sous la poursuite et surveillance de M. Borély ayant tous droits et prérogatives en réparation des atteintes portées à sa position, des outrages faits à son honneur, et de tous autres manquements graves commis envers ses qualités d'ancien magistrat et d'ami de lord Brougham.

Et sur tout ce qui précède et pourra s'ensuivre, M. Borély, pouvant appréhender l'impression et les effets de tous les sentiments qui l'affectent si naturellement et si péniblement, dans cette circonstance, n'a point à hésiter à s'entourer des lumières et des avis des corps et des jurisconsultes dont il devrait conserver les meilleurs sentiments.

La tempête a éclaté ; les plus grandes calamités nous ont atteints de toutes parts et ne cessent de se prolonger ; mais rien n'a pu et ne pourra nous faire renoncer à en revenir à la justice : nous réclamerons la décision exemplaire qui nous paraît si méritée.

Alea jacta est.

Aix, mars 1871.

INDEX

DES NOMS PROPRES CITÉS DANS CE VOLUME

A

B

C

H

J

K

L

M

TABLE

DU SECOND VOLUME

Printed in Dunstable, United Kingdom

91220857R00301